U0533528

儒家文化研究

丁亥之春 萧萐父 题

第八辑

儒家生态思想暨刘述先先生八秩寿庆专号

郭齐勇 主编

生活·读书·新知 三联书店

Copyright © 2017 by SDX Joint Publishing Company.
All Rights Reserved.
本作品版權由生活·讀書·新知三聯書店所有。
未經許可，不得翻印。

圖書在版編目（CIP）數據

儒家文化研究. 第八輯／郭齊勇主編. —北京：
生活·讀書·新知三聯書店，2017.7
ISBN 978-7-108-05859-1

Ⅰ.①儒…　Ⅱ.①郭…　Ⅲ.①儒家－傳統文化－研究
Ⅳ.① B222.05

中國版本圖書館 CIP 數據核字（2016）第 320448 號

特邀編輯	李　欣	
責任編輯	徐國强	
裝幀設計	羅　洪　劉　洋	
責任印制	徐　方	
出版發行	生活·讀書·新知 三聯書店	
	（北京市東城區美術館東街 22 號 100010）	
網　　址	www.sdxjpc.com	
經　　銷	新華書店	
印　　刷	北京市松源印刷有限公司	
版　　次	2017 年 7 月北京第 1 版	
	2017 年 7 月北京第 1 次印刷	
開　　本	880 毫米 × 1230 毫米　1/32　印張 17.5	
字　　數	363 千字	
印　　數	0,001－2,500 册	
定　　價	79.00 元	

（印裝查詢：01064002715；郵購查詢：01084010542）

《儒家文化研究》編委會

主編單位　武漢大學國學院
　　　　　武漢大學孔子與儒學研究中心
顧　問　（按姓名音序排列）
　　　　［美］安樂哲（Roger T. Ames）　　　［德］卜松山（Karl-Heinz Pohl）
　　　　陳　來　　　　　　　　　　　　　　［美］成中英
　　　　［日］渡辺浩　　　　　　　　　　　［法］杜瑞樂（Joel Thoraval）
　　　　［美］杜維明　　　　　　　　　　　黃俊杰
　　　　劉述先　　　　　　　　　　　　　　［瑞典］羅多弼（Torb jörn Lodén）
　　　　牟鍾鑒　　　　　　　　　　　　　　［美］南樂山（Robert Neville）
　　　　龐　樸　　　　　　　　　　　　　　［加］沈清松
　　　　［韓］宋榮培　　　　　　　　　　　湯一介
　　　　蕭萐父　　　　　　　　　　　　　　信廣來
　　　　余敦康　　　　　　　　　　　　　　張立文
主　編　郭齊勇
副主編　吳根友　胡治洪
編　委　（按姓名音序排列）
　　　　蔡方鹿　　　　　　　陳少明　　　　　　　陳衛平
　　　　［韓］崔英辰　　　　［比］戴卡琳（Carine Defoort）
　　　　丁四新　　　　　　　丁為祥　　　　　　　董　平
　　　　高瑞泉　　　　　　　［美］黃　勇　　　　黃玉順
　　　　蔣國保　　　　　　　［韓］金炳采　　　　景海峰
　　　　［美］李晨陽　　　　李存山　　　　　　　李景林
　　　　李明輝　　　　　　　李維武　　　　　　　李翔海
　　　　林安梧　　　　　　　［澳］梅約翰（John Makeham）
　　　　彭永捷　　　　　　　［日］三浦秀一　　　單　純
　　　　王中江　　　　　　　［日］吾妻重二　　　向世陵
　　　　［日］小島毅　　　　［德］謝林德（Dennis Schilling）
　　　　徐洪興　　　　　　　徐少華　　　　　　　許蘇民
　　　　顏炳罡　　　　　　　楊朝明　　　　　　　楊國榮
　　　　于　亭　　　　　　　張學智　　　　　　　鄭宗義
　　　　朱漢民

目 錄

弁 言 ………………………………………………………… *1*

儒家生態哲學思想及其現代價值 ……………………葛榮晉 *1*

"中庸""中和""誠"的生態智慧新探 …………………錢耕森 *12*

傳統儒家的天地人智慧：當代新儒學之生態倫理 ……李瑞全 *29*

儒家的生態倫理思想與可持續發展 …………………白 奚 *57*

論儒家生態哲學的基本理論 …………………………喬清舉 *84*

人心與生態 ……………………………………………胡治洪 *131*

論《中庸》的生態主旨
　——以朱熹《中庸章句》為依據 …………………樂愛國 *153*

參天地贊化育：儒家生態倫理觀簡論 ………………佘正榮 *188*

自然生命與文化生命：長江流域的生態生命思想素描
　………………………………………………………蕭洪恩 *230*

價值進化論與價值本體論
　——羅爾斯頓與儒家生態倫理思想比較 ……………崔 濤 *251*

儒家"天人合一"思想的歷史脈絡及當代意義 ……… 景海峰 274
從《易·繫辭傳》論儒家的空間實踐
　　——以台灣為例 …………………………… 潘朝陽 317
論儒家的生命倫理 ……………………………… 單　純 377
儒家文化與農村生態經濟：兩岸共建儒學文化村的構想
　　………………………… 王寧川　皮介行　鄒宇澤 393
恭祝劉述先先生八十華誕 ……………………… 郭齊勇 410
新儒學在全球倫理重構中的角色 ……………… 景海峰 427
劉述先先生對儒家傳統"知識與價值"的理解和詮釋
　　……………………………………………… 東方朔 441
超越和內在之並舉，理想與現實之從容
　　——對劉述先學術思想的一點認識 ……… 丁為祥 463
"兩行之理"與儒學的宗教性
　　——劉述先先生對儒學宗教性問題的反思
　　………………………………… 姚才剛　陳海梅 491
從哲學的解釋到思想史與哲學相結合的解釋
　　——牟宗三與劉述先二先生關於朱子哲學研究之比較
　　……………………………………………… 周恩榮 507
"理一分殊"與儒家倫理重建
　　——兼談劉述先先生儒學詮釋學的啟示意義 ……… 周浩翔 539

弁　言

　　全球生態破壞已經迫在眉睫，大氣、天候、水土、植被以及礦藏等的惡化或枯竭，嚴重危及人類乃至一切物種的生存和延續。如果說當今世界許多熱點問題由於具有地緣、民族、階級、宗教、文化以及意識形態等屬性，因而尚不帶有普遍性，可以被身處其外的人們所忽略，那麼生態危機卻與這個世界的每一個人切身相關，是任何人都無法消解的問題。僅此一端，近四百年來蔓延於整個世界的現代化進程就必須予以深刻反思和根本調整。儒家一貫認為，學術可以作用于人心，而人心又將影響世道。本輯收入十多位儒學或中國哲學研究者論述儒家生態思想的文章，這些文章或通過對儒家文獻的總體把握，或依據某篇儒家經典，或從中國古代某一地域的生活樣態方面，呈現了儒家傳統的生態觀念、行為習慣及其制度安排，揭示了致思於可大可久的儒家生態智慧的現實意義；還有幾篇文章雖不直接關涉生態問題，但通過梳理"天人合一"思想的歷史脈絡，展現人文設施的空間佈局，論述傳統生命倫理，構想農村生態經濟，也都從某一側面體現出儒家思想及其實踐與生態保護之隱然相合。決不要以為這些學術成果都是在復述前現代的論說而予以輕忽或拒斥，實際上其中蘊含的儒家宇宙倫理觀對於端正人心、拯救生態亦即拯救人類本身，具有非常重大的積極作用。

今年是學貫中西、在海內外學界享有極高聲譽的學者，著名哲學家與哲學史家，現當代新儒家第三代代表人物之一劉述先先生八十華誕。劉先生原籍江西吉安，1934年出生於上海，台灣大學哲學系學士、哲學研究所碩士、美國南伊利諾伊大學哲學博士，曾任美國南伊利諾伊大學哲學系教授、香港中文大學哲學系講座教授兼系主任、台灣"中研院"中國文哲研究所特聘講座研究員等。劉先生對中國哲學特別是宋明儒學極深研幾，對西方文化哲學與宗教哲學也有精到研究。他創造性地發掘蘊含於儒學中的超越精神，突出儒學的宗教性意蘊。面對日益分崩離析的現代哲學，他主張一種分化之後的"全觀"。通過對"理一分殊"的現代闡釋，他著力解決當代社會所面臨的一元與多元、絕對與相對、理想與現實之間的緊張與衝突。他致力於重新闡釋儒學的智慧並展示其現代相干性，尤其關注全球倫理問題，代表中國文化與世界其他不同宗教、文化傳統開展對話。他的不少著作文字優美，將深奧學理與實存體驗融為一體，充溢著人生智慧。值此劉先生八十壽辰，本輯特收入七位學者研究劉先生學術思想的文章，以此祝賀劉先生華誕，並表達對於這位前輩的崇高敬意！

附識：本輯於2014年集稿，時逢劉述先先生八秩壽慶，故特辟專欄志賀。至本輯出版時，劉先生已經作古，但仍保留壽慶文章，以為紀念。

儒家生態哲學思想及其現代價值

葛榮晉

內容提要：針對21世紀人類面臨的重要生態環保危機社會問題，作者從哲學價值高度，揭示和闡述了儒家的"愛物"生態倫理觀念，從本體論角度提出了"民胞物與"的生態哲學，並從"仁者以天地萬物為一體"的"天人合一"的人生境界發掘和弘揚了儒家的生態哲學思想，這些不僅對於21世紀全球生態環境保護具有重要的指導意義，而且對於建構新的生態倫理哲學體系也有著重要的理論價值。

生態環保危機是21世紀人類面臨的重大社會問題之一。要解決這一社會問題，除了從法律和科技層面採取有力措施外，更為重要的是要從哲學價值層面發掘和弘揚儒家的生態哲學思想，構建新的生態倫理學，增強全人類的地球環保意識，重構人類與自然之間的良性互動、協調發展的關係。正如當代美國生態倫理學權威、國際環境協會主席科羅拉多教授所指出的那樣："建立當代生態倫理學的契機和出路，在中國傳統的哲學思想中。"中國古代的儒家生態哲學思想，對於構建新的生態倫理學具有重要的理論價值和現實意義。

一、儒家"愛物"的生態倫理思想

春秋戰國時期，隨著農業文明的發展，生態環境也遭到了嚴重破壞。《孟子·告子上》云："牛山之木嘗美矣，以其郊於大國也，斧斤伐之，可以為美乎？是其日夜之所息，雨露之所潤，非無萌蘗之生焉，牛羊又從而牧之，是以若彼濯濯也。"這是說，位於齊國首都臨淄城南約十里的牛山，本是草木茂盛的地方，但是，由於人們"斧斤伐之"，又牛羊牧之，過度地採伐和放牧，使它變成了光禿禿的山。從牛山由茂美變成禿山這一典型事例，可以看出戰國時期生態環境的破壞。正是基於此，儒家才會有"愛物"的生態倫理觀念，試圖從道德層面樹立人的環保意識，以達到天人和諧的境界。

儒家的生態倫理觀念是以"仁愛"思想為基礎的。儒家既講人際道德，亦講生態道德。孟子根據"人皆有不忍人之心"的性善論，並通過"仁者以其所愛及其所不愛"的邏輯推理方法，提出了"君子之於物也，愛之而弗仁；於民也，仁之而弗親。親親而仁民，仁民而愛物"（《孟子·盡心上》）。孟子認為道德系統是由"愛物"的生態道德和"親親""仁民"的人際道德構成的。這是一個由人際道德擴展到生態道德的依序上升的道德等級關係。他認為"愛"的內涵不限於"親親""仁民"，還應當包括"愛物"。他主張"恩足以及禽獸"（《孟子·梁惠王上》），反對任意殘殺動物，指出："君子之於禽獸，見其生，不忍見其死；聞其聲，不忍食其肉，是以君子遠庖廚也。"（同上）這一"遠庖廚"的觀點，含有重視生命、保護動物的合理思想。《易傳》作者進一步發揮孟子的"愛物"思想，提出了"厚德載物"的命題，認為人類應當效法大地，把仁愛精神推廣到大自然中，以寬厚仁慈之德愛護宇宙萬物，才可以保護動植物資源，促進人與自然之間的良性生態循環。"舜之為君也，其政好生而惡殺……是以四海承風，暢於異類，鳳翔麟至，鳥獸馴德。無他也，好生故也。"（王肅註《孔子家語·好生》）

那麼，如何實施"愛物"的生態倫理原則呢？儒家提出了兩條基本原則：

（一）依據"中庸"原則，儒家主張"取物不盡物"

孔子的"釣而不綱，弋不射宿"（《論語·述而》）以及"刳胎殺夭，則麒麟不至郊；竭澤涸漁，則蛟龍不合陰陽；覆巢毀卵，則鳳凰不翔"（《史記·孔子世家》），孟子的"數罟不入洿池，魚鱉不可勝食也"（《孟子·梁惠王上》），荀子的"網罟毒藥不入澤，不夭其生，不絕其長也"（《荀子·王制》）的觀點，都是"取物不盡物"原則的體現。《禮記·月令》篇作者在孔、孟、荀思想的基礎上，進一步規定在萬物復蘇的春天，禁止砍伐樹木，不要毀壞鳥巢，不要殺死幼獸、胎獸、初飛的小鳥，不要捕殺小獸，不要掏取鳥卵。"天子不合圍，諸侯不掩群"，要求天子和諸侯打獵時不要殺傷過多，以免滅絕宇宙生靈。這一切都是"中庸"原則在生態環保中的具體體現。儒家極力反對人類對動植物生態資源的掠奪，造成動植物滅絕，以保證生物的持續發展。

這一"取物不盡物"的"中庸"生態思想，在今天仍有重要的現實意義。無論是中國還是世界，之所以發生嚴重的生態環境危機，重要原因之一，就是沒有做到"中庸"。人類為了滿足自己私慾的需要，憑藉現代科學技術，無節制地砍伐森林，過度地捕殺禽獸、捕撈水產，過度地使用地力和牧場，過度地開採礦藏和地下水體，過度地施放工業污染物（廢水、廢氣、廢渣），過度繁殖，造成人口爆炸等惡果。因此，針對人類這種過度超越環境極限的行為，1972年羅馬俱樂部提出了"適度增長"的新觀念，認為任何現實性的增長都應適度，否則，就會造成環境惡化的後果。美國學者威廉·福格特於1949年出版的《生存之路》一書，要求在土地使用上應遵循"大地的中庸之道"，切不可過度地開發與利用土地。英國學者舒馬赫在《小的是美好的》一書中，主張在經濟發展上尋找一種"介於實利主義者的輕率與傳統主義者的靜止之間的中道"；在技術開發上，主張發展介於"先進技術"與"傳統技術"之間的"中間技術"。這些學者是否讀過儒家經典、受到儒家思想影響，姑且不論，但是他們同儒家的"中庸之道"在思想方法上卻有著驚人的相似之處。中國近年在生態環保上制定的《水土保持工作條例》（1982）、《中華人民共和國森林法》（1984）、《中華人民共和國漁業法》（1986）、《中華人民共和國礦產資源法》（1986）、《中華人民共和國森林法實施細則》（1986）、《中華人民共和國野生動物保護法》（1988）等生態環保法律中，也繼承和發展了儒家"取物不盡物"的中庸原則，規定"對森林實行限額採伐，鼓勵植樹造林、封山育林，擴大森林覆蓋面積"；規定"合理使用草原，防止過度放牧"；在捕魚時，"不得使用禁止的漁具、捕撈方法和小於規定的最小網目尺寸的網具進行捕撈"，"禁止炸魚、毒魚"；"禁止使用軍用武器、毒藥、炸藥進行捕獵"。從這些法律條文中也可以看出，儒家提出的"取物不盡物"的中庸原則，在今天仍具有強大的生命力。

（二）根據"天人合一"原則，儒家主張"取物以順時"

儒家認為，要想做到"愛物"，人就必須"與天地合其德"，"與四時合其序"。孔子十分熱愛生命，對於穀物瓜果之類，堅持"不時不食"（《論語·鄉黨》）。孟子根據動植物依"時"發育成長的生態規律，主張"不違農時，穀不可勝食也"，"斧斤以時入山林，材木不可勝用也"，"雞豚狗彘之畜，無失其時，七十者可以食肉矣。百畝之田，勿奪其時，數口之家，可以無飢矣"（《孟子·梁惠王上》）。孟子在這裏描繪了一幅"穀物—時—食穀""林木—時—勝用""畜—時—食肉""田—時—無饑"的良性的生態循環的畫面。荀子進一步發揮孔孟的生態思想，從制度層面更加系統地闡述了"取物以順時"的"愛物"觀點。他說："聖王之制也：草木榮華滋碩之時，則斧斤不入山林，不夭其生，不絕其長也；黿鼉魚鱉鰍鱣孕別之時，網罟毒藥不入澤，不夭其生，不絕其長也；春耕、夏耘、秋收、冬藏，四者不失時，故五穀不絕，而百姓有餘食也；洿池淵沼川澤，謹其時禁，故魚鱉優多，而百姓有餘用也；斬伐養長不失其時，故山林不童，而百姓有餘材也。"

(《荀子·王制》）他和孟子一樣，明確地把自然生態保護分為三種類型：一是森林資源及其具體保護措施；二是動物資源及其具體保護措施；三是農穀資源及其具體保護措施，構成了一幅農業社會完整的自然環境保護思想體系。

儒家提出的"取物以順時"的生態環保思想，不僅在長達兩千多年的農業社會有重要意義，而且在現代社會也有重要的參考價值。無論是中國還是世界各國，由於人們的短視行為，嚴重地違背了儒家"取物以順時"的生態思想，使森林資源銳減，大批生物物種瀕臨滅絕，導致生態環境的失衡。面對如此嚴重的生態環境危機，中國不得不在近年制定的環保法律中，吸取儒家"取物以順時"的思想，規定在禁漁期，"禁止捕撈有重要經濟價值的水生動物苗種"，禁止捕撈"懷卵親體"；在育林期，"不得濫伐幼樹"，禁止在幼林地內"砍柴、放牧"；在禁獵期內，"禁止捕撈和其他妨礙其野生動植物生息繁衍的活動"。這些法律條文證明，儒家所揭示的動植物"依時而長"生態規律具有永恆的社會價值。誰要違背了它，會造成生態環境的危機。嚴格按照這一客觀規律辦事，方可達到天人和諧、協調發展的理想境界。

二、儒家"民胞物與"的生態哲學思想

北宋時期，儒家的生態哲學思想更趨於成熟，更加哲理化。宋明儒者將佛、道的"本體"觀念引入哲學，並且吸取了墨家的"兼愛"、莊子的"天地與我並生，萬物與我為一"，以

及惠施"泛愛萬物，天地一體"的觀點，從本體論和境界說相結合的高度，提出了"民胞物與"之說，進一步補充和發展了先秦儒家"愛物"的生態哲學思想。

張載從氣本論出發，認為人只是宇宙萬物中的一物，人與萬物都是"一於氣"而生。從生成論而言，正因為人與萬物都是由氣而生，同屬於息息相關的有機系統，具有平等的地位。所以，他提出了"民胞物與"的生態哲學思想。他說："乾稱父，坤稱母；予茲藐焉，乃混然中處。故天地之塞，吾其體；天地之帥，吾其性。民吾同胞，物吾與也。"（張載《正蒙·乾稱篇》）在這裏，張載把歷代儒家主張的"人貴物賤"的觀點加以根本改造，重新定位人與天地萬物不是主人與奴僕、征服者與被征服者的關係，而是"民胞（同胞）物與（同伴、朋友）"的平等和諧關係。這樣定位人類在宇宙中的地位和作用，對於建構現代生態倫理思想體系具有重要的指導意義。現代生態倫理學的創始人、美國著名學者奧爾多·利奧波德（Aldo Leopold，1887—1948）在他的《大地倫理學》一書中，針對現代"人類中心論"的弊病，重新反省人與自然的關係後，指出："大地倫理學改變人類的地位，從他是大地—社會的征服者，轉變到他是其中的普通一員和公民。這意味著，人類應尊重他的生物同伴，而且也以同樣的態度尊重社會。"即認為應消除人與人、人與自然之間任何等級差異，肯定人不僅是社會大家庭的公民，而且也是宇宙這個大家庭中的成員。人類不應以征服者的姿態把自己孤立起來，應與宇宙萬物建立朋友般的和諧關係。只有把他人看成自己的同胞，把宇宙間的一切生命看成自己的朋友而加以尊重的時候，他才是一個真正步入天地境界的有道德的人。羅馬俱樂部的重要代表人物奧佩西在他的著作中，從宇宙是一個系統的觀點出發，也提出了人類應以尊重自然的態度來取代佔有與征服自然的行為。他說："對生命的保護和對其他生命形式的尊重，是人類生命的素質和保護人類兩者所不可缺少的重要條件。"宋儒比現代生態倫理學家要早好幾百年，就能夠從本體論的高度提出"民胞物與"的生態哲學，不能不令人讚歎與敬佩，這對於建構現代生態倫理學無疑是一份珍貴的歷史文化資源。

三、儒家"仁者以天地萬物為一體"的生態思想

明代儒者王陽明發揮孔孟的"愛物"、張載的"民胞物與"的觀點，"一宗程氏仁者渾然與天地萬物同體之旨"（《王文成公全書》卷三十七），立足於他的心性本體論，將人心固有的仁愛之性擴展到宇宙萬物，把人與天地萬物構成一個有機的整體。他認為"大人之能以天地萬物為一體也，非意之也，其心仁本若是，其與天地萬物而為一也"。大人"見孺子之入井，而必有憂惕惻隱之心焉，是其仁之與孺子而為一體也""見鳥獸之哀鳴觳觫，而必有不忍之心焉，是其仁之與鳥獸而為一體也""見瓦石之毀壞而必有顧惜之心焉，是其仁之與瓦石而為一體也"（《大學問》）。由此可見，"仁者以天地萬物為一體"的哲學命題，蘊含著極其重要的生態倫理思想。所以，發掘和弘揚王陽明的"天地萬物為一體"哲學思想，對於建構新的生

態倫理學具有重要的現代價值。

從本體論看，明儒王陽明的"天地萬物為一體"之說，是建立在"心之仁本若是"的基礎之上，都是由"父子兄弟之愛"的仁愛本性中推衍出"不忍之心""憫恤之心"和"顧惜之心"的生態倫理思想。現代生態倫理學家、法國著名學者施韋茲（1875—1965）提出"敬畏生命的倫理學"，認為大自然中的任何生物都具有天賦的內在價值，擁有生存權利。人類應當像敬畏自己的生命那樣去敬畏所有擁有生存權利的生命，把人類天賦的博愛精神推廣到一切生命身上，使宇宙中的所有存在物都得到人類的倫理關懷。他認為人類無故地殺害動物和隨意地毀壞植物都是一種極不道德的行為。現代生態倫理學創始人利奧波德在《大地倫理學》一書中，也主張把人類之愛，由社會領域擴展到整個大地。他指出："大地倫理學只是擴大了社會的邊界，包括土壤、水域、植物和動物，或它們的集合——大地。"明儒王陽明提出的"仁者以天地萬物為一體"的哲學命題，不僅承認植物、動物乃至整個自然界都有內在的價值和生存權利，而且也自覺地把人的天賦愛心由傳統的人際道德向生態倫理擴展，從而構成了現代生態倫理學最主要的內容，成為現代生態倫理學的基石，其功偉矣！

從境界論看，所謂仁者以"天地萬物為一體"，就是一種無私的"大我"的天地境界。在這種"大我"的天地境界中的人，不只覺悟到自己是整個社會的一員，"其視天下之人無外內遠近，凡有血氣，皆其昆弟赤子之親，莫不欲安全而教養之，以遂其萬物一體之念。"（《傳習錄》卷二）從而能夠為社會做好事,所做之事皆具有道德意義;而且更覺悟到自己是宇宙的一員,"君臣也,夫婦也,朋友也,以至於山川草木鬼神鳥獸也,莫不實有以親之,以達我一體之仁,然後吾之明德始無不明,而真能以天地萬物為一體矣。"(《大學問》)所做之事,不只有益於社會,也有益於"天地萬物"。如果說在現實生活中,由於人被"間形骸、分爾我"的自私自利的"小我"所蔽,滋生出各種罪惡行為的話,那麼在天地境界中,"我"已不再是功利境界中的"小我",而是"公是非,同好惡,視人猶己,視國猶家""凡有血氣莫不尊親"的"大我",我之身即天地萬物,我之意識即是大我之意識,最終實現"天地萬物為一體"的人生理想。這種"大我"意識,實際上就是一種關注宇宙生態環保的全球意識。施韋茲指出:中國古代的"忘我的倫理學,具有宇宙倫理學的性質,現在可以希望找到自我完善倫理學的接觸點而聯合起來,因為自我完善倫理學從它產生之初起就是宇宙的"(轉引自《哲學動態》1989年第4期)。

從根本上看,生態環境保護具有跨省市、跨地區、跨國界的特點。如果從自私自利的"小我"出發,一個地區或一個國家就有可能築起數百米高的煙囪,將有毒廢氣排向高空,通過強風將它吹到別的地區、別的國家,把酸雨降到那裏;或者將有毒有害的廢物、廢水拋入國際河流或倒入公海,貽害他人他國;或者將有害的垃圾販賣到別國;或者在別國開設污染嚴重的企業和工廠。如中國的長江、黃河、珠江和淮河等流經多個省市,一個省市的污染必將影響到其他省市;一個工廠廢氣的大量排放,也會波及工廠以外的其他省市。這種"以鄰為壑"的不道德行為，完全是由自私自利的"小我"意識作怪的結果。所以，要想解決全球生態環保問題，保護國際河流和公海，以及防止臭氧層破壞等，人類就必須樹立"以天地萬物為一體"的"大我"的全球意識，方可奏效。可見，宋明儒者提倡的"以天地萬物為一體"的"大我"意識，對於21世紀全球的生態環境保護具有重要指導意義，對於建構新的生態倫理學體系也有重要的作用。

作者簡介：葛榮晉，男，1935年8月出生，河南省濟源市人，1960年畢業於中國人民大學哲學系，現任中國人民大學哲學院教授、博士生導師，享受國務院特殊津貼專家。主要研究中國哲學與東亞實學，著有《王廷相和明代氣學》《中國實學文化導論》《中國哲學範疇導論》《儒道智慧與當代社會》《中國管理哲學導論》等數十部專著和數百篇學術論文，已編輯成精裝本《葛榮晉文集》14卷、《葛榮晉學術論著自選集》4卷出版。

"中庸""中和""誠"的生態智慧新探

錢耕森

內容提要：建設生態文明，是"關係人民福祉、關乎民族未來的長遠大計"。黨的十八大號召我們"大力推進生態文明建設"。中華民族優秀的傳統文化，是建設生態文明的重要資源。本文僅著重分析儒家關於"中庸""中和""誠"的三個主要理念，弘揚其理論意義與價值及其精神，密切聯繫我國生態文明實際，為落實習近平總書記關於"堅持節約資源和保護環境基本國策，努力走向社會主義生態文明新時代"的指示，提供有關思想文化資源。

儒家經典著作《中庸》一書，對於"中庸""中和""誠"的三個主要理念，作了十分精闢的論述。現試圖結合我國生態文明的實際，分述如下。

一、"中庸"與生態平衡

"中庸"合稱始於孔子。他說："中庸之為德也，其至矣乎！民鮮久矣。"(《論語·雍也》)他明確認為"中庸"是人們的最高美德,並深感人們缺乏這種道德已經很久了。卻未界定"中庸"是什麼。然而他關於"中庸"所應有的內涵,還是很確定的。他回答學生子貢問他的同學師(子張)與商(子夏)哪個好一些的問題時說："師也過,商也不及。"子貢又問："然則師愈與？"那麼是師好一些？孔子又回答說："過猶不及。"(《論語·先進》)過了頭與趕不上同樣不好。其實,這就是"中庸"的定義。孔子關於"中庸"的論述,產生了深遠影響。

子程子曰："不偏之謂中,不易之謂庸。"這是程頤對孔子"中庸"思想的傳承,他的發展主要是對"中庸"這個概念下了定義：所謂"中",就是"不偏",不偏於任何一方,就是中正、中和、中行、執中、用中；所謂"庸",就是"不易",不改變常規、常態、常道；"庸"也就是對"中"的固守,即恆常不易地固守不偏不倚的道德。程頤還提出了"中者天下之正道,庸者天下之定理"(《中庸·第一章》)的新義,這是說"中庸"乃天下任何事物健康發展都必須遵循的"正道"與"定理"。

朱熹註說："中者,不偏不倚,無過不及之名。庸,平常也。"又說："中庸者,不偏不倚,無過不及,而平常之理。"(《四書集註·中庸章句》)這是朱熹對孔子和程頤"中庸"思想的傳承,他的發展主要是對"中庸"這個概念下定義時,綜合了孔子和程頤的基本觀點,並提出了"平常之理"的新義。

如果說孔子把"中庸"定性、定位為天下之"至德",那麼程頤則把"中庸"定性、定位為"天下之正道""天下之定理",朱熹則把"中庸"定性、定位為天下之"平常之理"。他們的說法雖有所不同,但其實質則是相通的。因為,所謂"中庸",就是"無過不及",也就是"不偏不倚"。換言之,也就是天下之"至德",也就是"天下之正道""天下之定理",也就是天下之"平常之理"。可簡稱為天下之"常理"或"常道"。

"中庸"要求對待事物的兩端或事物對立的雙方應"無過不及""不偏不倚",其實也就是要求我們要"公平"地、"平等"地、"平衡"地去對待雙方。而"平衡"地對待雙方,歸根到底也就是要"和諧"地對待雙方。

因為,西周末年周幽王(前781—前771)的主管史與曆的太史史伯說:"以他平他謂之和。"(《國語·鄭語》)這是我國和文化史上給"和"下的第一個定義。我認為這是"和"的經典性定義。

老子說:"知和曰常,知常曰明。"(《老子·五十五章》)認識了和、和諧,就認識了天下的常理、常道,認識了天下的常理、常道,就能成為一個明白"中庸"之道的高人。

我經過這樣詮釋與轉換,試圖把"中庸"之道與"平衡"之道、"和諧"之道都打通。同時,試圖把"中庸"之道視為一個"常道"。並且,試圖以是否認知"中庸"這個常道,作為區分明白還是糊塗、智慧還是愚昧的依據。

"中庸"與"中庸"之道,與生態文明建設的密切關係,首先體現於"生態平衡"的問題。

生態平衡（ecological balance）是指生態系統中的生物和環境之間，以及生物各個種群之間，在一定的時間內通過能量流動、物質循環和信息傳遞，使彼此之間達到高度適應、協調和統一的狀態。這也就是說當生態系統處於平衡狀態時，系統內各組成成分之間保持著一定的比例關係，即能量、物質的輸入與輸出在較長時間內趨於相等，結構和功能處於相對的穩定狀態。並且，在受到外來干擾時，能通過自我調節恢復到初始的穩定狀態。在生態系統內部，生產者、消費者、分解者和非環境之間，在一定的時間內保持能量與物質輸入、輸出的動態的相對穩定狀態。

當前，全球生態環境面臨的挑戰是，我們在取得了空前創造力的同時，帶來了超強的破壞力，對資源的消耗、環境的衝擊與對地球的破壞超出自然平衡能力。我國在成為世界第二大經濟體的同時，"面對資源約束趨緊、環境污染嚴重、生態系統退化的嚴峻形勢"。所以，查爾斯王儲在其出任世界自然基金會英國分會新任主席的第一次講話中就警告說："除非人類改變生活方式，停止大規模消費、遏制失控的氣候變化並不再毀滅野生生物，否則人類將面臨滅絕……世界已經陷入了'第六次滅絕事件'。"（《世界面臨"第六次大滅絕"》，《參考消息》，2011年9月10日，第7版）2009年4月22日，第63屆聯合國大會一致通過決議，指出：地球及其生態系統是人類的家園，人類今後和未來要在經濟、社會和環境三方面的需求之間實現平衡，必須與自然界和地球和諧共處。

生態平衡的問題，是"生態"的關鍵問題、核心問題、要害問題，是關係生物的生長、發育和繁殖的根本問題。因為，在一個生物群落及其生態系統之中，各種對立因素通過互相制約而能達到相對穩定的平衡。一個典型的例子就是麻雀。麻雀吃果樹害蟲，同時它的數量又受到天敵（如猛禽等）的控制，三者的數量在自然界中可以達到一定的平衡。但是，要是為了防止麻雀偷吃穀物而濫殺它，就會破壞這種平衡，造成果樹害蟲猖獗。其實，20世紀"大躍進"的年代就曾開展過全民除麻雀的群眾運動。可憐小麻雀遭到了毀滅性的人禍，但很快人們就受到了果樹蟲害的懲罰！如果我們事前就能以"中庸之常道"的"不偏不倚，無過不及之常道"，即"平衡之常道""和諧之常道"去對待，那就不會做出這本不該做出的"極端的愚蠢行為"，這種破壞生態平衡的錯誤，就因為缺少了"能洞若觀火"的"中庸"。

又例如"欲望"。有一則公益廣告說："沒有買賣，就沒有殺害！"為什麼？我以為最後則取決於有無需求的欲望。所以，我擬補充說："沒有需求，就沒有買賣，就沒有殺害！"

人們對待欲望的態度大相徑庭：禁欲主義者欲望少，消費少，不利於發展生產和繁榮經濟，甚至滿足不了人的正常需要，影響健康；縱欲主義者，貪得無厭，欲壑難填，消費太多，浪費很大，製造環境污染，破壞生態文明，使生產與經濟無法持續發展，影響人的正常生活與健康成長。他們所犯的錯誤恰好是：一方欲望太"不及"了；一方欲望又太"過"了。其根源就在於他們都違背了"中庸"原則。主張適度消費的節欲主義，才是儒家所一貫大力提倡的，適度消費主義者對於人們的正當健康需求，承認而不否認，實現而不過度，自覺地堅持"中庸"原則，這種主張一定會既有利於經濟的持續發展，又有益於生態文明的不斷建設。

韓國總統朴槿惠對我國儒家的"中庸"，給予了很高的評價。她說："我們所說的智慧實際上就是中庸。"並認為"智慧越高深，就越能體會到中庸的深奧內涵，對極端的愚蠢行為能洞若觀火"。她舉例說："西方文明曾致力於研究如何用自然科學造福於民，如今他們主張的卻是研究如何防止自然科學給人類帶來危害。"於是她得出結論："如果西方人當時採用東方文明的'融合'（東方文明更注重人與自然的融合）與西方文明的'利用'之間的中庸之道，也就不會出現上述前後相矛盾的遺憾。如果我們不尊重自然，不珍惜自然而只想利用自然，大自然也會向我們採取報復行動。"（《朴槿惠日記》，上海譯文出版社，2013年6月，第70頁）她又說："中庸之道是修身養性之頂峰……無論何時何地始終保持恰如其分的心態，這是做人的美德，也是一個人善與智的表現。"（同上，第205頁）

毫無疑問，化解生態問題的一個基本原則就是"中庸之道"。"中庸之道"必將是我們保護生態平衡，修復生態平衡，建設生態平衡，不可或缺的寶貴資源。

程頤在《中庸》一書中還對"中庸之道"的重大價值作了充分的闡述："始言一理，中散為萬事，末復合為一理。放之則彌六合，卷之則退藏於密。其味無窮，皆實學也。善讀者玩索而有得焉，則終身用之，有不能盡者矣。"（《四書集註·中庸章句·第一章》卷頭引程頤語）

這"一理",就是"中庸"。如上所述,"中庸"既是"天下之正道",又是"天下之定理"。因此,"中庸之理""中庸之道"對於"萬事"而言,既是"始",即"起點";又是"中",即"過程";還是"末",即"終點"。這就是說,萬事萬物,無一例外,從其生成到發展再到終結,整個過程,都必須由"中庸"之理、之道一以貫之。可見,"中庸"價值的普適性涵蓋了全時空,涵蓋了萬事萬物的全過程。

所以,"中庸"作為天下最根本、最大的道理,"放之則彌六合,卷之則退藏於密。其味無窮,皆實學也。"放開來可以充塞天地與東西南北四方,收攏來又可以深藏於隱蔽的內心深處。它的意義與價值,是無窮無盡的,但並非不可捉摸的抽象玄虛的東西,而是實實在在的學問,是具有普遍有效性的實學。

因此,大凡認真學習並堅持實踐"中庸"這個道理的人,就一定會受用一生,而且一生都受用不盡。"善讀者玩索而有得焉,則終身用之,有不能盡者矣。"善於讀《中庸》這本書的人,如未能做到反復探索而心裏有所收穫,那就一輩子也受用不到的。程頤認為"中庸"關係到人生的成敗:得之,則成;失之,則敗。

可見,"中庸",絕對不是折中。企圖以"矯枉必須過正"取代"中庸",是很不明智的。

二、"中和"與"生態意識""'和生'精神"

"中和"這一概念,出自《中庸·第一章》:

"喜怒哀樂之未發，謂之中；發而皆中節，謂之和。中也者，天下之大本也；和也者，天下之達道也。致中和，天地位焉，萬物育焉。"

這段話對"中和"這一概念，進行了全面而深刻的詮釋。它的主要內容有三：

第一，給"中"與"和"分別下了定義。所謂"中"，是指人們喜怒哀樂的感情沒有表露出來。所謂"和"，是指人們的喜怒哀樂的感情既表露出來了，而又"皆中節"，都符合禮節，都符合法度，都合乎規範。"皆中節"，意味著既能抵制外部誘惑，又能克制私欲，這是很不容易的。如果能夠做到，那就能夠達到"和""和諧"的境界了。

第二，給"中和"定性、定位。"中"，是天下最大的根本；"和"，是天下共行的普遍準則，是天下四通八達的大道。

第三，極其充分地肯定了達到"中和"之道的偉大作用：能使天地各得其所，能使萬物都發育生長。朱熹說：這就凸顯出"致中和"所具有的"聖神功化之極"（《中庸·第一章》）的機能。

喜怒哀樂，指人的各種感情。"六情者，何謂也？喜、怒、哀、樂、愛、惡謂六情。"（《白虎通·情性》）凡人皆有這些情感，或者未發或者已發。未發時，不等於沒有。常言道，人非草木，孰能無情？有而不發，就叫做"中"，隱藏在內心之中。內心深處的情感，決不能是假、惡、醜的，而只能是真、善、美的。到了發出時，都能合禮合法，就叫做"和"。流露出來，付諸言行，更不能是假、惡、醜的，更應該是真、善、美的。

總而言之，人之於情感，必須是"中和"的。其實，"中和"，乃是人具有正常的、健康的、成功的、幸福的情感的前提與基礎以及保證。

所以，歷代大儒對"中和"都進行了詮釋。例如，唐孔穎達疏曰："未發之時，澹然虛靜，心無所慮，而當於理，故謂之中……情雖復動，發皆中節限，猶如鹽梅相得，性情和諧，故云謂之和。"（《禮記正義》）他用"和諧"來解釋"和"。特別是，他用"當於理"，來註疏"未發之時"，表明他不僅要求心中要有情，而不能沒有情，無情無義，一片空白。並且，他還要求內心中的這些情感不能"背於理"，而要"當於理"，即當於我上述的"真、善、美"。為區別於"已發"的真、善、美，我特稱之為"本真、本善、本美"。

程頤說："喜怒哀樂未發謂之中，中也者，言寂然不動者也，故曰之大本。發而皆中節謂之和，和也者，言感而遂通者也，故曰天下之達道。"（《近思錄》卷一）他用"寂然不動""大本"與"感而遂通""達道"作解。

朱熹說："喜怒哀樂，情也。其未發，則性也。無所偏倚，故謂之中。發皆中節，情之正也。無所乖戾，故謂之和。"（《四書章句集註》）他用"性""無所偏倚"與"情""無所乖戾"作註。

王陽明說："未發之中，即良知也，無前後內外，而渾然一體者也"（《傳習錄》中），"知得過、不及處，就是中和"（《傳習錄》下）。他用了特有的"良知"說作了註解。王陽明所謂"未發之中即良知"，可能與我們上述的"本真、本善、本美"是相通的。

朱熹晚年弟子陳淳（1153—1217）說："那恰好處，無過不及，便是中。此中即所謂和也。"（《北溪字義·中和》）陳淳的新詮，值得我們予以特別的注意。因為，他創造性地打通了"中"與"和"，將它們"合二為一"，尤其是，他不是將"和"歸為"中"，而是將"中"歸為"和"，以"和"為本。這樣一來，原有的"致中和"的說法，也就可以換成"致和"的新說法了。於是，順理成章，"致和"，同樣也就可以出現使"天地位焉，萬物育焉"的"聖神功化之極"的最大效果與最高境界。"萬物"的廣義，當包含了"天與地"。因此，簡而言之，即"致和，萬物育焉"。

這種"和生萬物"或者"萬物由和而生"的理念，可以追溯到史伯。在治國用人方面，他認為周幽王所採取的"去和取同"的原則與辦法，是毫無出路的；他提出應改為採取大有出路的"去同取和"的原則與辦法。因為，他主張"夫和實生物，同則不繼"。他以"聲一無聽，物一無文，味一無果，物一不講"來證明"同則不繼"，又"以土與金、木、水、火雜，以成百物"來證明"和實生物"（《國語·鄭語》）。史伯還用了更深刻的理論與更多的例子進行了更有力的證明。我國有關和、和諧文化的歷史非常久遠，早到和我們中華民族同步誕生，始祖軒轅皇帝就已實行了"萬國和"（《史記·五帝本紀》）。但是，從哲理上概括出"和實生物"說，史伯乃是第一人，即我稱之為"和生"的理念，史伯是其原創。

由上述可知，《中庸》的"致中和"說，陳淳的"此中即所謂和也"說，史伯的"和實生物"說，三者是相通的，可以歸結為我所概括的"和生學"。

"中和""致中和""和生學"，對生態文明建設的影響，主要有以下兩點：

首先，有益於我們樹立"生態意識"。眾所周知，"生"與"死"、"生物"與"死物"、"生態"與"死態"，都是相對而言的。我們總不該熱愛"死態"，追求"死態"，走投無路，自取滅亡；而應該熱愛"生態"，追求"生態"，尋找出路，生生不息。

我們的先賢歷來都認為，整個宇宙就是大化流行，生生不息，充滿著生機，生意盎然。所以，"群經之首，大道之原"的《周易》說："天地之大德曰生。"（《周易·繫辭下》）這是把"生"視之為天地之間最美的品德。莊子也說："物得之以生謂之德。"（《莊子·天地》）《周易》又說："生生之謂易。"這表示不斷發展變化意味著"生生"。又說："日新之謂盛德。"（《周易·繫辭上》）這表明"生生"應該是"日新月異"的。而《湯之盤銘》早就說："苟日新，日日新，又日新。"

但是，我們生態的現實卻有很嚴峻的一面。最近三十年來，我國經濟迅猛增長，已成為世界第二大經濟體，我們獲益匪淺，但同時也帶來了日益嚴重的空氣、水、土與食物等的污染，對環境的破壞。

燃煤問題。2013 年 1 月，北京空氣污染達到創紀錄的嚴重程度。隨後，中國北方的霧霾日益加重，引起了人們的廣泛關注。美國麻省理工學院、中國清華大學和北京大學以及耶路撒冷希伯來大學的教授們最近進行了一次聯合調研。他們通過研究1981—2000年的污染資料和1991—2000年的健康資料，發現1立方米空氣每增加100微克的顆粒物，就會讓人均壽命相應減少3年。和淮河以南相比，淮河以北每立方米空氣含有的顆粒物多約185微克。燃煤產生的顆粒物是主要污染源之一，因為北方人在冬季可以獲得燃煤供暖。空氣污染使中國北方居民壽命平均縮短5.5年，並且提高了肺癌、心臟病和中風的發病率。麻省理工學院教授、研究報告合著者之一邁克爾·格林斯通說："我們發現，淮河以北的居民人均壽命少5.5年。這項研究是建立在真實的中國污染資料、中國居民的預期壽命資料之上，所以這不僅僅是推斷。"研究報告發表在美國《國家科學院學報》上（詳見《中美以學者突破性研究發現霧霾縮短中國北方人五年半壽命》，《參考消息》，2013年7月10日，第15版）。

2013年3月24日，是第18個"世界防治結核病日"。國家疾控中心負責人說，我國目前有500萬活動性肺結核患者，每年有5萬人死於結核病，相當於每10分鐘就有1人死亡，在全球22個結核病發病率較高的國家中，我國僅次於印度排在第二位（據新華社電，《合肥晚報》，2013年3月22日，第9版）。

燃油問題。中國大部分地區仍在使用硫含量很高的燃油，是空氣污染的又一個重要因素。據報導，為降低硫含量，中國石油企業必須購買至少價值8億美元的環保技術。但國有石油公司儘管已經賺取了高額利潤，卻還希望盡可能地控制成本，一直在抵抗生產更清潔燃油的壓力。制定燃油價格的政府擔心公眾的強烈反應而不敢輕易提高價格。但2013年1月嚴重的空氣污染也帶來了一個勉強算是突破的突破。中石化董事長傅成玉出人意料地承擔了空氣污染的部分責任，而中國政府也制定了與歐洲同步的國家燃油標準，將燃油中硫含量大幅降低。這是好消息。壞消息是，開始執行這項新規的最後期限距今還有四年半多的時間，而且尚不清楚誰將為清潔技術買單（詳見美媒文章《中國治污須下更大政治決心》，《參考消息》，2013年5月27日，第15版）。

　　以上兩例暴露出惡劣的生態環境對人的健康與生命的危害性很大。黨的十八大報告指出："良好生態環境是人和社會持續發展的根本基礎。"我們必須實施生態修復工程。所以，首先就要牢固地樹立起"生態意識"。

　　其次，有益於我們以"和生"的精神去實現偉大的中國夢，對內構建和諧社會，對外構建和諧世界，實現中華民族的偉大復興。正如黨的十八大報告所指出的，在國內"就一定能在中國共產黨成立一百年時全面建成小康社會，就一定能在新中國成立一百年時建成富強、民主、文明、和諧的社會主義現代化國家"，"努力建設美麗中國，實現中華民族永續發展"，"給子孫後代留下天藍、地綠、水淨的美好家園"。同時，又正如黨的十八大報告所指出的，對外我們堅決主張："人類只有一個地球，各國共處一個世界。歷史昭示我們，弱肉強食不是人類共存之道，窮兵黷武無法帶來美好世界。要和平不要戰爭，要發展不要貧窮，要合作不要對抗，推動建設持久和平、共同繁榮的和諧世界,是各國人民的共同願望。"

以上所述"中庸"與"中和",二者有區別,也有聯繫。"中庸"的"庸",莊子解釋為"用",他說:"庸也者,用也。"(《莊子·齊物論》)《說文解字》也說:"庸,用也。"對於"中和",朱熹註說:"中"為"道之體","和"為"道之用"(《四書集註·中庸章句》)。這是把"和"解釋為"用"。《論語》說:"禮之用,和為貴。"(《論語·學而》)是早就把"和"解釋為"用"了。由此可知,既然"和"為"用","庸"也為"用",那麼"中和"豈不就是"中庸"?"中庸"豈不就是"中和"?所以說"中庸"與"中和",二者又是有內在聯繫的,實質上是相通的。並且,二者互補,相得益彰。

三、"誠"與生態文明的底線

"誠"的本義是真實無妄或者誠實無欺。《說文解字》:"誠,信也。"即真心誠意:信實無欺。《中庸》說:"誠者,天之道也;誠之者,人之道也。"(《中庸·二十章》)這是把"誠"作為"天道"與"人道"的共同特質。當然,後者源於前者,"天人合一"。孟子說:"誠者,天之道也;思誠者,人之道也。"他也把"誠"作為"天道"與"人道"的共同特質;後者源於前者,"天人合一"。正如《周易》所說:"天行健,君子以自強不息。""人道"的"自強不息",是來自於"天道"的"行健"。孟子又說:"至誠而不動者,未之有也;不誠未有能動者也。"(《孟子·離婁上》)這是說,由天道之誠獲得人道之誠，至誠無偽的人，卻不能感動別人，是絕對沒有的事；而缺乏誠心誠意的人是絕對不能感動別人的。《中庸》又說："唯天下至誠，為能盡其性；能盡其性，則能盡人之性；能盡人之性，則能盡物之性；能盡物之性，則可以贊天地之化育；可以贊天地之化育，則可以與天地參矣。"（《中庸·二十二章》）這充分肯定了學到"天道之誠"的老實人、誠懇的人，待人接物，就能儘量發揮出自己的、別人的，以及萬物的本性，就可以贊助天地對萬事萬物進行演化和發展，就可以和天地並立為三，做到"天人合一"。

可見，"誠"，對於生態文明建設，同樣是不可或缺的一個重要原則。"誠"，是生態文明建設的起點和底線。

例如，國家環保局首任局長曲格平說："我國在1982年就制定出同步發展方針，就是：經濟建設、社會建設、環境建設同步規劃，同步實施，同步發展。後來按照科學發展觀又提出了建設資源節約型、環境友好型社會。現在又提出建設'美麗中國'。這些提法在全世界都沒有先例，我們的指導方針是領先的。"他又說："外國人問我，你們有這麼好的方針，為什麼不照辦？是的，實踐和指導方針脫節了，我們的發展還是在'先污染後治理'這樣的一條錯誤的路上走過來的。發展環境不是變好了，而是變差了。"他進一步說："似乎沒有人稱讚中國的環境狀況好，國家領導人也在講'環境形勢嚴峻'，其實說'非常嚴峻''十分嚴峻'都不過分，世界範圍內還沒有哪個國家面臨著這麼嚴重的環境污染。而且不是光一個大氣污染，還有水污染、土壤污染、有毒化學品污染，等等，存在的問題很多很大。在農村，當年搞鄉鎮企業，不顧一切地以原始粗放的方式發展。現在說環境形勢嚴峻，一個重要方面就是農村環境的惡化。"他又說："我也關心土壤問題。環保部和有關方面做了調查，下了很大的力氣，但我也看不到這個資料。環保部即使想公開，估計也很難，因為牽涉到太多部門和地方的利益了。""企業和地方都不願意報實數，對他們不利。我當環保局長的時候就對地方報的環保數字皺眉頭。"對於依法治理環保問題，他感到"確實很難。比如'環評法'，本來在人大審議時得到絕大多數委員的支持，但是也有人反對，這時部門利益要起作用了。一位委員說：'按照這部法律的規定，環保局的權力在所有部門之上了，成了第二國務院了！'……後來八九個部門向國務院提出反對'環評法'的制定，說這是超前的一部法律，從國外抄來的，阻礙中國經濟發展，阻礙改革開放。最後國務院向全國人大致函，說多個部門對制定'環評法'反應很大，認為太超前了，建議停止審議，等條件成熟後再說。"最後他語重心長地說："現在全國上下都認識到，不懲治腐敗要亡黨亡國。我認為不消除環境污染，不保護好生態環境，也要亡黨亡國。對環境治理要下決心，再不能只停留在口頭上和紙面上了。"(《四十年環保路，"天道曲如弓"》，《南方週末》，2013年6月6日，第13—14版)

可見，一些人和一些地方對消除環境污染和保護生態環境是多麼的不誠實啊！是極其不誠實的哩！瞞報、虛報、造假、數字遊戲、欺上瞞下，一切均以利益為驅動！在利益面前，誠實道德遭到了徹底的踐踏！正如《中庸》所說："不誠無物！"

(《中庸·二十五章》)不誠實者，是絕對消除不了環境污染的，也絕對不能保護生態環境。而誠者，特別是至誠者，是一定"可以贊天地之化育"的，可以達到"天人合一"的境界，也一定會以實際行動回應習近平總書記關於"堅持節約資源和保護環境基本國策，努力走向社會主義生態文明新時代"(《在中共中央政治局第六次集體學習時的講話》)的號召！可見，有無誠意，竟然關乎生態文明建設的重大問題。所以說，"誠"，是生態文明建設的起點和底線。

綜上所述，儒家所特有的"中庸""中和""誠"的高智慧，對於我們為回應黨的十八大報告所提出的"大力推進生態文明建設""努力走向社會主義生態文明新時代"的新的歷史使命，可以提供重要的啟迪與力量。

作者簡介：錢耕森，男，生於1933年10月，1958年畢業於北京大學哲學系，現為安徽大學哲學系資深教授，研究方向為中國哲學史和中國文化。

傳統儒家的天地人智慧：當代新儒學之生態倫理

李瑞全

內容提要：西方自 20 世紀中葉，驚覺過去三百年的現代化，以龐大的機械和生化科技開發和消耗自然資源，已形成嚴重的環境污染，因而產生各種環境倫理學。學界最後認為大地倫理學所涵的非人類中心的生態中心主義及人與自然一體的倫理學才是合理理解人與自然的關係和足以回應環境破壞的挑戰的學說。中國儒釋道三家都是整體主義，儒家以人文主義確立人與天地萬物為一體的論述。孔子以仁涵攝一切價值，而由仁之感通作為道德價值的根源，以天地萬物皆在天道的涵育之下，而與人相通。孔子更強調"人能弘道"之道德實踐的能動性，推衍出人對天地萬物負有積極的責任。孟子發揮為不忍人之心，見出人對動植物皆有不忍其受傷害之情，反對竭澤而漁、根絕林木，主張寡欲以保護動植物之生化繁衍。孟子更見出"萬物皆備於我"，人與天地萬物為一體之義。後之儒者如周濂溪之"窗前草不除"、程明道之"仁者渾然與物同體"、陸象山之"吾心即宇宙，宇宙即吾心"、王陽明之"大人者以天地萬物為一體"等發揮人與天地萬物為一體之整體論。《中庸》更提出"盡己性、盡人性與物性"之道德實踐，對於天地萬物實有化育義務，可稱為"生態普遍主義"（eco-cosmopolitanism）。儒家對自然不完全是不干涉的，而是一化育者（nurturer），在保護自然界之弱小、瀕臨滅種生物等方面都有保護孕育的義務。在回應當前全球環境如地球資源枯竭、暖化等課題上，儒家根據天下為公的理想，容納即將為水淹沒的國家地區的人進入。同時，我們要過簡樸的生活，減少人口數量，讓大自然得以休養生息，各物種得以免於滅絕，後代子孫可以存活。

引　言

環境倫理學的基本議題是人與自然的關係。人類與自然相比無論在資源或能力上都有巨大差距，千百年來人類都只能適應自然環境才得以生存。但自從西方工業革命以來，人類駕馭自然的力量愈來愈巨大，漸漸反過來支配大自然的一切資源與物種。自然世界宛似人類主宰的對象，資源遭到人類的任意剝奪。西方現代社會開採自然資源的尺度愈來愈大，經二百多年的發展與使用之後，20世紀下半葉開始見到人類活動在全球的天氣與地理因素中的影響。在20世紀50年代之後，西方開始驚覺在不斷消耗大地資源，以及運用各種機械生化技術加速改變地貌與壓榨土地的養分之後，終於導致山川河流受到嚴重污染，大地死寂一片。[1] 環境的惡化警醒人類自覺可能與大地各物種同樣受到環境的淘汰而滅絕。如何保育復育人類賴以生存的大地，乃成為學者深度反思、政府積極回應的課題。環境倫理學油然而生。西方學

---

[1] 1962年Rachel Carson出版了 *Silent Spring*（New York: Penguin, 1962）一書，指出西方工業化之後所造成的土地污染的慘狀，是當時最有代表性的警訊。

界與政府的初步回應是根據人類對自然生態的認知而來，主要是在如何復育、重建已被破壞的土地與河川，以至被嚴重污染的瀕海地區，再進而保存原野，防止森林破壞，等等。但此種種行動基本上仍然沿自西方由來已久的以人類為中心的思考模式，對自然自身與非人類物種的毀滅，不在考量之內。此即所謂"膚淺的生態主義"（shallow ecology）。此種回應顯然無法改變自然環境之繼續惡化，而以人為復育去修補之前的巨大破壞，不但流露出以人類為中心和自大的心態，而且常常失敗，不可能回復原狀，環境甚至更形惡化。西方工商業只是把嚴重污染性的工業移到落後國家，繼續大規模地破壞生態。因此，一些學者提出更進一步依據傳統哲學與生態學的知識，去除人類中心與西方民族優先的狹隘想法，擴大為與天地萬物共存共生的"深度生態主義"（deep ecology）[1]，期能突破人類生存與發展的瓶頸，以免被環境所淘汰。再由此發展出"大地倫理學"（land ethic）[2]，建立生態中心主義（eco-centrism），以生態系統為一整體，視人類為大地整體的一分子，不敢再妄自尊大。人類中心主義（anthropo-centrism）已被徹底揚棄。

但西方社會在環境倫理的反省上，大部分仍受限於自由個人主義的觀念。西方傳統哲學對於道德責任的歸屬，基本上是限於

---

[1] 參見 W. Devall & D. Sessions, *Deep Ecology: Living as if Nature Mattered*（Layton, UT: Peregrine Smith, 1985），及 Arne Naess, "The Shallow and the Deep, Long-Range Ecology Movement: A Summary", in *Inquiry* 16（1973）。

[2] 此實是重新發掘和發展 20 世紀 40 年代一位生態學先驅 Aldo Leopold 的著作而來，其著作見下一註文，內容詳論見後文。

個人之間的行動。縱使是群體的行動，也是有明確的行動與結果的因果關係。權利與責任明確。但這種人際行動因果的分析，無法用於環境倫理的討論之中。因為，環境的影響或破壞不是直接和馬上可見出其因果關係的，今天的果乃是跨幾個世代之前無數人的生活與行動所纍積下來的結果。比如南半球上空的臭氧層破洞，會引致不少居於南半球的人患上皮膚癌，但這些病人如何及能向誰追討責任？此所以大地倫理學之父利奧波德早在 20 世紀 40 年代已提出西方倫理學需要延伸展到涵蓋動物、植物、土壤與河川，而不能停留於人對人的個人式的倫理思考[1]。地球是一互相倚侍難以分割的社群，個人是作為這樣一個生物社群中的一分子而行動和互相關聯，難以完全個別分隔來處理。因此，環境倫理的論述必須跨越國界、跨越物種，以至涵蓋地球全體來理解。換言之，要正確回應環境倫理的課題，我們必須把人與動植物，以至大自然視為一體，所謂"整體論"（holism）才是對題的回應。生態一體論乃是必然的歸結。[2]

---

[1] 參閱 Aldo Leopold 著名的 "The Land Ethic" 一文，此文收於 Aldo Leopold, *A Sand County Almanac and Sketches Here and There* (Oxford: Oxford University Press, 1987)，第 201—226 頁。學界通常簡稱此書為 *A Sand County Almanac*，以下引述亦如此簡稱。

[2] 儒家之義理如何回應及與西方大地倫理學之互動，請參閱我的《儒家環境倫理學之基本觀念：對伽理葛特之構想的一個批判回應》一文，此文刊於《鵝湖學誌》第二十五期（台北：鵝湖月刊出版社，2000 年 12 月），第 189—205 頁；以及《儒家的生態智慧———個全球生態哲學理念》一文，該文發表於 2001 年由"中央大學"哲學研究所、台灣師範大學環境教育中心主辦之"2001 年生態哲學與環境倫理研討會"；另有《論永續發展及人與天地萬物之關係：儒家之論述》一文，該文發表於 2003 年 6 月 7 日"中央大學"哲學研究所主辦之"環境倫理學會議"。

中國傳統儒、釋、道三家都是整體論。其中都含有人與自然的關係。大略言之，佛家傾向視山河大地為虛幻，走向消極破除人我、人物之執著；道家則以人為造作都是自我疏離於整體自足之自然，故主張去除人間制度之限制，期能撤除人類中心式的自大與自我束縛而回歸自然。儒家既重人文的價值，又見出人與自然實為一整體，主要是積極建構一大同社會，與自然建立一永恆而內在的關係，體現超乎人類與自然之超越的價值，不但使人類能安身立命於世界，更能呈現人類與天地萬物為一體的境界。本文以下專就儒家之義理而論。

一、儒家之仁心及仁者與天地萬物為一體之義

一般論儒家只見儒者之關切人文化成的世界，專論家國天下的社會與政治建構，追求人民如何在社群中實現安身立命的理想。但儒者自孔子之繼承三代文化而發揮儒家義理，即把天地萬物涵蓋在人文化成之內。此即表現在儒者所重的人與天地萬物的關係上。孔子開創儒家與中國文化傳統的重點是繼承三代，特別是周朝的禮樂制度，但加以轉化提升，建立仁為禮樂的價值基礎，以確立三代政治制度的人文價值。比如《論語》所記孔子之言：

> 禮云禮云，玉帛云乎哉！樂云樂云，鐘鼓云乎哉！（《論語・陽貨》）
> 人而不仁，如禮何？人而不仁，如樂何？（《論

語·八佾》）

此即指出禮樂的意義在於表現仁的價值，即把客觀的制度建立在人的道德主體性之上，亦是明確以道德為政治的基礎，政治為道德倫理服務。這即是中國哲學上著名的"攝禮歸仁"的教義。[1] 此即確立孔子哲學思想的核心在"仁"。"攝禮歸仁"即通過禮樂制度把"仁"的價值推廣到社會政治制度之上，使社會政治制度為"仁"服務。而"仁"的基本意義是人與人之間的同情共感的感通，特別是對他人的苦難的感動。此可引《論語》以下一段加以簡要的說明：

> 宰我問三年之喪："期已久矣。君子三年不為禮，禮必壞；三年不為樂，樂必崩。舊穀既沒，新穀既升，鑽燧改火，期可已矣。"子曰："食夫稻，衣夫錦，於女安乎？"曰："安。""女安則為之。夫君子之居喪，食旨不甘，聞樂不樂，居處不安，故不為也。今女安則為之。"宰我出。子曰："予之不仁也！子生三年，然後免於父母之懷。夫三年之喪，天下之通喪也。予也有三年之愛於其父母乎！"（《論語·陽貨》）

孔子在此明確指出"三年之喪"（即禮）所表現的價值是對

---

[1] 此說為當代中國哲學的共識，可參見徐復觀先生著《中國人性論史：先秦篇》（台北：商務印書局，1969年）第二版第四章第四節，特別是第90頁，及勞思光先生《中國哲學史第一卷》（台北：三民書局，1981年）第58頁。

父母去世的哀傷，即心之感到不安之處。此不安即是我們仁心的表現。父母死時不感到不安，反而快樂地穿美衣、享美食，對父母之死毫無哀慟，此即是人心之麻木，所謂"麻木不仁"。"麻木不仁"即是不道德的表現。這是孔子所見出人之為人的價值所在，是人與人相處的道德規範的根源。孔子以仁為一切德行的核心，由仁之實踐而顯化為各種美德，如孝、悌、忠、信等的表現。此段引文亦證明上文所謂攝禮歸仁之旨。但"仁"之意義並不止於同情共感，而更推廣而為天地萬物所稟賦的價值。故孔子在答子貢之問時指出：

子曰："天何言哉？四時行焉，百物生焉，天何言哉？"（《論語·陽貨》）

孔子在此指出天道不止在人身上，更是流行在天地萬物之運行與生生不息的表現之中。此天道自是孔子由實踐仁道，"下學而上達"（《論語·憲問》）所見證的普遍的天道：天道即仁心之無限擴展。所謂"踐仁知天"是體證仁的超越而普遍的價值，超乎個體形軀，超乎一家一族、一地一國之限制，普而為天地萬物生生不息、息息相關的痛癢苦樂的感通。仁者心能感通，與山相觀而樂山之厚重，與水相照而樂水之靈動。天地山川皆能與人相感。從根源上，人出於天地，為天地所孕育，然天地萬物何物不然？因此，孔子肯定天地萬物也具有天道之價值，是人所應參照體會和應予以合乎人道對待的事物。孔子同時指出"人能弘道，非道弘人"，這是人之為天地最靈秀的生命,由仁心之感通而顯現天道之生生不息之流行,此即是人在實踐天道時之主體能動性,即把天地之仁心推廣到事事物物上去,而見出天道之生生不息之義,強烈表現出人與萬物在天道的價值上一體的意義。如果把孔子主張之"興滅國,繼絕世"的主張,延伸到物種與自然上去,則孔子之仁心亦必涵蓋各非人類的物種,而不願見到有任何物種之滅絕,即不但有拯救瀕臨滅絕物種的責任,更有復育物種的道德義務。此中即可見出孔子在環境倫理學中的一些基本的義理。這些義理後來更由孟子與《中庸》《易傳》等進一步發揮。

孟子以不忍人之心發揚孔子仁心之義理,確立道德的根源和人之為人的價值所在。孟子論證指出:

> 孟子曰:"人皆有不忍人之心。先王有不忍人之心,斯有不忍人之政矣。以不忍人之心,行不忍人之政,治天下可運諸掌上。所以謂人皆有不忍人之心者,今人乍見孺子將入於井,皆有怵惕惻隱之心,非所以內交於孺子之父母也,非所以要譽於鄉黨朋友也,非惡其聲而然也。由是觀之,無惻隱之心,非人也;無羞惡之心,非人也;無辭讓之心,非人也;無是非之心,非人也。惻隱之心,仁之端也;羞惡之心,義之端也;辭讓之心,禮之端也;是非之心,智之端也。人之有是四端也,猶其有四體也。"(《孟子·公孫丑上》)

不忍人之心是不忍他人受傷害的心,是一道德意義的心靈或意識之表現。孟子在此以乍見孺子將入於井時，即目睹一無辜幼稚的生命即將受到嚴重危害的情境，點出我們內心自然湧現的一種悸動，我們內心這種本具的怵惕惻隱的悸動，即是孔子之不安之仁心的表現。這種悸動是我們日常都有的，如見到一位小孩手裏的小刀快要刺到自己，如果這小孩是自己的親人，則更激烈；又如日常見到小狗茫然在車水馬龍的大路中轉來轉去、險象環生之時，等等，我們內心都不期然有所悸動。此種悸動之感實不限於人類，對一切生命突然受到傷害，有生命的物種都自然有所反應。此惻隱之感動乃是一切行動之先的內在自覺的悸動：它要求我們有所行動，即解除孺子或小狗將要受到的生命的傷害。它是自發的、內在的、自我的道德要求，是有具體道德指向的。如果我們不依此而行，如不顧孺子而去，我們即自知是有違道德的行為。[1] 因此，不忍人之心是人類的道德價值根源所在，也是人類能自覺表現的道德能力。孟子認為這不但是仁政王道的基礎，也是使我們通於宇宙萬物的主體能動性：

孟子曰："盡其心者，知其性也。知其性，則知天矣。存其心，養其性，所以事天也。殀壽不貳，修身以俟之，所以立命也。"（《孟子·盡心上》）

孟子是用不忍人之心之為善來論證性善，所以充盡我們的不忍

---

[1] 有關孟子此段文的詳細論證分析，請參閱我的《儒家道德規範根源論》（台北：鵝湖出版社，2013年），第191—198頁。

人之心，即可以知道我們的人性的全部內容，而充分知道人性的內容，即知道天道的全部意義。由此可知，孟子的不忍人之心即是天道之內容，因而也具有超越而普遍的意義。也可由充盡此心之道德命令，使我們的生命雖有限而可體現無限的價值，即與天合德。由此，我們可以得到安身立命之道。換言之，由充盡道德本心的要求，即可以達到與天道之價值，由此而見出我們與天地萬物為一體的生命意義與生命價值。

換言之，依孟子之論證，我們通過道德實踐，不但表現人之道德性，人之人性，同時表現出天道之生化萬物的意義與價值。我們最後所成就的不限於人間世界，實可達到與天地同流。

> 夫君子所過者化，所存者神，上下與天地同流，豈曰小補哉！（《孟子·盡心上》）

在實踐中我們使所遇之人與物都得到化育，體現出天道的精神與意義，我們的生命即與天地萬物同流而無窮。此即見我們與天地為一體的意義。而在此過程中，物物皆有所感化保育，我們的道德實踐對天地萬物之缺憾也具有重大的補救之功。因此，孟子又說：

> 萬物皆備於我矣，反身而誠，樂莫大焉。強恕而行，求仁莫近焉。（《孟子·盡心上》）

由於人與天地萬物之為一體，宛似萬物都具備於我的一身，我與天地合而為一，我們的生命與天地同為無限。所以我們能真誠實踐道德之要求，踐行仁恕之道，與天地萬物感通，同情共感，我們的生命即與天地萬物通為一體，感受到宇宙之無窮，超脫個體生命之局限，實現人生雖有限而無限的價值，與宇宙同為無限，此中之樂自亦無窮。

孟子認為此不忍人之心是人人所生而有的道德本心。如果發揮於實踐，自然見於所成之道德行為。一般卿士庶民自然常有喪失此本心而有不道德表現的時候，有如放失了道德的本心，不能盡自己的道德責任以待人。但此心實與我們的生命常在，人只是遺忘而無感，宛如遺失不在而已。同時，孟子認為此不忍人之心，不但見諸人與人之間的同情共感，亦可見諸人與動物之間的感通。縱使嗜欲甚深的名利權力中人，如戰國之齊王，當見到牛之將無辜受死而有恐懼不安之情的表現，也不自覺心動，因而下令赦免此牛而改易以羊（《孟子‧梁惠王上》）。孟子認為這即是不忍人之心的自然流露，因而指出：

> 君子之於禽獸也，見其生，不忍見其死；聞其聲，不忍食其肉。（《孟子‧梁惠王上》）

換言之，儒家對生命的感通並不限於人類，並不限於孺子，而是對天地萬物都有同情共感。但地球生命之互相倚賴而生存，乃是生態之自然循環，人類位於自然生態之食物鏈之中，也不能自外於此。因此，儒家並不主張素食。孟子的基本主張是"親親而仁民，仁民而愛物"，是愛有差等之擴充表現。但孟子也主張寡欲以養心：

> 養心莫善於寡欲。其為人也寡欲，雖有不存者，寡矣；其為人也多欲，雖有存焉者，寡矣。(《孟子·盡心下》)

寡欲不但養心，使不忍人之心更能時時流露而不致對人對物冷漠，而且也減免其他物種受人類的大量取用而滅絕。在古代社會，除了富貴人家，一般人日常中沒有多少肉食可享用。所以孟子在外王之道上常強力要求帝王為民置產，最高的要求也不過使長者得有肉食以養身。而一般日常生活仍以節儉、免於飢寒為主，祈能使人民養生送死而無憾。這即是孟子所主張的仁政王道：

> 不違農時，穀不可勝食也；數罟不入洿池，魚鱉不可勝食也；斧斤以時入山林，材木不可勝用也。穀與魚鱉不可勝食，材木不可勝用，是使民養生送死無憾也。養生送死無憾，王道之始也。五畝之宅，樹之以桑，五十者可以衣帛矣；雞豚狗彘之畜，無失其時，七十者可以食肉矣；百畝之田，勿奪其時，數口之家可以無飢矣；謹庠序之教，申之以孝悌之義，頒白者不負載於道路矣。七十者衣帛食肉，黎民不飢不寒，然而不王者，未之有也。(《孟子·梁惠王上》)

孟子在保障人民不飢不寒之餘，亦同時要求開放山林洿池讓百姓取用，但基本原則是要保持魚鱉山林可以永續無窮，不能竭澤而漁地剝削大自然，以致其他物種被滅絕。

孔孟之以天道運行於人間宇宙，以人與天地萬物為一體之義，更見諸後儒的發揮。如程明道之"仁者渾然與物同體"，伊川云"天地之間只有一個感與應而已"，陸象山說"吾心即宇宙，宇宙即吾心"，王陽明之"大人者與天地萬物為一體者也"等論述，都顯示與自然休戚與共，是儒家的基本義理與共識，都是繼承孔子所開啟的人與天地萬物為一體的觀念，並不以為人種有異於一切物種而獨自尊榮，更不會主張以人為宇宙中心的人類中心主義。反之，由於人類之為能與物感通，又能推擴天道的價值，因而有更多的道德義務去履行天命，要盡道德義務去保護、保育、化育萬物。儒者雖然指出天地之大德在生生不息，但也正視天地之化育有不完美之時，因而有天生殘障之人，有不得健康成長的動植物等，此在《中庸》即指出"天地之大也，人猶有所憾"，《易‧繫辭傳》亦以天道為"顯諸仁，藏諸用，鼓萬物而不與聖人同憂"。面對生命之傷痛時，人類的不忍人之心即自然生起而要加以援手，以求能使天地萬物得以"各盡其性分"。以下先簡述當前的環境倫理，再申論儒者的生態倫理觀。

二、現代生態學對人類生態倫理之啟示

依儒家之義理，道德行為乃出於仁心或不忍人之心的義務要求而來，因此並不是說，單純依於自然規律而行就是道德

的。此在孔子答宰我之問時即已見出：孔子並不認同宰我所提的道德行為只需依自然之週期現象，如鑽燧改火、一年換一次穀物為食的自然現象而行的主張。但是，儒家也不能違背自然界所設定的客觀限制，如人與物總有生死，生物總得在互相構成的生物食物鏈中生存。但人類也總有自我的道德要求，要改善或減少自然生態中的不幸事件或狀況，以減少生命的痛苦與傷害。因此，生態學對於人類的道德決定與倫理行為有著不可輕視的限制和影響。

地球當前的生態現狀所展示的是自然世界經億萬年來自然演化的結果，它具有一定的穩定性。在任何一個相對獨立的自然區域中，整體的環境會形成相對穩定的系統，其間的動植物與川流山石形成環環相扣的生態系統，任何一方面的變動都會牽引各分子相應的調節。如果一部分有激烈的變動，則整個生態系統即會被破壞而產生巨大的生態變遷。個別區域的生態系統，如極帶、熱帶雨林、沙漠等，各有其特殊的生態形態和多樣的生物物種。但各生態系統之間更有巨幅的跨區域影響，層層結合成為全球的生態大系統。全球式的巨大變遷，如地球暖化，對各區域的生態系統，以至各區域生態下的小生態系統都產生巨大的影響，引發全體的變遷。此所以全球暖化影響的絕不會只是一國一區、一物一種的生態，可以說是以巨大無比的力量主宰和牽動全球的變化。生物之互助互利，如各種生物常會出現的共生現象（symbiosis）已是生物學的常識。生態學的觀察與研究更進一步為我們指出地球上全體的生物構成一生物社群（biotic community）：全體生物與大地結合為一"生物金字塔"（biotic pyramid）或"大地金字塔"（land pyramid）。[1]它的底層是泥土與水，之上是植物、各種小動物、大型哺乳類動物，以及頂端的巨型肉食動物等。最底層的物種與數量最多最大，愈往上則數量愈少，因而形成一金字塔形的結構。這是一由自然演化而形成的食物鏈，是以各物種食用方式而形成的一個生態系統。人類與許多雜食類的大型哺乳類動物處於此金字塔之近頂端。但所有生物都在一互動、既競爭又互助的生態系統之中生存發展。在此全體環境之下，人類只是這整個生態系統的一分子，沒有特殊優異的地位：人、獅子、螞蟻與草木都一樣，無所謂高低。人類在此只是生態公民（ecological citizen）的一分子。相對人類之為大自然中的一物種，自然的力量乃是人類所不能比擬的。人類可以滅種，而大自然會永存。在地球的演化歷史中，自然界是一可自然調節平衡的社群。因此，人類必須尊重生態的規律與限制，無知的干擾或亂動，不但大大增加各種物種生存的風險，也可使人類自我毀滅。

　　人類作為自然世界中所產生的具備道德自覺能力的物種，有著特殊的地位，也有著特殊的責任。人類可說是唯一的物種，對於其他物種的生命，特別是苦難或死亡，具有跨物種同情共感的生命。人類由於巨大的智力而開發出巨大的能力，不但可以毀滅地球所有的生命，如引發核子大戰，也通過無限制地開發和運用自然資源，造成今日全球暖化的巨變。人類這種破壞自然生態平衡所帶來的毀滅性情況，是人為的結果，人類

---

[1]　此兩名最初出自 Aldo Leopold，請參閱 *A Sand County Almanac*，第 214—220 頁。

也有道德義務去加以補救糾正,而不可說"非我也,天也"來推卸責任。利奧波德在大地倫理的論述中,最後提出一著名的大地倫理原則:

> 如果一種事物傾向於保持生物社群之通貫性、穩定性和美,那它就是對的。反之,它即是錯的。[1]

這一原則成為今日環境倫理學的基本原則。此並非說環境不會改變;但人為之破壞則被批評為不道德的,甚至是不可接受的。利奧波德進而首先提出"生態良知"(ecological conscience)之說,要求我們在保育上要具有良知之表現,不能只為資源開發和自己的利益而破壞自然的平衡。西方學界更有進而以地球整體為一生命體的提法,因而有所謂"蓋亞假說"(Gaia hypothesis),取古代希臘保護地球的女神"蓋亞"(Gaia)為名的學說,即以地球為各種因素與分子構成一生命。[2] 而人類只是此大生命體的一部分,可以說是地球具有自我意識的一部分。此有似王陽明肯定"人為天地之心"之說。

---

[1] 參閱 Aldo Leopold 著 *A Sand County Almanac and Sketches Here and There* (New York: Oxford University Press, 1949),第 224—225 頁。
[2] 此說發自 James Lovelock, *Gaia: A New Look at Life on Earth* (New York: Oxford University Press, 1979) 一書。詳論此說與大地倫理之結合,請參見 J. Baird Callicott, *Earth's Insight: A Survey of Ecological Ethics from the Mediterranean Basin to the Australian Outback* (Berkeley: University of California Press, 1994),第 36—43 頁。相關的討論,多種環境倫理學讀本都有選取,或請參閱 Louis Pojman (ed.) *Environmental Ethics: Readings in Theory and Application* (Sudbury, M.A.: Jones and Bartlett, 1994)。

但陽明以及傳統儒者之肯定是從人之心靈之能感通天地萬物而立言，人與天地萬物有所感通，以至結成一體，是出自人類心靈之主體能力，仍然保留人類與物種具有一定的相對獨立個體的意義。蓋亞假說在生物學上自然難以被接受，但就地球生物之間的依存，和生物與大地之間的聯結，以及生命之間所具有的同情共感而言，由此可說為構成一緊密的生物社群，並非不可說。

　　從物種演化和人類在自然世界中的地位和表現來說，自然界經過億萬年的進化而產生如此豐富的物種，以至具有心靈能力的高等動物和人類，此中的自然調節與發展，深具一種生態上的道德意涵，以至生命智慧的表現。生態學所啟示於我們的是：自然世界可以發展出種種有價值的生命體和相對穩定平衡的系統，不能以無知的人類妄求或片面行動去隨意破壞或引起巨大的變遷，讓整體的生命系統受到不必要的風險。傳統儒家從人類心靈所具有的道德能力出發，因而產生了與天地萬物和諧並存、生命感通的一體感受，因而直以此種生命之不斷生長發展之道德感受作為天道的表現，由仁心契接天心，彰顯天道生生之德，建立人與天地萬物的倫理關係，並非無意義的形而上學的幻想。儒家由此道德良知而發出生態倫理的洞見，正可推廣到當前的環境倫理爭議與課題上，提供以全體生命福祉為依歸，以同情共感為依據的生態原則，疏導我們對環境正當和正確的價值取向，並解決人類與地球所面臨的生態危機。

三、儒家盡己性、盡人性、盡物性之環境倫理原則

儒家的生態倫理可以說是由每個人之道德實踐中即可以自然伸展出來,成為一種回應跨國界、跨物種的環境倫理學。因為,儒家的義理中已含有天、地、人的內在關係。人類的道德行為並不只限於人間世界,亦同時含有可伸展和必須伸展到天地萬物的應有行動上。

上文所引孟子之擴充道德的本心與養心寡欲、外王之社會政治之說中,已略見儒者在關心人道的建立,在為人民建立安身立命的仁政王道的要求中,即同時含有與天地萬物的一種對應關係。一方面見出人類的不忍人之關懷不限於人類,而可擴及動物,而在人生需求之滿足上不求奢華,更要求能讓物種永續繁衍,日形豐盛,讓物種與後代得以化育無窮。後之儒者如周濂溪之"窗前草不除",程明道之"觀雞雛可以知仁"、由此以"觀天地生物之氣象"等,都是從日常與動植物的互動和體會中,感到其他生命所具有的本有價值和意義,並不受限於人類的特有價值或觀念。此在《中庸》亦有"天地之道,可一言而盡也,其為物不貳,則其生物不測"之洞見,可以說代表了儒家從天地的角度來看待人與萬物的關係。如上所引"天地之大也,人猶有所憾"之語,即可以見出儒者實有不忍天地萬物受苦之情,由是而有自我要求參贊天地之化育,此即人類在道德實踐上所要求的"參贊化育原則"。與此原則為一體兩面的

原則又可名為"各盡其性分原則"[1]:

> 唯天下至誠為能盡其性,能盡其性則能盡人之性,能盡人之性則能盡物之性,能盡物之性則可以贊天地之化育,可以贊天地之化育則可以與天地參矣。(《中庸》第二十二章)

性分即是一生命所被稟賦的才性知能的表現,在天地萬物即是其自然生命之自然健康繁衍,在人類則更包含人心的道德性分,即在道德上不受扭曲,成為一道德人格的表現。此後者常是儒者所意指的性分。所謂盡己性,即是充分發揮自己所稟賦的能力,即仁心或不忍人之心所自我要求之道德義務的表現。在儒家來說,實踐道德是人人皆能實現的行為。如果一個人能把此性分充分發揮至盡,他即是聖人。這自是一最高的理想人格的完成與表現。而在此盡一己之性的表現中,我們即同時在盡他人之性分,即,使他人得到道德的保護,不受夭折之報,得到天地生生之德的化育,更能發揮自己的性分。如果此理想能普及人間,此即是一大同世界。同時,在人與天地萬物的關係上,盡己性即同時盡物性,即發揚出每一物的一切性分。此性分自是一切生物在天道之生化之下的各種稟賦,包括不會夭折或受到摧殘。如果一個人真能達到盡己性以至盡人

---

[1] 對於此兩原則的詮釋和運用於生命倫理學的分析方面,請參考我的《儒家生命倫理學》(台北:鵝湖出版社,1999年)第四章第三節。

性、盡物性，則無疑成為天道化育的參與者，與天地同為無限。在此而言，儒家實無所謂人類中心的自大，更不以人類之自私目的或利益為中心，而必定伸展為以天地萬物為中心的主張。因此，儒家的觀點可以說是一"生態普遍主義"（eco-cosmopolitanism）。[1] 如同上引《中庸》和《易傳》之言，從天道的視野而來的普遍一同的觀點。此觀點與生態中心主義有重疊處，但也有重要的不同之價值區分。

人之所以有此盡物性的責任是由於人能自覺道德本心之不容已。此是孔子所謂"人能弘道""興滅國、繼絕世"所意涵的人的道德義務。但儒家並不是純然的理想主義者，自亦正視人類在現實上仍然是一有限的個體，也有各種不可分割的特殊義務的要求。因此，儒家在盡一己的義務時必定堅持由近至遠，由最切身而不可免的倫常義務開始，此即孔子之"弟子入則孝，出則悌"之由家庭倫常實踐開始，到孟子所謂"親親而仁民，仁民而愛物"的步步展開。這是人類道德實踐之歷程，而不是差別待遇或物種歧視。每個人對自己幼少所承受的父母的養育之恩，有首先回報的義務。至於人之由仁民而愛物，亦猶親親而仁民一樣，並不是對他人或其他物種的歧視。孟子也必要求"老吾老以及人之老，幼吾幼以及人之幼"，不限於對

---

[1] 猶如儒家在人間世界的主張上，雖重視由個人家庭倫常出發，但必定伸展到天下太平的大同世界為止，是一種宇宙普遍主義（cosmopolitanism）。儒家也是一種生態上的宇宙普遍主義（eco-cosmopolitanism）。此與西方主流的生態中心主義（eco-centrism）不同，也不會產生諸如所謂生態霸權主義之弊。此中有重要的差別，但非本文所能及，或日後再另文為之。

家人之義務，而必伸展到對其他人的義務。但是，每個人之個別的生長歷程，必由特定的家庭以及社會國家開始，因此，除非在具有更重大的道德理由之下，否則每個人總有對自己的家人，以及社會、國家，帶有不可逾越而不顧的義務。儒家以此為人人易地皆然的義務順序，是普遍而又特殊的義務責任。如果人人皆能盡所應盡的分內的義務，則天下人亦各得其所應得的幸福而無人有遺憾。由此而由對人與對各種生命和事物的義務開展的順序，也是依人之有限能力與優先要盡的各種特殊義務而行，如果人人皆能盡此種義務，則亦可以使物物皆得其所而無憾，由此而可臻至天下一家、天人合一的理想。此種順序方為一合情合理的道德實踐的開展。從天地或生態之角度來看人類對待其他生物的應有行為，原則上是符應一切生命之性分的要求和合理的表現，不會也不能違背生態之原則與限制，這可謂是人類作為一"生態公民"的責任和足以完成的義務。

這種生態公民責任的自我要求，並不表示人類對生態系統毫不介入。事實上，人類作為一生態社群中的成員，且是最有影響力的成員，不可能完全置身在全球環境發展之外。人類不只有義務去避免對生態系統產生傷害，如人為地使某些物種毀滅，更有積極的義務去保護瀕臨滅絕的物種，要調節和減輕生態系中不必要的苦難。西方在反省和追究人類在工業革命之後大量和無限制剝削大自然的資源，包括動植物的行為上，有學者認為是傳統基督教義所認可的。但有部分學者則認為傳統基督徒誤解了基督教義，上帝並不是給人類以宰制大自然的權力，而只是賦予托管的責任。因此，西方社會重新詮釋人類的責任，配合生態的自然發展，創立一種新的人與自然的關係，即以人類為地球的守護者（steward）[1]，守護萬物，以不干涉生態為原則，既不傷害物種，亦不主動作出補救的行為。但實質上，西方社會仍不免時常採取比較積極的干涉行動，如搶救瀕臨絕種動物，或射殺繁殖較快而有破壞生態平衡之虞的物種，等等。在儒家之倫理思想來看，人類固然不可以人類中心的觀念而行，不能把大自然視為人類可以予取予求的無限資源，但由盡物之性分而來的道德要求，人類也有義務協助消解自然界中的不幸事件。搶救瀕臨滅種的物種、救護在大自然中本不能生存的弱小的初生的生命，或受環境淘汰的物種等，實際是干涉生態的自然運作，是運用人類的力量以抵抗自然的淘汰、優勝劣汰的自然演化。但儒家不以為這些是不當的干涉。因為，物種的豐富不但可以使生命保持多樣化，也可以保留生命之間的聯繫，不致中斷而滅絕，除非是人類所無能為力之處。許多保育和救助後的動物植物可以重新發展，也不一定有害生態之自然平衡。因此，儒家認為人類在大自然實有更積極和更進一步的責任，即要擔任為自然界的"化育者"（nurturer），即，要對天地萬物盡一種無私的保護責任，參贊天地之化育，以使與人類實同為一體的其他物種，得以共存共

---

[1] 西方環境倫理學尋求理解何以自工業革命以來，西方社會會以自然界，包括一切動植物，視為可以任意運用的自然資源，因而大量開採消耗而引致環境急速污染。一些學者認為這是由於基督教向來主張天地萬物是上帝為人類所創造，是人類可以運用的資源。由此引起一些基督教環境倫理學家的反駁和重新詮釋相關的聖經文獻，得出上帝只給人類以守護者的責任，並不是傳統所誤解的主宰的權力的結論。

榮。在擔任"化育者"的責任中，我們也得運用各種知識工具，包括生態學，以達到生態平衡無害。

四、儒家的全球環境倫理之綱領

人類在人口數量不足，能力有限的世代，對於自然世界的傷害和義務可說是自然的平衡。自然界在過去數千萬年似乎都能無限地滿足人類的需求。如果有人類社會或文明做出超過自然資源所能提供的過分要求時，人類有如其他的物種一樣，會自我傷殘而滅絕或減少數量，讓自然世界回到平衡。這些人類文化和社會或是通過戰爭形式來減輕資源不足的負擔，或是自己滅亡而消失。但是，自從工業革命之後，人類的能力大幅提升，對自然世界的剝削能力也更強，似乎更有能力克服自然的限制，使人類的社會和文明可以突破自然的限制而延續。比如人類使用的自然儲藏多年的石化燃料，包括石油、煤炭、礦物等，都已超過臨界點，已在日漸枯竭之中。目前人類的人口早已超過專家評估地球所能負擔的六十億人口的數目，甚至已超過七十億人口，而且還在不斷增長之中。此即表示，地球已無法及時消化人類的廢棄垃圾，已沒有足夠的時間重建自然資源。人類的需求實已無法永續（sustainable），資源日漸減少，最終不免由於資源爭奪而大戰，或人類日益降低生活水平，以至不知伊於胡底。

這種情況現在正呈現為地球暖化的現象中。學界基本上同意目前的地球暖化是由人類的活動所造成的，即它是一個人為的結果，當然是一個經歷近三百年的人類活動而來的結果，而不是自然的演化。目前已有地球科學家稱此為"人類世紀"，可見人類的影響力量已大到足以與大自然的變遷相比。地球暖化所造成的影響是巨大而全球性的。由於地球暖化，南北極冰帽冰川大量融化，且速度越來越快，導致洋流改變，海平面升高，溫帶北移。由此產生近年常有的所謂厄爾尼諾現象，莫名的巨型暴風雪，反常的氣候變化，雨水分佈嚴重偏差，有些地方嚴重乾旱，山林大火頻發，有些地方則強雨如注，甚至西方先進的城市也不免浸泡，人命與財產的損失已以千萬億兆計。部分島國和各大洲瀕海地區的人民將面臨被水淹沒的命運。未來更可預見空氣、淨水、土地等人類賴以生存的必需品，都會成為國與國、人與人之間激烈爭奪的資源。凡此，皆反映出全球的環境已在極度惡化之中。此真是回到了20世紀50年代產生環境倫理學時學界所感到的人類生存的危機。而我們或我們的下一代所遇到的是遠非他們所能想象的情況。全球倫理的思維恐怕是我們最能避免災難性生態崩潰和無窮戰亂的唯一出路。

但是，很遺憾的是在過去全球專家與熱心人士全力促成的《京都議定書》(Kyoto Protocol)卻被以美國為首的部分西方國家以國家利益為藉口，以影響自己國家經濟與人民生活為理由，悍然拒絕簽署，甚至當已達到原初美國以為絕不可能的超過1990年全球排放量的50%以上國家簽署時就自動生效的時候，美國總統和國會還不接受，還動用所謂持不同意見的科學家來辯護，否認地球暖化的事實和後果。由此而造成近年的多個關鍵回合的談判失敗,全球溫室氣體排放量不減反增。2010年已到了《京都議定書》的結束期限,世界再無共同的協議可以分擔減緩地球暖化的共同行動。因此,當最關鍵的2011年的第13回合談判在哥本哈根展開時,大家都感到非要取得實質的進展不可了。但這次會議卻在彼此不信任和沒有真誠意願承擔之下,只由美國與金磚三國之中國、印度、巴西和歐盟公佈一個沒有約束力的《哥本哈根協同書》(Copenhagen Accord),留待更下一回合的談判。而飄風雪雨卻在這三年變得更加狂暴。各地人民所受到的損失已遠遠超過當年預計可以減低暖化的龐大經費。由此可見,我們如果不能認知地球暖化是全球性巨大災害的變遷,不能認知這是每個人作為"生態公民"所不能逃避的責任,地球環境惡化是不可避免的結果,而受難的絕不會只是某些貧困落後的國家與人民,全球實無人無國可以幸免,人類也將遭遇有史以來最大的人為災害。在西方先進國家、地區或組織方面,歐盟可說是最有誠意和投入資源解決減低溫室氣體的,美國的反應最為惡劣。美國自奧巴馬上任後,態度已有巨大的轉變,但美國國會仍有強硬不管他國和全體人類福祉的議員和政黨,在最近的未來是否可以達到更有實質意義的國際公約,尚未可知。但一再拖延只能加深環境惡化以至不可再修補的地步,結果恐怕是我們會親眼見到人類因為各懷私心,國家各懷私利,而爆發全球生態的災難。也許各國公民必須盡力督促政府加強與各國合作,加速減緩地球暖化的行動,或可望減少一些傷害。

環境災害無國界。人類的回應必須摒棄一國一地的自私考量。必須跨國合作才可能解決全球性的污染這種跨領域的巨型災難。所謂危機也是契機，這種跨國而又必須同心協力才可以消除的巨大災難也可以是一個機會，讓不同國家族群的人類知道地球只有一個，所有人類都在同一條船上。儒家不但提供了人類一家的觀念，也表明了人類與天地萬物為一體，是不可分割、休戚與共的生命共同體之義。不管在基因上，還是在地球村之全球化的發展上來說，人類之間與全球生態都已密不可分。人類一家已近乎現實。打破民族國家的界限是必然的發展方向。從儒家的觀點來說，天下本就是天下人的天下，天下本是一家。土地不能因為你早到佔有了就可以排除他人，大地是所有人與生物所共有的。民族國家只是人類歷史發展的一個階段，並不是最後的歸宿。人類必須再進而結成一體，否則終不能完成人間的理想，也不可能永遠消除國家之間的戰爭和不必要的分隔與傷害。環境問題最後逼出我們要承認人類一家的結論。在不久的將來，低窪地區的人民即面臨無處安身的困境，開放國家疆土是勢在必行的方法。也許各國都必須彈性開放國界，容許這些氣候變遷的難胞進入，稍盡人道的義務。

　　如上所述，人種與其他物種實是在一不可分割的大地金字塔的整體之內，是生物社群的一分子，都是生態的公民。在物種之間的公平生存而言，人類也不可能無限生長而搶奪其他物種賴以生存的資源，把其他物種趕上絕路。其他物種滅絕則人類亦不免同樣走上窮途。目前國際上的生命倫理學界與環境倫理學界都在熱烈討論減少人口的道德責任和數量。人類的數量已導致自然生態的改變。人類有責任縮減自身的數量，否則必引致其他物種的大量和快速滅絕，人類恐怕也不能避免傷害，以致引起自相殘殺和共同毀滅。因此，縮減人口已成為具有道德反省能力的人類所要勇敢負起的責任。儒家在過去因為人類生殖不易，死亡與夭折率雙高，會有人得不到天倫之樂，家庭是每個人最後堡壘的基地，因而傾向增加生殖，使人口繁盛。但是，目前人口已遠遠超過任何歷史時期，絕無家族有無後之憂。同時，儒家支持領養和過繼等方式組成家庭，且經驗證明這些家庭也具有同樣的倫理親情的表現，因此，血緣不是最重要的因素。儒家所重視的是共同生活的家庭關係，它形成我們每個人的自我認同和人格同一性所在。任何家庭形式的關係和親密關係，由於共同的親密經驗，構成人們之間共同的人格內涵，甚至不分彼此。人與動物，特別是寵物，也會產生類似的彼此認同的關係。事實上，地球上的一切都與人類的自我認同不可分：智人就是在地球的各種因素和各種生物互動之下的成果，根本上不能撇除地球和地球上的其他物種來被界定。因此，站在人物一家的觀點上，人類自我限制而逐步減少人口數是應有的義務和應有的行動。

由於生態問題常是全球性的，人類只能由個別的人去行動，個人所產生出來的結果似乎渺小而微不足道。但是，我們很難得到全球性一致的行動，也不能等全體行動才開始。以目前的民族主義和國家利益當道的世界來說，要達成真正無私的共同行動，實在難以樂觀。環境並不容許我們再等待，我們也只能各盡自己分內事，去為解決這種全球性災難而盡自己的力量。此所謂"全球在地化行動"（glocalization），也許由少數人的行動最終喚起共同的意識和行動，是唯一可以使全球行動實現的方法。在此，儒家實提出我們必須盡自己性分而行的義務，一個最簡單而又有效的行動：就是過一種樸素寡欲的生活。簡單的生活不但於身心健康有益，也有助減少自然資源的消耗，減少對其他物種的傷害，更能真正達到節能減排的效果，對於拯救地球物種，防止災害，都會有立竿見影的功效。

以上所述，只是儒家的環境倫理的理論和基本內容。[1]

作者簡介：李瑞全，男，廣東新會人，美國南伊利諾伊大學哲學博士，現任台灣"中央大學"哲學研究所教授，學術專長為當代新儒家哲學、康德哲學、休謨哲學、中國哲學、生命倫理學、環境倫理學與應用倫理學等，主要著作有《當代新儒學之哲學開拓》《休謨》《儒家生命倫理學》《應用倫理與現代社會》《醫療倫理諮詢：理論與務實》《儒家道德規範根源論》等書，發表中英文論文一百多篇。

---

[1] 至於當代新儒家的環境倫理學的一些深入論述，請參見我在 2003 年 10 月 31 日在淡江大學文學院主辦的"文化與環境國際學術會議"發表的《當代新儒學之環境倫理學：唐君毅哲學之開展》；對近年的環境倫理較細緻的分析，請參閱另外兩篇論文：《都市生活之生態存有論基礎》與《哥本哈根協議後綠色生態倫理之反思：儒道對全球生態倫理的再造》。前者發表於"中央大學"、南京大學、香港中文大學於 2010 年 11 月 6—7 日在"中央大學"合辦之第五屆兩岸三地人文社會科學論壇"綠色啟動（Green Initiative）：重探人與自然關係"；後者則宣讀於由成功大學中文系與台南市哲學會於 2010 年 11 月 20 日在台南成功大學合辦之"生態倫理與再現"研討會。

儒家的生態倫理思想與可持續發展

白 奚

內容提要： 早期儒家把倫理道德觀念引入對待自然萬物，實現了中國古代生態觀由生態智慧到生態倫理的轉變。孔子以人類特有的仁愛之心對待萬物，這是儒家生態倫理的萌芽或雛形，但尚無理論構建和深入闡發。孟子提出"親親而仁民，仁民而愛物"的重要思想，把自然萬物納入人類道德關懷的範圍，並把"愛物"視為仁德的最終完成，從而真正建立起儒家的生態倫理思想，成為後世儒家的一個重要傳統。宋明理學家整合了"人者天地之心"的傳統思想資源，提出了"萬物一體"的思想，對"仁民而愛物"進行了形而上的哲學論證，強調人類必須對萬物承擔倫理責任和道德義務，把"贊天地之化育"看作完善人的道德世界的最高形式和最終實現，從而深化和發展了孟子的生態倫理思想。儒家的生態倫理思想對當前人類解決生態危機具有很高的借鑒價值，將道德因素引進生態與環保工作中，在人與自然之間建立起一種具有道德情感的和諧關係，有助於實現人類社會的可持續發展。

引　言

　　過去的一個世紀，是人類歷史上一個突飛猛進的世紀，科學技術得到了持續的飛速發展，人類征服自然的能力空前加強，創造的物質財富超過了以往歷史的總和，但同時也付出了高昂的代價。人們忽略了或無暇顧及資源的合理利用和環境保護的問題，無節制地、掠奪式地開發自然，破壞了自然生態的平衡，人與自然的關係變得日益緊張起來，遭到了自然界的懲罰和報復。資源的日漸枯竭、環境的日益惡化降低了人類的生活品質，甚至危及到人類的生存。我們國家當前所面臨的生態危機是相當嚴重的，不僅是自己歷史上最嚴重的，同時也許是當今世界上最嚴重的。

　　面對日益嚴重的全球性生態危機，人類不得不重新審視自己的行為，不得不來修復、改善和挽救人與自然的關係。保護環境、節約資源、恢復和維護生態平衡已逐漸成為全人類的共識，可持續發展的觀念正得到普遍的回應和重視。自20世紀70年代起，生活在不同文化傳統和社會制度下的世界各主要國家的人文社會學者和自然科學家開始聯合起來，致力於針對人類環境狀況和發展戰略對策的大規模研究，陸續完成了一系列重要的研究報告，如1972年由58個國家的152位學者共同完成的《只有一個地球》，1991年由世界自然保護同盟、聯合國環境規劃署、世界野生生物基金會組織編寫的《保護地球——可持續生存戰略》。聯合國的相關組織機構也陸續通過了一系列旨在保護人類生存環境的重要文件，如 1972 年通過的《人類環境宣言》(亦稱《斯德哥爾摩宣言》)，1982 年通過的《世界自然憲章》，1992 年通過的《地球憲章》(亦稱《里約環境與發展宣言》)。這些研究報告和文件對人類賴以生存的生態環境的惡化狀況進行了充分的評估，並提出了嚴重的警告，如《只有一個地球》指出："如果人類繼續讓自己的行動被分裂、敵對和貪婪所支配，他們將毀掉地球環境中的脆弱平衡，而一旦這些平衡被毀壞，人類也就不能再生存下去了。"[1] 環境保護已經同和平與發展這兩大主題一起，被當作未來人類社會所追求的三個基本目標，《人類環境宣言》指出："為了這一代和將來世世代代，保護和改善人類環境已經成為人類一個緊迫的目標，這個目標將同爭取和平、全世界的經濟與社會發展這兩個既定的基本目標共同和協調地實現。"[2] 人們甚至把生態環境問題上升到人的生存權利的高度來認識，把擁有可生存的生態環境視為一項基本人權，如《人類環境宣言》宣稱："人類環境的兩個方面，即天生的和人為的方面，對於人類的幸福和對於享受基本人權，甚至生存權利本身，都是必不可少的。"[3]《里約環境與發展宣言》亦宣稱"人類應享有以與自然相和諧的方式過健康而富有生產成果的生活的權利"[4] 可見，

---

[1] 巴·沃德、雷·杜博斯主編：《只有一個地球》，國外公害資料編譯組譯，石油工業出版社，1981 年，第 57 頁。
[2] 《邁向 21 世紀——聯合國環境與發展大會文獻彙編》，中國環境報社編譯，中國環境科學出版社，1992 年，第 157 頁。
[3] 同上書，第 156 頁。
[4] 同上書，第 29 頁。

"只有一個地球""地球是人類共同的家園"的觀念已經深入人心，生活在世界不同地方、不同發展程度、不同制度下和不同文化傳統中的各國家、各民族，都已經把保護地球、消除生態危機作為一項迫在眉睫的重大問題，保護環境、可持續發展可以說是當前人類已取得的最高、最廣泛的共識。

在這一共識的主導下，人們紛紛行動起來，一場旨在保護環境、消除生態危機的大規模社會實踐活動正在全球範圍內開展。這些努力可以分為三個層面：一個是民間行為，世界各地的人們都在開展形形色色的綠色環保行動；一個是國家行為，世界各發達國家和發展中國家都實施了各種各樣的環保工程；一個是國際行為，諸如歐盟、亞太地區等區域性的聯合行動乃至世界範圍的減排協定不斷簽署。但是，由於各國的具體情況不同和發展的不平衡，這些努力雖已取得了一定成效，但距離恢復良好生態的目標尚十分遙遠。

生態環境的恢復和保護，不僅是一個科學的問題，同時也是一個思想觀念的問題，而且首先就是一個思想觀念的問題，因為人類的任何行為都是在一定思想觀念的支配和指導下進行的，有什麼樣的思想觀念就會有什麼樣的行動。解決生態環境問題雖然離不開科學和技術的手段和方法，但如果要追尋造成如今這種令人痛心和憂慮的局面的根本原因，就應該從人類的思想觀念入手，特別是需要從哲學的高度來反思人類在對待人與自然的關係上的認識偏差。生態環境危機的巨大壓力衝擊了人們的固有觀念，在此情形下，過去被認為是理所當然的人類中心主義觀念正在受到普遍的質疑和批評。人類中心主義是西方文化的一貫立場，它主張將人與自然兩分，強調人與自然的對立，注重探索自然的奧秘並進而征服自然，缺乏人與自然和諧相處的意識。在這種哲學觀念主導下，人們習慣於認為自己是自然的立法者而凌駕於自然之上，把自然萬物當成人類取之不盡用之不竭的資源庫，把征服自然看作是自己最大的樂趣和成就。這樣的人類中心主義，是導致生態環境上災難性後果的認識根源，必須進行認真的反思和徹底的清算。只有把生態環境的問題上升到哲學觀念的高度來認識，才有可能從根本上解決生態環境的問題並保證類似情況不再重演。

要從哲學觀念上思考生態環境問題並為環境保護運動提供思想指導，不僅需要接受和吸收當今世界上特別是發達國家已經取得的思想成果，也需要從各國、各民族的傳統思想文化中尋找可以吸收和利用的思想資源。在中國的傳統哲學中，特別是儒家和道家的思想中，存在着與主客二分式的西方哲學很不相同的哲學立場，他們並不主張人與自然的對立和對抗，並不認為人類擁有控制和主宰自然萬物的權力。儒家和道家都主張天人合一，追求人與自然的和諧共處，都把人看成是自然萬物的一部分，不同之處只是在於，道家把人看作是萬物中的普通一員，儒家則把人看成是萬物中的特殊一員，即唯一需要對萬物承擔責任義務的一員。這是一種同西方長期流行的人類中心主義很不一樣的文化傳統，其中蘊含著獨特而高超的生態智慧和生態倫理思想。以今觀之，這些思想有利於生態環境的保護和穩定，有利於人與自然萬物的和諧相處，同當今人類提倡的可持續發展觀念不謀而合，在理論上和實踐效果上都是相通的，可以為當前的環境保護和可持續發展提供不可多得的傳統思想資源，值得全人類共同珍視。本文擬對儒家以生態倫理為核心和特色的生態觀進行初步的清理和分析，並對如何對之進行現代轉化和應用進行一些初步的思考。

一、"時禁"與"弋不射宿"——從生態智慧到生態倫理

中國古人很早就懂得自己賴以生存的自然資源並不是取之不盡用之不竭的，為了自身的長遠利益，他們反對破壞和浪費自然資源，並早在西周時期便設立了相應的制度和政府部門——"虞衡"，如"山虞""澤虞""川衡""林衡"，對採伐林木和獵取鳥獸等行為進行嚴格的監督管理和執法，《周禮・地官司徒》有詳細的記載："山虞掌山林之政令，物為之厲而為之守禁""林衡掌巡林麓之禁令而平其守，以時計林麓而賞罰之""川衡掌巡川澤之禁令而平其守，以時舍其守，犯禁者，執而誅罰之""澤虞掌國澤之政令，為之厲禁"，等等。《禮記・王制》篇有這樣的記載：

> 天子諸侯，無事則歲三田，一為乾豆，二為賓客，三為充君之庖。無事而不田，曰不敬；田不以禮，曰暴天物。天子不合圍，諸侯不掩群。天子殺則下大綏，諸侯殺則下小綏，大夫殺則止佐車。佐車止，則百姓田獵。獺祭魚，然後虞人入澤梁。豺祭獸，然後田獵。鳩化為鷹，然後設罻羅。草木零落，然後入山林。昆蟲未蟄，不可以火

田。不麛，不卵，不殺胎，不殀夭，不覆巢。

这些规定和限令都与"時"——萬物生長的時節性密切相關，故又稱為"時禁"[1]，強調人們對自然資源的取用不得違背萬物生長的自然節律。根據"時禁"，即使是天子諸侯，在田獵時也必須遵守相關的"禮"，不得"合圍"和"掩群"，即不得採取將獵物團團圍住、不分大小、不管長成與否，群取而獵之的手段，否則便是違禮，便是"暴天物"。

先民們甚至還初步具有了我們今天稱之為生態平衡的思想，在長期的生產實踐中，他們認識到濫伐林木等行為會導致諸如氣候反常等現象，提出了對自然環境加以保護的思想。在早期的典籍中，我們可以看到很多這樣的記載，如《大戴禮記》指出，諸如"壞巢破卵""竭水搏魚""填溪塞谷"等不當行為會導致"風雨不時，暴風水旱並興"等災害。儒家在這方面雖然談得不多，卻有著清醒的認識，如孟子說："數罟不入洿池，魚鱉不可勝食也；斧斤以時入山林，材木不可勝用也。"[2]荀子也說："草木榮華滋碩之時，則斧斤不入山林，不夭其生，不絕其長也；黿鼉魚鱉鰍鱣孕別之時，網罟毒藥不入澤，不夭其生，不絕其長也。"[3]荀子稱此種依萬物生長的自

---

[1]《荀子·王制》："網罟毒藥不入澤，洿池淵沼謹其時禁，故魚鱉優多而百姓有餘用。"《管子·立政》："修火憲，敬山澤林藪積草；夫財之所出，以時禁發焉，使民足於宮室之用，薪蒸之所積，虞師之事也。"

[2]《孟子·梁惠王上》。

[3]《荀子·王制》。

然節律而有"斬伐"有"長養"的措施為"時禁",目的是使"國家足用而財物不屈"。

以上這些有節制地取用自然資源的認識和措施,是先民的一種生態智慧,從中我們可以看到,如今人們不得不採取的"休漁""休獵""封山育林"等保護自然資源的做法,在遙遠的古代就為我們的祖先所創用。幾千年前我們的祖先就有了如此明智的認識和行動,這固然令我們感到驕傲,然而,反觀中國先秦時期已有的"時禁"和防止"暴天物"等措施,其實質也是為了人類自身的利益,如果我們僅從工具理性的層面來看,這充其量不過是一種在長期的生存壓力下積纍起來的生活經驗,並沒有在更高的哲學層面上提供多少深刻的思想內容。如果僅是這樣,則中國古人的生態思想對於我們現代人類便沒有太大的意義和價值,因為現代人的相關認識所達到的深度和相關舉措的力度,顯然不是古人所能比擬的。然而事實卻不僅是這樣,中國古人的生態思想為現代人類保護生態環境的大計提供了一種極為重要、獨特而且新鮮的思想資源,那就是今天可以稱之為生態倫理的思想。生態倫理主張對萬物持一種符合倫理道德的態度,把原本只用於人類社會的倫理道德關懷擴展到自然萬物,這種思想正是儒家所闡發和提供的,這也是儒家生態環境思想的卓異之處。

儒家的生態倫理思想可以追溯到孔子。《論語·述而》記載:"子釣而不綱,弋不射宿。"這句話最能表明孔子對生物特別是動物的愛惜之心和悲憫之情。"釣而不綱"是說孔子只用一鉤一竿釣魚,從來不用繩網捕魚,因為使用繩網會把水中的魚不分大小一網打盡。"弋不射宿"是說孔子雖然也射鳥，但從來不射棲宿巢中的鳥。如果說"釣而不綱"還只是取物有節的話，"弋不射宿"則明顯表現出孔子對動物的悲憫之情，因為宿止巢中的往往是正在孵卵或育雛的鳥，故不忍射之，這樣的做法，後世儒者稱為"推恩"。朱熹《論語集註》引洪氏曰："此可見仁人之本心矣，待物如此，待人可知。"可見孔子的仁愛之心實際上也被他用於對待自然萬物，對他來說，對人類的仁愛與對萬物的仁愛是一致的、相通的。人們也許會提出疑問，既然孔子有此仁愛之心，那為什麼還能忍心釣魚和射殺飛鳥呢？對於這個問題，王陽明有一段話可以作為回答，他說："惟是道理自有厚薄。比如身是一體，把手足捍頭目，豈是偏要薄手足？其道理合如此。禽獸與草木同是愛的，把草木去養禽獸，又忍得。人與禽獸同是愛的，宰禽獸以養親，與供祭祀燕賓客，心又忍得。"[1]任何人都必須依賴自然界提供的資源生活，因而雖有仁心如孔子者亦不能不釣不弋，這就需要在取用自然資源時常懷有珍惜愛護之心，處理好"忍"與"不忍"的關係。

孔子的"弋不射宿"是一種以人類特有的仁愛之心對待萬物的悲憫之情，筆者認為，這還只是孔子對待萬物的符合自己倫理原則的態度，僅僅是儒家生態倫理的萌芽或雛形，尚無理論構建和深入闡發。真正建立起儒家的生態倫理思想，並使其成為後世儒家之重要傳統的，應該是孟子。從生態智慧到生態倫理，是中國傳統思想文化的一個重要發展，是儒家學說的合

---

[1] 王陽明《傳習錄》下。

乎內在理論邏輯的推進。

二、從"仁民"到"愛物"——儒家的道德關懷向自然萬物的擴展

在如何對待動物的生命這一問題上,孟子的態度與孔子相同,但表述得更深入明確。他說:"君子之於禽獸也,見其生不忍見其死,聞其聲不忍食其肉,是以君子遠庖廚也。"[1]孟子認為人皆有對於他人痛苦和危難天然的同情心,他稱之為"惻隱之心"或"不忍人之心",推此心於萬物,他不忍親見禽獸被宰殺,主張"君子遠庖廚",並稱此為"仁術"。這個"仁術",如果我們借用孟子自己的表述方式,就是"有不忍人之心,斯有不忍物之政"。可見,孟子和孔子一樣,也主張把對待人的道德情感擴大到對待萬物,或曰將自然萬物納入仁愛的範圍,即納入人類道德關懷的範圍,用仁愛之心將人與萬物連成一個整體。這就是他的"親親而仁民,仁民而愛物"的重要思想。

"親親而仁民,仁民而愛物","而"字的解釋十分關鍵,這個"而"字不能作"而且"解,因為"親親"和"仁民""愛物"並不是並列的關係,而是一種先後次序、層層遞進的關係,因此應作"繼而""而後"解。趙岐註此句曰:"先親其親戚,然後仁民,仁民然後愛物,用恩之次也。"孟子自己也說:"仁

---

[1]《孟子·梁惠王上》。

者無不愛也，急親賢之為務。"[1]這就是說，仁者之愛亦有先後緩急，要首先滿足親親之情，然後還要推此親親之情於全天下而"無不愛"。由"親親"推展到"仁民"，再由"仁民"擴充到"愛物"，清楚地表達了儒家之"仁"的層次性和遞進性。可見，"仁"內在地包含了"親親""仁民"與"愛物"三個層次，其中"親親"是仁的自然基礎，"仁民"是仁的核心和重點，"愛物"則是仁的最終完成。這樣的理解不僅符合《孟子》書中的原義，而且也符合儒家的一貫主張，馬王堆帛書《五行》曰："愛父，其繼愛人，仁也。"又曰："愛父，其殺愛人，仁也。言愛父而後及人也。"郭店楚簡《五行》亦有"愛父，其攸愛人，仁也"，整理小組指出："攸"讀作"迪"，《爾雅·釋詁》："迪，進也。"這裏的"繼""殺""攸"，都是"其次""繼而"之義，其意是說，由愛自己的父母出發，進而推及到愛所有的人，這就符合"仁"的要求。從出土簡帛到《孟子》的這些論述，都是在闡發孔子確立的一個重要原則——"立愛自親始"[2]，它強調的是仁愛的起點必須是親情，既曰"自親始"，當然就不能"至親終"，"親親"只是個起點而已，這就為仁愛的向外延伸以至自然萬物預留了廣大的擴展空間。

　　對萬物的愛心，實際上是儒家之"仁"需要完善化的內在邏輯要求。由孟子所闡釋的這種層次分明的仁愛觀念，具有重要的理論意義，它既可以滿足人類最基本、最自然的血緣親情

---

[1]《孟子·盡心上》。
[2]《禮記·祭義》。

之需要，又突出了普遍的人類之愛，更使愛心超越了人類社會的畛域，擴展到無限廣大的天地萬物，用愛心將人與萬物連為一體。這種愛心是何等博大！以今天的眼光觀之，這是一種十分難得、境界極高的生態倫理思想。

"仁民而愛物"在最廣大的範圍內表現了儒家仁學的道德訴求。孟子認為："人之所以異於禽獸者幾希。"[1]人和動物的區別就那麼一點點，那就是人有"仁心"，只有人才有道德情感。"仁民而愛物"，是人的同類意識的進一步擴大，擴大到人類活動所能及的任何地方。從"親親而仁民，仁民而愛物"的層次推進來看，由"仁民"到"愛物"是儒家仁學的內在邏輯要求，它要求將仁愛的精神無限地伸張，讓愛心充滿宇宙。這種將仁愛的精神泛化和擴展的傾向，萌芽於孔子，成熟於孟子，經歷代儒者的繼承、闡揚與完善，最終成為儒家的一個重要傳統。《中庸》曰："能盡人之性，則能盡物之性；能盡物之性，則可以贊天地之化育。"《周禮・大司徒》曰："仁者，仁愛之及物也。"揚雄《太玄・玄摘》曰："周愛天下之物，無有偏私，故謂之仁。"韓愈《原道》曰："博愛之謂仁。"都是對這一傳統的表述。宋儒張載亦將人類天然的道德情感貫注於萬物，他在《正蒙・乾稱》中提出"民，吾同胞；物，吾與也"的著名命題，視人類為同胞，視萬物為人類的朋友和同伴，充分體現了儒家仁民愛物的博大精神。

---

[1]《孟子・離婁下》。

三、"天地之心"與"萬物一體"——宋明理學對儒家生態倫理思想的深化

孔子和孟子主張將人類的道德關懷擴大到對待萬物，並視之為"仁"德的最終完成，然而，人類為什麼要將道德關懷擴大到萬物？孔子和孟子只是將此視為"仁"需要完善化的內在邏輯要求，並沒有從人類在天地中的地位以及人類同萬物的關係的層面進行思考和論證。宋明理學家整合了"人者天地之心"的傳統思想資源，提出了"萬物一體"的思想，此種思想強調了人類對待萬物所必須承擔的倫理責任，從而深化和發展了孔孟的生態倫理思想。

"天地之心"的提法，首見於《易·彖傳·復》"復，其見天地之心乎"，但尚未同"人"直接聯繫起來。《禮記·禮運》第一次提出"人"是"天地之心"的觀念："人者，天地之心也，五行之端也，食味別聲被色而生者也。""人者，天地之心"的命題，是儒家對人在宇宙間的哲學定位，標誌著儒家對人之為人的一種高度的自覺。這一命題中蘊含著的另一層意思，是認定人具有不同於萬物的特質。人之所以有這樣的特質，按照《禮運》的說法，在於人是"五行之秀氣"，萬物皆稟五行之氣而生，唯人獨得其"秀氣"，故能為"天地之心"。人獨得天地間"五行之秀氣"，因而人就是"萬物之靈"。人為萬物之靈，也是中國先民由來已久的觀念，最早出現在儒家早期典籍《尚書·泰誓》中："惟天地萬物父母，惟人萬物之靈。"人既是"萬物之靈"，則為萬物中之最貴者，故孔子有

"天地之性人為貴"[1]的說法。人為"天地之心""萬物之靈"以及"人為貴",都是先民自我意識的精粹,後世儒者常將這幾種提法合而言之。[2]

以上幾種提法都突出了人在天地之間的特殊地位,強調了人貴於萬物。然而人緣何貴於萬物?人何以擁有如此特殊的地位?儒家學者對此有著不同的解答。王充認為:"天地之性人為貴,貴其識知也。"[3]即貴在人有知識智慧。王充的這種看法,類似於西方古典人類中心主義的"理性優越論",即認為人是唯一具有理性並因此高於其他存在物的物種。荀子則認為:"人有氣有生有知亦且有義,故最為天下貴。"[4]董仲舒也認為,萬物莫貴於人,是因為"惟人獨能為仁義"[5],荀子和董仲舒認為人貴於萬物是由於唯獨人具有道德能力,這種看法後來成為儒家的主流見解,因為在儒家看來,道德能力就是最高的知識智慧。

確認了人為"天地之心""萬物之靈"和"人為貴"之後,在如何對待萬物,如何處理人與萬物的關係這一問題上,儒家內部卻存在著截然不同的立場。

以荀子和董仲舒為代表的一種立場認為,萬物存在的價值

---

[1]《孝經·聖治章第九》。
[2] 歐陽修曰:"人者,萬物之靈,天地之心也。"(《歐陽修集·附錄四·記神清洞》)王陽明曰:"故曰:人者,天地之心,萬物之靈也。"(《王陽明集補編·卷五·年譜附錄一》)陸九淵曰:"天地之性人為貴,人為萬物之靈。人所以貴與靈者,只是這心。"(《朱子語類·卷一百二十四·陸氏》引)
[3]《論衡·別通》。
[4]《荀子·王制》。
[5]《春秋繁露·人副天數》。

就在於能夠為人類所利用。此種觀念是古人最容易自發得出的。《列子·說符》記載，田氏宴客，見到所獻的魚雁，"乃歎曰：'天之於民厚矣！殖五穀，生魚鳥以為之用。'眾客和之如響。"由"眾客和之如響"一句可見，將萬物視為上天對人類的恩賜的看法是由來已久且相當普遍的。荀子和董仲舒把這種自發形成的觀念理論化。荀子把萬物看成是人類的財富，他說："故天之所覆，地之所載，莫不盡其美，致其用，上以飾賢良，下以養百姓而安樂之。"[1]並一再強調要"財萬物""材萬物"以"養人之欲，給人之求"。[2]雖然荀子也主張在取用自然資源時要有所節制，然而在他看來，讓萬物"不夭其生，不絕其長"，最大限度地為人類所用，這便是萬物之"宜"了。正是基於這樣的認識，荀子提出了"人定勝天"的思想，主張對自然界"物畜而制之"。董仲舒則從神學目的論出發，闡述了天創造萬物是為了人類所用的觀點。他說："天地之生萬物也，以養人，故其可食者以養身體，其可威者以為容服。"[3]"生五穀以食之，桑麻以衣之，六畜以養之，服牛乘馬，圈豹檻虎，是其得天之靈，貴於物也。"[4]在荀子和董仲舒看來，人貴於萬物，人類的利益高於一切，因而人類為了自己的利益而自由取用自然資源，這是天經地義的事，即使是有所愛惜和保護，也只是為了人類的長遠利益。這一派儒家在對待人與自然的關係上所持的態度，

---

[1]《荀子·王制》。
[2]《荀子·禮論》。
[3]《春秋繁露·服制像》。
[4]《汉書·董仲舒傳》。

同西方古典人類中心主義的自然目的論是一致的。

荀子和董仲舒這一派以人的利益為中心的立場，並沒有成為儒家處理人與萬物關係的主流。構成儒家的主流和傳統的，是從孔子、孟子到宋明理學的以道義為中心的立場，即"仁民而愛物"的立場，它是對以利益為中心的立場的超越。

"仁民而愛物"的觀點要求用人類的道德情感對待萬物，不過這仍然是將萬物看成是外在於自己的"他物"，如此，則不愛萬物對人也並無損害。宋明時期的儒者顯然意識到了這一點，於是他們對此作了理論上的推進，他們結合了早期儒家的另一個重要思想資源——"人者天地之心"的思想，提出了"萬物一體"的觀念，對"仁民而愛物"進行了形而上的哲學論證，強調人類必須對萬物承擔倫理責任和道德義務，以確保"愛物"不至於落空。

宋明理學家首先要求正確認識人在宇宙中的地位，擺正人與自然萬物的關係。邵雍對"以我觀物"的認識立場提出了批評，認為這種以人的利益和意志為中心的立場是一種偏見，是導致"任我"從而宰制萬物的認識根源。他認為，正確的認識立場是"以物觀物"和"因物"。張載《西銘》曰："乾稱父，坤稱母，予茲藐焉，乃混然中處。"認為人與萬物一樣，都是天地所生，人在無限廣大的天地中是微不足道的。這無疑是一種謙遜的態度。二程亦曰："人在天地之間，與萬物同流，天幾時分別出是人是物？"[1]然而，天雖然不分別是人是物，人

---

[1]《河南程氏遺書》卷第二上。

卻不能僅如此為自己定位，否則便是把自己看小了，故二程曰："人與天地一物也，而人特自小之，何耶？"[1]在宋明理學家看來，人於天地之間，雖貌然七尺之軀，卻擔當著全部的道義。人必須"贊天地之化育"而"與天地參"[2]，承擔起愛養萬物的責任，方不愧於"萬物之靈"的稱號。

為了突出人對萬物的道德義務，宋明理學家提出了"萬物一體"的命題，發展了孟子"仁民而愛物"的思想。二程曰：

> 醫書言手足痿痺為不仁，此言最善名狀。仁者，以天地萬物為一體，莫非己也。認得為己，何所不至？若不有諸己，自不與己相干，如手足不仁，氣已不貫，皆不屬己。[3]

又曰：

> 若夫至仁，則天地為一身，而天地之間，品物萬形為四肢百體。夫人豈有視四肢百體而不愛者哉？……醫書有以手足風頑謂之四體不仁，為其疾痛不以累其心故也。夫手足在我，而疾痛不與知焉，非不仁而何？世之忍心無恩者，其自棄亦若是而已。[4]

---

[1]《河南程氏遺書》卷第十一。
[2]《中庸》第二十二章。
[3]《河南程氏遺書》卷第二上。
[4] 同上書，卷第四。

二程這裏借用了醫書中將四肢麻木稱為不仁的說法，以說明人與天地間的品形萬物是同為一體的關係。既然天地間萬物同為一體，人作為萬物之一，則萬物就不再是與人無關痛癢的外在之物，而是與人血肉相連，休戚相關，因而人就必須如愛護自己的手足般地愛護萬物，忍心拋棄萬物無異於"自棄"。

隨之而來的問題是，既然"萬物為一體""天地為一身"，那麼人在這"一體""一身"中居於什麼地位呢？顯然，在二程看來，人在天地之間居於一特殊的地位，否則便不能對人提出特殊的道德要求。從二程的論述看，他們實際上已經把人定位為天地之"心"了，因為唯有"心"能"知"手足之疾痛。人既為"天地之心"，萬物為"四肢百體"，其疾痛則無不通達於心，沒有這樣的感受便是"不仁"。這樣一來，"愛物"便落在了實處，"愛物"已不僅是應當如此，而且是非如此不可了。不過，二程尚沒有把人定位為"天地之心"從而擔當對萬物的道德義務的明確論述。

王陽明進一步明確了這一思想。他說：

夫人者，天地之心。天地萬物，本吾一體者也，生民之困苦荼毒，孰非疾痛之切於吾身者乎？[1]

人既是"天地之心"，則天地間萬物之危難痛苦無不通達於此"心"，此"心"則必然作出反應而憐恤愛護之。

---

[1]《王陽明全集·卷二·語錄二》。

> 是故見孺子之入井，而必有怵惕惻隱之心焉，是其仁之與孺子而為一體也；孺子猶同類者也，見鳥獸之哀鳴觳觫，而必有不忍之心焉，是其仁之與鳥獸而為一體也；鳥獸猶有知覺者也，見草木之摧折而必有憫恤之心焉，是其仁之與草木而為一體也；草木猶有生意者也，見瓦石之毀壞而必有顧惜之心焉，是其仁之與瓦石而為一體也。[1]

這裏我們看到，孟子的"愛物"還是籠統言之，到了宋明時期，仁愛的對象已被擴大到真正的"萬物"，甚至到了沒有生命的"瓦石"；孟子的"愛物"還是講的應當如此，而在宋明儒者那裏，"愛物"已經是非如此不可了。在宋明理學家看來，如果沒有作為"天地之心"的人，萬物之疾痛又有誰來關切呢？萬物的危難又有誰來解救呢？如果人在天地之間不是居於"心"這樣的特殊地位，而是同萬物沒有區別，又如何能對人提出特殊的道德要求呢？這就是"人為天地之心"的倫理學意義。

按照張載的說法，天地本無心，是人"為天地立心"[2]，"天地之心"是人對自己在天地間的價值定位。將人定位為"天地之心"，就決定了人對待萬物的態度。如此定位的人，視萬物為與人同源、同構、同體而相感通，其行動就不會僅考慮自身的利益，在取用自然資源時就不會那麼理直氣壯、冷酷無情，而是常懷惻隱、憫恤、顧惜之心。更有進者，如此定位的

---

[1] 《王陽明全集·卷二十六·續編一》。
[2] 《張載集·拾遺·近思錄拾遺》。

人,不但沒有獲得統治萬物、宰制萬物的權力,而且還必須擔負起維護萬物的生養的責任,充當萬物的守護者,用自己的愛心行動使萬物各得其所,否則便是沒有盡到責任。正如王陽明所言:"仁者以天地萬物為一體,使有一物失所,便是吾仁有未盡處。"[1]朱熹也說過:"'人者,天地之心。'沒這人時,天地便沒人管。"[2]這裏的一個"管"字,顯然不能理解為"管制",而應理解為"管顧""照管",它深切地表達了人對天地萬物的責任感。王夫之說得好:"自然者天地,主持者人。人者天地之心。"[3]人在為自己確立了"天地之心"的價值定位的同時,不是擁有了主宰萬物的權力,而是主動承擔起了自然萬物的"主持者"的責任和義務,人作為"萬物之靈",其特殊性即在於此。

古代儒家的這些思想,是一種極高的道德要求,即使是高度文明的現代人也很難做到,對於我們走出生態危機的困境很有啟悟價值,理應受到足夠的重視。

四、仁愛萬物與參贊化育——生態保護亟待引進的道德觀念

生態倫理這一概念雖然是一個新名詞,古代儒家的學說中也確實沒有現代科學意義上的生態思想,但這並不妨礙我

---

[1] 《王陽明全集・卷一・語錄一》。
[2] 《朱子語類・卷四十五・論語二十七》。
[3] 王夫之《周易外傳・卷二・復》。

們探討儒家仁愛觀念的生態學意義。因為儒家關於仁愛的倫理學說，其論說和適用的範圍確實超越了人類社會，而及於無限廣大的自然萬物，其中的確包含著與現代科學的生態和環境理論相一致的內容。儒家的生態倫理思想產生於遙遠的古代社會，在漫長的農耕文明中始終發揮著保護自然環境、維持生態平衡、保證人與自然萬物和諧相處的良好作用。而今，現代化的發展已經使我們擁有了與過去完全不同的生存環境和生存方式，但是，儒家生態倫理思想的很多內容都與當今人類關於生態平衡和環境保護的訴求相契合，是生態保護思想和運動的天然盟友，而且這種古老的思想在今天看來仍然是非常的深刻，足以給我們警示與啟迪，仍然可以為人類社會的可持續發展提供源源不斷的思想資源。

現代生態科學是為研究和解決人與自然的關係問題而建立的，其出發點是人類自身的利益，本質上仍然是一種人類中心主義。這同儒家的生態觀有很大的差別，儒家的生態觀不是出於功利的目的，並不採取以人類的利益為中心的立場，而是將人類與自然萬物置於同等的地位，強調人對自然萬物的道德義務，要求人們把萬物當成自己的同類甚至血肉相連的"一身""一體"來對待，充滿了濃重的道德情感色彩。儒家不是把自然萬物看成是人類的"資源庫"，而是將人類的道德情感傾注於天地萬物，讓世界充滿"情""愛"與"美"。假如人類在近代工業社會以來大舉開發自然資源的活動中，能夠擁有一些這樣的情懷和立場，我們今天就不至於如此痛悔自己以往的過失，就不至於付出如此巨大的代價。如今，為了人類的根本利益和長遠利益，為了人類社會的可持續發展，人類正著力於修補人與自然日益破裂的關係。如果我們在依靠科學改善生態環境的同時，也能夠適當地效法"釣而不綱，弋不射宿"的孔夫子方式，吸收儒家"仁民而愛物"的生態倫理思想，轉變人類中心主義的立場，對自然萬物多一些愛心和責任心，這未嘗不是一種更為合理的態度，對人類維護生態平衡和保護自然環境的事業未嘗沒有裨益。

保護生態環境是一項深入持久且艱巨的工作，主要依靠科學意識的培養和科學知識的普及，使民眾切實認識到這項工作的重要性，還要靠法律法規等強制性的手段來保證相應措施的執行。但是，僅有科學和法律的手段恐怕還不夠，還不完善，還應該引進道德的觀念為之輔翼。當前，普及環保知識教育的群眾性工作熱情很高，但總讓人覺得缺少點兒什麼，一些有識之士將科學與倫理道德結合起來，不失時機地提出了"生態倫理""道德的生態觀"等理念，正好可以填補人們心中的這些空缺。我們認為，將道德情感引入生態環境的保護工作，教育民眾尊重自然，尊重生命，對一草一木充滿愛心、同情心，不再那樣冷酷無情，對當前的環保教育不失為一種有效的促進方式。在這方面，儒家以"仁愛"為核心內容的生態倫理思想正好為我們提供了不可多得的傳統思想資源，值得我們很好地繼承和發揚。

儒家提倡的對天地萬物的博愛之心，是當前進行環保教育和接受環保教育的人都易於接受且樂於接受的，因為它天然地符合人類的道德情感。這一點，只要觀察兒童的心理和行為就可以得到充分的證明。兒童對小樹、小草，特別是對小動物有著超出成人的興趣和感情，他們樂於認為小動物是自己的夥伴，擁有同自己一樣的思想感情，他們往往會為小動物的傷病死亡而傷心落淚甚至茶飯不思（兒童有時也會採取殘忍的行為，這另當別論）。隨着兒童的成長，科學和理性的成分逐漸增多，但童心並不會完全泯滅，因而他們成年後也會根據自己兒時的感受和方式來影響和教育自己的後代，啟發、鼓勵他們對自然萬物的愛心。因而，在少年兒童中加強博愛萬物的教育是最奏效的，而且這種教育還將影響一個人的終身。我們經常看到和聽說人們將野生動物放歸大自然的事情，其中最多的是兒童和老人，這種行為固然表明了人們的環保意識的增強，但有誰能否認這裏面也包含著道德情感的成分呢？由此也可見古人所說的"不忍之心""怵惕惻隱之心""憫恤之心"並非虛言。更有進者，倘能培養起對自然萬物的博愛意識，不僅可以有效地保護人類賴以生存的自然環境，反過來也有助於促進人類之間的友愛，同時也能使人從萬物的勃勃生機中獲得美的享受和道德心的滿足。總之，科學的態度輔之以儒家式的道德意識和生命情懷，應該是人類對待自然萬物的最合理的態度。這就是儒學的仁愛觀念在現代科學的背景下所能給予我們的重要啟示。

儒家不僅主張以仁愛萬物的方式承擔起對萬物生存發展的道德責任，還主張以更為積極主動的方式說明天地生化和培育萬物，這就是《中庸》提出的"參贊化育"的思想。《中庸》曰：

> 唯天下至誠，為能盡其性；能盡其性，則能盡人之性；能盡人之性，則能盡物之性；能盡物之性，則可以贊天地之化育；可以贊天地之化育，則可以與天地參矣。

"化育"是指自然萬物本身的生成、變化與發育，中國古人認為，萬物在天地間的"化育"是"天地"主動作為的結果。"贊"就是參與、幫助，是一種主動的、積極有為的活動。儒家認為，天能生化萬物，地能培育萬物，人在天地間不是普通萬物那樣的被動的存在，而是能夠積極、主動、自覺地參與和贊助天地的化育作用，幫助萬物使之各遂其生、各得其所、各盡其性，如此，人就能"與天地參"，即頂天立地，與天地並列為三，充分實現人的價值和作用。

那麼，人何以能夠參贊萬物的化育呢？這是因為，第一，人本來就是自然界的產物和一部分，人類與天地萬物之間是統一的，存在著內在的聯繫，這是人能夠參贊萬物之化育的前提。儒家認為，"天人一性""天人一物""天人一體""天人一理"，人也是萬物之一，人與天地萬物本來就是"一體"的，人之性與萬物之性也並無二致，人和天地萬物之間存在着共同的根本的規律。顯然，如果沒有這樣的內在聯繫，人就無法參贊天地萬物的化育。第二，人是"萬物之靈"，因而有資格、有能力參贊萬物的化育；人是"天地之心"，是萬物中的"最貴"者，所以萬物中唯有人有責任和義務參贊萬物的化育。顯然，如果人不是萬物中特殊的一員，就沒有能力也沒有資格參贊化育，幫助萬物各遂其生、各盡其性、各得其所。

接下來的問題是，人類可以在多大程度上參與天地自然萬物的化育呢？這種主動的參與活動有沒有前提呢？要不要對人的這種參與活動加以限制呢？儒家認為，"贊"的前提是尊重天地自然本身的變化規律和萬物固有的存在方式，是"盡物之性"，而不是把人的意志強加於天地萬物。也就是說，人必須按照天道、物性的要求去影響和推動萬物的化育，而不是把自己的意志凌駕於"物之性"之上。可見，"參贊化育"必須以尊重天道和物性為前提，這個前提是對人類行為的限制，避免人類為所欲為，把自己的意志強加給自然萬物。顯然，這一前提和限制是極為重要的，是避免出現人類強化自己的意志，過於發揮自己的自覺性和能動性而導致征服自然之惡果的關鍵。

儒家主張的"參贊化育"，又是以何種方式進行和實現的呢？儒家認為，道德意識是人類獨有的，是人區別於動物的標誌，這是早期儒家就已經確立的一個基本觀念，並將仁愛這種人類道德生活的最基本原則推廣到一切生命形式，在最大限度上表現出儒家的道德情懷。儒家將道德關懷擴大到萬物，從而在人與自然萬物之間建立起一種具有道德情感的和諧的關係。"贊天地之化育"首先就是一種道德行為，是儒家根據人在天地間的道德定位而自覺採取的關愛萬物的主動的行為。由此可見，儒家的"參贊化育"是以道德自覺的方式來實現的。

如果我們再進一步追問，將人類特有的道德情感貫注於自然萬物，在人類與自然萬物之間建立起具有道德情感的和諧關係，這樣做對於人類意味着什麼呢？或者說，儒家為什麼要建立這樣一種關係呢？簡單地回答，就是出於人類道德完善的需要。儒家把人定位為"天地之心"，並不是為了獲得一種主宰萬物、征服自然的能力，而是自覺地承擔起自己應盡的道德義務與道德責任，而這種道德承擔，正是提升人類道德境界的內在需要。儒家主張的"成己成物""盡人之性然後盡物之性""仁民而愛物""民胞物與"，等等，都是把人和萬物視為一體，都是在講以道德自覺的方式贊萬物之化育，都是要在天地間這一最廣大的範圍內來實現人的價值，把"成物""愛物""贊萬物之化育"看作是完善人的道德世界的最高形式和最終實現。

儒家"參贊化育"的思想具有很高的現代價值。以現代學術的眼光來看，以道德自覺的方式參贊萬物之化育，是將道德行為和道德元素引入生態平衡和環境保護，是生態學與倫理學的有機結合。儒家的"參贊化育"，雖然是一種產生於農業社會自然經濟條件下的相當古老的思想，但它卻符合當前和未來人類處理自身與自然關係問題的大方向。"參贊化育"雖然是中國古人在兩千多年前以十分樸素的方式表達出來的，但其思想內容卻是相當的豐富，它不但可以容納現代科學所謂"生態平衡""環境保護"的意義，而且眼界要廣泛得多、高超得多。之所以說它眼界廣泛，說它高超，顯然就在於它所具有的倫理學的意義。

實現人與自然的和諧，不只是中國古代儒家文明的理想目標，也是人類文明現代與未來共同追求的理想目標。儒家的"參贊化育"雖然並不能直接拿來解決現代的生態危機，但是，

"參贊化育"代表著人類處理自身與自然萬物關係的正確方向，具有恆久性的普遍意義，即使在今天看來仍然是正確的，有利於提高全民的生態意識和生態自覺，對當前人類走出生態危機，實現可持續發展有很高的借鑒價值。現代社會解決生態問題，原則上仍然要採取"參贊化育"的態度，借鑒"參贊化育"的方式，將道德自覺的因素引進生態與環保運動中，在人與自然之間建立起一種具有道德情感的和諧關係，才能保證人類社會的可持續發展。

應當承認，我們國家在可持續發展方面做得很不夠，傳統的思想資源也沒有受到應有的重視，但是，這些傳統的思想資源卻引起了世界各國特別是發達國家的學者們的高度重視，研究的人很多。那些發達國家也是在付出了沉重代價之後才意識到保護資源和環境的重要性。在這方面，我們也應該重視自己的這些獨有的、珍貴的思想資源，並進行現代闡釋，突出其現代價值，讓它們適應現代社會的需要，發揮應有的作用，幫助我們吸取其他國家的教訓，避免犯他們曾經犯過的錯誤，走出一條具有中國特色的可持續發展之路。

作者簡介： 白奚，男，蘭州大學哲學專業學士，武漢大學中國哲學專業碩士，復旦大學中國哲學專業博士，現為首都師範大學哲學系教授。長年從事中國哲學的教學與研究工作，主要研究領域為先秦哲學，以儒家哲學和道家哲學為主要研究方向。

論儒家生態哲學的基本理論[*]

喬清舉

內容提要：儒家哲學本質上是生態哲學。其理論結構可總結為一個基本原則，三個理論維度。一個原則是天人合一，又可進一步分為兩個層面：一是對於天的認識，可用《易傳》的"生生"來表達，"生生"是包含死在內的宇宙總體趨勢或宇宙的合目的性，具有本體意義；一是對於人的作用的認識，可用《中庸》的"盡性"或張載的"為天地立心"說來表達。三個理論維度是宗教、道德、政治，這也是儒家道德地對待自然的三個層面。儒家把道德共同體推及整個自然界，從宗教、道德、政治三個層次展開對於自然的生態性認識和保護，具有整體主義的特點。在宗教層面上，儒家保留著自然之魅的觀念，認為一些動植物具有神性，要求祭祀它們，祭祀土地山川，"報本反始"。在道德層面上，儒家把仁理解為"愛人以及物"，提出"德及禽獸""澤及草木""恩及於土""恩至於水""恩及於金石"等說法。在政治層面上，歷代政權都設立官職、頒佈政令法律保

---

[*] 本文是嶽麓書院國學研究與傳播中心 2013 年度招標課題項目 "朱熹哲學新探——從生態的角度出發"（13YB03）、2011 年國家社科基金重點項目 "儒家生態哲學史"（11AZX006）的階段性成果。

護自然。生態的存在是人類根本的存在方式；發掘傳統生態智慧，對於當今中國和世界的生態文明建設具有重要意義。鑒於生態——人與自然和諧的維度在儒家哲學中的基礎性地位，儒家生態哲學的研究可以為我們研究儒家哲學提供新的方法論視角。

儒家哲學本質上是生態哲學。其理論結構可總結為一個基本原則，三個理論維度。原則是天人合一，又可進一步分為兩個層面：一是對於天的認識，可用《易傳》的"天地之大德曰生"來表達；一是對於人的作用的認識，可用《中庸》的"盡性"說來表達。三個理論維度是宗教、道德和政治。這也是儒家道德地對待自然的三個層面。

一、在何種意義上，儒家哲學是生態哲學

儒家哲學對於人與外部世界的關係的認識表現在思維的結構上，較早是天、地、人不相分離的三重結構，如《周易》的"三才之道"；三重結構進一步演化為二重結構，則是"天人合一"。天人合一的生態意義是把人置於自然中，使之從屬於自然，服從自然的總規律；使自然成為人的思維和行動即人類存在的規範性的參數或內在限制。表現在哲學上，它則是一種人寓居於自然的結構。天人合一的思想還進一步表明，人和自然具有同一性，自然的規定性就是人性的規定性。這正是《中庸》的"天命之謂性"和《易傳》的"繼善成性"的含義。人

和自然的同一性是當代深生態學達到的結論。[1]

在儒家哲學中，道德共同體（moral community）的範圍超出人，包括動物和植物，直至無生命的泥土瓦石。孟子提出："君子之於物也，愛之而弗仁。於民也，仁之而弗親。親親而仁民，仁民而愛物。"[2]這表現了差等原則下儒家對於自然界、百姓、親人的不同程度或等級的仁愛。到漢代，董仲舒在《春秋繁露·仁義法》中明確指出："質於愛民，以下至於鳥獸昆蟲莫不愛，不愛，奚足謂仁？仁者，愛人之名也。"[3]鄭玄說："仁，愛人以及物。"[4]唐代賈公彥說："云'仁，愛人以及物'者，仁者內善於心，外及於物。"[5]儒家哲學把這種觀念表述為"德及禽獸"[6]"恩至禽獸，澤及草木"[7]"化及鳥獸""順物性命"[8]"恩及於土"[9]"恩至於水"[10]"恩及於金

---

[1] 參見何懷宏主編：《生態倫理——精神資源與哲學基礎》，石家莊：河北大學出版社，2002年，第488頁。
[2] ［宋］朱熹：《四書章句集註》，北京：中華書局，1983年，第363頁。
[3] ［清］蘇輿：《春秋繁露義證》，鍾哲點校，北京：中華書局，2002年，第251頁。
[4] ［漢］孔安國傳，［唐］孔穎達疏：《周禮註疏》，《十三經註疏》，北京：中華書局，1980年，上冊，第707頁。
[5] 同上。
[6] ［漢］司馬遷：《史記·殷本紀》，第1冊，中華書局，1982年第2版，第59頁。
[7] ［漢］班固：《漢書·嚴助傳》引淮南王劉安上武帝書，第9冊，中華書局，1962年，第2780頁。
[8] ［宋］范曄：《後漢書·魯恭傳》，第4冊，中華書局，1965年，第874、882頁。
[9] 《春秋繁露義證》，第375頁。
[10] 同上書，第381頁。

石"等。[1]北宋張載提出"民胞物與",《宋史·道學傳》提出"盈覆載之間,無一民一物不被是道之澤,以遂其性"。[2]程顥、陽明的"與天地萬物為一體",都把外部世界納入了道德共同體的範圍。

所以,無論從原則還是從道德共同體的範圍來看,儒家哲學本質上都可以說是生態哲學。當然,對此結論還須進行一定的限制。一個問題的性質不同於它的主題。儒家哲學性質是生態的,但主題不必是生態的。中國古代因未遭遇大規模的深刻的生態危機,所以生態維度不是哲學家運思的出發點或落腳點。孟子講到牛山之木,不是論述生態哲學,而是把林木易毀作為一個論據來論證性善。他說"斧斤以時入山林",也不是出於生態學的目的,而是把它作為一項"仁政"措施。從思維發展的規律來看,逐漸淡化自然話題而專注於精神領域是中國哲學發展的趨勢。"天命之謂性"到宋明時期演變為關於人的價值和道德工夫的命題,落腳於精神境界的提升,所以不能把儒家哲學簡單地歸約為生態哲學。

二、儒家生態哲學的基本原則

(一)"生生"作為宇宙的合目的性

在儒家哲學中,自然是一個以生生不息為目的的過程。

---

[1]《春秋繁露義證》,第371—380頁。
[2][元]脫脫:《宋史·道學傳》,中華書局,1977年,第36冊,第12709頁。

"天地之大德曰生""生生之謂易""復其見天地之心",都是對這一目的的表述。在西語中,"自然"同樣有"生生"的含義。"自然"的希臘文寫法為"φυσις",拉丁文寫法為"physis"或"phuein",它的本來含義是"起源""誕生"或"生長"、本性等。亞里士多德提出了"自然"的六種含義:

1. "生物的創造";
2. "一生物的內在部分,其生長由此發動而進行";
3. "每一自然事物由彼得於自然者,開始其最初活動。那些事物由於與其他事物接觸或有機結合而得到增益者,此之謂生長";
4. "任何事物所賴以組成的原始材料";
5. "自然事物的本質","創生過程的終極目的";
6. 事物的"怎是"。

總之,"本性就是自然事物的變動淵源"。[1] 由這些解釋可見,自然的主要含義是生長和變動的源泉。在亞里士多德哲學中,一個事物的自然就是它的目的——"telos",這意味著生長是事物朝向自己的目的進展的過程。所以,有的學者說亞里士多德的自然不是它所是,"而是它將會成為什麽,是一種可能性"。[2] 比照"天地之大德曰生""生生之謂易"與希臘語、拉丁語的"自然"就會發現,二者本義是相同的。這是人類對

---

[1] [古希臘]亞里士多德:《形而上學》,吳壽彭譯,北京:商務印書館,1959年,第87—89頁。
[2] [美]詹姆斯·奧康納:《自然的理由——生態馬克思主義研究》,唐正東、臧佩洪譯,南京:南京大學出版社,2003年,《導言》,第34頁。

於自然的共同體認，是人類存在的原初的或本真狀態的反映。"生生"是原初的存在，是宇宙過程的真實意義和深層本質；也是儒家所說的天地之道，以及"生""生生""復""天地之心""天地生物之心"；借用康德哲學的術語來說，所表達的都是宇宙的"合目的性"（Zweckmaessigkeit/purposiveness）。這個概念在此具有本體論意義，反映了世界運行的可期待的結果，是事實，也是價值。[1]生態學家約翰·布魯克納認為，自然中有一種"有機動力"，"這種動力不大容易容納在相應的物種中和林奈的生態系統的永恆的物質圈子裏。貫穿在自然中的活的能量創造著一個極不穩定的混合體。它是'一個有著稀奇構造的網絡，是用柔軟的、不牢固的、易碎的材料製成的，按照它的建造和意圖把一切都結合成令人驚奇的一片'"。[2]羅爾斯頓說："進化的生態系統中存在著一種創造性，它以我們還沒有充分理解的機制，形成一切生物物種與生命過程。"[3]又說："在我們所生存的這個進化中的生態系統中，確實有著美麗、穩定與完整。這個世界有一種自然的、現實的朝向生命的趨勢。儘管我們不能把這作為一條普遍規律。"[4]布魯克納的"有機動力"、

---

[1] 關於事實與價值的統一，盧風教授《人、環境與自然——環境哲學導論》（廣州：廣東人民出版社，2011年，第112—146頁）有較為系統的論述，可資參考。
[2] [美]唐納德·沃斯特：《自然的經濟體系——生態思想史》，北京：商務印書館，1999年，第72頁。
[3] [美]霍爾姆斯·羅爾斯頓：《哲學走向荒野》，劉耳、葉平譯，長春：吉林人民出版社，2000年，第331頁。
[4] 同上書，第77頁。

羅爾斯頓的"創造性""朝向生命的趨勢",都是《易》所謂的"生生",自然的合目的性。在《周易》中,生命及其代代延續,構成了宇宙演化過程的合目的性和本質。須指出的是,天地之心或合目的性是由整個自然演化過程呈現出來的總體趨勢,不局限於某時、某地、某物,每一個春生夏長秋收冬藏都是生生的具體表現。

(二) 盡性

盡性說表述的是人的生態責任。《中庸》說:

> 唯天下至誠,為能盡其性;能盡其性,則能盡人之性;能盡人之性,則能盡物之性;能盡物之性,則可以贊天地之化育;可以贊天地之化育,則可以與天地參矣。[1]

這段話有四個要點。首先,每一物,包括人和自然事物都有其本性。其次,每一事物都應該"盡性",即實現其本性,或者說充分展開自己發展的可能性。再次,人應該幫助他人、萬物實現其本性,這是人自己的本性的規定性,也是人對天地化育的參與和幫助。最後,只有"至誠"的人才能做到盡己之性、盡人之性、盡物之性。

"盡性"的思想表現在對於動植物等有生命事物上,是尊重動植物的生命和內在價值,為其生長提供適宜的條件,讓其實現其本性,完成其生命週期。由於動植物的生命週期通常是

---

[1]《四書章句集註》,第32—33頁。

很難斷定的，所以儒家的做法是讓動植物完成一個生長週期，即順應春生夏長秋收冬藏的自然規律，在秋冬季節進行獵殺和砍伐。這叫做"時限""時禁"或"以時禁發"的思想。在動物方面，"時禁"要求人們順從其生長規律，限制狩獵的次數，規定進行的時間。照《周禮》記載，天子、諸侯一年有四次田獵活動，分別是春"蒐"、夏"苗"、秋"獮"、冬"狩"。《禮記》的記載是三次。次數的限制保障了動物有更多的繁殖、生長時間。儒家文化對於進行狩獵的時間也有規定。如，仲春之前鳥獸孕育期間禁止田獵，為的是保證鳥獸的繁殖。據《禮記》的說明，"獺祭魚""豺祭獸"之後，才能狩獵。"獺祭魚"一般是驚蟄以後，陰曆一月中旬，陽曆 3 月初。"豺祭獸"時間則在陰曆的十月。又據《禮記》的記載，"鳩化為鷹"之後，即指鳩去鷹來，大致為農曆八月之後，才能張網捕鳥。這實際上是要求在鳥類完成孕育、能夠飛翔後方可設網捕鳥。《禮記》規定，春天昆蟲出蟄以後，才可以焚草肥田。[1] 照鄭玄的解釋，這叫"取物必順時候也"。[2] 據《國語》記載，魯宣公違反時禁，夏天在泗淵大肆捕魚。里革割斷扔了他的魚網，批評他說："古者大寒降，土蟄發，水虞於是乎講罛罶，取名魚，登川禽，而嘗之寢廟，行諸國，助宣氣也。鳥獸孕，水蟲成，獸虞於是乎禁罝羅，獵魚鱉以為夏槁，助生阜也。鳥獸成，水蟲孕，水

---

[1] [清] 朱彬：《禮記訓纂》，饒欽農點校，北京：中華書局，1996 年，上冊，第 180 頁。
[2] 同上。

虞於是乎禁罝罜䍡，設穽鄂，以實廟庖，畜功用也。且夫山不槎蘗，澤不伐夭，魚禁鯤鮞，獸長麑䴠，鳥翼鷇卵，蟲舍蚳蝝，蕃庶物也，古之訓也。今魚方別孕，不教魚長，又行網罟，貪無藝也。"[1]這裏提到的"大寒降，土蟄發"是深冬和初春，此時僅僅允許進行少量的漁獵活動，是為了"助宣氣"，鳥獸蟲魚孕育生長時期一律禁止漁獵，為的是"助生阜"。

關於植物，《禮記》上說："五穀不時，果實未孰，不粥於市。木不中伐，不粥於市。"[2]這就是要求五穀、樹木完成自己的生命週期。《逸周書·大聚》篇指出："春三月，山林不登斧，以成草木之長；三月川澤不入網罟，以成魚鱉之長。"《逸周書》強調"有生而不失其宜，萬物不失其性，人不失其事，天不失其時，以成萬財"為"正德"。如前所述，由於樹木的生命週期是很難確定的，所以古人砍伐樹木更多的是按照它們的生長週期來進行的，要求"伐木必因殺氣"，[3]在秋冬進行。《禮記·王制》上說："草木零落，然後入山林。"[4]《毛詩傳》更是明確地說："草木不折，不操斧斤，不入山林。"[5]儒家的又一項規定是"仲冬斬陽木，仲夏斬陰木"，[6]其含義是在樹木進入新的生長週期之前進行砍伐。據《禮記·祭義》記載，

---

[1] [清]徐元誥撰：《國語集解》，王樹民、沈長雲點校，北京：中華書局，2002年，第167—170頁。
[2] 《禮記訓纂》，上冊，第201頁。
[3] 《禮記正義》，《十三經註疏》，上冊，第1380頁。
[4] 《禮記訓纂》，上冊，第180頁。
[5] [漢]鄭玄箋，[唐]孔穎達疏：《毛詩正義》，《十三經註疏》，上冊，第418頁。
[6] 《周禮註疏》，《十三經註疏》，上冊，第747頁。

"曾子曰：'樹木以時伐焉，禽獸以時殺焉。夫子曰："斷一樹，殺一獸，不以其時，非孝也。"'"[1]在此，儒家把砍伐"以時"上升為對於天地之孝的道德範疇。

對於土地，儒家生態哲學重視和維持它的生養萬物的本性。儒家文化對於土地有十分深入細緻的認識，它把土地分為土、地、壤、田四個層次。許慎在《說文解字》中說："土，地之吐生萬物者也，'二'象地之上、地之中，'丨'，物出形也。"[2]鄭玄說："能吐生萬物者曰土。"[3]"地"重點表達土地的承載和生養功能。《白虎通義》說："地者，易也。言養萬物懷任，交易變化也。"[4]《釋名》說："地，底也。其體在底下，載萬物也。"[5]《禮統》云："地，施也，諦也。應變施化，審諦不誤也。"[6]《說文解字》說地是"萬物所陳列"之處。[7]古人把"壤"看作無塊的"柔土"，[8]其特點是土質疏鬆，適合於種植。段玉裁在《說文解字註》中指出："以物自生言言土"，"以人

---

[1]《禮記註疏》，《十三經註疏》，下冊，第1598頁。
[2][漢]許慎撰，[清]段玉裁註：《說文解字註》，上海：上海古籍出版社，1981年，第682頁。
[3][漢]孔安國傳，[唐]孔穎達疏：《尚書正義·禹貢》，《十三經註疏》，上冊，第147頁。
[4][清]陳立：《白虎通疏證》，吳則虞點校，北京：中華書局，1994年，第421頁。
[5][晉]郭璞註，[宋]邢昺疏：《爾雅註疏》，《十三經註疏》，下冊，第2614頁。
[6]《十三經註疏·爾雅註疏》，下冊，第2614頁。
[7]《說文解字註》，第682頁。
[8]同上書，第683頁。

所耕而樹藝言言壤。"[1]田是經過人工培育，有阡陌溝渠水利設施的土地。《說文》說"樹穀曰田"，田是個象形字，"囗十，阡陌之制"。[2]鄭玄也說，"地當陰陽之中，能吐生萬物者曰土。據人功作力競得而田之，則謂之田。"[3]儒家文化對於土地壤田進行辨析的目的在於說明，生長是土地的本性。為促使土地實現其本性，儒家有"辨土"、肥田、休耕等生態措施；天子有籍田，有親耕儀式，敦促農桑；又有對於土地的祭祀。

對於河流，儒家生態哲學認為其本性是"導氣""通瀆"，滋潤大地，維持自然平衡，輔助萬物生長。《國語》說："川，氣之導也，澤，水之鐘也。夫天地成而聚於高，歸物於下。疏為川谷，以導其氣；陂塘汙庳，以鐘其美。是故聚不阤崩，而物有所歸，氣不沈滯，而亦不散越。是以民生有財用，而死有所葬。"[4]這裏的"川，氣之導也"把河流與自然的其他部分視為一個統一的整體，指出河流發揮著導氣促和的作用。這意味著河流是促進萬物生長的一個不可缺少的環節。所謂"導氣"，用科學語言來說是氣的循環。關於循環，羅爾斯頓曾經指出："生態學教導我們，應該大大擴展我們對於'循環'一詞的理解。人類生命是浮於以光合作用和食物鏈為基礎的生物生命之上面而向前流動的，而生物生命又依賴於水文、氣象和地質循

---

[1]《說文解字註》，第683頁。
[2] 同上書，第694頁。
[3]《尚書正義》，《十三經註疏》，上冊，第147頁。
[4]《國語集解》，北京：中華書局，2002年，第97頁。

環。"[1] 羅氏所說的水文、氣象、地質的循環，都可以包含在中國古代的氣的循環之內。北魏酈道元《水經註》在談到江淮河濟四瀆時說："瀆，通也，所以通中國垢濁。"[2]《風俗通·山澤》："瀆，通也，所以通中國垢濁。民陵居，殖五穀也。"[3]《白虎通》說："謂之瀆何？瀆，濁也。中國垢濁，發源東注海，其德著大，故稱瀆也。"[4]這些材料都說明河流具有通濁的作用。不過，切不可把這裏的"通濁"簡單地理解爲現代意義的排汙，它實際上說的是河流的自我淨化和對於土地、人民的更新作用。"水曰潤下"是對河流滋潤大地的性質的說明。[5]據《國語》記載，伯陽父說，"夫水土演而民用也"。[6]這裏的"演"爲"潤"。伯陽父認爲，水潤土，萬物生長，民得材用，國家才會安定。反之，若"水土無所演"，則"民乏財用"，國家就會滅亡。所以，古人自覺地反對壅川，避免河流枯竭。"川竭國亡"是非常值得深思的生態學說法。

在儒家自然哲學中，山屬於地；地屬於土，是五行之一。在現代科學中，山脈屬於惰性自然現象。而在儒家哲學中，五行是相互聯繫、相互制約的，山脈是一個具有活力的活生生的

---

[1]《哲學走向荒野》，第104頁。
[2][北魏]酈道元:《水經註·河水第1卷》,《水經註疏》，楊守敬、熊會貞註疏，南京：江蘇古籍出版社，1989年，第7—8頁。
[3][明]程榮纂輯:《漢魏叢書·風俗通》，長春：吉林大學出版社，1992年，第663頁。
[4]《白虎通疏證》，第301頁。
[5]《十三經註疏》，上冊，第188頁。
[6]《國語集解》，第26—27頁。

自然現象。山脈是氣的凝聚、大化的一個網站；同時作為自然的一個環節，與河流一樣，也起著導氣的作用。杜維明曾提出"存有的連續性"的概念，指出在中國哲學中，人類與"石頭、樹木和動物有機相連"。[1]的確如此。《周易》說"山澤通氣"。朱子解釋道："澤氣升於山，為雲，為雨，是山通澤之氣；山之泉脈流於澤，為泉，為水，是澤通山之氣。是兩個之氣相通。"[2]《禮記》上說："天降時雨，山川出雲。"這是說，山脈大地具有含藏陰陽之氣的性能，此氣揮發出來，即可出雲致雨，促進氣候平衡。《禮記》又說：山川是天地通氣的"孔竅"，"天秉陽，垂日星，地秉陰，竅於山川，播五行於四時"。[3]

三、儒家生態哲學的宗教維度

儒家哲學未曾發生對自然的袪魅，它肯定自然的神性、神意或自然之魅，從而對自然保持宗教性敬畏，祭祀自然。這些是儒家生態哲學的宗教維度。

（一）"報本反始"：儒家文化對於自然的祭祀

儒家文化把天地作為人的父母。在它那裏，作為人之父母的天地，為民所瞻仰的日月星辰，為民提供材用的山林川

---

[1] 杜維明：《存有的連續性》，見《儒家與生態》，彭國翔譯，南京：江蘇教育出版社，2008年，第105頁。
[2] [宋]黎靖德編：《朱子語類》，王星賢校點，北京：中華書局，1994年，第5冊，第1971頁。
[3] 《禮記訓纂》，上冊，第346頁。

谷，都是祭祀的對象。《禮記》說："日、月、星辰，民所瞻仰也，山林、川谷、丘陵，民所取財用也。非此族也，不在祀典。"[1]《國語》也說："及天之三辰，民所以瞻仰也；及地之五行，所以生殖也；及九州名山川澤，所以出財用也。非是不在祀典。"[2] 儒家文化認為，萬物源自天地，人源自父母。天子把天地作為父母，祭祀天地和祭祀祖先一樣，都是報答天地、祖先的生養之恩，表達對於父母的孝和敬，這叫"報本反始"："萬物本乎天，人本乎祖，此所以配上帝也。郊之祭也，大報本反始。"[3]"報本返始"表達的是對天地萬物、從而也是對於天道的敬畏和感激之情。這是把人置於天道之下，使之服從天道，其價值在天道中得以確定。《易傳》所謂"乾道變化，各正性命"，即是此義。

（二）對於動物的神秘認識和祭祀

儒家文化認為，一些動物具有神異之處，如龜、龍、麟、鳳就被看作"四靈"，動物中的"聖"者。《大戴禮記》說："鱗蟲三百六十，龍為之長。羽蟲三百六十，鳳為之長。毛蟲三百六十，麟為之長。介蟲三百六十，龜為之長。倮蟲三百六十，聖人為之長。"[4] 龜被認為具有先知的神異功能，龍則被認為能興雲致雨。麟根據《說文》的解釋是仁獸，是聖王興起的瑞應。在儒家文化中，孔子與麒麟有較多的聯繫。孔子

---

[1]《禮記訓纂》，下冊，第698—700頁。
[2]《國語·魯語》，第160—161頁。
[3]《禮記訓纂》，上冊，第397頁。
[4]《禮記正義》疏引，《十三經註疏》，上冊，第1370頁。

編輯過魯國的國史《春秋》。《春秋》結束於"西狩獲麟",後人認為寓意深刻。漢人認為,麟是聖王的嘉瑞,可是當時並沒有明王,所以,孔子傷周道不興,歎嘉瑞無應;又感慨生不逢時,與麟相類,遂絕筆於此。在儒家文化中,鳳凰和麒麟一樣,也是在天下太平時方才出現的。[1]據說舜時演奏"《蕭韶》九成,有鳳來儀"[2];文王時曾有鳳凰鳴於岐山。"有鳳來儀"被認為是聖王出世的瑞應。孔子把自己比作鳳。他曾感歎:"鳳鳥不至,河不出圖,洛不出書,吾已矣夫!"[3]鄭玄、孔穎達都認為,聖人受命就會有鳳凰出現;鳳凰不出現,所以孔子感歎自己的理想不能實現了。孔子周遊列國到楚國,有個叫做接輿的隱者,唱著"鳳兮鳳兮,何德之衰?往者不可諫,來者猶可追。已而,已而,今之從政者殆而"[4],從孔子身邊走過,希望他覺醒。還有一些動物,儒家認為它們有部分的親情和仁義的德性。荀子說,"今夫大鳥獸則失亡其群匹,越月踰時,則必反鉛;過故鄉,則必徘徊焉,鳴號焉,躑躅焉,踟躕焉,然後能去之也。小者是燕爵,猶有啁噍之頃焉,然後能去之。"[5]這表現了它們的感知。《禮記》說的"獺祭魚",就是

---

[1] [魏]何晏註,[宋]邢昺疏:《論語註疏》,《十三經註疏》,下冊,第2490頁。
[2] [清]孫星衍:《尚書今古文註疏》,上冊,陳抗、盛冬鈴點校,北京:中華書局,1986年,第130—131頁。
[3] 《論語註疏》,第2490頁。
[4] 《四書章句集註》,第184頁。
[5] [清]王先謙:《荀子集解》,《諸子集成》,第2冊,北京:中華書局,1954年,第247頁。

認為獺也有一定程度的仁慈之心。在流傳甚廣的儒學蒙書《名賢集》中，有這樣的詩句："馬有垂韁之義，狗有濕草之恩"，"兒不嫌母醜，狗不嫌家貧。鴉有反哺義，羊有跪乳恩"，說的都是動物的仁義德性。

對於有功於農事的動物，比如虎、貓、昆蟲等，儒家文化要求祭祀它們。《禮記》上說，天子重視"蠟八"。蠟八是八種神，分別是先嗇、司嗇、農、郵表畷、貓、虎、坊、水庸、昆蟲。為什麼虎、貓、昆蟲都在祭祀之列？《禮記》解釋到，古代的君子對於使用過的事物一定要報答它，做到仁至義盡。祭貓，是因為它食田鼠；祭虎，是因為它食田豕。[1]

儒家文化關於神靈動物的認識具有生態意義，形成了中國人對於動物的慈愛態度。儒家認為，神異動物是一個社會政治和諧，民風淳厚，環境優美的美好價值的象徵和體現。社會環境良好中包含人對於動物的態度。作為動物統帥和代表的四靈動物，都是在感受到人們對於它們的仁義態度才到來的，[2]"德至鳥獸而鳳凰來"。[3]儒家理想的社會是"大同"。在其中，"天降膏露，地出醴泉，山出器車，河出馬圖，鳳凰麒麟皆在郊椒，龜龍在宮沼，其餘鳥獸之卵胎，皆可俯而窺也"。[4]顯然，這是一個尊重動物生命，與動物和平共處的社會。儒家文化認為，只有天下太平，鳳凰和麒麟才能降臨，龜和龍才能到來。

---

[1]《禮記訓纂》，上冊，第 397—398 頁。
[2]《禮記正義》，《十三經註疏》，上冊，第 1425 頁。
[3]《論語註疏》疏引，《十三經註疏》，下冊，第 2490 頁。
[4]《禮記訓纂》，上冊，第 356 頁。

這叫做"功成而太平,陰陽氣和,而致象物"。[1]不僅如此,人還必須畜養這些動物,使它們能夠過一種安然祥和的生活。《禮記》上說,在一個社會中,如果龍得到畜養,魚、鮪見到人就不會在水中驚走;如果鳳得到畜養,鳥類見到人就不會驚恐飛去;如果麟得到畜養,獸類見到人就不會驚恐逃竄;如果龜得到畜養,甲殼類動物就都可以和人們遊玩。[2]

(三)對於植物的神秘認識與祭祀

儒家文化對於樹木同樣保持著神秘的認識,要求對它們進行祭祀。儒家對於樹木的神秘認識有三個方面。首先是移情的維度,即把人和植物相類比。在《論語》中,孔子說"歲寒,然後知松柏之後凋"[3],就是把人的剛直的德性和松柏相類比。其次,儒家認為,存在靈芝瑞草之類的神異植物,它們是瑞應植物,同樣只在社會政治清明時才會出現。《孝經援神契》中說:

德及於天,斗極明,日月光,甘露降。德及於地,嘉禾生,蓂荚起,秬鬯出。德至八極,則景星見。德至草木,則朱草生,木連理。[4]

在此,嘉禾、蓂荚、秬鬯、朱草、連理木都是儒家所認為的神異草木。儒家文化認為,"瑞物皆起和氣而生,生於常類之中,

---

[1]《禮記正義》,《十三經註疏》,上册,第1440頁。
[2]《禮記訓纂》,上册,第350頁。
[3]《四書章句集註》,第115頁。
[4]《禮記正義》疏引,《十三經註疏》,上册,第1427頁。

而有詭異之性，則為瑞矣"。[1]"和氣"其實就是良好的生態環境。珍禽異獸、奇花異木在自然環境美好時才會出現，是符合生態學原理的。再次，儒家還認為，有一些樹木是具有神意的，如社稷中的樹木。每個政權都有自己的社稷。一個王朝立社稷，照《白虎通》所說是要為天下"求福報功"。"人非土不立，非穀不食，土地廣博，不可遍敬也。五穀眾多，不可一一而祭也。故封土立社，示有土尊。稷，五穀之長，故封稷而祭之也。"[2]實際上，社稷也是一個王朝與天意溝通或者取得自己的神意合法性的處所，是政權的象徵。社和宗廟有很大不同，它不是房屋。"社皆有垣無屋，樹其中以木。"照《禮記·郊特牲》所說，社的規制之所以如此，是因為它必須"受霜露風雨，以達天地之氣也"。[3]這就是與天意相溝通。"有木者土，主生萬物，萬物莫善於木，故樹木也。"[4]參天社樹實際上是一種象徵，代表著一個政權與天地之氣的溝通，也即與天意的溝通。這表明了古人對於樹木連通天地的生態意義和連通人神的神秘意義的雙重認識。樹木通天人之氣的這種作用促使人們重視和保護它。

山林在儒家文化中也是祭祀的對象。《詩經》上說"懷柔百神，及河喬嶽"。"百神"中就有山林之神。《周禮》中，"大

---

[1] 黃暉：《論衡校釋》，北京：中華書局，1990年，第3冊，第730頁。
[2] 《白虎通疏證》，第83頁。
[3] 《禮記正義》，《十三經註疏》，下冊，第1449頁。
[4] ［漢］劉向：《五經通義》，［北齊］魏收：《魏書·魏芳傳》，北京：中華書局，1974年，第1226頁。

宗伯"主持的祭祀活動就有一項是祭祀山林，方法是埋貍[1]，這是依照山川含藏事物的本性進行的。又據《周禮》記載，畿內的山林有專人負責進行四時祭祀。為什麼要祭祀山林？《禮記》給出了兩個理由，一是山林能夠"興雲致雨"，一是能夠"供給百姓財用"。照《禮記》所說："山林、川谷、丘陵能出雲，為風雨，見怪物，皆曰神。有天下者祭百神。"[2]這裏的"神"不必是有形象的人格神，而是自然的知其然而不知其所以然的神奇、神妙或神秘的作用。山林有循環水分、調節氣候、維持生態平衡的作用。古人觀察到了這種現象，但限於科學水準，沒有把它歸結為一種自然現象，而是歸結為"神"。他們用祭祀來表達對於"神"的敬畏之情。這種敬畏，其實也是對生態和自然的敬畏和感激之情。漢代以後，祭祀山林已經非常普遍。《漢書·郊祀志下》說到祭祀的物件是"天地神祇之物"。按照顏師古的說法，這當中就有"山林之祇"。[3]

（四）對於土地、山川的神秘認識與祭祀

在儒家文化中，土也是重要的祭祀物件。儒家通過文化的最高活動——祭祀來表達對於土的敬畏。中國自古以來就有設社稷壇祭祀土的習慣，這在世界文化中是十分特別的。土可以代表一個政權本身。土的作用是稼穡，決定人們的生存。在作為世界的聯繫模式的五行中，土的方位為中央；時間為中夏，即一年的中

---

[1]《周禮註疏》，《十三經註疏》，上冊，第757—758頁。
[2]《禮記訓纂》，下冊，第692頁。
[3]《尚書今古文疏證》，第67頁。

間；性質為中和，居於最重要的位置。在《月令》中，土的神為后土；帝為黃帝——中華民族的人文初祖；律為黃鐘，數為五，色為黃。這些都顯示了土對於儒家文化的重要意義。關於社和祭社的意義，照《禮記》所說，社是為了祭土，土屬陰，所以祭祀時君主立於北牆之下面向南，這是為了應答陰；祭祀的時間為每一旬的第一天。照《禮記》所說，立社是為了顯示地的神性，教導百姓報答天地，"報本反始"。報本即報答天地的養育之恩，"反始"即報答社稷所配祭的那些人與神。

> 社，所以神地之道也。地載萬物，天垂象，取財於地，取法於天，是以尊天而親地也，故教民美報焉。家主中霤而國主社，示本也。唯為社事，單出里；唯為社田，國人畢作；唯社，丘乘共粢盛，所以報本反始也。[1]

如前所述，儒家文化把山川出雲致雨的導氣性能稱作"神"，並要求通過祭祀來表達對山川的敬畏之情。《尚書·舜典》提出"禋於六宗，望於山川，遍於群神"。"禋"是"潔祀"，即不用肉類犧牲品。關於六宗，古文《尚書》解釋為天宗三、地宗三。天宗為日、月、星辰，地宗為岱山、河、海。[2] 日、月分別為陽、陰之宗，北辰為星宗，岱為山宗，河

---

[1]《禮記訓纂》，上冊，第392頁。
[2]《尚書今古文疏證》，上冊，第29頁。

為水宗，海為澤宗。[1]《禮記》中有關於天子祭山川的記載。古人把祭祀上帝和祭祀祖先同等看待，認為祭祀可以把統治者或者聖人與上帝、山川聯繫起來，祭祀上帝和祭祀祖先同等重要。祭祀上帝讓人明白天地萬物是一體的，祭祀祖先讓人知道自己的身體是從哪裏來的。[2]《禮記》有一個說法，認為行政是君主的藏身之所，君主行政必須以天為根本出發點，效法天的陰陽使萬物各得其所，效法地的高低使尊卑各具其序，效法祖廟以行仁義，效法山川而創立制度。[3]這裏所說的土地山川不是單純的物質，也含有天命神意，是神意展示自身的場所。祭祀河流是溝通神、川、人（統治者）的措施；只有溝通了神意，政權才能獲得合法性。《禮記》說，天地之祭，宗廟之事，父子之道，君臣之義，都是以下事上，它的規定性是"倫"，即"順從"。社稷山川之事，鬼神之祭是"體"。[4]具體地說，"社稷山川為天地之別體，鬼神是人之別體。"[5]可見，在古人那裏，天地、宗廟、父子、君臣、社稷、山川都是相通的。所以，天子一定要事奉、祭祀山川。古代天子有"親耕"儀式，同樣是為了敬事山川。[6]山川能夠為百姓提供財用，有功於民，也是古人主張祭祀山川的理由。《公羊傳·僖公三十一年》

───────

[1]《尚書今古文疏證》，上冊，第29頁。
[2]《春秋繁露義證》，第269頁。
[3]《禮記纂註》，上冊，第342頁。
[4]《禮記訓纂》，上冊，第358頁。
[5]《十三經註疏》，下冊，第1431頁。
[6]《禮記訓纂》，下冊，第711頁。

說："山川能潤於百里者，天子秩而祭之。"[1]這類認識可以說是中國文化的一個普遍觀念。《禮記·月令》說，為了為民祈福，祈禱豐收，有司要雩祭山川百源、百官卿士有益於民者。"雩"是一種求雨的祭祀。之所以祭祀"山川百源"，是因為山川能夠出雲致雨，為眾水之所出。[2]這類祭祀要求在《禮記》中有很多。

四、儒家生態哲學的道德維度

儒家生態哲學道德維度的特點，從人的角度說，是要求用仁、惻隱之心對待自然界，把自然置於道德共同體之中；從自然的角度說，則是承認自然的本性，尊重其價值，維護其權利，使其"盡性"。

（一）"德及禽獸"

"德及禽獸"出自《史記·殷本紀》。據記載："湯出，見野張網四面，祝曰：'自天下四方皆入吾網。'湯曰：'嘻，盡之矣！'乃去其三面，祝曰：'欲左，左。欲右，右。不用命，乃入吾網。'諸侯聞之，曰：'湯德至矣，及禽獸。'"[3]照史書的記載，湯對鳥獸的仁慈態度感動了人們，人們都樂意歸屬於他，他由此統一了國家。與此相類似的還有一個"魯恭三

---

[1] [漢] 何休註，[唐] 徐彥疏：《春秋公羊傳註疏》，《十三經註疏》，下冊，第2263頁。
[2] 《禮記訓纂》，上冊，第247頁。
[3] 《史記·殷本紀》，第59頁。

異"的事情,表明了漢代人對於動物的道德態度。據《漢書》記載:"建初七年,郡國螟傷稼,犬牙緣界,不入中牟。河南尹袁安聞之,疑其不實,使仁恕掾肥親往廉之。恭隨行阡陌,俱坐桑下,有雉過,止其傍。傍有童兒,親曰:'兒何不捕之?'兒言:'雉方將雛。'親瞿然而起,與恭訣曰:'所以來者,欲察君之政跡耳。今蟲不犯境,此一異也;化及鳥獸,此二異也;豎子有仁心,此三異也。'"[1]兒童的話表明,用仁德思想對待鳥獸,在當時已經深入人心了。又據《後漢書・法雄傳》記載,法雄任南郡地方長官時,虎患嚴重。他卻一反前任的做法,發出禁捕令。他在公文中說:"凡虎狼之在山林,猶人之居城市。古者至化之世,猛獸不擾,皆由恩信寬澤,仁及飛走。太守雖不德,敢忘斯義?記到:其毀壞檻阱,不得妄捕山林。"[2]法雄的公告體現出仁義地對待飛禽鳥獸的道德態度。《風俗通義・宋均令虎渡江》還有一條與此相近的記載。"九江多虎,百姓苦之。前將募民捕取,武吏以除賦課,郡境界皆設陷阱。後太守宋均到,乃移記屬縣曰:'夫虎豹在山,黿鼉在淵,物性之所托。故江、淮之間有猛獸,猶江北之有雞豚。今數為民害者,咎在貪殘居職使然,而反逐捕,非政之本也。壞檻阱,勿複課錄,退貪殘,進忠良。後虎悉東渡江,不為民害。'"[3]

---

[1]《後漢書・魯恭傳》,第4冊,第874頁。
[2]《後漢書》,第5冊,第1278頁。
[3] 參看王子今:《秦漢虎患考》,《華學》,第1期,廣州:中山大學出版社,1995年。

尊重動物生命，也表現為對於已死動物的哀憫和掩藏。據《禮記》記載，"仲尼之畜狗死，使子貢埋之，曰：'吾聞之也，敝帷不棄，為埋馬也。敝蓋不棄，為埋狗也。某也貧，無蓋，於其封也，亦予之席，毋使其首陷焉。'"[1]《禮記·月令》要求"掩骼埋胔"，鄭眾註為"謂死氣逆生也"。[2]高誘認為，這是"順木德而尚仁恩"。[3]前者表現了重生的態度，後者則表現了對於已死動物的憐憫之情。董仲舒在《春秋繁露》中提出了善待動物的主張。他說："恩及鱗蟲，則魚大為，鱣鯨不見，群龍下。……咎及鱗蟲，則魚不為，群龍深藏，鯨出見"；[4]"恩及羽蟲，則飛鳥大為，黃鵠出見，鳳凰翔。……咎及羽蟲，則飛鳥不為，冬應不來，梟鴟群鳴"；[5]"恩及於毛蟲，則走獸大為，麒麟至。……焚林而獵，咎及毛蟲，則走獸不為，白虎妄搏，麒麟遠去"；[6]"恩及介蟲，則黿鼉大為，……咎及介蟲，則龜深藏，黿鼉呴"。[7]可見，愛護動物是儒家文化的傳統。

儒家文化尊重動物的生命，反對過度獵殺。對於獵殺動物，除了有前述的時間限制外，還有數量的限制。《禮記·曲禮》上說："國君春田不圍澤，大夫不掩群，士不取麛卵。"[8]

---

[1]《禮記訓纂》，上冊，第156頁。
[2]《禮記正義》，《十三經註疏》，上冊，第1357頁。
[3] [漢]高誘註：《呂氏春秋》，《諸子集成》，第6冊，北京：中華書局，1954年，第3頁。
[4]《春秋繁露義證》，第372頁。
[5] 同上書，第373—374頁。
[6] 同上書，第375—376頁。
[7] 同上書，第380—381頁。
[8]《禮記訓纂》，上冊，第58頁。

《禮記·王制》也規定,"天子不合圍,諸侯不掩群"。[1]合圍、掩群都是一網打盡,禮制禁止這些做法。因為春天是萬物生長的季節,幼獸要成長,卵要成鳥,所以不能獵取,此即所謂"生乳之時,重傷其類"。[2]田獵名稱中的"苗""狩""蒐"都是擇獵未孕之獸。《春秋》把四時的田獵活動都叫做"蒐",也是擇獸而獵的意思。照古人所說,"夫獸三為群"。[3]可見古人對於獵取動物的數量限制是極其嚴格的。前述商湯網開三面,正是不合圍的意思。關於田獵,還有"三驅之禮""逆舍順取"的規定。《易經》中有"王用三驅,失前禽",[4]對於此處的"三驅"之禮,前人的解釋不盡相同。有的說是射殺迎面奔來的野獸,放走背著自己逃跑的野獸;有的則剛好相反。無論哪種說法,都表明禮制反對一網打盡。這是對於動物的仁慈、仁愛之心。禮制還規定,如果天子射殺了野獸,要把自己的旗幟"大綏"降下來;諸侯射殺了野獸,要把自己的"小綏"降下來。[5]這種儀式表達了對於動物生命的尊重。《論語》記載孔子"釣而不綱,弋不射宿",[6]這與商湯的態度和周代的禮制是一致的。

(二)"澤及草木"

儒家對於植物的道德態度表現為"澤及草木"等。《詩

---

[1] 《禮記訓纂》,上冊,第179頁。
[2] 同上書,第58頁。
[3] 《國語集註》,第10頁。
[4] 高亨:《周易古經今註》,北京:中華書局,1984年,第185頁。
[5] 《禮記訓纂》,上冊,第179頁。
[6] 《四書章句集註》,第99頁。

經·大雅·生民之什·行葦》云"敦彼行葦,牛羊勿踐履。方苞方體,維葉泥泥"。《毛詩》認為,此章表現了周族祖先"仁及草木"的忠厚仁德。唐代賈公彥說:《行葦》詩美成王云'敦彼行葦,牛羊勿踐履',是愛人及於葦,葦即物也。"[1]《尚書·洪範》提出,一個社會有六種不好現象,第一種是"凶短折"。照古人的一種解釋,人夭折叫做"凶",禽獸死亡叫做"短",草木死亡叫做"折"。[2]武王伐紂後,抨擊商紂王"暴殄天物",不只是人,連鳥獸草木亦皆暴絕之。由此可見,不能虐待草木,也是一項政治要求。據《國語·周語》記載,周景王要鑄大錢,單穆公諫止,認為這樣做會給百姓增加負擔。他說:"《詩》亦有之曰:'瞻彼旱麓,榛楛濟濟。愷悌君子,干祿愷悌。'夫旱麓之榛楛殖,故君子得以易樂干祿焉。若夫山林匱竭,林麓散亡,藪澤肆既,民力凋盡,田疇荒蕪,資用乏匱,君子將險哀之不暇,而何易樂之有焉?"[3]從單穆公的話可以看出,古人自覺地把林木豐茂,資源豐富作為政治生活的基礎。董仲舒說,"恩及草木,則樹木華美,而朱草生";[4]"咎及於木,則茂木枯槁"。[5]漢代晁錯說:"德上及飛鳥,下至水蟲草木諸產,皆被其澤。然後陰陽調,四時節,日月光,風雨時。"[6]這些都表明,植物屬於儒家道德哲學關注

---

[1]《周禮註疏》,《十三經註疏》,上冊,第707頁。
[2]《漢書》,第5冊,第1441頁。
[3]《國語集解》,第107頁。
[4]《春秋繁露義證》,第372頁。
[5] 同上。
[6]《漢書》,第8冊,第2293頁。

的範圍。

如前所述，古人已經認識到山林對於維持氣候平衡的作用。據《春秋左傳》記載，昭公十六年九月，鄭國大旱，子產讓鄭國大夫屠擊、祝款、豎柎"有事於桑山"。屠擊等人砍伐了山上的樹木。子產知道後斥責道，"有事於山，蓺山林也。而斬其木，其罪大矣。"[1]遂褫奪了他們的官職和封邑。子產的話表明，他已經認識到了森林對於維護氣候平衡的作用，要求植樹造林。董仲舒說，春旱求雨的儀式是在水日那天縣邑在社稷祈禱山川，百姓祭祀內門，"無伐名木，無斬山林"，[2]後兩條顯然是對子產觀點的繼承。孟子認識到齊國國都郊外的牛山是因為濫伐和過度放牧，最終淪為濯濯童山的。他說："牛山之木嘗美矣，以其郊於大國也，斧斤伐之，可以為美乎？是其日夜之所息，雨露之所潤，非無萌櫱之生焉，牛羊又從而牧之，是以若彼濯濯也。"[3]所以，他要求涵養山林。他說："苟得其養，無物不長；苟失其養，無物不消。"[4]孟子還十分前瞻性地提出了反對開闢草萊的主張。面對列國"爭地以戰，殺人盈野；爭城以戰，殺人盈城"的局面，他提出"善戰者服上刑，連諸侯者次之，辟草萊、任土地者次之"。[5]從文脈來看，孟子的說法不是生態角度的，而是政治角度的，但客觀上也起

---

[1] [晉]杜預註，[唐]孔穎達疏：《春秋左傳正義》，《十三經註疏》，下冊，第2080頁。
[2] 《春秋繁露義證》，第426—427頁。
[3] 《四書章句集註》，第331頁。
[4] 同上。
[5] 同上書，第283頁。

到了維護自然的作用。

儒家對待植物的道德態度也表現為尊重其生命，認識其特點，為其生長創造良好的條件。《周易·泰卦》說，天地交通為泰，此即陰陽二氣交通，萬物亨通。荀子指出："萬物各得其和以生，各得其養以成。"[1]《逸周書·大聚》也說，土壤貧瘠草木就難以生長，水常攪動魚鱉就難以生長，二氣衰弱生物就難以生長。反之，"川淵深而魚鱉歸之，山林茂而禽獸歸之，刑政平而百姓歸之"；[2] 所以，創造適合山林草木魚鱉禽獸生長的自然環境，在古人那裏是一項自覺的活動。

（三）恩至於大地山川

儒家文化認為，自然界是一個有機聯繫的整體，土地是其中的一個組成部分，是自然的生命的一部分。土地本身是由氣形成的，又以氣為媒介與環境的其他部分發生聯繫。英國科學家洛夫洛克提出"蓋亞設想"，認為地球是"一個活的生物，自行調控其環境，使其適合生命的生長"[3]，這實際上是儒家哲學固有的觀點。在儒家文化看來，土地也是有生命力和自己的本性的。土地之性一言以蔽之，就是生養萬物。盡土地之性就是要充分發揮它的生養作用。儒家文化要求尊重土地的生命，發揮和實現土地的本性。《月令》要求遵循天地之氣的運動從事活

---

[1]［清］王先謙撰：《荀子集解》，《諸子集成》，第 2 冊，第 206 頁。
[2]［明］程榮輯：《漢魏叢書·逸周書·大聚》，長春：吉林大學出版社，1992年，第 579 頁。
[3]［比］克利斯蒂安·德迪夫：《生機勃勃的塵埃》，王玉山譯，上海：上海科技教育出版社，1999 年，第 286 頁。

動,不能妨礙地氣的運動。如關於孟春之月,《月令》上說,本月天地之氣的運行是"天氣下降,地氣上騰,天地和同,草木萌動",君王發佈農事政令,田官居住在國都東郊,迎接春氣的到來。修飭田野疆界,整理水利設施,辨別不同土質,指導百姓耕種。關於孟冬之月,《月令》上說,本月"天氣上騰,地氣下降,天地不通,閉塞而成冬",這個月的活動主要是聚積、收斂,修繕城郭,完善邊境守備等。《月令》強調仲冬之月不能興"土事"。因為這個月陽氣凝聚、潛藏於土地之中,如果大興土木,就會把陽氣洩露出來,造成蟄蟲死,民疾疫死喪的後果。漢代董仲舒要求用道德的態度對待土地,他說:"恩及於土,則五穀成,而嘉禾興。"反之,"咎及於土,則五穀不成"。[1] 美國哲學家利奧波德提出了"健康的土地"[2] "土地倫理"等概念。《月令》和董仲舒對待土地的辦法,都是維持土地健康的做法。

對於河流,儒家文化同樣是要求用生態的、道德的態度對待它們,要求發揮氣在山川之間運行的通暢,反對阻斷氣的流行,反對壅川。董仲舒明確要求"恩及于水",這樣才會出現醴泉;相反,虐待水,就會出現大霧、大水,水反而成為災害。他說:

> 恩及於水,則醴泉出;……如人君簡宗廟,不禱祀,廢祭祀,執法不順,逆天時,則民病流腫,水張,痿

---

[1]《春秋繁露義證》,第374—375頁。
[2] [美] 奧爾多・利奧波德:《沙鄉年鑒》,侯文蕙譯,長春:吉林人民出版社,1997年,第193頁。

痹，孔竅不通。咎及於水，霧氣冥冥，必有大水，水為民害。[1]

《孝經援神契》也說：

德至深泉，則黃龍見，醴泉湧，河出龍圖，洛出龜書。[2]

儒家文化認為，山脈具有儲氣的作用。一旦過分地開山毀林，造成植被和山體的破壞，就會導致地氣外洩，引發生態災難。據《漢書·貢禹傳》記載，御史大夫貢禹批評漢家王朝為鑄錢而攻山取銅鐵，鑿地數百丈，把地中儲藏的陰氣之精都消散了。他指出，地中沒有斂藏陰陽之氣，不能含氣出雲，又加上斬伐林木沒有時禁，一定會導致水旱之災。他說：

今漢家鑄錢，及諸鐵官皆置吏卒徒，攻山取銅鐵，……鑿地數百丈，銷陰氣之精，地臧空虛，不能含氣出雲，斬伐林木亡有時禁，水旱之災未必不由此也。[3]

《管子》也反對冬天"發山川之藏"，也是非常值得注意

---

[1]《春秋繁露義證》，第380—381頁。
[2]《禮記正義》疏引，《十三經註疏》，下冊，第1427頁。
[3]《漢書·貢禹傳》，第10冊，第3075頁。

的。《管子》認為,冬天乃閉藏的季節,採掘活動使得閉藏不密,地氣外洩。[1]貢禹和《管子》對於山脈的性能和自然現象的聯繫性的認識是正確的,雖然其解釋不一定完全符合現代科學道理。董仲舒要求道德地對待山脈與礦產,他說:"恩及於金石,則涼風出。……咎及於金,則鑄化凝滯,凍堅不成。"[2]與此相似,《援神契》說:"德至山陵,則景雲出。"[3]所謂涼風出、景雲出,都是善待自然產生的良好的氣候效果,而"凍堅不成"則是氣候乖張的表現。

五、儒家生態哲學的政治維度

儒家生態哲學的政治維度表現為政府設立相應的自然管理部門,頒佈政令法律保護動植物,把生態保護具體地落實到政治活動中。

(一)動植物保護的機構

歷代政府都十分重視山林川澤的管理,設置各類官職從事這項工作。最早的是《尚書·舜典》中的"虞"官。據《尚書》記載,舜帝問:"疇若予上下草木鳥獸(誰能順從草木鳥獸的特點管理之)?"大家說伯益可以,舜於是任命伯益做

---

[1] [清]黎翔鳳撰:《管子校註》,梁運華整理,北京:中華書局,2004年,下冊,第855頁。
[2] 《春秋繁露義證》,第376頁。
[3] 《禮記正義》疏引,《十三經註疏》,上冊,第1427頁。

"虞"。[1]值得注意的是，舜要求"順從草木鳥獸的特點"來進行管理。孔穎達認為，所謂順從其特點，是按照對草木鳥獸來說適宜的方法進行管理，"取之有時，用之有節"。[2]虞的官職得到了繼承，在《周禮》中叫做"山虞""澤虞"。照鄭玄的解釋，"虞"有測度的意思，虞官要知道山的大小及其物產。[3]《周禮》指出，山虞掌管山林的政令，按照每一物的範圍和區域來守護它們，設立禁令。[4]虞官要求按照時限砍伐材木，對於盜伐林木的人，實施刑罰。在祭祀山林時，虞官代表山林之神受祭。[5]據《風俗通義·五嶽》的記載，漢代的時候，還有山虞把守博縣西北三十里的岱宗廟。

與山虞相近的還有"衡"，是掌管川林的。按照《周禮》的體制，掌管山澤的虞和掌管川林的衡互不相兼。川衡官職的設置說明山澤中兼有材木。"林衡"則是專職管理平地和山麓林木的官吏，竹木生於平地叫做林，"衡，平也，平林麓之大小及所生者"。[6]林衡的職責是巡守林麓禁令的執行情況，對執行好，林木茂盛，未發生盜伐地區的百姓實行獎賞。至於砍伐木材，則仍由山虞掌管。《周禮》中還有一個與保護山林有關的官職是"山師"。其職責是熟知各地山林之名，辨別物產與有害之物，頒佈於國家，讓人們進貢當地的珍異之物。按照

---

[1]《尚書今古文疏證》，第68頁。
[2] 同上書，第67頁。
[3]《周禮註疏》，《十三經註疏》，上册，第700頁。
[4] 同上書，第747頁。
[5] 同上。
[6] 同上書，第700頁。

《禮記·王制》所說，名山大澤不封，所以，天子設立山師掌管遠方山林，這在一定意義上保護了名山大川的自然環境。大司徒也有林木保護的職責。照《周禮》所說，大司徒掌管全國的地圖、人民的數量，辨知各地的地域範圍和那裏的山林、川澤、丘陵、墳衍、濕地的著名物產，指導各地因其所宜之木而建立社稷，對百姓進行道德教化；辨別各地土壤的物產，幫助百姓選擇住宅，以繁衍人口；繁殖鳥獸，培育草木，發揮土地的作用，辨別十二種土壤的不同特點，教導百姓因地制宜地耕種和植樹。[1]《周禮》中還有一種職位叫做"司險"，他的職責是熟知和掌管全國地圖，熟知各地的山林川澤的險阻，了解各地的道路情況；監督在溝、川、河谷、大道小路兩旁植樹，派專人管理。道路兩旁植樹就很有生態意義。[2] 除上述職位外，還有一些職位也包含一部分保護草木森林的職責。如"草人"的主要職責是除草，但也有指導因地制宜而播種的職責；"委人"掌管徵收遠郊以外山野的貢賦，薪芻以及疏材、木材、蓄聚之物等。這裏的疏材指能結果實的草木，蓄聚之物指瓜、瓠、葵、芋等過冬之物。"場人"掌管國家的場圃，管理種植果蓏、珍異之物，按時收斂存儲，供祭祀、賓客享用。前文說到的太宰的幾項職責中，有一項是"以九職任萬民"，即讓百姓從事九種職業，九職中的種植九穀，培育瓜果草木，養育山澤林木等，都具有生態意義。

---

[1]《周禮註疏》，《十三經註疏》上册，第703頁。
[2] 同上書，第844頁。

關於《周禮》的真實性，自宋代起時遭懷疑，清代尤甚。個人認為，無論《周禮》是否真實地反映了周代的情況，它作為儒家的經典，對中國歷史產生了重要影響，是無可置疑的，所以其中的生態思想是值得重視的。

（二）動物保護的政令與法律

在《逸周書》《禮記·月令》《呂氏春秋》等典籍中，動物保護的政令與法律甚多。其中最為系統的是《禮記·月令》。

孟春之月："犧牲毋用牝。……毋覆巢，毋殺孩蟲，胎夭飛鳥，毋麛毋卵。"[1]

照鄭玄解釋，這是為了防止"傷萌幼之類"。

仲春之月："毋竭川澤，毋漉陂池，毋焚山林。"[2]"是月也，祀不用犧牲，用圭璧，更皮幣。"[3]

照鄭玄解釋，這是為了"順陽養物也"。因為春天是萬物生長的季節，竭川澤、漉陂池、焚山林不僅會傷害動物，也使它們失去生長之地。所謂祭祀不用動物，也是為了使其孕育和生長。

季春之月："田獵罝罘、羅罔、畢翳，餧獸之藥，毋出九門。"[4]

在古人看來，此時鳥獸正處於孳乳哺育期間，這是"天時"。此時設置網羅、敷撒毒藥乃是違背天時，破壞生長的行

---

[1] 《禮記正義》，《十三經註疏》，上冊，第1357頁。
[2] 同上書，第1362頁。
[3] 同上書，第1362頁。
[4] 同上書，第1363頁。

為，應當禁止。

對於畜獸的孕育，古人也給予了充分的考慮。季春之月的月令之一是"合纍牛騰馬，游牝於牡"[1]，仲夏月令要求"遊牝別群，則縶騰駒"。[2]這些都是促使動物孕育的措施。

與《月令》相同的規定，在《呂氏春秋·孟春紀》中也出現過。無論二者誰抄誰，都表明諸如此類的動物保護的思想，在當時是非常普遍的。這種思想對後世產生了影響。目前發現的最早的動物保護法律是睡虎地出土的秦簡律書《秦律十八種》，其中的《田律》就有關於動物保護的條文。如"不夏月，毋敢……麛（卵）鷇，毋□□□□□毒魚鱉，置□罔（網），到七月而縱之"。[3]西漢時期漢宣帝曾下令說："前年夏，神爵集雍，今春，五色鳥以萬數飛過屬縣，翺翔而舞，集未下。其令三輔毋得以春夏摘巢探卵，彈射飛鳥。具為令。"[4]近年考古學界在甘肅省敦煌懸泉置漢代遺址發掘出土的泥牆墨書《使者和中所督察詔書四時月令五十條》中，也有不少保護動物的法令。如：

孟春月令：

· 毋摘巢。　　　　　　　· 謂巢空實皆不得摘也。空巢盡夏實者四時常禁。

---

[1]《禮記正義》，《十三經註疏》，上冊，第1364頁。
[2] 同上書，第1370頁。
[3] 睡虎地秦墓竹簡整理小組：《睡虎地秦墓竹簡》，北京：文物出版社，1978年，第27頁。
[4]《漢書》，第1冊，第258頁。

・毋殺□蟲。	・謂幼少之蟲、不為人害者也，盡九〔月〕。
・毋殺胎。	・謂禽獸、六畜懷任有胎者也。盡十二月常禁。
・毋夭飛鳥。	・謂夭飛鳥不得使長大也。盡十二月常禁。
・毋麛。	・謂四足……及畜幼少未安奔也，盡九月。
・毋卵。	・謂飛鳥及雞□卵之屬也。盡九月。
・瘞骼狸骴。	・謂鳥獸之□也，其有肉者為骴。盡夏。

仲春月令：
・毋□水澤，□陂池、□□。	・四方乃得以取魚，盡十一月常禁。
・毋焚山林。	・謂燒山林田獵，傷害禽獸□蟲草木……〔正〕月盡……

季春月令：
・毋彈射飛鳥。及張羅，屬它巧以捕取之。謂□鳥也……

孟夏月令：
・驅獸〔毋〕害五穀。	・謂□……
・毋大田獵。	・盡八月……[1]

---

[1] 中國文物研究所、甘肅省文物考古研究所：《敦煌懸泉月令詔條》，北京：中華書局，2001年，第4—8頁。

這個詔書是"大皇大后"發出的,日期為"元始五年五月甲子朔丁丑",也就是公元5年。上述材料表明,保護動物的理念已經變成法律法令了。

(三)林木保護的政令與法律

林木保護的政令和法律,仍以《禮記·月令》最為全面和系統,它對每個月應進行的樹木保護活動都作了詳細的規定。

孟春之月:"祀山林川澤","禁止伐木"。[1]"孟春行夏令,則雨水不時,草木蚤落"。[2]

仲春之月:"毋焚山林"。[3]

季春之月:"命野虞無伐桑柘"。[4]"季春行冬令,則寒氣時發,草木皆肅,國有大恐";"行夏令,則民多疾疫,時雨不降,山林不收。"[5]

孟夏之月:"毋伐大樹"。[6]"孟夏行秋令,則苦雨數來,五穀不滋;行冬令,則草木蚤枯。"[7]

仲夏之月:"令民毋艾藍以染,毋燒灰";[8]"仲夏行冬令,則雹凍傷穀";"行春令,則五穀晚熟";"行秋令,則草木零落,果實早成,民殃於疫"。[9]

---

[1]《禮記正義》,《十三經註疏》,上冊,第1357頁。
[2] 同上。
[3] 同上書,第1362頁。
[4] 同上書,第1363頁。
[5] 同上書,第1364頁。
[6] 同上書,第1365頁。
[7] 同上書,第1366頁。
[8] 同上書,第1370頁。
[9] 同上。

季夏之月："命澤人納材葦"。[1] "是月也，樹木方盛，乃命虞人入山行木，毋有斬伐"。"季夏行春令，則穀實鮮落，國多風欬"；"行秋令，則丘隰水潦，禾稼不熟"。[2]

仲秋之月："仲秋行春令，則秋雨不降。草木生榮，國乃有恐。行夏令，則其國乃旱，蟄蟲不藏，五穀復生。行冬令，則風災數起。收雷先行。草木蚤死。"[3]

季秋之月："草木黃落，乃伐薪為炭。"[4]

孟冬之月："乃命水虞、漁師收水泉池澤之賦。"[5]

仲冬之月："山林藪澤，有能取蔬食田獵禽獸者，野虞教道之"；"日短至，則伐木，取竹箭"。[6]

季冬之月："乃命四監收秩薪柴，以共郊廟及百祀之薪燎。"[7] "命宰，歷卿大夫至於庶民，土田之數，而賦犧牲，以共山林名川之祀"。[8]

與此相同或相近的內容還出現在《呂氏春秋》《管子》《逸周書》等典籍中。受儒家文化的影響，除了政令外，各個朝代還有一些保護林木的法律。我們挑出以下幾種。

---

[1] 《禮記正義》，《十三經註疏》，上冊，第1371頁。
[2] 同上。
[3] 同上書，第1374頁。
[4] 《禮記正義》，《十三經註疏》，下冊，第1380頁。
[5] 同上書，第1382頁。
[6] 同上書，第1383頁。
[7] 同上書，第1384頁。
[8] 同上。

1.《秦律十八種·田律》

現存最早的林木保護法律，仍是前述睡虎地《秦律十八種》，其中的《田律》規定："春二月，毋敢伐材木山林……不夏月，毋敢夜草為灰，取生荔、……到七月而縱之。唯不幸死而伐綰（棺）享（槨）者，是不用時。"[1]

《田律》與《逸周書·大聚》《禮記·月令》《呂氏春秋》的內容相近而更為嚴密細緻，說明其中的行為規範是在吸收《逸周書》《禮記·月令》的基礎上逐步完善的。

2.《使者和中所督察詔書四時月令五十條》

此為甘肅敦煌懸泉置漢代遺址出土的泥牆墨書，其中生態保護的條文如下。詔條：

孟春月令："禁止伐木。謂大小之木皆不得伐也，盡八月。草木零落，乃得伐其當伐者。"

季春月令："毋焚山林。謂燒山林田獵，傷害禽獸□蟲草木……正月［盡］。"[2]

這篇泥牆墨書的日期為公元5年，是作為政府法令書寫在牆壁上向公眾頒佈的。

3. 居延漢簡

其中生態保護的條文如下。

（1）"制詔納言其□官伐林木取竹箭。始建國天鳳□年二

---

[1]《睡虎地秦墓竹簡》，第27頁。
[2] 甘肅省文物考古研究所：《敦煌懸泉置漢簡釋文選》，《文物》2000年第5期；胡平生、張德芳：《敦煌懸泉置漢簡釋粹》，上海：上海古籍出版社，2001年，第192—199頁。

月戊寅下。"

這條記錄有缺字，詳細內容已不得而知。不過，如前所述，《禮記·月令》有"十一月日短至，伐木取竹箭"的規定。漢簡詔書的此項規定應與《禮記》同。據漢鄭玄的解釋，竹箭在秋冬之時堅韌，宜伐取。

（2）關於生態保護禁令的執行情況，居延漢簡還出土了"吏民毋得伐樹木有無四時言""吏民毋犯四時禁有無四時言"的漢簡。據研究，當時有對"吏民毋犯四時禁""吏民毋得伐樹木"的執行情況進行嚴格檢查，責任吏員定時具名上報存檔的制度。

4. 據《晉書·刑法志》記載，曹魏政權曾經"改定刑制"，陳群等依照漢律，制定魏《新律》十八篇。《新律序》回顧漢律內容說，《賊律》有懲罰伐木之賊的規定

環保性法律、法令的廣泛存在說明了在當時的中國文化中，保護環境是一種自覺而普遍的行為。

（四）土地管理機構與政令

儒家對於土地的生態性管理是十分重視的。《周禮》記載有大司徒、小司徒等許多土地管理官職，這些官職的職責有不少都具有生態意義。大司徒的職責是掌管國家的地圖和各地人口的數量，輔助君王安邦定國。大司徒應該廣泛熟悉國家的幅員，分別山林、川澤、丘陵、墳衍、原隰等不同的地理情況，辨別城、鄉之數，劃定各地疆域，為之建立社稷。大司徒還有設立各類土地官員管理土地的職責。此外還有"遂人""土均""土訓""均人"等。他們的主要職責是掌握國內山川形勢地圖、各地物產，通報君王，使各地以自己的特產進貢。"均人"的職能和"土均"大致相同，都是平均土地之徵。小司徒也是大司徒的下屬，其職責主要是平均分配土地。小司徒熟知百姓和土地的數量，把土地分為上、中、下三等，分配給百姓，小司徒也負責公平地徵收稅賦。小司徒的職責和土均、均人有所重合，這可能是由於《周禮》記載的是周代不同時期的官制的緣故。《周禮》上還記載有"土會之法""土宜之法"等。"土宜之法"是辨別十二個地方的不同物產，幫助和教導人民定居、繁衍、從事農業和種植樹木，促使鳥獸繁殖，草木繁榮，從而充分地發揮土地的作用：

> 辨十有二土之名物，以相民宅而知其利害，以阜人民，以蕃鳥獸，以毓草木，以任土事。辨十有二壤之物而知其種，以教稼穡樹藝。[1]

"土會之法"是把地貌、地質分為山林、川澤、丘陵、墳衍、原隰五類，辨別各種地質的物產和那裏的人民的特點：

> 以土會之法辨五地之物生：一曰山林，其動物宜毛物，其植物宜皁物，其民毛而方。二曰川澤，其動物宜鱗物，其植物宜膏物，其民黑而津。三曰丘陵，其動物宜羽物，其植物宜覈物，其民專而長。四曰墳衍，其動物宜介物，其植物宜莢物，其民皙而瘠。五曰原隰，其動物宜臝

---

[1]《周禮註疏》,《十三經註疏》，上冊，第703頁。

物，其植物宜叢物，其民豐肉而庳"。[1]

辨土也是一項十分普及的技術。《禮記·月令》中有孟春之月君王命令開始進行農事，"善相丘陵、阪險、原隰、土地所宜，五穀所殖，以教道民"。《左傳》中有"書土田"的記錄，內容是"度山林，鳩藪澤，辨京陵，表淳鹵，數疆潦，規堰豬，町原防，牧隰皋，井衍沃"。[2]《荀子》中說，"相高下，視磽肥，序五種，君子不如農人"。[3]

關於水利設施，據《周禮》的記載，田間有遂、徑、溝、畛、洫、塗、澮等排水設施。照《周禮》的記載，遂人是專職負責水利設施的。除了農田水利設施外，還有大型的引河灌溉設施。肥田，又叫"土化之法"，內容是改良土壤，確定適宜種植的植物。《周禮》有"草人"一職，是負責這項工作的。也有用動物脂肪"糞種"的方法。具體做法是針對於不同土質，使用不同動物的脂肪汁浸泡種子以改良土壤。[4]用草木灰肥田是科學的，用動物油脂肥田則不一定有科學性。休耕是中國古代保持土地肥力的一項重要措施。據《周禮》記載，官府授田給百姓，"不易之地家百畝，一易之地家二百畝，再易之地家三百畝"。[5]"不易之地"不需要休耕，"一易之地"休耕一年耕種一

---

[1] 《周禮註疏》，《十三經註疏》，上冊，第702頁。
[2] 《春秋左傳正義》，《十三經註疏》，下冊，第1985—1986頁。
[3] [清] 王先謙：《荀子集解》，沈嘯寰、王星賢點校，北京：中華書局，1988年，第122頁。
[4] 《周禮註疏》，《十三經註疏》，上冊，第746頁。
[5] 同上書，第705頁。

年,"再易之地"休耕兩年才可以耕種一年。[1]休耕也叫做爰田、轅田等。據說商鞅在秦國變法,就實行了爰田制,又據《左傳》記載,晉國也實行了爰田制。《漢書·食貨志》也有古代實行休耕的記錄。[2]應該說,休耕、換田易居的方法是十分科學的。《周禮》中還有保留荒野的措施。《周禮》說:

> 辨其野之土,上地、中地、下地,以頒田里。上地,夫一廛,田百畝,萊五十畝,餘夫亦如之;中地,夫一廛,田百畝,萊百畝,餘夫亦如之;下地,夫一廛,田百畝,萊二百畝,餘夫亦如是。[3]

這裏的草萊據鄭玄的解釋是"休不耕者":"萊,休不耕者。郊內謂之易,郊外謂之萊。"[4]可耕地已經有休耕制度,這裏的"休不耕"顯然不是可耕地的休耕,而是對未開墾的土地休而不耕,即不把草地開闢為農田。賈公彦即認為草萊是荒而不耕的草地。[5]古人保留草萊可能是為了用作牧地,縱如此,保留荒野對於維持生態平衡仍然是有積極意義的。"資源保護是人和土地之間和諧一致的一種表現"。[6]

《周禮》強調任地力,這是重視農業的表現。在古代禮制

---

[1]《周禮註疏》,《十三經註疏》,上冊,第727頁。
[2]《漢書·食貨志》,第5冊,第1119—1120頁。
[3]《周禮註疏》,《十三經註疏》,上冊,第740頁。
[4] 同上書,第705頁。
[5] 同上書,第727頁。
[6]《沙鄉年鑒》,第197頁。

中，天子有"親耕"儀式，表達對於農業的重視。皇后也要率後宮嬪妃養蠶，以表達對於紡績織紝的重視。《禮記》上說，"四郊多壘，此卿大夫之辱也。地廣大，荒而不治，此亦士之辱也。"[1]因為如果卿大夫有威德，四鄰就不會來侵。士有勸農耕稼的職責。如果埰地沒有得到治理，那是士沒有盡到職責。《禮記·月令》還規定了不能妨礙農事的政令，如仲春之月不能舉行"大事"以妨農。所謂大事即發動戰爭之類。

(五) 河流、山脈的管理機構與法令

中國古人很早就設立了管理河流水域的官職。據《周禮》記載，管理湖澤的官吏叫做"澤虞"，管理河流的叫"川衡"。[2]川衡為下士，澤虞為中士。川衡的職責是"平知川之遠近寬狹及物之所出"，[3]澤虞的職責是"度知澤之大小及物之所出"。[4]川是河流，澤是湖泊、沼澤，也包括水塘等。川衡有掌握川澤禁令的職能，澤虞也有掌握"澤之禁令"，處罰犯禁者的職能。[5]在《周禮》中，與水相關的職位還有"司險""川師""雍氏""萍氏"等。川師的職責是掌握川澤的名稱、基本情況、物產，以便為國家貢獻珍異之物。[6]雍氏的職責是掌管溝、澮、池的禁令，其中包含對於水害防備，如春天

---

[1]《禮記註疏》，《十三經註疏》，上冊，第1250頁。
[2] 同上書，第647頁。
[3] 同上書，第700頁。
[4] 同上書。
[5] 同上書，第647頁。
[6] 同上書，第865頁。

疏通溝澮，秋天堵塞等。[1]萍氏的職責是"掌國之水禁"。[2]在《管子》中，防止水害是和工程聯繫在一起的，管理水的官職是司空。[3]《荀子》的記載與此相同。[4]歷代關於水的官職還有很多，如《莊子》中有"監河侯"一職，"河"是黃河，可見當時黃河就有了管理官吏。

《月令》等典籍記載了一些關於水域管理的政策和法令，反映了當時人們對於保護水域的認識。《禮記·月令》上說，仲春之月，不得竭川澤、漉陂池。睡虎地秦簡《秦律十八種·田律》中也有"春二月，毋敢……雍（壅）堤水"的條文。[5]這說明，在秦代，水源保護已經成為了法律。這種對水資源進行管理、保護措施在漢代得到了繼承。《漢書·百官公卿表上》記載有"奉常"一職，屬員有"均官、都水兩長丞"。顏師古的註解引用如淳的話說，按照法律，都水的職責是管理渠堤水門。《三輔黃圖》上說，三輔皆有都水也。又據《百官公卿表上》的記載，治粟內史、少府、水衡都尉、內史、主爵中尉屬下都有"都水"之職。《漢書·劉向傳》記載，劉向就曾經擔任中郎，領護三輔都水的官職。據顏師古註引蘇林語云，三輔地區多灌溉渠，全由三輔都水主管，所以這個官職叫做"都水"。又據《漢書·兒寬傳》記載，左內史兒寬在管理

---

[1] 《周禮註疏》，《十三經註疏》，上冊，第885頁。
[2] 同上。
[3] 《管子校註》，上冊，第73頁。
[4] 《荀子集解》，第168頁。
[5] 《睡虎地秦墓竹簡》，第20—21頁。

水利設施時，曾經制定過渠水分配措施"水令"，合理分配水源，擴大灌溉面積[1]，這可能是中國歷史上首個灌溉用水管理制度。

鑒於山脈的重要性，古代對於山脈有系統的保護措施，從事這項工作的官職是"山虞"。山虞度知山的大小及物產，主要是林木、礦產、禽獸等，也掌管山林的政令，按照物產的種類分別進行管理，實行守禁。《周禮》記載有"丱人"一職，是專門管理礦產資源的官吏。他的職責是掌管金玉錫石產地，厲禁以守之。丱人取礦產供給冬官製作各種器物，供君王使用，一般百姓不得染指。丱人厲守資源地具有壟斷的性質，這在客觀上維護了山林的生態平衡。

六、餘　論

生態哲學是一種認識，是人類對自身存在的認知的深化；又是一種具有根本性的世界觀；更為深入地說，它還表示一種存在方式。如果把人類的存在看作函數就會發現，根本地決定人類存在方式的參數只有兩種，一種是文化的，包括各種觀念和社會組織結構等；一種是生態的，包括土地、山川和氣候等。任何一種關於人類存在的學說，倘若認識不到人類存在的生態參數制約，就很難說是完善的，也不會是深刻的。筆者認

---

[1] 王勇：《東周秦漢關中農業變遷研究》，長沙：嶽麓書社，2004年，第141—142頁。

為，人類如果還要在這個星球上生存下去，其生存必須是生態性的；生態地存在是人類根本的存在方式。在歷史上，中國文化之所以能夠貞下起元，歷久彌新，保持較高的文明水準，一個重要因素是儒家生態意識維持了中華民族生存地區的自然環境。認識和發掘這些生態智慧，貢獻於當今人類社會，是我們今天研究儒家生態哲學的意義所在。當然，我們也應認識到，儒家哲學的生態危機意識還不十分迫切，比如對於黃土高原植被的荒原化並未進行一定的反思。又，當代生態哲學是從西方文化傳統中發展出來的，它的體系的科學性、反思性和論證的邏輯性、概念範疇的嚴密性以及對於問題的認識的深入性等方面，都是中國哲學所未曾有的。這是我們建立中國生態哲學必須借鑒的。

作者簡介：喬清舉，男，1966 年出生，河南人，博士，南開大學哲學院教授、博士生導師、中國哲學研究中心主任，湖南大學嶽麓書院國學研究與傳播中心兼職研究員，主要研究方向為儒家哲學、道家哲學，近年來著重研究儒家生態哲學，主要著作有《當代中國哲學史學史》（上下卷，上海古籍出版社，2014 年）、《儒家生態哲學通論》（北京大學出版社，2013 年）、《澤及草木、恩至水土——儒家生態文化》（山東教育出版社，2011 年）、《河流的文化生命》（黃河水利出版社，2007 年）、《論金岳霖的新儒學體系》（齊魯書社，1999 年）、《湛若水哲學思想研究》（文津出版社，1993 年）。

人心與生態

胡治洪

內容提要：本文針對當今全球生態危機日趨嚴重的局面，指出由近代西方啟蒙理念的偏失所導致的、作為現代化之初始動因和必要條件的人心的自私和貪婪，乃是造成全球生態危機的根本原因，認為儒家傳統的人物平等、秉德愛物、一體之仁、以德取物、順時節物的觀念和制度，對於矯正人心的自私和貪婪，從而拯救全球生態具有不容忽視的現實意義。

在世界主流輿論幾乎都為"全球化"喝彩的同時，一個足以滅絕人類乃至地球生物的"全球化"趨勢也在迅速擴張，這就是全球生態危機。無論是人口稠密的都會，還是人跡罕至的極地和山巔，無論是人們近旁的環境，還是高遠的大氣層，污染無處不在，資源日益枯竭，畸變愈演愈烈。有專家警告說："我們只有不到一百年的時間，我們必須小心謹慎善待自身的生活環境，我們的子孫能否繼續生存下去，能否過上安全和幸福的生活，這需要看人類能否在21世紀穿越生存瓶頸。"[1] 人類究竟處在怎樣的生存瓶頸，人類何以竟會落入這樣的生存瓶頸，人類又如何才能穿越這一生存瓶頸，這就是本文的問題意識和索解進路。

一、全球生態危機及其根本癥結

近四百年來，伴隨著由西方啟蒙運動所引發的、以富強為旨歸的現代化浪潮席捲整個世界，人類的科技含量不斷提高、規模不斷擴大的活動，幾乎都落實為對於自然資源日益全面深入的索取，而回饋給自然界的則是創傷、枯竭以及廢氣、廢水、廢渣等種種有害物質。時至今日，全球生態系統幾乎瀕臨崩潰，其中雖然不無自然界本身的原因，但人為原因無疑是主要的[2]，其犖犖大端諸如：人類大量使用氯氟烷烴化學物質所造成的臭氧層空洞，致使太陽對地球表面的紫外輻射量增加，從而對人類和其他生物的正常生存產生破壞作用；人類在生產和生活中大量燃燒化石燃料所排放的溫室氣體，導致大氣污染、酸雨、極地冰蓋和高山冰川融化乃至厄爾尼諾現象，造成世界氣候異常，海平面升高，土壤和水體酸化，嚴重地損害人類和其他生物的健康與安寧；過度砍伐森林、過度墾殖放牧使地表裸

---

[1] 潘文石：《明智的倫理抉擇是安全穿越生存瓶頸的唯一指南》，《北京大學學報》（哲學社會科學版）2011 年第 1 期。
[2] 尤根·莫爾特曼說："種種跡象表明如今全球氣候已經發生了變化，以至於我們正經歷著越來越多的'自然'災害，如乾旱、洪災，實際上這些災害並非自然發生的，而是人為因素導致的。"見《危機中的生命文化》，《北京大學學報》（哲學社會科學版）2011 年第 1 期。

露、水土流失、河湖乾涸、旱澇頻發、沙漠化日益嚴重，不僅壓縮了人類宜居地域，而且使沙塵暴的強度和廣度有增無減；過量使用化肥和農藥導致土質退化、水源污染、人類和其他生物生存狀況惡化；工業廢水廢渣毒化河流和土地，致使遭受影響的人類和其他生物患病、畸變以至死亡；人類日常生活產生的大量無機質垃圾，也是土地、水源的嚴重污染源，進而是人類和其他生物的致病源或致命源。至於其他影響範圍相對較小、尚不具有普遍性的人為生態破壞事件，諸如海洋油井鑽孔洩漏、油輪海損外溢、森林或草原人為火災、人工改變小流域環境、核設施放射性物質逸出、劇毒品爆炸或流入江河，乃至局部戰爭中使用化學武器、生化武器以及出於戰略意圖焚燒油田，等等，也都給自然界和人類造成不同程度的災難。可以說，經過億萬年演化而形成的地球生態系統，在短短四百年間人類的胡作非為之下，已是千瘡百孔、日益貧乏、污濁不堪！而人類也正在自己行為造成的這種可悲境況中遭受身心的煎熬！以上還只是對已經發生和存在的事實的陳述，假如爆發核大戰，那麼核國家儲存的作為高科技成果、具有大規模殺傷性的原子彈將使地球生態毀於一旦，當然人類自身也就歸於滅絕！[1]

---

[1] 尤根·莫爾特曼說："1945年8月投到廣島的第一顆原子彈結束了第二次世界大戰，隨之全人類進入世界末期。末期指一個時代，在這個時代裏人類社會有可能在任何一刻終結。大型核戰爭之後的'核冬天'無人能存活。長達四十多年的'冷戰'期間，人類就處於這種嚴重核戰爭的邊緣。確實，1990年'冷戰'結束後，大型的原子戰就不大可能了，我們處於相對和平中。然而大國，包括一些較小的國家的彈藥庫裏還儲存著那麼多原子彈和氫彈，可能導致人類的自殲自滅。"見《危機中的生命文化》，《北京大學學報》（哲學社會科學版）2011年第1期。

應該承認，對於地球生態系統的關注已經成為當今人類比較普遍的自覺意識。除了林林總總的民間環保組織採取的生態保護措施之外，許多國家政府和政府間機構也都著手制定了生態保護政策法規。而集中體現生態保護意識並力圖將這種意識落實為全球行動的，當屬 1992 年通過的《聯合國氣候變化框架公約》以及自 1995 年開始的每年一度的公約締約方會議。所有這些當然都是值得欣慰的良好動向，但結果能否真正抑制乃至扭轉地球生態系統惡化的趨勢，則實在令人懷疑。以《聯合國氣候變化框架公約》以及至今已舉行過十多次的公約締約方會議來說，公約認為"了解和應付氣候變化所需的步驟只有基於有關的科學、技術和經濟方面的考慮，並根據這些領域的新發現不斷加以重新評價，才能在環境、社會和經濟方面最為有效"[1]，這便將化解生態危機的希望依舊完全寄託在導致生態危機的主要原因上，不是對作為導致生態危機主要原因的科技和經濟進行根本反思並加以限制，而是認為科技和經濟發展得還不夠，還要沿著舊路走下去。按照這種思路來解決生態危機問題，無異於緣木求魚。[2] 與上述思路相聯繫，公約基於"共同但有區別的責任和各自的能力及其社會和經濟條件"的原則，強調"發展中國家締約方能在多大程度上有效履行其

---

[1] 資料來源見 http://unfccc.int/resource/docs/convkp/convchin.pdf。下引《聯合國氣候變化框架公約》條文同此。
[2] 安東尼·吉登斯認為，科學技術是現代社會風險的最大來源；查爾斯·培羅也指出，被認為是社會發展決定因素和根本動力的現代科學技術，正在成為當代最大的社會風險源。參見干承武：《吉登斯的風險社會理論及其對規制我國科技倫理的啟示》，《探索》2010 年第 3 期。

在本公約下的承諾，將取決於發達國家締約方對其在本公約下所承擔的有關資金和技術轉讓的承諾的有效履行"，這一條款顯然是想要保障發展中國家"經濟和社會發展及消除貧困"的優先權，用意不可謂不善，但事實上卻使控制氣候變化的事業成為締約各國圍繞資金和技術討價還價的生意經，在更深層次上則是圍繞國家實力對比所展開的權力博弈。這一點典型地表現於2009年在哥本哈根舉行的公約締約方第十五次會議上。這次有多國首腦參加的會議，圍繞著由誰承擔在各國承諾的減排量總和與有效減緩氣候變化所需達到的減排量目標之間存在的巨大差額、發達國家如何為發展中國家應對氣候變化提供資金幫助、要不要繼續履行僅對發達國家的減排目標作出強制規定而對發展中國家未作相應要求的《京都議定書》等問題，形成錯綜複雜的利益集團和難以彌合的巨大分歧，最終只是為了避免會議無果而終而倉促發表了一個不具法律約束力的《哥本哈根協議》。形成這種局面的原因就在於各國都只關切自身發展而唯願他國減緩乃至不發展，其中包含著深刻的國際戰略謀慮。

其實，無論《聯合國氣候變化框架公約》，還是公約締約方會議所達成的協議，所有制定的減少溫室氣體排放量的指標都是很低的。公約只是泛泛要求"個別地或共同地使二氧化碳和《蒙特利爾議定書》未予管制的其他溫室氣體的人為排放回復到1990年的水準"；至1997年公約締約方第三次會議通過的《京都議定書》，才明確規定2008—2012年間主要工業發達國家的溫室氣體排放量要在1990年的基礎上平均減少

5.2%[1]，美國這個世界上最大的溫室氣體排放國的減排量也不過 7%，但即使這樣一個低指標，也遭到美國拒絕。如果聯繫到溫室氣體濃度至遲在 20 世紀 70 年代就已對地球生態系統產生破壞作用[2]，那麼在近二十年後的 1990 年基礎上將溫室氣體排放量只平均減少 5.2%，這對抑制地球生態系統的惡化本來就不過是杯水車薪；然而就連這麼低的減排量都引發有關國家之間的嚴重矛盾，以至難以落實，怎麼可能指望真正抑制乃至扭轉地球生態系統惡化的趨勢呢？

當然，絕不能說《聯合國氣候變化框架公約》以及公約締約方會議完全沒有意義和作用，公約和締約方會議畢竟使生態保護成為國際社會的重要議題和各國政府的關切，由此也使地球生態在某些局部和表層得到了保護或修復；而且科技和經濟雖然不能作為解決生態危機的唯一手段，但若運用得當，也還是必要手段之一。問題只是在於，公約以及締約方會議沒有把握住地球生態系統惡化的根本癥結，這個根本癥結就是因啟蒙

---

[1]《京都議定書》規定的有關國家減排量，最高者不過為 1990 年基礎上的 8%，而新西蘭、俄羅斯、烏克蘭可以不增不減，澳大利亞、冰島、挪威甚至還可以分別增加 8%、10%、1% 的溫室氣體排放量。這顯然不是基於地球生態優先的原則，而是基於國家利益平衡的考慮。照此辦理，可能是規定減排的國家並沒有真正減下來，而允許增排的國家卻堂而皇之地增上去，或者將自己"富餘"的排放指標有償轉讓給別國去排放，這樣，地球生態非但不會好轉，反而更加糟糕！《京都議定書》通過之後的十多年來，人們看到的不就是這種狀況嗎？

[2] 1979 年在聯合國歐洲經濟委員會主持下由 51 個國家簽訂的《長程跨界空氣污染公約》就是明證，1985 年由聯合國訂立的《保護臭氧層維也納公約》進一步證明了這一點。

理念的偏失而導致的、作為內源型現代化初始動因和外源型現代化必要條件的人心的自私和貪欲，以及由自私和貪欲衍生的狹隘愚蠢、傲慢僭妄、攫取無厭、揮霍無度、麻木不仁、冷酷無情，所有這些，在造成人類社會亂象的同時，幾乎無不落實為自然生態的破壞。

二、啟蒙理念偏失與人類心靈墮落及全球生態危機

發生於17—18世紀歐洲以及北美的啟蒙運動，雖然分為英格蘭啟蒙、蘇格蘭啟蒙、法蘭西啟蒙、德意志啟蒙等不同流派，甚至各個流派內部也存在著紛繁複雜的思想歧異，從而表現出形形色色的理論趣向和社會圖景，但其思想主旨基本上都是通過反神權、反王權而凸顯人的至上性，由此形成一系列迥異於中世紀傳統觀念的關於人本身、人與社會、人與自然的價值理念，諸如理性、人權、獨立、自由、平等、民主、法制、科學、進步等。啟蒙理念極大地解放了人們在宗教信條和專制政體的長期抑制下所形成的自我身心束縛，激發了人們以個我自覺、主體意識、理性信心、存在欲念、權利主張、求知渴望和進取精神為內容的心理動能。這種心理動能以群體聚合的方式作用於觀念領域，導致天啟宗教的袪魅及其邊緣化，從而實現社會的世俗化；其作用於社會政治領域，則引發了以美國獨立戰爭、法國大革命為代表性事件的波瀾壯闊、此伏彼起的社會政治運動，開創了現代民主政治體制；而在生產和生活方式上，這種心理動能集中體現為追逐以財富和地位為指標的人

生成就以及由此獲得的現世福利，無數個體對於這一目標的追逐，導致科學技術日益創新，生產規模日益擴大，市場交往日益頻繁，社會功能日益增多，促成了社會的科技化、工業化、市場化、都市化。正是基於世俗化、民主化、科技化、工業化、市場化、都市化，歐洲以及北美在整個人類社會中率先走出中世紀而進入現代化。[1]

相對於中世紀的觀念與社會，啟蒙理念及其引發的現代化進程具有某些進步性。啟蒙理念解除了神權和王權對於人的外在和內在宰制，賦予人身心自主性，從而結束了中古神—王的世紀，開闢了現代人的世紀，人的"此在"價值得以空前凸顯，人的生存欲求得到全面肯定。現代化則發展出工業體系、交通設施、市場建置、金融行業、民主政體、法律系統、大眾傳媒、文化事業、公共教育、科研機構、醫療保健、都市服務等諸多新的利益領域，提高了人的生活品質和效率，豐富了人的生活內容。這些都是不爭的事實。然而，利之所在，弊亦伏焉；始而差之毫釐，終則謬以千里。曾經在反抗神權和王權鬥爭中顯示出崇高道義性的啟蒙理念，由於缺失超越的指向和傳統的歸依，而以人的現世利益為主要訴求，因而在從思想家的高頭講章普及為社會大眾的行為根據的過程中，不可避免地隨著人性的卑俗而發生劣質畸變。極而言之，理性萎縮為汲汲於利益最大化，以及致思於為利益最大化提供最有效手段的工具理性，

---

[1] 彼得·賴爾、艾倫·威爾遜著，劉北成、王皖強編譯：《啟蒙運動百科全書》，上海：上海人民出版社，2004年。

人權膨脹為自我中心主義，獨立演變為非社群甚至反社群的原子式個人主義，自由扭曲為肆無忌憚，平等表現為拒斥一切必要的差異，民主墮落為政客和選民各為私利而相互操縱的選舉把戲，法制蛻變為私利的保障，進步不過是抽空了精神內涵的物質財富的無限增長；至於科學和技術，由於脫離了道德的控馭，則成為破壞自然、滅絕物種、殘害人類的利器。總括而言，啟蒙理念給予人的身心解放，破除了人心對於形上存有以及古代聖哲的神聖感和尊崇感，蕩滌了人們在宗教文明傳統中積澱的道德觀念，空前地激發並肯定了人的自私和貪欲；現代化進程則是人的自私和貪欲得以實現、進而誘發更大的自私和貪欲並追求其繼續實現的不斷遞進過程；而以人的自私和貪欲作為原動力的現代化進程，無論表現出多麼輝煌燦爛的面相，最終必定是以自然資源的消耗和自然生態的破壞為代價，而且現代化進程越是顯得輝煌燦爛，生態破壞的代價往往也越大。

如果現代化僅僅局限於歐洲北美，那麼地球生態的破壞可能至今也只是局部性問題，然而人類歷史的進程卻並非如此。早期西方現代化民族出於自私和貪欲，憑藉器物優勢，將領土擴張、資源攫取、市場開拓活動推向整個世界，用槍炮和商品將現代化強行帶到一切古老文明地區。在這一過程中，美洲和澳洲土著文明基本上被滅絕，在那裏建立的西方現代化民族的殖民國家，其生產生活方式幾乎是母國的翻版，甚至——例如從東部十三州擴張而成的美國——較之母國有過之而無不及。而在亞洲和非洲那些傳統文明更加深厚、民族生命力更加堅強因而無法滅絕的古國，西方現代化民族則採取武力征服、經濟削弱、政治控制乃至文化殖民等手段[1]，將這些古國轉變為自己的僕從或附庸，使之成為傾銷商品、獲取資源、掠奪財富的場所。無論在美洲、澳洲，還是亞洲和非洲，標榜人權、獨立、自由、平等的西方現代化民族，除了殘暴、狡詐、貪婪、傲慢，簡直沒有絲毫人權、獨立、自由、平等可言，充分暴露了他們在以器物和制度文明所構成的現代化外殼之中包藏的兇惡的民族性以及啟蒙理念的虛偽性。西方現代化民族的行徑在古老文明地區大致引起兩種反應，其一是震懾或驚羨於西方現代文明，心悅誠服地步其後塵；其二是厭惡或仇恨西方現代文明，為了抵禦西方現代文明以保存固有文明、延續民族命脈而仿效西方現代文明。這兩種反應的動機雖然如同冰炭之不相容，但在選擇現代化道路這一點上卻是一致的；這種一致起初不免存在著積極或消極、主動或被動的態度差異，但隨著現代化的啟動和發展，這種差異也就在自覺不自覺之間逐漸泯合為對於現代化積極主動的追求了。一旦整個世界都被西方現代化民族裹挾到現代化的洪流之中，作為現代化之必要條件的自私和貪欲也就在整個世界彌漫，一切古老淳樸的道德信念隨之土崩瓦解，神聖的戒律、先哲的教言被棄之如敝屣。但是，雖然自私和貪欲成為人類的普遍心態，現代化成為人類的共同目標，人類卻並

---

[1] 友人侯旭東教授《中國古代專制說的知識考古》(《近代史研究》2008 年第 4 期)一文，細緻地論述了西方人炮製的"中國古代專制說"於 19 世紀末被植入中國社會觀念領域的過程，由之可見西方現代化民族對於中國的文化殖民。可歎的是，在西方殖民者被逐出中國領土數十年後，他們植入中國社會觀念領域的許多謬見卻還被不少中國人不假思索地奉為圭臬，用以否定自己的文化傳統，瓦解自己的民族文化信心，做著西方殖民者想做而做不到的事情！

沒有因此而達成哪怕只是卑俗意義上的一致。當代西方現代化民族在世界範圍策動了更加劇烈的競爭，他們為了力保領先地位，一面在科技、軍事以及廣義的經濟領域不斷花樣翻新，一面處心積慮地遏制後發現代化民族，以期既不斷激發並強化人類的自私和貪欲，從而將人類牢籠於近現代西方製造的意識形態之中，又一如既往地掌控後發現代化民族的命運。而後發現代化民族為了達到西方式的富強水準，也為了擺脫近代以來任由西方宰割、直至當今仍然時時處處遭到西方威脅或欺凌的命運（僅就這一點而言，後發現代化民族的任何選擇都具有某種正義性），也在現代化的競賽場上奮起直追。在這場世界範圍的現代化競賽中，參賽各方誰都不願亦且不敢稍有怠慢，更不願亦且不敢停下腳步。發展成為宿命，停滯等於滅亡！富強就是價值，貧弱罪該萬死！這種以單一富強為標準的無限制發展，對於世界各國乃至整個人類社會造成的嚴重弊害是有目共睹的，在此略而不論；它對自然界造成的後果則是使地球生態到了難以為繼的地步，以致整個人類切實感受到了窮途末路的危機。當此之時，如欲真正拯救地球生態，整個人類（首先是西方現代化民族）必須一致抑制乃至扭轉現代化進程；如欲抑制乃至扭轉現代化進程，整個人類（首先是西方現代化民族）必須整治因啟蒙理念的偏失而導致的自私和貪婪的人心。

三、儒家生態觀念和制度對於整治人心、拯救生態的現實意義

　　對於整治因啟蒙理念的偏失而導致的、作為現代化之初始

動因或必要條件的、給地球生態造成嚴重破壞的自私和貪婪的人心，世界各大宗教文明傳統都擁有寶貴的思想資源，儒家傳統也是如此。

儒家認為，人和宇宙萬物在根本上都化生於具有生生之仁的道德本體。《周易·乾·彖》曰："大哉乾元，萬物資始，乃統天。雲行雨施，品物流形。……乾道變化，各正性命。保合大和，乃利貞。"[1] 表明包括人在內的宇宙萬物都發生於至高無上的乾元本體，蒙受乾德沾溉而流佈成形，各得亨通，無所壅蔽，並且各自遵循本體賦予的品性而漸變或卒化，保任太和元氣而互惠互利，從而各得貞固。[2] 這就肯定了人和宇宙萬物在本體論意義上乃是平等的；人只是道德本體化生的萬物之一，沒有任何資格對於其他生物乃至無生物表現出知性的傲慢，更沒有權利無端地妨害其他生物乃至無生物各正性命，而只應盡可能地與其他生物和無生物共同保安和會。這種包含人物平等觀的"乾元始物""各正性命"本體—宇宙論，乃是儒家傳統中關於人物關係思想的基本前提，這一思想在宋儒張載的"乾父坤母""民胞物與"思想中得到呼應。儒家以此喚起人與宇宙萬物和諧相處的意識，並且引導人們戒除對於宇宙萬物不應有的僭妄。

---

[1] [漢] 孔安國傳，[唐] 孔穎達疏：《十三經註疏》，北京：中華書局，1980年，上冊，第14頁。
[2] 《乾·彖》雖未言及人類，但已將人類包括於萬物之中，故孔穎達解說"各正性命"曰："性者天生之質，若剛柔遲速之別；命者人所稟受，若貴賤壽夭之屬是也。"見《十三經註疏》，上冊，第14頁。

在"乾元始物""各正性命"的基本前提下,儒家又肯定了人在宇宙中"首出庶物"的地位,即人相對於宇宙萬物的特殊性,由此構成儒家關於人物關係思想的另一方面。《禮記·禮運》所謂"故人者,其天地之德,陰陽之交,鬼神之會,五行之秀氣也……故人者,天地之心也,五行之端也"[1],《禮記·祭義》所謂"天之所生,地之所養,無人為大"[2],《孝經·聖治章》所謂"天地之性,人為貴"[3],《荀子·王制》所謂"水火有氣而無生,草木有生而無知,禽獸有知而無義;人有氣有生有知亦且有義,故最為天下貴也"[4],乃至周敦頤《太極圖說》所謂"無極之真,二五之精,妙合而凝。乾道成男,坤道成女,二氣交感,化生萬物。萬物生生,而變化無窮焉。惟人也得其秀而最靈"[5],程頤《顏子所好何學論》所謂"天地儲精,得五行之秀者為人"[6],都突出了人在宇宙萬物中的特殊地位。顯而易見,在儒家看來,人之所以在宇宙萬物中具有特殊地位,並非因為其"有氣有生有知",而是因為其"有義";就人物關係方面來說,"有義"意謂人能夠自覺地遵循秉具的"天地之德"而適宜地對待宇宙萬物。《周易·繫辭下》謂"天

---

[1]《十三經註疏》,下冊,第1423—1424頁。
[2] 同上書,下冊,第1599頁。
[3] 同上書,下冊,第2553頁。
[4] [清]王先謙:《荀子集解》,《諸子集成》,北京:中華書局,1954年,第二冊,第104頁。
[5] [宋]周敦頤:《周子通書》,上海:上海古籍出版社,2000年,第48頁。周子此語不僅表明人類"首出庶物",而且表明人類與萬物同出於本體,蘊含著人物平等思想。
[6] [宋]程顥、程頤:《二程集》,北京:中華書局,2004年,第577頁。

地之大德曰生"[1],因此,人自覺地遵循秉具的天地之德而適宜地對待宇宙萬物,就是要護持萬物的生機,以促成一個生生不息的大千世界。這樣,人之"首出庶物",就完全不意味著人可以任意宰制萬物,更不意味著人可以戕害萬物,恰恰相反,人之"首出庶物"的地位,只是賦予人以協助天地照料萬物的崇高責任。《周易·泰·象》曰:"天地交,泰。后以財成天地之道,輔相天地之宜,以左右民。"[2]《周易·無妄·象》曰:"天下雷行,物與無妄。先王以茂對時育萬物。"[3]《禮記·樂記》曰:"是故大人舉禮樂,則天地將為昭焉。天地欣合,陰陽相得,煦嫗覆育萬物,然後草木茂,區萌達,羽翼奮,角觡生,蟄蟲昭蘇,羽者嫗伏,毛者孕鬻,胎生者不殰,而卵生者不殈,則樂之道歸焉耳。"[4]此所謂裁成輔相、時育萬物以及舉禮樂昭天地,都體現了人協助天地照料萬物的崇高責任,雖然以君后、先王、大人而為言,但終究屬於人事。《周易·繫辭上》則包舉人類而言曰:"與天地相似故不違,知周乎萬物而道濟天下故不過,旁行而不流,樂天知命故不憂,安土敦乎仁故能愛,範圍天地之化而不過,曲成萬物而不遺,通乎晝夜之道而知。"[5]此所謂"與天地相似""樂天知命"云云,即人之德合天地,順天之化;而"知周萬物""道濟天下""旁行不

---

[1] 《十三經註疏》,上冊,第86頁。
[2] 同上書,上冊,第28頁。阮元曰:"石經岳本閩監毛本同釋文財作裁。"見《十三經註疏》,上冊,第33頁。
[3] 《十三經註疏》,上冊,第39頁。
[4] 同上書,下冊,第1537頁。
[5] 同上書,上冊,第77頁。

流""安土敦仁""曲成萬物"云云，則表達了秉具天地之德的人對於萬物的愛養。[1]

人既愛養萬物，必將以廣大的心量和包容的態度對待宇宙萬物，達致一體之仁。《中庸》所謂"唯天下至誠為能盡其性，能盡其性則能盡人之性，能盡人之性則能盡物之性，能盡物之性則可以贊天地之化育，可以贊天地之化育則可以與天地參矣"[2]，經典地表達了儒家一體之仁思想。張載"大其心則能體天下之物"說[3]，二程"仁者以天地萬物為一體""仁者渾然與物同體"說[4]，呂柟"須要見得天地萬物皆與我同一氣，一草一木不得其所，此心亦不安"說[5]，劉宗周"直從天地萬物一體處看出大身子"說[6]，持續強調了儒家一體之仁思想。而對這一思想最為精彩的表述，則見於王守仁的《大學問》：

> 大人者，以天地萬物為一體者也，其視天下猶一家，中國猶一人焉。若夫間形骸而分爾我者，小人矣。大人之能以天地萬物為一體也，非意之也，其心之仁本若是，其與天地萬物而為一也。豈惟大人，雖小人之心亦莫不然，

---

[1] 參見《周易·繫辭上》韓康伯註及孔穎達疏，《十三經註疏》，上冊，第77頁。《繫辭上》此段並未標明主語，韓康伯註同之，因此可以理解為泛指人類；孔穎達疏則以聖人作主語。本文從《繫辭上》原文及韓註。
[2] 《十三經註疏》，下冊，第1632頁。
[3] 見［宋］張載：《張載集》，北京：中華書局，1978年，第24頁。
[4] 見《二程集》，第15—16頁。
[5] 見［明］黃宗羲：《明儒學案·呂涇野先生語錄》，北京：中華書局，2008年，第212頁。
[6] 見［明］劉宗周：《劉子全書》卷八，清道光甲申乙未刻本。

彼顧自小之耳。是故見孺子之入井,而必有怵惕惻隱之心焉,是其仁之與孺子而為一體也;孺子猶同類者也,見鳥獸之哀鳴觳觫,而必有不忍之心焉,是其仁之與鳥獸而為一體也;鳥獸猶有知覺者也,見草木之摧折而必有憫恤之心焉,是其仁之與草木而為一體也;草木猶有生意者也,見瓦石之毀壞而必有顧惜之心焉,是其仁之與瓦石而為一體也;是其一體之仁也,雖小人之心亦必有之。是乃根於天命之性,而自然靈昭不昧者也,是故謂之"明德"。小人之心既已分隔隘陋矣,而其一體之仁猶能不昧若此者,是其未動於欲,而未蔽於私之時也。及其動於欲,蔽於私,而利害相攻,忿怒相激,則將戕物圮類,無所不為,其甚至有骨肉相殘者,而一體之仁亡矣。是故苟無私欲之蔽,則雖小人之心,而其一體之仁猶大人也;一有私欲之蔽,則雖大人之心,而其分隔隘陋猶小人矣。故夫為大人之學者,亦惟去其私欲之蔽,以自明其明德,復其天地萬物一體之本然而已耳;非能於本體之外而有所增益之也。[1]

基於一體之仁思想,除了必要的取用之外,儒家當然不會對宇宙萬物有更多訴求,因而必然最大限度地滌除對於宇宙萬物的私心。

如上文所點明的,儒家也肯定人為了生存和延續而對萬物

---

[1] [明]王守仁:《王陽明全集》,上海:上海古籍出版社,1992年,第968頁。

（包括自然物以及以自然物做成的人工物）加以必要的取用，《尚書·大禹謨》所謂"水火金木土穀惟修，正德利用厚生惟和，……六府三事允治，萬世永賴"[1]，主要就表達了這一意思。但值得指出的是，"六府三事"雖然主要論及人對萬物的取用，卻仍將"正德"置於突出地位，熊十力說：《尚書》之言治道者三：曰正德，曰利用，曰厚生。而必以正德居先，所以立利用厚生之本也。"[2]由此表明儒家強調以德取物，其具體內涵就是人在取用萬物的時候必須遵從自然的節律並保持欲望的節制。《周易·節·彖》曰："天地節而四時成。節以制度，不傷財，不害民。"[3]表明天地運行、四時成功是有節律的，人必須依循天地四時節律，形成制度以節制身心，才可能既不靡傷財物，又不損害人自身。《孝經·庶人章》所謂"用天之道，分地之利，謹身節用"，[4]表達的也是這種觀念。《禮記·祭義》載"曾子曰：'樹木以時伐焉，禽獸以時殺焉。夫子曰："斷一樹，殺一獸，不以其時，非孝也"'"。[5]更是將順時節物上升到孝敬天地、友愛萬物的宇宙倫理的高度。為了落實以德取物的觀念，儒家傳統中形成了許多抑制人對宇宙萬物無限訴求的制度，例如《周禮·地官司徒》對掌管林木、水產、田獵、礦物的林衡、川衡、跡人、卝人的職責規定："林衡掌巡林麓之

---

[1]《十三經註疏》，上冊，第135頁。
[2] 熊十力：《熊十力全集》，武汉：湖北教育出版社，2001年，第五卷，第352頁。
[3]《十三經註疏》，上冊，第70頁。
[4] 同上書，下冊，第2549頁。
[5] 同上書，下冊，第1598頁。原文"夫子"下衍一"子"字，徑改。

禁令而平其守，以時計林麓而賞罰之。若斬木材，則受法于山虞，而掌其政令""川衡掌巡川澤之禁令而平其守，以時舍其守，犯禁者，執而誅罰之""跡人掌邦田之地政，為之厲禁而守之。凡田獵者受令焉，禁麑卵者與其毒矢射者""卝人掌金玉錫石之地，而為之厲禁以守之。若以時取之，則物其地圖而授之，巡其禁令"[1]；又如《禮記·月令》對人在不同時節取用自然物的行為限制：孟春之月"命祀山林川澤犧牲毋用牝，禁止伐木，毋覆巢，毋殺孩蟲、胎夭飛鳥，毋麑毋卵"[2]，仲春之月"毋竭川澤，毋漉陂池，毋焚山林"[3]，季春之月"田獵罝罘、羅網、畢翳、餒獸之藥毋出九門……命野虞毋伐桑柘"[4]，孟夏之月"繼長增高，毋有壞墮，毋起土功，毋發大眾，毋伐大樹……毋大田獵"[5]，仲夏之月"令民毋艾藍以染"[6]，季夏之月"樹木方盛，乃命虞人入山行木，毋有斬伐"[7]，乃至季秋之月"草木黃落，乃伐薪為炭"[8]；《禮記·王制》則明確了自天子以至百姓取用自然物的度量和時機：

---

[1]《十三經註疏》，上冊，第747—748頁。
[2] 同上書，上冊，第1357頁。
[3] 同上書，上冊，第1362頁。
[4] 同上書，上冊，第1363頁。
[5] 同上書，上冊，第1365頁。鄭玄註"繼長增高"曰"謂草木盛蕃廡"。
[6]《十三經註疏》，上冊，第1370頁。鄭玄註曰："為傷長氣也。此月藍始可別。"孔穎達疏曰："別種藍之體，初必叢生，若及早栽移，則有所傷損。此月藍既長大，始可分移佈散。"
[7]《十三經註疏》，上冊，第1371頁。
[8] 同上書，下冊，第1380頁。

> 天子諸侯無事則歲三田，一為乾豆，二為賓客，三為充君之庖；無事而不田，曰不敬；田不以禮，曰暴天物。天子不合圍，諸侯不掩群。天子殺則下大綏，諸侯殺則下小綏，大夫殺則止佐車，佐車止則百姓田獵。獺祭魚，然後虞人入澤梁。豺祭獸，然後田獵。鳩化為鷹，然後設罻羅。草木零落，然後入山林。昆蟲未蟄，不以火田。不麛不卵，不殺胎，不殀夭，不覆巢。[1]

所有這些制度與以德取物的觀念相配合，從積極的方面啟沃人的孝敬天地、友愛萬物的宇宙倫理意識，從消極的方面則抑制人對萬物訴求無度的貪欲，防止人將對於萬物的必要取用畸變為無限靡費。

四、結　語

綜上所述，儒家的人物平等觀念，秉德愛物、一體之仁觀念，以及以德取物、順時節物的觀念和制度，以其深蘊的對於天道的神聖感和對於傳統的尊崇感，曾經並且至今仍然能夠引導人們形成與宇宙萬物和諧相處的心理，而戒除人對宇宙萬物的私心和貪欲。這些觀念和制度並不因其產生於所謂"前現代"就對當今世界沒有意義，毋寧說其中包含的人與宇宙萬物

---

[1]《十三經註疏》，上冊，第1333頁。《禮記・曲禮下》也規定"國君春田不圍澤，大夫不掩群，士不取麛卵"。見《十三經註疏》，上冊，第1259頁。

共存共榮、可久可大的德智一如偉大智慧，相比近代西方啟蒙以來氾濫於整個世界的以自私和貪欲為旨歸的凡俗智慧不知高明多少！但想必有人認為通過以儒家這些觀念和制度整治人心來拯救地球生態是過於迂闊，殊不知，正人心才是正世道乃至正天下的根本，而其他手段都不免是頭痛醫頭、腳痛醫腳、顧此失彼甚至遺患無窮的治標之策。又或有人質疑即欲整治人心，芸芸眾生曷勝其治？這是由於不知儒家道德主體性論說所致。儒家雖然也有"德風德草"之說，但根本上將整治人心繫於人人秉持道德自覺而自正其心。孔子曰："為仁由己，而由人乎哉？"[1] "我欲仁，斯仁至矣。"[2] 孟子曰："萬物皆備於我矣。反身而誠，樂莫大焉。強恕而行，求仁莫近焉。"[3] 都是直指人心，當下即是；直截了當，不假他求。問題的複雜性倒是在於，在近四百年來由西方現代化民族一手造成的"叢林世界"中，由於弱肉強食，仁義充塞，後發現代化民族為了生態正義以及社會正義，雖然亟需端正人心，卻又萬不可單方面抑制發展，否則不啻假寇兵而資盜糧，既縱容惡者，又危害善類，且對地球生態的全面改善並無多少裨益。正如現代大儒熊十力所說："夫弱小不奮發，則強暴無緣抑制，世界何由進於太平"？[4] 這種既需端正人心又不可抑制發展的矛盾，無疑

---

[1]《十三經註疏》，下冊，第2502頁。
[2] 同上書，下冊，第2483頁。
[3] 同上書，下冊，第2764頁。
[4]《熊十力全集》，第八卷，第175頁。熊先生根據《春秋》大義，既"罪強暴之侵略行為"，又"於弱小不能抗禦強暴者，則罪之尤不稍寬"，見同書同頁。

是一個需要以大智慧進行協調的複雜課題。理想的狀況當然是整個人類為了生態正義以及社會正義而一致端正心態、抑制發展，亦如熊十力所說"非舉世相率以仁，固無由太平"[1]；且鑒於西方現代化民族一貫表現的基於自私和貪欲的侵略性及其現實擁有的侵略手段的先進性，以及自現代化發端以至當今西方現代化民族在生態破壞方面負有更大的責任[2]，所以他們理應首先端正自己的良心，抑制自己的發展，這又如同與虎謀皮。但面對地球生態瀕臨破壞的災難性局面，素以理性相標榜的西方現代化民族縱然不為人類著想，也當為他們自己的民族謀劃；縱然不為其民族成員相互計慮，也當為其各自的子孫後代盤算，所以應該相信他們能夠算清這筆賬。一個切近的具有積極意義的證據就是：1988年1月，全部都是西方人士的諾貝爾獎獲得者在巴黎發表宣言，其中肯認"人類要生存下去，就必須回到二十五個世紀以前，去汲取孔子的智慧"！[3]這表明西方有識之士也已認識到，唯有以仁道對待宇宙萬物（當然

---

[1]《熊十力全集》，第八卷，第175頁。
[2] 尤根·莫爾特曼說："生態危機首先是西方科學技術文明帶來的危機，這是毫無疑問的。"見《危機中的生命文化》，《北京大學學報》（哲學社會科學版）2011年第1期。
[3] 見派翠克·曼海姆：《諾貝爾獎獲得者說要汲取孔子的智慧》，載1988年1月24日澳大利亞《堪培拉時報》。對於這一說法，中國的一些西化人物曾經表示強烈懷疑，他們不願意相信這是真的，不願意相信自己的民族擁有這樣一位偉大的先哲，甚至以自己的民族擁有這樣一位先哲而感到恥辱，這種心態可能在世界上任一民族中都會被認為是匪夷所思的！然而令中國的西化人物失望的是，他們所懷疑的說法卻終於被證實，具見胡祖堯：《諾貝爾獎得主推崇孔子——懸案十五年終揭曉》，載2003年1月17日《國際先驅導報》。

也包括人類以仁道相互對待），人類才可能穿越生存瓶頸而在這個世界上生活和延續下去。因此，人類共同矯正因啟蒙理念的偏失而導致的自私和貪婪的心態，從而抑制乃至扭轉現代化進程，進而拯救地球生態，還是不無希望的。

作者簡介：胡治洪，男，1954 年出生，祖籍江西奉新，哲學博士。現為教育部人文社會科學重點研究基地武漢大學中國傳統文化研究中心教授，博士生導師，研究方向為儒家哲學、現代新儒學和中國現代哲學。主要著作有《全球語境中的儒家論說：杜維明新儒學思想研究》《大家精要·唐君毅》《儒哲新思》等。

論《中庸》的生態主旨[*]

——以朱熹《中庸章句》為依據

樂愛國

內容提要：《中庸》以"致中和，天地位，萬物育"為主旨，並通過"至誠""盡性""盡人之性""盡物之性"則可以"贊天地之化育""與天地參"予以解釋，蘊含了豐富的生態思想。朱熹《中庸章句》對此作了進一步詮釋，發展出一種通過人與自然的互補與協調而達到和諧的生態觀。這種生態觀從人與自然的和諧出發，要求尊重自然，而不是從"人欲之私"出發；從對自然的認知出發，要求在把握自然之理的基礎上，合理地對待自然，而不是從人的主觀願望出發；其目的在於輔助自然，在於實現人與自然的相互補充、相互協調，而不在於為了人的利益干擾、改變和改造自然，因而是一種與當今備受質疑的人類中心論不同的、以人與自然和諧為中心的生態觀。

《中庸》的主旨是什麼？按照朱熹《中庸章句》的詮釋，《中庸》第一章由闡述"性""道""教"而講"戒慎恐懼""慎

---

[*] 本文係國家社科基金後期資助項目"朱熹《中庸》學研究"（12FZX005）階段性成果。

獨",由闡述"未發""已發"而講"中""和",最後落實到"致中和,天地位,萬物育",這是《中庸》"一篇之體要"[1],其餘各章則是對這一章的展開,這就是所謂"其書始言一理,中散為萬事,末復合為一理"[2]。由此可見,《中庸》的主旨在於"致中和,天地位,萬物育",即從"致中和"而達到"天地位,萬物育"。問題是,如何"致中和"?"致中和"又如何能夠達到"天地位,萬物育"?《中庸》第二十二章講"唯天下至誠,為能盡其性;能盡其性,則能盡人之性;能盡人之性,則能盡物之性;能盡物之性,則可以贊天地之化育;可以贊天地之化育,則可以與天地參矣",對此作了回答:"至誠""盡性"而能"致中","盡人之性""盡物之性"而能"致和","至誠""盡性""盡人之性""盡物之性"則可以"贊天地之化育""與天地參","贊天地之化育""與天地參"則可以達到"天地位,萬物育"。對此,朱熹後學真德秀曾說:"致中和而天地位、萬物育,此參天地贊化育之事也。"[3]饒魯也認為,《中庸》第二十二章至誠盡性,"與首章一般,至誠便是致中和,贊化育便是天地位、萬物育。"[4]明代高拱更為明確地說:"惟天下至誠,能盡其性,以盡人之性,以盡物之性,以參天地以贊化育,所謂致中和也;及夫人物之性盡而參贊之功

---

[1] 《四書章句集註‧中庸章句》,北京:中華書局,1983年,第18頁。
[2] 同上書,第17頁。
[3] [宋]真德秀:《大學衍義》,上海:華東師範大學出版社,2010年,第185頁。
[4] [元]史伯璿:《四書管窺》卷三,《叢書集成續編(第33冊)哲學類》,台北:新文豐出版公司,1988年,第62頁。

成，則所謂'天地位焉，萬物育焉'者也。"[1]按照當今生態學的觀點，《中庸》"致中和，天地位，萬物育"的主旨以及《中庸》第二十二章所作的回答，恰恰具有現代的生態意義。

一、"至誠""盡性"

《中庸》第一章說："喜怒哀樂之未發，謂之中；發而皆中節，謂之和。中也者，天下之大本也；和也者，天下之達道也。"朱熹註曰：

> 喜、怒、哀、樂，情也。其未發，則性也，無所偏倚，故謂之中。發皆中節，情之正也，無所乖戾，故謂之和。大本者，天命之性，天下之理皆由此出，道之體也。達道者，循性之謂，天下古今之所共由，道之用也。[2]

在朱熹看來，"未發"之"中"，則性也，因此，"致中和"首先在於"盡性"。朱熹又說："未發之前，是敬也，固已主乎存養之實；已發之際，是敬也，又常行於省察之間。"[3] "誠而後能敬

---

[1][明]高拱：《問辨錄·中庸》，《高拱論著四種》，北京：中華書局，1993年，第104頁。
[2]《四書章句集註·中庸章句》，第18頁。
[3][宋]朱熹：《晦庵先生朱文公文集》卷三十二《與張欽夫》（四十九），朱傑人等編《朱子全書》第21冊，上海：上海古籍出版社、合肥：安徽教育出版社，2002年，第1419頁。

者,意誠而後心正也。"[1]所以,"誠"則能"敬","敬"則"未發"而能"不偏不倚",這就是"致中";"已發"而能"無過不及",這就是"致和"。顯然,"致中和"需要從"至誠""盡性"開始。《中庸》第二十二章則更加明確地認為,要達到"贊天地之化育""與天地參",首先在於"至誠""盡性"。

《中庸》講"誠"。關於"誠",漢唐學者大都釋為"信"。東漢許慎《說文解字》明確說:"誠,信也。從言成聲";"信,誠也,從人從言"。可見在當時,"誠"與"信"是相通的。漢鄭玄、唐孔穎達的《禮記正義》疏《中庸》:"在下位不獲乎上,民不可得而治矣。獲乎上有道:不信乎朋友,不獲乎上矣。……誠身有道:不明乎善,不誠乎身矣。"又曰:"此明為臣為人,皆須誠信於身,然後可得之事。"[2]又疏"唯天下至誠,為能盡其性"曰:"'唯天下至誠'者,謂一天下之內,至極誠信為聖人也。'為能盡其性'者,以其至極誠信,與天地合,故能'盡其性'。"[3]這裏都把《中庸》的"誠"解釋為"誠信"。

與此不同,朱熹以"真實無妄"釋"誠"。朱熹註《中庸》第十六章"夫微之顯,誠之不可揜如此夫"曰:"誠者,真實無妄之謂。陰陽合散,無非實者。故其發見之不可揜如此。"[4]

---

[1] [宋]朱熹:《晦庵先生朱文公文集》卷三十二《與張欽夫》(四十九),朱傑人等編《朱子全書》第21冊,第2522頁。
[2] [漢]鄭玄註,[唐]孔穎達等正義:《禮記正義》卷五十三《中庸》,阮元校刻《十三經註疏》,下冊,北京:中華書局,1980年,第1632頁。
[3] 同上。
[4] 《四書章句集註‧中庸章句》,第25頁。

又註《中庸》第二十章"反諸身不誠"曰:"謂反求諸身而所存、所發,未能真實而無妄也。"[1]《中庸或問》還回答:"誠之為義,其詳可得而聞乎?"曰:"難言也。姑以其名義言之,則真實無妄之云也。若事理之得此名,則亦隨其所指之大小,而皆有取乎真實無妄之意耳。"[2]應當說,朱熹把《中庸》的"誠"釋為"真實無妄",與鄭玄、孔穎達把"誠"釋為"誠信"是有差異的。

朱熹《中庸章句》不僅以"真實無妄"釋"誠",而且還從天人合一的層面對"誠"作了進一步說明。朱熹註《中庸》"誠者,天之道也;誠之者,人之道也。誠者,不勉而中,不思而得,從容中道,聖人也"曰:

> 誠者,真實無妄之謂,天理之本然也。誠之者,未能真實無妄,而欲其真實無妄之謂,人事之當然也。聖人之德,渾然天理,真實無妄,不待思勉而從容中道,則亦天之道也。[3]

在朱熹看來,"誠"既是"天理之本然",為天所固有,也為聖人所固有,所以,聖人之德,即為天之道。對此,《中庸或問》進一步解釋說:

---

[1]《四書章句集註·中庸章句》,第31頁。
[2][宋]朱熹:《四書或問·中庸或問》,《朱子全書》第6冊,第591頁。
[3]《四書章句集註·中庸章句》,第31頁。

> 蓋以自然之理言之，則天地之間，惟天理為至實而無妄，故天理得誠之名，若所謂天之道、鬼神之德是也。以德言之，則有生之類，惟聖人之心為至實而無妄，故聖人得誠之名，若所謂不勉而中、不思而得者是也。至於隨事而言，則一念之實亦誠也，一行之實亦誠也，是其大小雖有不同，然其義之所歸，則未始不在於實也。[1]

在這裏，"誠"所表達的"真實無妄"，既是"以自然之理言之"，而作為天地之間的"天理"，即天之道，又是"以德言之"，而作為"聖人之心"，即人之道。顯然，朱熹以"真實無妄"釋"誠"，旨在從天道與人道合一的層面來界定"誠"，以為"誠"既是天道又是人道，是天道與人道的合一。

關於"至誠"，朱熹註《中庸》所謂"唯天下至誠，為能盡其性"曰：

> 天下至誠，謂聖人之德之實，天下莫能加也。盡其性者德無不實，故無人欲之私，而天命之在我者，察之由之，巨細精粗，無毫髮之不盡也。人、物之性，亦我之性，但以所賦形氣不同而有異耳。能盡之者，謂知之無不明而處之無不當也。[2]

---

[1]《四書或問・中庸或問》，《朱子全書》第6册，第591頁。
[2]《四書章句集註・中庸章句》，第32—33頁。

在朱熹看來，所謂"至誠"是指"聖人之德之實，天下莫能加也"。朱熹門人陳淳也說："'至誠'二字，乃聖人德性地位，萬理皆極其真實，絕無一毫虛偽，乃可以當之。"[1]由於聖人之德與天道為二而合一，所以，"至誠"則能夠盡其性，盡人與萬物之性。

《中庸》不僅講"至誠"，而且講"盡性"。就"性"而言，《中庸》講"天命之謂性"，朱熹認為，人與萬物都為天地所化生，人、物之"性"皆源於共同的"天理"。所謂"盡"，即所謂"察之由之，巨細精粗，無毫髮之不盡也"，"知之無不明而處之無不當也"。據《朱子語類》載：

> 問："'至誠盡性，盡人，盡物'，如何是'盡'？"曰："性便是仁義禮智。'盡'云者，無所往而不盡也。盡於此不盡於彼，非盡也；盡於外不盡於內，非盡也。盡得這一件，那一件不盡，不謂之盡；盡得頭，不盡得尾，不謂之盡。"[2]

由此可見，朱熹所謂"盡性"，包括兩個方面：其一，就是要體察天賦予的內在本性，即仁、義、禮、智，並推展至事事物物，而無所不盡；其二，是要根據其本性，盡可能合理地予以

───────
[1]［宋］陳淳：《北溪字義》卷上《誠》，北京：中華書局，1983年，第34頁。
[2]［宋］黎靖德：《朱子語類》（四）卷六十四，北京：中華書局，1986年，第1569頁。

對待和處置。這就是所謂"察之由之""知之無不明而處之無不當也"。

朱熹講"盡性",特別強調其與"至誠"的相互聯繫。他說:"盡心、盡性之'盡',不是做功夫之謂。蓋言上面功夫已至,至此方盡得耳。《中庸》言'唯天下至誠,為能盡其性',《孟子》言'盡其心者,知其性'是也。"[1]認為"至誠"則能"盡性"。朱熹還註《中庸》第二十三章"唯天下至誠為能化"曰:"蓋人之性無不同,而氣則有異,故惟聖人能舉其性之全體而盡之。"[2]以為只有至誠的聖人才能完全盡性。他還說:"所謂'誠'字,連那'盡性'都包在裏面,合下便就那根頭一盡都盡,更無纖毫欠闕處";至於其他人,"則未能如此,須是事事上推致其誠,逐旋做將去,以至於盡性也。"[3]

在朱熹看來,能夠"至誠"而"盡性",就能夠"無人欲之私",所謂"盡其性者德無不實,故無人欲之私"。朱熹還註《中庸》第三十二章所謂"唯天下至誠,為能經綸天下之大經,立天下之大本,知天地之化育"曰:

惟聖人之德極誠無妄,故於人倫各盡其當然之實,而皆可以為天下後世法,所謂經綸之也。其於所性之全體,無一毫人欲之偽以雜之,而天下之道,千變萬化皆由此

---

[1]《朱子語類》(四)卷六十,第1425頁。
[2]《四書章句集註·中庸章句》,第33頁。
[3]《朱子語類》(四)卷六十四,第1573頁。

出，所謂立之也。其於天地之化育，則亦其極誠無妄者有默契焉，非但聞見之知而已。[1]

朱熹認為，只有"至誠""盡性"而"無一毫人欲之偽以雜之"，才能真正"立天下之大本，知天地之化育"。他還說：

> 凡天下之事，雖若人之所為，而其所以為之者，莫非天地之所為也。又況聖人純於義理而無人欲之私，則其所以代天而理物者，乃以天地之心而贊天地之化。尤不見其有彼此之間也。[2]

在朱熹看來，只有像聖人那樣至誠而"無人欲之私"，才能"以天地之心而贊天地之化"，按照天地之道，贊助於天地之化育，而這樣的"人之所為"實際上也就是"天地之所為"。

由此可見，朱熹對《中庸》"贊天地之化育"的註釋，強調"至誠"而"盡性"，要求人在對自然的作用中能夠做到"無人欲之私"，從而把"人之所為"統一於"天地之所為"。因此，在朱熹看來，在人對於自然的作用中，人雖然起主導作用，但為了能夠"贊天地之化育"，實現人與自然的和諧，應當首先從天地自然的立場出發，而不是從"人欲之私"即人的利益出發。

---

[1]《四書章句集註·中庸章句》，第38—39頁。
[2]《四書或問·中庸或問》，《朱子全書》第6冊，第596頁。

二、"盡人之性""盡物之性"

在《中庸》第二十二章看來,要達到"贊天地之化育""與天地參",除了要"至誠""盡性",還要"盡人之性""盡物之性"。那麼,如何"盡人之性""盡物之性"呢?朱熹認為,人、物為天地所化生,人、物之性源於共同的"天命之性",所謂"人、物之性,亦我之性",而要盡人、物之性,先要"盡己之性"。他說:

> 萬物皆只同這一個原頭。聖人所以盡己之性,則能盡人之性、盡物之性,由其同一原故也。若非同此一原,則人自人之性,物自物之性,如何盡得?[1]

朱熹還說:"至誠惟能盡性,只盡性時萬物之理都無不盡了。故盡其性,便盡人之性;盡人之性,便盡物之性。"[2]同時,他又認為人之性與物之性"以所賦形氣不同而有異",因此要求在"盡己之性"基礎上進一步"盡人之性""盡物之性",從而達到"知之無不明而處之無不當"。

在盡人、物之性方面,朱熹首先要求"知之無不明"。他推崇《中庸》第二十四章所謂"至誠之道,可以前知",並註曰:"惟誠之至極,而無一毫私偽留於心目之間者,乃能有以

---

[1]《朱子語類》(四)卷六十二,第1490頁。
[2]《朱子語類》(二)卷十七,第381頁。

察其幾焉。"[1] 據《朱子語類》載：

> 問"至誠之道，可以前知"。曰："在我無一毫私偽，故常虛明，自能見得。如禎祥、妖孽與蓍龜所告，四體所動，皆是此理已形見，但人不能見耳。聖人至誠無私偽，所以自能見得。且如蓍龜所告之吉凶甚明，但非至誠人卻不能見也。"[2]

可見，在朱熹看來，聖人至誠，"無一毫私偽"，所以能夠知萬物之變化，達到"知之無不明"。

朱熹不僅要求"知之無不明"，而且更強調"處之無不當"，要求根據人、物之性的不同而使之各得其所。據《朱子語類》載：

> 問："至誠盡人、物之性，是曉得盡否？"曰："非特曉得盡，亦是要處之盡其道。若凡所以養人教人之政，與夫利萬物之政，皆是也。故下文云：'贊天地之化育，而與天地參矣！'若只明得盡，如何得與天地參去？"[3]

可見，在講盡人、物之性時，朱熹較多地講"處之盡其道"。他說：

---

[1]《四書章句集註・中庸章句》，第33頁。
[2]《朱子語類》（四）卷六十四，第1575頁。
[3] 同上書，第1569頁。

如"能盡人之性",人之氣稟有多少般樣,或清或濁,或昏或明,或賢或鄙,或壽或夭,隨其所賦,無不有以全其性而盡其宜,更無些子欠闕處。是他元有許多道理,自家一一都要處置教是。如"能盡物之性",如鳥獸草木有多少般樣,亦莫不有以全其性而遂其宜。[1]

至於盡人,則凡或仁或鄙,或夭或壽,皆有以處之,使之各得其所。至於盡物,則鳥獸蟲魚,草木動植,皆有以處之,使之各得其宜。[2]

朱熹還特別強調"盡人之性"與"盡物之性"二者之不同。他說:

盡人性,盡物性,性只一般,人、物氣稟不同。人雖稟得氣濁,善底只在那裏,有可開通之理。是以聖人有教化去開通它,使復其善底。物稟得氣偏了,無道理使開通,故無用教化。盡物性,只是所以處之各當其理,且隨他所明處使之。它所明處亦只是這個善,聖人便是用他善底。如馬悍者,用鞭策亦可乘。然物只到得這裏,此亦是教化,是隨他天理流行發見處使之也。如虎狼,便只得陷而殺之,驅而遠之。[3]

---

[1]《朱子語類》(四) 卷六十四,第 1568 頁。
[2] 同上書,第 1569 頁。
[3] 同上書,第 1570 頁。

在朱熹看來，人與物都具有天賦的"善"性，但氣稟各有不同；有些人雖然稟得濁氣，但"善"性仍然存在，可以開通，所以聖人用教化去開通它；物稟得氣偏了，無法開通，也不能教化，然而，聖人可以根據它們不同的物性，合理地加以處置和利用。

關於"盡物之性"，朱熹還說：

> 盡物之性，如鳥獸草木咸若。如此，則可以"贊天地之化育"，皆是實事，非私心之仿像也。[1]

朱熹認為，"盡物之性"就是要讓自然之物各順其性，各得其宜，而不是依據人的主觀模仿想象。他說：

> 聖賢出來撫臨萬物，各因其性而導之。如昆蟲草木，未嘗不順其性，如取之以時，用之有節：當春生時"不殀夭，不覆巢，不殺胎；草木零落，然後入山林；獺祭魚，然後虞人入澤梁；豺祭獸，然後田獵"。所以能使萬物各得其所者，惟是先知得天地本來生生之意。[2]

在朱熹看來，要使萬物各得其所，就必須"因其性而導之"，就是要根據自然物的不同物性，順其性而為，合理地加以開發

---

[1]《朱子語類》(二) 卷十八，第398頁。
[2]《朱子語類》(一) 卷十四，第256頁。

和利用，"取之以時，用之有節"；而要做到這一點，則先要"知得天地本來生生之意"，知得萬物之性。

朱熹特別強調對待自然物的"取之以時，用之有節"。他的《孟子集註・盡心章句上》註"仁民而愛物"中的"愛物"曰："物，謂禽獸草木；愛，為取之有時，用之有節。"[1] 認為"愛物"，就是對動植物的"取之有時，用之有節"。他還說：

> 愛物……則是食之有時，用之有節；見生不忍見死，聞聲不忍食肉；如仲春之月，犧牲無用牝，不麛，不卵，不殺胎，不覆巢之類，如此而已。[2]

所以，朱熹非常讚賞並引述張栻所說："聖人之心，天地生物之心也。其親親而仁民，仁民而愛物，皆是心之發也。然於物也，有祭祀之須，有奉養賓客之用，則其取之也，有不得免焉。於是取之有時，用之有節，若夫子之不絕流、不射宿，皆仁之至義之盡，而天理之公也。……夫窮口腹以暴天物者，則固人欲之私也。而異端之教，遂至禁殺茹蔬，殞身飼獸，而於其天性之親，人倫之愛，反恝然其無情也，則亦豈得為天理之公哉！"[3] 認為保護自然應當"取之有時，用之有節"，要像孔子那樣"釣而不綱，弋不射宿"，既要反對"窮口腹以暴天

---

[1]《四書章句集註・孟子集註》，第363頁。
[2]《朱子語類》（八）卷一百二十六，第3014頁。
[3]《四書或問・論語或問》，《朱子全書》第6冊，第751頁。

物",也要反對"禁殺茹蔬、殞身飼獸"。

由此可見,朱熹講"盡物之性",要求對自然物"知之無不明而處之無不當""取之以時,用之有節",從廣義上講,就是要在認識自然的基礎上,對自然物做出合理的開發和利用;"知之無不明",就是要深入認識自然;"取之有時",就是開發自然物須按照時令;"用之有節",就是利用自然物須有所節制。顯然,這種"盡物之性"而"贊天地之化育"的思想,蘊含著深刻的生態思想。

三、"贊天地之化育""與天地參"

在《中庸》看來,能夠"至誠""盡性""盡人之性""盡物之性",則可以"贊天地之化育""與天地參"。所謂"天地之化育",朱熹《中庸章句》註"天命之謂性"曰:"天以陰陽五行化生萬物,氣以成形,而理亦賦焉,猶命令也。於是人、物之生,因各得其所賦之理,以為健順五常之德,所謂性也。"[1]認為天化生萬物,氣以成形,並將"理"賦予了人和物,於是就有人、物之"性"。由此可見,"天地之化育"就是指天地對於人以及萬物的形體與先天本性的化生和養育。

關於"贊天地之化育"中的"贊",鄭玄註曰:"贊,助也。育,生也。助天地之化生。"孔穎達疏曰:"既能盡人性,

---

[1]《四書章句集註・中庸章句》,第17頁。

則能盡萬物之性，故能贊助天地之化育。"[1]朱熹註曰："贊，猶助也。"[2]顯然，無論鄭玄註、孔穎達疏《禮記正義·中庸》還是朱熹《中庸章句》，都把"贊天地之化育"的"贊"註釋為"助"，即"贊助"。

與鄭玄、孔穎達把《中庸》"贊天地之化育"中的"贊"註疏為"贊助"不同，程顥說："至誠可以贊天地之化育，則可以與天地參。贊者，參贊之義，'先天而天弗違，後天而奉天時'之謂也，非謂贊助。只有一個誠，何助之有？"[3]對此，《宋元學案》載楊開沅案："參、贊皆是同體中事。如人一身，目視耳聽，手持足行，不可謂耳有助於目，足有助於手。"[4]以為天人一體，無所謂"助"。

對於程顥"論贊天地之化育，而曰不可以贊助言"，朱熹《中庸或問》認為，"若有可疑者"[5]，並且指出：

> 天下之理，未嘗不一，而語其分，則未嘗不殊，此自然之勢也。蓋人生天地之間，稟天地之氣，其體即天地之體，其心即天地之心，以理而言，是豈有二物哉？……若以其分言之，則天之所為，固非人之所及，而人之所為，

---

[1]《禮記正義》卷五十三《中庸》，《十三經註疏》，下冊，第1632頁。
[2]《四書章句集註·中庸章句》，第33頁。
[3]［宋］程顥、程頤：《河南程氏遺書》卷十一，《二程集》（第一冊），北京：中華書局，1981年，第133頁。
[4]［清］黃宗羲、全祖望：《宋元學案》（第一冊）卷十三《明道學案上》，北京：中華書局，1986年，第563頁。
[5]《四書或問·中庸或問》，《朱子全書》第6冊，第595頁。

又有天地之所不及者，其事固不同也。但分殊之狀，人莫不知，而理一之致，多或未察，故程子之言，發明理一之意多，而及於分殊者少，蓋抑揚之勢不得不然，然亦不無小失其平矣。[1]

朱熹認為，程顥鑒於當時人們對"理一""多或未察"，而較多地講天人一體；但是，就"分殊"而言，天與人各有不同的職分，天人之事是各不相同的；正因為天與人之不同，所以人對於天地之化育可以贊助而言。

關於"贊天地之化育"，程頤曾說："'贊天地之化育'，自人而言之，從盡其性至盡物之性，然後可以贊天地之化育，可以與天地參矣。言人盡性所造如此。若只是至誠，更不須論。所謂'人者天地之心'，及'天聰明自我民聰明'，止謂只是一理，而天人所為，各自有分。"[2]朱熹贊同程頤的說法，指出："程子說贊化處，謂'天人所為，各自有分'，說得好。"[3]朱熹還說：

"贊天地之化育。"人在天地中間，雖只是一理，然天人所為，各自有分，人做得底，卻有天做不得底。如天能生物，而耕種必用人；水能潤物，而灌溉必用人；火能熯

---

[1]《四書或問·中庸或問》，《朱子全書》第6冊，第595—596頁。
[2] [宋]程顥、程頤：《河南程氏遺書》卷十五，《二程集》(第一冊)，第158頁。
[3]《朱子語類》(四)卷六十四，第1570頁。

物，而薪爨必用人。裁成輔相，須是人做，非贊助而何？程先生言："'參贊'之義，非謂贊助。"此說非是。[1]

在朱熹看來，天與人"各自有分"，有天所為之事，有人所為之事；而人所為之事，就應當是"贊天地之化育"。所以，他明確把"贊天地之化育"之"贊"詮釋為"贊助"。

需要指出的是，朱熹還把"贊天地之化育"之"贊"，進一步詮釋為"裁成輔相"。所謂"裁成輔相"，源自《周易·泰》所引《象》曰："天地交，泰，後以財（裁）成天地之道，輔相天地之宜，以左右民。"[2]關於"裁成輔相"，二程說："天地之道，不能自成，須聖人裁成輔相之。如歲有四時，聖人春則教民播種，秋則教民收穫，是裁成也；教民鋤耘灌溉，是輔相也。"[3]可見，"裁成輔相"就是根據天地之道，教化百姓依道而行。朱熹說：

> 天只生得許多人物，與你許多道理。然天卻自做不得，所以生得聖人為之修道立教，以教化百姓，所謂"裁成天地之道，輔相天地之宜"是也。蓋天做不得底，卻須聖人為他做也。[4]

---

[1]《朱子語類》（四）卷六十四，第1570頁。
[2]《周易本義》，上海：上海古籍出版社，1987年，第14頁。
[3]［宋］程顥、程頤：《河南程氏遺書》卷二十二上，《二程集》（第一冊），第280頁。
[4]《朱子語類》（一）卷十四，第259頁。

> 天地之化無窮，而聖人為之範圍，不使過於中道，所謂裁成者也。[1]

朱熹認為，天地間之萬事萬物固有其不完善之處，聖人"裁成天地之道，輔相天地之宜"而使之完善。據《朱子語類》載：

> 問："'財（裁）成輔相'字如何解？"曰："裁成，猶裁截成就之也，裁成者，所以輔相也。……輔相者，便只是於裁成處，以補其不及而已。"又問："裁成何處可見？"曰："眼前皆可見。且如君臣父子兄弟夫婦，聖人便為制下許多禮數倫序，只此便是裁成處。至大至小之事皆是。固是萬物本自有此理，若非聖人裁成，亦不能如此齊整，所謂'贊天地化育而與之參'也。……此皆天地之所不能為而聖人能之，所以贊天地之化育，而功與天地參也。"[2]
>
> "財（裁）成"是截做段子底，"輔相"是佐助他底。天地之化，儱侗相續下來，聖人便截作段子。如氣化一年一周，聖人與他截做春夏秋冬四時。[3]

應當說，朱熹對"贊天地之化育"以及"裁成輔相"的詮釋，既是針對人類社會，也是針對天地自然；就後者而言，朱熹的

---

[1]《周易本義》，第58頁。
[2]《朱子語類》（五）卷七十，第1759頁。
[3] 同上書，第1760頁。

詮釋包含了兩個重要思想：其一，由於"天人所為，各自有分"，人應當積極主動地在與自然的互動中，通過彌補自然之不足，以滿足人的要求，而不是消極而被動地適應自然，甚至畏懼自然；其二，在與自然的互動中，人只是起到輔助自然的作用，只是補充自然的不足，而不是肆意破壞或"改造"自然。正是通過這種人與自然的互為補充，實現人與自然的和諧。

需要指出的是，在朱熹那裏，"贊天地之化育"並不是從人出發，而必須是"盡物之性""因其性而導之"。朱熹還說：

> 凡有形於天地之間者，若動若植，有情無情，莫不有以若其性、遂其宜焉。此儒者之道，所以必至於參天地、贊化育，然後為功用之全，而非有所強於外也。[1]

在朱熹看來，"贊天地之化育"就是對於不同的物，要給予不同的對待，應當"若其性、遂其宜"，也就是要根據自然物的特殊性，合理地予以對待，而不是外在的強加。這就把"贊天地之化育"與"盡物之性"統一起來。

《中庸》講"贊天地之化育"，並且同時指出："可以贊天地之化育，則可以與天地參矣。"對此，朱熹註曰："與天地參，謂與天地並立為三也。"[2]認為人在"贊天地之化育"中，就可以達到與天地和諧並立。顯然，在朱熹看來，"與天地

---

[1]〔宋〕朱熹：《西銘解》，《朱子全書》（第13冊），第141—142頁。
[2]《四書章句集註·中庸章句》，第33頁。

參"，實現人與天地的和諧，是人類所要追求的重要目標；而要實現這一目標，需要通過人與自然的互動，並在輔助自然的過程中，達到與自然的相互補充、相互協調。

關於"與天地參"，戰國時期荀子也有過闡釋。《荀子·天論》講"明於天人之分"，但較多強調人對於自然的作用，指出："天有其時，地有其財，人有其治。夫是之謂能參。舍其所以參而願其所參，則惑矣。"認為人與天地參，是指人能夠治天時、地財。所以，荀子反對放棄人力而順從天地，而要求"制天命而用之"。

與荀子不同，朱熹則要求通過"贊天地之化育"，輔助並順從天地自然，達到"與天地參"，強調人與天地"並立為三"，追求的是人與自然的和諧統一，人與天地的合二而一。由此可見，朱熹對"贊天地之化育"的註釋，雖然講人對於自然的作用，但是又認為，人只是輔助自然，只是補充自然之不足，並以此達到人與自然的相互協調，而最終的目的在於人與天地並立為三，實現人與自然的和諧。

四、"致中和"而"天地位，萬物育"

根據朱熹《中庸章句》，《中庸》所謂"至誠""盡性""盡人之性""盡物之性"則可以"贊天地之化育""與天地參"，實際上是對"致中和，天地位焉，萬物育焉"的詮釋，是對"致中和"如何能夠達到"天地位，萬物育"的回答。

對於《中庸》所言"致中和，天地位焉，萬物育焉"，《禮記正義·中庸》有孔穎達疏曰:"致,至也;位,正也;育,生長也。言人君所能至極中和,使陰陽不錯,則天地得其正位焉,生成得理,故萬物其養育焉。"[1]顯然,這是從人的性情的角度講"中""和",並認為,人君的性情能"致中和",就能使"陰陽"和諧,從而達到"天地位""萬物育"。

一般而言,"陰陽"既可指人體內的"陰陽",也可指天地中的"陰陽"。人的性情會影響到人體內的"陰陽",但是不可能影響到天地中的"陰陽"。《禮記正義·中庸》中所言"陰陽"均指天地中的"陰陽",所謂"天地陰陽,生成萬物"[2]。《禮記正義·中庸》在對"致中和,天地位焉,萬物育焉"的詮釋中引入了"陰陽"概念,但是並沒有就人君的性情"致中和"如何能夠使天地"陰陽"和諧,並達到"天地位""萬物育",做出明確的說明。尤其是,這種詮釋與漢唐時期流行的"天人感應"思想十分相似。

關於"天人感應"思想,漢代董仲舒多有論述。他說:"天有陰陽,人亦有陰陽。天地之陰氣起,而人之陰氣應之而起;人之陰氣起,而天地之陰氣亦宜應之而起,其道一也。"[3]又說:"身之有性情也,若天之有陰陽也。言人之質而無其情,猶言天之陽而無其陰也。"[4]所以,在董仲舒看來,

---

[1] 《禮記正義》卷五十二《中庸》,《十三經註疏》,下冊,第1625頁。
[2] 《禮記正義》卷五十三《中庸》,《十三經註疏》,下冊,第1634頁。
[3] 鍾肇鵬:《春秋繁露校釋》卷十三《同類相動》,石家莊:河北人民出版社,2005年,第814頁。
[4] 鍾肇鵬:《春秋繁露校釋》卷十《深察名號》,第671頁。

人的性情會影響到天地陰陽。他明確指出:"人下長萬物,上參天地。故其治亂之故,動靜順逆之氣,乃損益陰陽之化,而搖蕩四海之內。"[1]雖然不能完全肯定《禮記正義·中庸》對"致中和,天地位焉,萬物育焉"的詮釋,依據的是董仲舒的"天人感應"思想,但該篇的確包含了"天人感應"思想。比如,孔穎達疏"國家將興,必有禎祥"曰:"禎祥,吉之萌兆;祥,善也。言國家之將興,必先有嘉慶善祥也。《文說》:'禎祥者,言人有至誠,天地不能隱,如文王有至誠,招赤雀之瑞也。'"又疏"國家將亡,必有妖孽"曰:"妖孽,謂兇惡之萌兆也。妖猶傷也,傷甚曰孽,謂惡物來為妖傷之徵。若魯國賓鴿來巢,以為國之傷徵。"孔穎達還說:"聖人君子將興之時,或聖人有至誠,或賢人有至誠,則國之將興,禎祥可知。而小人、愚主之世無至誠,又時無賢人,亦無至誠,所以得知國家之將亡而有妖孽者。"[2]顯然,這本身就是"天人感應"思想。

朱熹《中庸章句》註"致中和,天地位焉,萬物育焉"曰:

> 致,推而極之也。位者,安其所也。育者,遂其生也。自戒懼而約之,以至於至靜之中,無少偏倚,而其守不失,則極其中而天地位矣。自謹獨而精之,以至於應物之處,無少差謬,而無適不然,則極其和而萬物育矣。蓋

---

[1] 鍾肇鵬:《春秋繁露校釋》卷十七《天地陰陽》,第1085頁。
[2] 《禮記正義》卷五十三《中庸》,《十三經註疏》,下冊,第1632頁。

天地萬物，本吾一體。吾之心正，則天地之心亦正矣；吾之氣順，則天地之氣亦順矣。故其效驗至於如此。[1]

《中庸》講"喜怒哀樂之未發，謂之中；發而皆中節，謂之和"，又講"君子戒慎乎其所不睹，恐懼乎其所不聞""君子慎其獨"；朱熹則把二者結合起來，並明確認為，君子戒慎恐懼乎其不睹不聞，即"君子之心常存敬畏，雖不見聞，亦不敢忽"[2]，是"未發時工夫"；君子慎其獨，即"君子既常戒懼，而於此（人所不知而己所獨知之地）尤加謹焉"[3]，是"專就已發上說"。[4]所以，《中庸章句》講"致中和"，從戒慎恐懼和慎獨講起，以為"自戒懼而約之，以至於至靜之中，無少偏倚，而其守不失"，就可以"極其中"；"自謹獨而精之，以至於應物之處，無少差謬，而無適不然"，就可以"極其和"。朱熹還說：

> 君子自其不睹不聞之前，而所以戒謹恐懼者，愈嚴愈敬，以至於無一毫之偏倚，而守之常不失焉，則為有以致其中，而大本之立，日以益固矣；尤於隱微幽獨之際，而所以謹其善惡之幾者，愈精愈密，以至於無一毫之差謬，而行之每不違焉，則為有以致其和，而達道之行，日以益

---

[1]《四書章句集註·中庸章句》，第18頁。
[2] 同上書，第17頁。
[3] 同上書，第18頁。
[4]《朱子語類》（四）卷六十二，第1505頁。

廣矣。[1]

朱熹認為，"致中"就是要自"未發"時戒謹恐懼，以至於"無一毫之偏倚"，且又能"守之常不失"，進而"大本之立，日以益固"；"致和"則是要於"已發"之際以謹慎，以至於"無一毫之差謬"，且又能"行之每不違"，進而"達道之行，日以益廣"。

在朱熹看來，要使得"天地位"，就必須"致中"；要使得"萬物育"，就必須"致和"，所謂"天地之位本於致中，萬物之育本於致和"[2]；而"致中和"之所以能夠達到"天地位""萬物育"，這是由於人處於天地萬物之宇宙系統的中心，即所謂"天地萬物，本吾一體"；人之心，即天地之心，"吾之心正，則天地之心亦正"，"吾之氣順，則天地之氣亦順"，因此，要達到"天地位""萬物育"，關鍵在於"致中和"。

關於"天地萬物，本吾一體"，朱熹《中庸章句》註"天命之謂性"而認為，人與物都得自天所賦的共同之理，而具有共同的"天命之性"，所以，人的先天本性，即天地萬物之理，二者是同一的，本為一體，這就是所謂的"性即理"。應當說，朱熹講"天地萬物，本吾一體"，強調人與天地萬物的同一性，與陸九淵講"宇宙便是吾心，吾心即是宇宙"[3]以及王陽明所

---

[1]《四書或問·中庸或問》，《朱子全書》第 6 冊，第 559 頁。
[2]《晦庵先生朱文公文集》卷五十五《答李時可》（一），《朱子全書》第 23 冊，第 2611 頁。
[3] [宋] 陸九淵：《陸九淵集》卷二十二，北京：中華書局，1980 年，第 273 頁。

謂"夫人者,天地之心;天地萬物,本吾一體者也"[1],以為天地萬物本之於人心,是有明顯差別的。

按照朱熹所謂"天地萬物,本吾一體"之說,喜怒哀樂未發的"中"與發而中節的"和",本身就是天地萬物之理;也就是說,喜怒哀樂未發的"中",即超越千變萬化的自然現象之"天下之大本";發而中節的"和",即自然現象千變萬化之"天下之達道"。換言之,"致中和"不僅是要讓性情的"未發"之"中"與"已發"之"和"達到極致,而且要在這一過程中,把握天地萬物之理和變化規律。這是實現"天地位""萬物育"的前提。朱熹還說:

> 致者,用力推致而極其至之謂。致焉而極其至,至於靜而無一息之不中,則吾心正,而天地之心亦正,故陰陽動靜各止其所,而天地於此乎位矣;動而無一事之不和,則吾氣順,而天地之氣亦順,故充塞無間,驩欣交通,而萬物於此乎育矣。[2]

在朱熹看來,喜怒哀樂"未發"之"中",乃"天下之大本","已發"之"和",乃"天下之達道";"致中和"就能達到"靜而無一息之不中"而"吾心正","動而無一事之不和"而"吾

---

[1] [明]王守仁:《王陽明全集》(上冊)卷二《傳習錄》中,上海:上海古籍出版社,1992年,第79頁。
[2] 《四書或問·中庸或問》,《朱子全書》第6冊,第559頁。

氣順";"吾心正""吾氣順",則能夠與天地萬物和諧共處,即所謂"吾心正,而天地之心亦正""吾氣順,而天地之氣亦順",因而能夠達到"天地位""萬物育"。據《中庸或問》所述:

> 曰:"天地位,萬物育,諸家皆以其理言,子獨以其事論。然則自古衰亂之世,所以病乎中和者多矣,天地之位,萬物之育,豈以是而失其常耶?"曰:"三辰失行,山崩川竭,則不必天翻地覆然後為不位矣。兵亂凶荒,胎殰卵殈,則不必人消物盡然後為不育矣。凡若此者,豈非不中不和之所致,而又安可誣哉!"[1]

在朱熹看來,天地自然萬物的變化,雖然有其自身的原因,但往往與人有關,且與是否"致中和"有關。對此,王夫之作了進一步闡釋,指出:"吾之心正,而天地之心可得而正也。以之秩百神而神受職,以之燮陰陽、奠水土而陰陽不忒、水土咸平焉、天地位矣。何也?吾之性本受之於天,則天地亦此理也,而功化豈有異乎?吾之氣順,而萬物之氣可得而順也。以之養民而澤遍遠邇,以之蕃草木、馴鳥獸而仁及草木、恩施鳥獸焉,萬物育矣。"[2]

需要指出的是,《中庸章句》註"致中和,天地位焉,萬

---

[1]《四書或問・中庸或問》,《朱子全書》第 6 冊,第 559—560 頁。
[2][明]王夫之:《四書訓義》(上)卷二《中庸》,《船山全書》第七冊,長沙:嶽麓書社,1990 年,第 108—109 頁。

物育焉"而講"天地萬物，本吾一體。吾之心正，則天地之心亦正矣；吾之氣順，則天地之氣亦順矣"，並不同於漢唐儒家的"天人感應"。朱熹說：

> "致中和，天地位，萬物育"，便是形和氣和，則天地之和應。今人不肯恁地說，須要說入高妙處。不知這個極高妙，如何做得到這處。漢儒這幾句本未有病，只為說得迫切了，他便說做其事即有此應，這便致得人不信處。[1]

朱熹認為，漢唐儒家是用"天人感應"來說明"致中和"即有"天地位""萬物育"，而重要的是，要說明"這個極高妙，如何做得到這處"。

朱熹門人周謨註"致中和"云："自戒謹恐懼而守之，以至於無一息之不存，則極其中而天地位矣。自必謹其獨而察之，以至於無一行之不慊，則極其和而萬物育矣。"並且還說："夫喜、怒、哀、樂未發謂之中，戒謹恐懼所以守之於未發之時，故無一息之不存而能極其中。發而皆中節謂之和，必謹其獨所以察之於既發之際，故無一行之不慊而能極其和。天地之所以位者，不違乎中；萬物之所以育者，不失乎和。致中和而天地自位、萬物自育者，蓋如此。學者于此，靜而不失其所操，動而不乖其所發，亦庶幾乎中和之在我而已。"對此，朱熹說：

---

[1]《朱子語類》（四）卷六十二，第1519頁。

"其說只如此，不難曉。但用力為不易耳。"[1] 顯然，朱熹重視的是，如何通過"致中和"而達到"天地位""萬物育"。

所以，在朱熹看來，"天地位""萬物育"不是"致中和"感應出來的，而是要通過"致中和"，使得"於應物之處，無少差謬，而無適不然"，"行之每不違"，進而達到"天地位""萬物育"。而且，朱熹還認為，要達到"天地位""萬物育"，不僅要"致中和"，把握天地萬物之理和變化規律，同時還要"因其自然之理以裁成輔相之"。因此，他明確指出：

"天地位，萬物育"，便是"裁成輔相"，"以左右民"底工夫。[2]

如前所述，朱熹把"贊天地之化育"之"贊"，詮釋為"裁成輔相"；而在詮釋"天地位，萬物育"中，又講"裁成輔相"，由此可見，要實現從"致中和"到"天地位，萬物育"，必須通過"贊天地之化育"，即"裁成輔相"的過程。

張栻門人胡季隨說："'致中和，天地位，萬物育'，若就聖人言之，聖人能致中和，則天高地下，萬物莫不得其所。如風雨不時，山夷谷堙，皆天地不位；萌者折，胎者殰，皆萬物不育。就吾身言之，若能於'致'字用工，則俯仰無愧，一

───────
[1]《晦庵先生朱文公文集》卷五十《答周舜弼》（十），《朱子全書》第22冊，第2339頁。
[2]《朱子語類》（四）卷六十二，第1519頁。

身之間自然和暢矣。"朱熹說:"此說甚實。"[1]顯然,在朱熹看來,"致中和"而達到"天地位""萬物育",是就聖人而言的;就一般人而言,需要在"致"上下功夫,就是要通過戒慎恐懼以及慎獨,而達到喜怒哀樂未發之"中"與發皆中節之"和",並且把握"天下之大本"與"天下之達道",把握天地萬物之理和變化規律,這樣才能達到"天地位""萬物育"。朱熹還說:

> 致中和而天地位、萬物育者,常也。……大抵致中和,自吾一念之間培植推廣,以至於裁成輔相、匡直輔翼,無一事之不盡,方是至處。自一事物之得所區處之合宜,以致三光全,寒暑平,山不童,澤不涸,飛潛動植各得其性,方是天地位、萬物育之實效。蓋致者,推致極處之名,須從頭到尾看,方見得極處。若不說到天地萬物真實效驗,便是只說得前一截,卻要准折了後一截,元不是實推到極處也。[2]

朱熹認為,"致中和"而達到"天地位""萬物育",這是恆常的道理。因為"致中和",就是要通過"自吾一念之間培植推廣,以至於裁成輔相""無一事之不盡",從而實現"天地

---

[1]《晦庵先生朱文公文集》卷五十三《答胡季隨》(六),《朱子全書》第22冊,第2511頁。
[2] 同上。

位""萬物育"。而且在朱熹看來,"致中和"必須達到"天地位、萬物育",才是"推致極處",達到最高境界。

由此可見,朱熹《中庸章句》對"致中和,天地位焉,萬物育焉"的詮釋,其豐富內涵在於,朱熹認為,將人的喜怒哀樂未發的"中"與發皆中節的"和"推到極致,並據此體會人的先天本性以及與此具有共同性的天地萬物之理和變化規律,進而"裁成天地之道,輔相天地之宜""贊天地之化育",就可以實現"天地位""萬物育";而這與《中庸》所謂"唯天下至誠,為能盡其性;能盡其性,則能盡人之性;能盡人之性,則能盡物之性;能盡物之性,則可以贊天地之化育;可以贊天地之化育,則可以與天地參矣"是完全一致的。

五、從生態的角度看

現代人所謂的"生態",是指人在與自然的相互關係中,通過各種途徑、各種方法保護自然環境,實現與自然的和諧。從這一角度看,《中庸》講"致中和,天地位焉,萬物育焉",並以"唯天下至誠,為能盡其性;能盡其性,則能盡人之性;能盡人之性,則能盡物之性;能盡物之性,則可以贊天地之化育;可以贊天地之化育,則可以與天地參矣"予以解釋,顯然蘊含著現代意義的生態思想。具體而言,包括以下幾個方面:

第一,人與自然的和諧是人所追求的重要目標。《中庸》講"至誠""盡性""盡人之性""盡物之性"以達到"贊天地之化育""與天地參"以及"致中和,天地位焉,萬物育焉",體現了人對於"天地位""萬物育",即天地自然和諧的追求。朱熹《中庸章句》對此所作的詮釋,則進一步反映了這種對於人與自然和諧的一貫的和持續的追求,以及在這樣的追求中所形成的文化傳統。這既是我們今天需要延續的具有現代價值的傳統,其中也為我們今天構建新的生態理念,提供了思想資源。

第二,實現人與自然的和諧,人的道德素質至關重要。《中庸》認為,要實現"天地位""萬物育"的自然和諧,必須先要"至誠""盡性""盡人之性""盡物之性",也就是要"致中和",將人的性情中喜怒哀樂未發的"中"與發皆中節的"和"推到極致。朱熹《中庸章句》同樣堅守著這樣的理念。朱熹還說:"若不能'致中和',則山崩川竭者有矣,天地安得而位!胎夭失所者有矣,萬物安得而育!"[1]從現代的角度看,在人與自然的相互關係中,人始終佔據主導地位。自然的和諧要靠人來保護,而自然和諧的破壞往往來自於人的肆意妄為,人的道德素質和行為直接影響到人與自然關係的解決。因此,人的道德素質和行為以及作為其基礎的人的性情修養,對於自然的和諧至關重要。不可否認,要保護自然的和諧,制止對自然和諧的破壞,需要有制度的建設,但是也離不開人的道德素質的提高。因此,《中庸》以及朱熹《中庸章句》強調人的道德素質和性情修養作為實現人與自然和諧的前提要求,無疑仍具有現代價值。

第三,人與自然和諧的達到,需要依據自然規律,因而離不開對於自然的認識。《中庸》認為,要"贊天地之化育""與

---

[1]《朱子語類》(四)卷六十二,第1519頁。

天地參", 需要以人的道德素質的提高為前提要求, 但並不是單純地從人的利益需要出發, 而是要通過"至誠""盡性"而達到"盡人之性""盡物之性", 在這個過程中, 需要認知並把握天地萬物的自然規律。儘管從現代自然科學的角度看,《中庸》以及朱熹《中庸章句》講"盡物之性", 實際上並沒有真正解決如何"盡物之性"的問題, 但是, 朱熹強調要認識天地萬物背後的規律與本質, 並要求通過這樣的認識處理人與自然的各種關係, 這與現代自然科學則是一致的。

第四, 人與自然的和諧要通過合理解決人與自然的關係才能實現。對於"致中和"如何使得"天地位""萬物育",《中庸》強調"贊天地之化育""與天地參"。朱熹《中庸章句》特別強調"致中和"與"贊天地之化育"的關係, 既認為"致中和"應當推廣到"贊天地之化育", 又認為只有在"贊天地之化育"中才能達到"致中和"的最高境界。因此, 在朱熹看來, "致中和"應當在把握天地萬物之理和變化規律的基礎上, 通過"贊天地之化育""與天地參", 實現"天地位""萬物育", 實現人與自然的和諧。

需要指出的是, 朱熹對於"贊天地之化育"的詮釋, 還包含了以下重要思想:首先, 由於"天人所為, 各自有分", 人應當積極主動地在與自然的互動中, 通過彌補自然之不足, 以滿足人的要求, 同時積極保護和推動自然的和諧, 而不是消極而被動地適應自然, 甚至畏懼自然。其次, 在與自然的互動中, 人只是起到輔助自然的作用, 只是補充自然的不足, 而不是肆意破壞或"改造"自然。正是通過這種人與自然的互為補充，實現人與自然的和諧。再次，在與自然的互動中，人應當真誠地對待自己和自然，以人與自然共為一體的境界，克服"人欲之私""以天地之心而贊天地之化"，從而使"人之所為"成為"天地之所為"，這就是"盡性"。最後，在與自然的互動中，人還要深入研究自然規律，按照自然規律而不是人的主觀想象，"取之以時，用之有節"，使得自然萬物各得其所，各得其宜，這就是"盡物之性"。只有這樣，才能夠做到"贊天地之化育""與天地參"，實現"天地位""萬物育"。

顯然，這是從人與自然的和諧出發，要求尊重自然，而不是從"人欲之私"出發；從對自然的認知出發，要求在把握自然之理的基礎上，合理地對待自然，而不是從人的主觀願望出發；其目的在於輔助自然，在於實現人與自然的相互補充、相互協調，而不在於為了人的利益干擾、改變和改造自然。由此可見，這不僅是為了人，而且也是為了自然。從生態的角度看，這不是單純的以人類為中心，而是一種通過人與自然的互補與協調而達到和諧的生態觀，是以人與自然和諧為中心的生態觀。

當然，《中庸》以及朱熹《中庸章句》在闡發這樣的生態觀時，把論述的重點放在如何"至誠""盡性"以及如何"致中和"上，至於如何"贊天地之化育"，實現"天地位""萬物育"，並沒有做出更多具體而深入的討論。因此，《中庸》以及朱熹《中庸章句》所蘊含的以人與自然和諧為中心的生態觀，實際上並沒有能夠得到充分的闡釋，在理論上也存在著一些不可避免的問題。比如，朱熹《中庸章句》對"贊天地之化育"的詮釋強調人對於自然的輔助，其根據在於認為自然有其不足之處。問題是，這種"不足"是相對於人的需要而言的，是人對於自然的不滿足；那麼，如何才能保證對這種"不足"的彌補不會像《莊子·應帝王》所說，為"渾沌"鑿七竅[1]那樣而超出對於自然的"輔助"？又比如，《中庸》認為，要"贊天地之化育"先要"盡物之性"，又認為要"盡物之性"先要"盡人之性""盡己之性"，朱熹《中庸章句》以"人物之性，亦我之性"，人與萬物之性都源自"天命之性"予以論證，雖然也強調人與物所賦形氣之不同，"盡物之性"與"盡人之性""盡己之性"有差別，但問題是，如何才能保證在"盡物之性"過程中做到客觀意義上的"知之無不明"和"處之無不當"而不受人的主觀願望和主觀評價的影響？儘管《中庸》以及朱熹《中庸章句》對於如何"贊天地之化育"實現"天地位""萬物育"的回答還有種種不太圓滿之處，但是，其中所蘊含的以人與自然和諧為中心的生態觀，是一種與當今備受質疑的人類中心論所不同的生態觀，這應當是可以肯定的。

作者簡介：樂愛國，男，1955年生，浙江寧波人；復旦大學哲學系碩士；現任廈門大學哲學系教授、博士生導師；兼任國際儒學聯合會理事、中國朱子學會常務理事；主要研究儒家哲學、宋明理學、朱子學。著作有《朱子格物致知論研究》《宋代的儒學與科學》《儒家文化與中國古代科技》《王廷相評傳》等。

---

[1]《莊子·應帝王》載：南海之帝為儵，北海之帝為忽，中央之帝為渾沌。儵與忽時相與遇於渾沌之地，渾沌待之甚善。儵與忽謀報渾沌之德，曰："人皆有七竅以視聽食息。此獨無有，嘗試鑿之。"日鑿一竅，七日而渾沌死。

參天地贊化育：儒家生態倫理觀簡論

佘正榮

內容提要：儒家的生態倫理觀是以天道人倫化與人倫天道化為根本前提的，它在《中庸》中以"至誠、盡性"的思想所表達，並在《易傳》中為"三才之道"的思想所闡發，後經宋明新儒學的發展，將道德本體論與宇宙生成論結合起來，建立了天人合一的學說，並在此基礎上，形成了民胞物與、人與萬物一體的生態倫理觀。儒家的生態倫理觀是一種仁民愛物、貴人賤物的道德階梯論，它主張按照價值高低的差異而逐步地將不同程度的仁愛由親到疏、由近及遠向外擴張，一直擴展到人以外的所有自然物和人工物。在自然保護和環境管理方面，儒家採取一種積極進取的能動思想，主張在認識和依循自然法則的前提下，輔相天地之宜，"裁化"自然，為人類的生存發展目的服務。儒家的生態倫理觀在生存境界上，包含著一種人與自然的和樂之美，主要體現了善與美的結合，貫穿著強烈的道德色彩。

儒家是中國傳統文化的主幹，其生態倫理觀具有深厚的歷史根基和久遠的社會影響。儒家與道家的生態倫理觀構成中國文化傳統中最具特色的對立互補結構。作為這種對立互補的思想，雖然儒家和道家都認為天與人具有共同的本質，但儒家的天人觀與道家的天人觀對此本質的看法正相反。道家的天人之學認為，天道即人道，天的本質就是人的本質，這個本質就是自然無為，故道家的天人之學建立在自然本體論之上；儒家的天人之學則認為，人道即天道，人的本質就是天的本質，這個本質就是仁義道德，故儒家的天人之學建立在道德本體論之上。因此儒家的生態倫理觀是以天道人倫化與人倫天道化為根本前提的。

天道與人倫

儒家的天道與倫理的關係源於西周時期的"天民合一"論。周代的天作為主宰的天，具有"德"的屬性，這個德同時也包含著自然法則的含義。《詩經·大雅·烝民》說："天生烝民，有物有則；民之秉彝，好是懿德。"這說明，人的道德性來源於天道，並與天道是相一致的。鄭國大夫子產更為明確地將天道的自然法則與人類的倫理道德聯繫起來。他說："夫禮，天之經也，地之義也，民之行也。……禮，上下之紀，天地之經緯也，民之所以生也。是以先王尚之。"(《左傳·昭公二十五年》)顯然，人類的倫理規範是效法自然界的法則和秩序的，而且這種天道還帶有倫理秩序特性。孔子自命為周文化的繼承者，儘管他主要關心恢復周初的禮儀典章制度，故多講人道問題，而講天道問題較少，但有時也提及天道與天命。在天道與人道的關係上，孔子也認為，聖人治理國家，應該遵循天道。如說，"唯天唯大，唯堯則之"（《論語·泰伯》）。但是，孔子更多地從實踐上探索人類社會的治理之道，而對天道和天人關係缺乏純粹的理論興趣。因此他說："道不遠人，人之為道而遠人，不可以為道。"（《禮記·中庸》）意思是說，道即治世之道，治人之道，離開了對人性的了解，也就不是人們所應從事的道。但是要把治理社會的人道之理講透徹，也必須深入研究天道與人道的關係。所以，孔子的後學從人道的角度來探討天道，提出了與道家不同的倫理化的天道觀。

儒家將天道倫理化和倫理天道化，主要經歷了先秦的元典儒學、漢代經學和宋明理學三個階段。在理論表現上則有從內在的心性出發將人倫天道化，或是從外在的天道出發，將天道人倫化這兩種形式。前者主要有孟子的四端善性論，《中庸》以自誠明為主的知性、知天觀點，以及陸王心學；後者則有《易傳》的天人合德，董仲舒的天人宇宙模式論和程朱理學。以下我們將按儒學的三個發展階段進行探討。

孟子為了實現其仁政的理想，提出了以不忍人之心，行不忍人之政的學說。這個學說建立在他的性善論基礎之上。孟子認為，人的仁義禮智等道德屬性來源於天所賦予的四種善端。"所以謂'人皆有不忍人之心'者，今人乍見孺子將入於井，皆有怵惕惻隱之心，非所以內交於孺子之父母也，非所以要譽於鄉黨朋友也，非惡其聲而然也。由是觀之，無惻隱之心，非人也；無羞惡之心，非人也；無辭讓之心，非人也；無是非之心，非人也。惻隱之心，仁之端也；羞惡之心，義之端也；辭讓之心,禮之端也;是非之心,智之端也。人之有是四端也,猶其有四體也。"(《孟子·公孫丑上》)天所賦予的這四種善端,可以直接發展出仁義禮智四種道德行為。這就是孟子的性善論。這裏,人類社會的道德心理、道德情感、倫理規範和道德行為等已經被孟子天道化了,說成是由天先天地賦予的,是人先天地就具有的。在孟子看來,上天具有誠的善性,誠即真實無偽,而人之道則在於把握和實行天的根本法則,通過後天的自覺道德修養,把人身上先天所具有的道德稟賦完全開發出來。但是,人若不明白先天善端,就不能做到誠。故孟子說:"誠身有道,不明乎善,不誠其身矣。誠者,天之道;思誠者,人之道也。"(《孟子·離婁上》)思誠即由主體積極發揮自己的能動性,通過反身而誠的修養方法,以求"盡心、知性、知天",實現天所賦予的人的道德品質。在孟子看來,仁義禮智等人性內容,是天所賦予每一個人的,而思的能力也是天賦予每一個人的,"心之官則思,思則得之,不思則不得也,此天之所與我者。"(《孟子·告子上》)所以,通過思,就能經由知性以達到知天。

《中庸》充分發揮了孟子關於"誠"與"思誠"的關係和"知性則知天"的思想,並把它們與孔子的中庸之道結合起來,以求達到儒家的倫理要求。中庸裏的誠是真實無欺的道德意志,是天下之大本,中庸即儒家提倡的忠恕之道,是天下之達道。《中庸》要求人們用誠的道德意志去控制喜怒哀樂的心理情感,使之"發而皆中節",做到儒家要求的"中和",無過與不及,這才符合禮教社會的要求,也才符合天地萬物的最佳狀態。為了達到這一目的,《中庸》提出了"自誠明"和"自明誠"這兩條基本的途徑："自誠明，謂之性，自明誠，謂之教。誠則明矣，明則誠矣。""自誠明，謂之性"，即發揮天命所賦予人的道德本性，《中庸》開篇即說"天命之謂性"，就是此意。這與孟子所提倡的盡心、知性、知天的道路是完全一致的，這是一條尊德性的內在修養道路；"自明誠，謂之教"，即博學、審問、慎思、明辨、篤行的"修道"方法，即"修道之為教"，這是一條外在的"道問學"的方法。《中庸》本身提倡的是以尊德性為主，以道問學為輔的合內外之道的統一方法。"故君子尊德性而道問學，致廣大而盡精微，極高明而道中庸。"這兩種修養和認識方法中最為核心的就是"誠"。因為誠既是天道，也是人道。"誠者，天之道也；誠之者，人之道也"。天道自誠不息，"為物不二，則其生物不測"，誠也是人和物的根據。"誠者物之始終，不誠無物。是故君子誠之為貴。"只有達到最高程度的"誠"，才能成己成物，盡人之性和盡物之性，達到贊天地之化育，與天地並立的崇高境界。《中庸》指出："唯天下至誠，為能盡其性。能盡其性，則能盡人之性。能盡人之性，則能盡物之性。能盡物之性，則可以贊天地之化育。可以贊天地之化育，則可以與天地參矣。"在此，誠不僅是一種天道化了的倫理德性，而且它成了人類實現天人合一的先決前提。它將具有德性化的天的外在運動和人的內在品德修養變成了同一個過程，這樣的看法已經為宋明時代儒家的心性論的天人合一觀做好了準備。

與孟子和《中庸》不同，荀子從氣質論出發，認為人性是人的天生的自然材質，人性生而好利，生而疾惡，生而有耳目聲色之欲，因而人性本惡，而且人性的自然發展與社會的禮儀道德相違背，人必須通過聖人"化性起偽"的禮樂教化作用，才能去掉自然材質方面的不完善性，成為君子和聖賢。對於自然界本身而言，荀子接受了道家關於天道自然的合理觀點，否定天與人有著主觀意志上的共同性。但他強調人的主體能動性，不同意道家"錯人而思天"的態度，主張天人相分，反對棄人從天，認為天只給人類提供了必需的自然資源，人類應該自覺地認識和掌握自然規律，積極地改造自然界，"制天命而用之"，才能使天地萬物為人類的利益服務。

在先秦，儒家把天道倫理化的觀點，最為系統地表現在作為儒家經典的《易傳》之中。《易傳》雖然深受荀子剛健自強和尊禮思想的深刻影響，並採納了道家、墨家、法家、陰陽家等因素，但是它用儒家的基本倫理精神改造了各家，使之為儒家所用。

《易傳》是一個首次系統地表達了儒家正統的天人觀的理論系統。其"三才之道"思想的提出，是對儒家企圖實現的倫理社會的理想目標所作的抽象的哲學論證。《易傳》以陰陽之道來解釋和說明自然界與人類社會的一切現象。"一陰一陽之謂道"（《繫辭上》），陰陽之道就是天地乾坤之道。天地乾坤是一個生生不息的創造生命和萬物的過程。《易傳》認為，乾元代表天道，是原始的創造力之源，它剛健流行，統攝萬物，維持整個世界的正常秩序；坤元代表地道，它柔順寬容，順承天道的創造性，養育、輔助和成就萬物，具有厚德載物的慈善品格。乾坤之道的演化，產生了天地萬物和人類社會，並且天然地規定了其上下尊卑等級秩序的完整系統。《序卦》云:"有天地然後有萬物,有萬物然後有男女,有男女然後有夫婦,有夫婦然後有父子,有父子然後有君臣,有君臣然後有上下,有上下然後禮儀有所錯。"所以,"天尊地卑,乾坤定矣。卑高以陳,貴賤位矣"(《繫辭上》)。很明顯,這就以類比自然現象的秩序來為人類社會等級秩序作出了論證。人居於天地之間,兼備天地的創造性和順承性,因而應該繼承和發揮天地的崇高德性,"繼之者善也,成之者性也"(《繫辭上》)。因此,三才之道實質上就是人道繼承和發展天地之道。"立天之道,曰陰曰陽;立地之道,曰柔曰剛;立人之道,曰仁曰義"(《繫辭上》)。這裏,明顯地不同於孟子和《中庸》從心性出發直接把人倫天道化,直接把性與天道等同起來的做法,而是強調人要效法天地陰陽變化的德性,這是從宇宙的發生過程去說明人道的合理性。

在漢代,儒家著名經學家董仲舒在主要繼承了荀子、《易傳》等天道觀的基礎上,提出了天人宇宙論模式和"天人感應"的神學目的論學說。董仲舒的天既是自然之天,又是道德之天和神靈之天。作為自然之天,它是指宇宙萬物總體及其運行規律。天這個總體由十個部分構成。"天、地、陰、陽、木、火、土、金、水,九,與人而十者,天之數畢也"(《天地陰陽》)。作為道德之天,天不僅自身具有倫理性質,還賦予人以道德本質。"人受命於天,有善善惡惡之性"(《春秋繁露·玉杯》)。作為神靈之天,"天者,百神之君也"(《春秋繁露·郊義》)。董仲舒認為,人是天有目的地產生的,人產生之後,又與天地合成一個整體。人類社會的秩序與宇宙的秩序是完全對應和類同的。天有五行相生相剋的秩序，人類就必須按照五行的秩序來安排社會制度和政治倫理。"五行之隨，各如其序。五行之官，各致其能。……使人必以其序，官人必以其能，天之數也。"(《春秋繁露·五行之義》)天有四時的運行節律，君主也必須按照四時運行的特性施政。"天有四時，王有四政，四政若四時，類通也。天人所同有也。慶為春，賞為夏，罰為秋，刑為冬。"(《春秋繁露·四時之副》)同時，"王道之三綱，可求於天"(《春秋繁露·基義》)。即君對臣、父對子、夫對妻的絕對統治也可以從天道秩序中得到證明。董仲舒建立這套天人宇宙論模式，是為了論證君主專制的政治權力和倫理秩序的天然合理性。董仲舒的這種論證，是先將社會的人倫特徵賦予宇宙，然後反過來求之於天道。但是，董仲舒的天人宇宙論模式從經驗理性形態上概括了當時的各種知識，把天與人、自然和社會當作一個和諧的有機生命整體，對於人們協調人與自然的生態環境關係，仍然具有一定的價值。

宋明儒學是儒家天道人倫化與人倫天道化的完成階段。如果說先秦的元典儒學主要是從經驗形態上探討孔孟仁義學說的政治倫理如何貫徹到實踐，除荀子和《易傳》有一定的本體論和宇宙論的理論探討以外，大都缺乏形上學的思辨，一般地只是將萬物的本源和依據簡單地歸之於天，將人的道德意志和倫理規範直接與天性等同起來，而不再繼續追問。漢代董仲舒的經學儒學則以陰陽五行的天人宇宙模式和天人感應論來說明儒家的綱常禮教，實際上倫理學從屬於宇宙論。宋明理學則借鑒了道家和佛學的思辨理性，從理論的高度重建了儒家的倫理本體論，使人類倫理等同於宇宙的自然法則，成為人們的社會行為，包括對待自然事物的行為準則。

宋明儒家的開山祖師周敦頤在《太極圖說》中提出了一個由無極、太極、動靜、陰陽、五行、萬物構成的宇宙創生模式。這裏顯然有道家宇宙生成論的影響。但他在《通書》中，提出儒家的重要概念"誠"，把宇宙創生論和儒家的倫理觀聯繫起來。他說："乾道變化，各正性命，誠斯立焉。"誠是天與人共同的本源，在人則表現為性，張載在此基礎上直接提出"性與天道合一存乎誠"（張載《正蒙・誠明》），為理學的天人合一論建立了基礎。張載是氣本論者，他以太虛的變化為其誠，而不是佛教講的實際的幻相，認為天道的誠就是天德。有誠故有明，但人需要通過明來達到對誠之天德的把握，以實現天人合一。"儒者則因明致誠，因誠致明，故天人合一，致學而可以成聖，得天而未始遺人"（張載《正蒙・誠明》）。張載認為，天地之性，也就是人性，人與天地萬物同源於一氣，但人性既包括天地之善性，又存在氣質之惡性。人所以進行道德修養，就是要改變氣質之性，完全返歸於至善的天地本性。"形而後有氣質之性，善反之，則天地之性存焉。故氣質之性，君子有弗性者焉。"（張載《正蒙・誠明》）氣質之性只與人的物質欲望的享受有關，天地之性才是天命和天理。因此，人們應該"順性命之理"去滅掉人欲。張載為宋明理學建立儒家的天道人倫化理論奠定了基礎。

二程和朱熹將張載的思想發展為程朱理學。程顥說"誠者，天之道"（《遺書》卷十一），程頤也說"至誠者，天之道也。天之化育萬物，生生不窮，各正性命，乃無妄也"（《程氏易傳・無妄》），又說"誠者，實理也"（《粹言・論道》），"天下物皆可以理照。有物必有則，一物須有一理"（《遺書》卷十五《二程全書》）。理不是感性的物質實存，而是萬物中抽象出來的共同本質和基本原則，它是萬物得以存在的根據。"未有天地之先，畢竟也只是理。有此理，便有此天地；若無此理，便亦無天地，無人無物，都無該載了"（《朱子語類》卷一）。這個理包容了宋明理學的主要範疇。"在天為命，在人為性，主於身為心，其實一也"（《遺書》卷十八）。故從內容上說，這個理規定著自然、社會的所有秩序和法則，不僅天地萬物的自然性質，而且三綱五常的社會倫理，都是普遍之理的具體表現。"宇宙之間，一理而已，天得之而為天，地得之而為地，而凡生於天地之間者，又各得之以為性，其張之為三綱，其紀之為五常，蓋此理之流行，無所適而不在。"（《朱子文集》卷七十）但是，萬物與人類之理雖然本源相同，但是它在各種事物中的表現則是有等級差別的，不能看作混而為一的東西。朱熹以"理一分殊說"，將統一的天理分殊到具體的倫常之中，各個分殊之理構成複雜的等級秩序。"萬物皆有此理，理旨同出一源。但所居之位不同，則其理之用不一。如為君者須仁，為臣須敬，為子須孝，為父須慈。物各有其理，而物物各有其用。"（《朱子語類》卷十八）而且君臣父子夫妻的尊卑定位，是一種永恆不變的秩序。"綱常萬年，磨滅不得。"（《朱子語類》卷二十四）這就把社會尊奉、依循、服從的政治倫理要求完全從本體論上天道化，並且把它提高到理學的本體論的高度，以建立它的至高無上的絕對權威。

由於程朱理學把社會的倫常作為一種絕對的天理，從外部置入人性之內，這就招來了陸王心學的反對。陸九淵直接把理等同於人的本心，認為心外無理。"萬物森然於方寸之間，滿心而發，充塞宇宙，無非此理。"（《陸九淵集》卷三十四）心之理兼有宇宙本體和道德本體的雙重作用。一方面，"心之體甚大，若能盡我之心，便與天同"（《陸九淵集》卷三十五）。另一方面，人的本心直接就是仁義禮智等先驗的道德原則："仁，即此心也，此理也；……見孺子將入井而有怵惕惻隱之心者，此理也；可羞之事則羞之，可惡之事則惡之者，此理也；上知其為是，非知其為非者，此理也；宜辭而辭，宜遜而遜，此理也；敬，此理也；義，亦此理也；內，此理也；外，亦此理也。……此吾之本心也。"（《陸九淵集》卷一《與曾宅之》）這就把孟子依據的"四端"本心的先天性提升到宇宙本體的地位。用心本體論證了綱常倫理。王陽明進一步將陸九淵的倫理學的主體論發展為"致良知"的學說。他說："良知是天理之昭明靈覺處"（《傳習錄》中），"良知只是個是非之心，是非只是個好惡，只好惡並盡了是非"（《傳習錄》下）。良知是不學而知、不慮而能的是非之心。只要致良知於事事物物，就自然會知道和遵守封建社會的綱常倫理。"知是心之本體，心自然會知，見父母自然知孝，見兄自然知悌，見孺子入井自然知惻隱，此便是良知，不假外求。"（《傳習錄》上）宋明儒學在將人倫天道化、本體化的同時，也發揮了《易傳》關於天地生生之德的思想，提出了"民胞物與"和"仁者與天地萬物為一體"的天人合一學說，它是儒家生態倫理觀的基本原則。

生生之德與萬物一體

由於儒家把天道倫理化，把倫理天道化，人類的綱常倫理就不只是社會中的原則和規範，而且是自然界本身就具有的性質。因此，它不是像道家那樣，以道或天道本身的自然無為性質作為人類道德行為效法的榜樣，而是反過來，將人類的道德加於天地萬物本身，並要求人們以此來對待自然界中的所有事物。這種倫理屬性主要體現在作為天地之德的仁的範疇上。

《易傳》提出"生生之謂易""天地之大德曰生"，把天地看成是一個生生不息的創造萬物和人的流行過程。這個過程是太極通過陰陽之開合的內在律動，持續不斷地創生、化育萬物並使其成為一個有機和諧的生命整體的過程。這個過程也是人類之善性和道德的根本基礎。《易傳·繫辭》對這一過程的解釋是："一陰一陽之謂道。……生生之為易。成象之謂乾，效法之為坤。""是故闔戶之為坤，闢戶之為乾，一闔一闢之為變，往來不窮謂之通。""夫乾，其靜也專，其動也直，是以大生焉；夫坤，其靜也翕，其動也闢，是以廣生焉。""是故易有太極，是生兩儀，兩儀生四象，四象生八卦。"以上文句可以詮釋為：陰陽的對立轉化是世界變化的根本規律，萬物生生不息的過程就叫做"易"。乾的功用是主動地創生各類物象，坤的功用則是效法乾的作用而養育萬物。因此，地的變化特徵是閉藏，而天的變化特徵是開啟。陰陽開閉循環，往來變化，永不停息，使得天地的生生之道得以恆久暢通。乾是統領天之變化的純陽之氣，若不發動，則靜而專一，如果運行，則周流天下，四時不差，因此有創生萬物的偉大能力；坤是代表地之變化的純陰之氣，靜則收斂其氣，動則四散伸展，因此有養育萬物的偉大作用。從"易"的創生萬物的過程來看，"易"屬於混沌之氣的變化本源，由這個本源內在的擴展收縮律動，就產生天地，由天地的變化又產生四時，由天地四時的變化又產生乾、兌、離、震、巽、坎、艮、坤八卦和八類事物，進而又產生出人和所有的事物來。同時，天地繼"易"之本源而後創生和化育萬物的過程，本身即是一種善性和道德，"繼之者善也，成之者性也"，所以人類也應效法這種天地的生生之德。《易傳》因此提出了"與天地合其德"的大人理想。《易傳·文言》說："夫大人者，與天地合其德，與日月合其明，與四時合其序，與鬼神合其吉凶，先天而天弗違，後天而奉天時。"這裏所謂"天地之德"，即《繫辭傳下》所說"天地之大德曰生"，天地生生不息地創生萬物、哺育萬物健康成長的本性。聖人所追求的基本價值也應從珍惜生命出發，盡力促使生物"生生不息"。與四時合其序，即遵循萬物春生、夏長、秋收、冬藏的自然規律和生態秩序，讓萬物得其天時地利而順暢地生長。先天而天弗違，後天而奉天時，是指人在天地變化之前採取的行為能夠對自然加以引導，而在天地變化之後又能按照自然規律的要求採取合宜的行為。無論是先天還是後天，都能自覺地做到天人協調一致。《易傳》所追求的是以大人遵循天道的變化規律，仿效天地的德性，維護一個以人的自然血緣親疏關係為依據的貴賤有序的綱常倫理社會，並使人類社會與天地萬物融合為一個和諧有序的完整體系。

宋明理學繼承和發揮了《易傳》關於天道生生不息和天地生生之德的思想。周敦頤在《太極圖說》中吸收了道家的宇宙生成論觀點，更為連貫精密地闡述了宇宙創生過程的原理。他說："無極而太極，太極動而生陽，動極而靜；靜而生陰，靜極復動。一動一靜，互為其根，分陰分陽，兩儀立焉。陽變陰合，而生水火木金土，五氣順布，四時行焉。五行，一陰陽也；陰陽，一太極也；太極，本無極也。五行之生也，各一其性。無極之真，二五之精，妙合而凝。乾道成男，坤道成女。二氣交感，化生萬物，萬物生生而變化無窮焉。"很明顯，這裏的陰陽五行都是氣，並內在於太極之中。太極之氣，為混沌之元氣，它本身不具形質，卻為有形質的萬物之最終根源，故說"太極本無極也"。天下萬物都是由太極之氣，經由陰陽二氣的動靜交合與五行之氣的相錯雜糅所氤氳化生，整個宇宙氣機流貫，生生不息，創進不已，生命和萬物在充滿生機的創造過程中不斷進化，日益繁榮。張載也明確地在其宇宙創生論中將這個原始統會之本體歸之於太虛之氣。他說："太虛無形，氣之本體，其聚其散，變化之客形耳。"又說："遊氣紛擾，合而成質者，生人物萬殊，其陰陽兩端，迴圈不已者，立天地之大義。"(《正蒙·太和》)可見，太虛實有的無形之氣不僅是萬物生成的本源，而且天地之德性，也是由其陰陽迴圈不已的過程所形成。這與二程和朱熹以理為本體來解釋天地生生不息的過程有明顯區別，更與陸王以心為本體的解釋不同。

宋明理學都以仁來解釋天地的生生之德。這是一種包含著人與自然有機統一的天人合一的整體論和目的論的觀點。正如蒙培元先生所說："'仁'作為天人合一的中心範疇，體現了理學有機論整體思維的根本特徵。它把自然界看作有機系統或整體，處在'生生不息'的過程之中，並且具有'生意'，即某種目的性。仁從人道提升為天道，和《易傳》中'生生之謂易''天地之大德曰生'等命題結合起來，不僅從整體上把握人和自然界的關係，而且從自然界合目的性的觀點出發，說明二者的關係。它不是把自然界僅僅看作機械的物理客觀對象，而是看作有機整體向生命過渡的無窮過程。"[1]這種解釋主要以張載、二程、朱熹和王陽明最為典型。

張載認為，天地之德就是"生物"之心。"大抵言'天地之心'者，天地之大德曰生，則以生物為本者，乃天地之心也。"（《橫渠說易·上經·復》）張載並不認為天地真有像人一樣的心，而是以人心為天地之心。天地之心是稱其生物之德。這個德便是仁。"天體物不遺，猶仁體事無不在也。"（《正蒙·至當》）天的生生之德存在於每一事物裏，故人心能夠體會到任何事物中的仁。人心之所以為貴就在於合於天地生物之天心。而要做到這一點，就必須"大其心"。"大其心則能體天下之物，物有未體，則心為有外。……孟子謂盡心則知性知天以此。天大無外，故有外之心不足以合天心。"（《正蒙·大

---

[1] 蒙培元：《理學範疇系統》，北京：人民出版社，1989年，第488頁。

心》)大其心即是使自己之心與天心同樣大,意為不要與外物有隔異之外心,而應做到"盡心知性知天"。藉此,就可以體會到人與天地萬物的一體性聯繫。張載基於他的氣本體論和人性即天道的主張,提出了著名的"民胞物與"的命題。他說:"乾稱父,坤稱母;予茲藐焉,乃混然中處。故天地之塞,吾其體;天地之帥,吾其性。民吾同胞,物吾與也。"(《正蒙·乾稱篇》)在張載看來,人與天地萬物同源於一氣,它們之間又構成息息相通的有機聯繫。他把人與萬物都比喻為由乾父坤母的陰陽二氣聚合所生的子女,把所有的人都當成同胞來看待,把萬物都當成人類的朋友。這種要求人類之間相親相愛,並愛及萬物的主張,雖然是在儒家綱常範圍內的一種泛愛,其目的在於維護社會秩序,但它也體現了儒家博大的人道主義胸襟,把人對自然的道德關係推向了一個至高的境界。這個看法是對人與自然的親緣關係與和諧相處狀態最深切的表達。人與人的關係是同胞關係,而人與物的關係是夥伴關係。人既是社會共同體的成員,也是自然共同體中的成員。故君子不僅應以同胞關係待人,愛人如己,而且亦應以夥伴關係待物,兼愛萬物。

二程和朱熹以天地生生之理解釋仁。仁源於天地生生之理,並在人心中得以實現,就成為人之性。仁就是理。"仁者,理也。人,物也。以仁合在人身言之,乃是人之道也。"(《外書》卷六)在天之仁作為生生之理,體現在人心中,表現為愛,就是仁。"心譬如穀種,生生之理便是仁也。"(程頤《遺書》卷十八)朱熹解釋說:"程子所謂心如穀種,仁者其生之性也。"

(《孟子·告子上》註）朱熹認為，"仁者，愛之理""仁是體，愛是用""仁是根，愛是苗"（《朱子語類》卷二）。在朱熹看來，仁愛是人的根本德性，這種根本德性又是人心所固有的"天理"，而"天理"的本性則是"常流行生生不息"的。所以，仁者之心，"在天地則塊然生物之心，在人則渾然愛人利物之心"（《朱文公文集》卷六十七）。人心能夠從天地生育萬物之理，覺察到人與自然的有機整體聯繫，視天下萬物為一體。這裏的關鍵是"覺"的主體意識。程顥認為，人有覺知，能知痛癢，體驗到自身是一個有機整體。如果失去覺知，就不能體會到自己的身體是一個有機整體。他說："醫書言手足痿痹為不仁，此言最善名狀。仁者，以天地萬物為一體，莫非己也。認得為己，何所不至？若不有諸己，自不與己相干。如手足不仁，氣已不貫，皆不屬己。"（《遺書》卷二上）因為人與天地萬物一體，所以人類應該通過道德修養，去掉因私欲的作怪而造成的蒙蔽，對天地萬物施以仁愛之德，就像人愛自己的身體一樣。他說："若夫至仁，則天地為一身，而天地之間品物萬形為四肢百體。夫人豈有視四肢百體而不愛者哉？"（《遺書》卷四）如果"手足不仁，氣已不貫，皆不屬己"，其疾痛不累其心，自然不必去愛惜它；如果以一氣貫之，將人與天地萬物合為一身，即"天地之間，品物萬形為四肢百體"，必然會愛惜天地萬物。

王陽明進而從道德心理的根源性和心的體用關係闡發了"天地萬物一體"之說。王陽明認為，仁是"造化生生不息之理"，人得此生生不息之理便具有"人心生意發端處"，由此處生發良知靈覺，仁就從這裏生發出來，因而人人都具有"自然靈昭明覺"的仁心。"人心與天地同體,故上下與天地同流"(《傳習錄》下)。因此,"大人之能以天地萬物為一體也,非意之也,其心之仁本若是,其與天地萬物而為一也。豈惟大人,雖小人之心亦莫不然,彼顧自小之耳。是故見孺子之入井,而必有怵惕惻隱之心焉,是其仁之與孺子而為一體也;孺子猶同類者也,見鳥獸之哀鳴觳觫,而必有不忍之心焉,是其仁之與鳥獸而為一體也;鳥獸猶有知覺者也,見草木之摧折而必有憐憫之心焉,是其仁之與草木而為一體也;草木猶有生意者也,見瓦石之毀壞而必有顧惜之心焉,是其仁之與瓦石而為一體也"(王陽明《大學問》)。只要人懂得,天地生生之仁就在自己心裏,能純淨己心,不假外求,由心之本體之仁出發,使自己的精神流貫,志氣通達,就不會有人己之分、物我之隔,就能達到天地萬物一體之仁的境界。到了這種境界:"其視天下之人無外內遠近,凡有血氣,皆其昆弟赤子之余,莫不欲安全而教養之,以遂其萬物一體之念。"(《傳習錄》卷二)這樣,人就不僅能覺悟到自己是整個社會的一員,而且也能覺悟到自己是宇宙的一員,"君臣也,夫婦也,朋友也,以至於山川草木鬼神鳥獸也,莫不實有以親之,以達我一體之仁,然後吾之明德始無不明,而真能以天地萬物為一體矣"(《大學問》)。而人與天地萬物一體和民胞物與的思想,達到了儒家一貫追求的一種至高的理想人格和生存境界。

儒家關於天地具有生生之德及人與萬物為一體的思想,鮮明地體現了典型的東方有機論和目的論的特徵,它完全不同於西方的機械論和神學目的論。根據天道生生的思想,整個宇宙一氣流行，是一個暢行不滯的創造生命和繁衍生命的巨大的生命洪流，所有生物和非生物都出自共同的本源，因而彌貫著生氣，充滿生機。宇宙的變化之流在從源頭向下流行的過程中，生命和萬物在時空中被創造出來，並且由於受變化之流的統合，而無不內在相關。萬物雖然按照自己特有的方式而自發行動，但是由於同出於一個創造之源和具有整體秩序中的內在關係，使得大家好似一個具有血緣聯繫的大家族中的不同成員，它們由於其在整體中的地位而相互依存和相互作用。而不像西方的上帝創造萬物那樣，物與物之間是一種孤立的外在關係，部分與整體之間缺乏內在的本質聯繫，或者是靠一種外在的因果作用而機械地將其強制性地束縛在一起。正如李約瑟所說："事物之所以會以其特有的方式行動，並非必定出於其他事物先起的動作或衝擊，而是由於在永不休止、反復循環的宇宙中，各個事物各有其位。稟賦與生俱來的本性，使各個事物的行動必然如此。如果事物不以此特有的方式行動，那麼，各個事物就會喪失其在整體中的關係位置（整體正是使事物成為事物自身之物），而轉變成非其本性的事物。萬物都是以依賴宇宙大機體的一分子的姿態存在。萬物之間的相互作用，並不是得之於機械的衝力或機械的因果作用，而是出自於某種神秘的共同感應。"[1]可以說，宇宙創生過程的生命性、整體論和內因論，是

---

[1] 李約瑟：《中國科學與文明》，台北：商務印書館，1986年，第二冊，第281頁。轉引自成中英：《世紀之交的抉擇》，上海：知識出版社，1991年，第284頁。

中國的有機論哲學的基本因素。

同時，儒家關於天地具有生生之德及人與萬物為一體的思想，還包含著一種非神學的"自然有機論的目的論"。天地具有"生生"之仁的無限潛能，它通過人的產生使這個仁的至高德性得以完全實現。人是天地的產物，又是天地之心，人心使得天地之心得以實現，因而人是自然界發展的目的。人通過天人合一，實現與天地萬物為一體，對萬物施以仁愛之心，也就使天地之心得以實現，從而使自然界的目的得到了實現。從人和自然統一的整體關係角度來看，天人合一的"太和"理想，也是創生萬物與人的終極本源潛在地具有的一種目的。這個人與自然和諧統一的最高目的，也是靠作為自然界最高的善的人類來實現。宋明理學以本體論形式發展了《易傳》的宇宙生成論和道家的生存境界觀的思想，揭示了自然進化的統一性和有機整體性，強調人與自然的和諧一體性。

儒家關於天地生生之德、人與萬物一體的思想包含著與現代生態倫理學相一致的重要觀點。首先是自然有機的整體進化的觀點。萬物與人的整體進化都來自共同的天地的生生之德，用現在科學的術語來講，就是自然的進化有一個同源的進化動力。這個動力在整體上制約著不同事物在時空中的分化，使它們即使在日益分化的過程中也保持著相互間的有機聯繫，從而作為一個多層次密切相聯的動態體系而進化，並表現為由宏觀進化和微觀進化、整體和部分、多樣性和統一性協調組成的複雜有序的系統。但儒家的這種進化思想，主要強調的是宏觀整體的進化方面，強調天地創生萬物之德從上向下的流貫和擴展，而比較忽視自然系統的微觀部分的進化方面，忽視了微觀部分的進化造成的對宏觀環境的改造。因而，它只是強調對整體秩序的維持與服從，而不注重對它的改造和完善。

其次，民胞物與及人與萬物為一體的觀點，是把自然看作一個包括人類與非人類的所有存在物為一個有機整體為前提，而追求天人之間的整體和諧，包含著對自然系統本身秩序的維護和對其他生命物種生存權利的尊重，以及對非生命的其他自然系統的組成部分存在狀態的關心。這與美國著名的環境倫理學先驅利奧波德的大地倫理觀非常類似。利奧波德從生態系統的能量循環規律出發，把動植物、微生物、水及土壤等都看成是大地共同體的一個有機組成部分，並要求人類以符合生態規律的道德的態度來對待其中的任何一個組成部分。他指出："從什麼是合乎倫理的，以及什麼是倫理上的權利，同時什麼是經濟上的應付手段的角度，去檢測每一個問題。當一個事物有助於保護生物共同體的和諧、穩定和美麗的時候，它就是正確的，當它走向反面時，就是錯誤的。"[1]因為在大地共同體中，水、土、植物、動物等都是共同體的成員，它們之間都承擔著自己不同的功能角色，每一個成員的存在都依賴於其他成員的存在，因而大家相互依賴，人類也是這個大家庭中平等的一個成員。宋明儒者提出的"民胞物與"和"仁者以天地萬物為一體"的命題，也肯定了植物、動物乃至非生命的自然

---

[1] 奧爾多·利奧波德：《沙鄉年鑑》，侯文蕙譯，長春：吉林人民出版社，1997年，第213頁。

物都有由天地所賦予的內在的價值和存在權利。同時宋明儒者還把天賦的生生之德從對人之愛擴展到對物之愛，即"愛必兼愛""愛己及物"和"推己及物"，由傳統的人際道德向對待自然物的生態道德擴展，因而也具有一定的樸素的生態倫理意識，對維護農業文明條件下人與自然的和諧關係發揮著一定的積極作用。當然，這種樸素的生態倫理意識，還不是建立在生態科學的基礎之上，而是從有差等的人類之愛推及自然萬物，包含著儒家貴人賤物的道德階梯論。

第三，儒家關於天人合一的生存境界的看法，包含著環境滲入人的身體的心理感受的大我意識，它與環境整體主義的有聯繫的自我論有其共同之處。後者認為，人的身心組織，是從自然環境的生態適應中進化出來的。自我的內在價值可以被理解成為環境的一種給予。如果一個能夠深切地體驗到生理和精神的自我不僅歷史地是由自然界的生態適應所形成，而且現實地與環境處於一種不可分割的聯繫，那麼，他就會把環境當成自我的一部分，當環境中的河流受到污染或者熱帶雨林受到破壞，人們就會感到自我受到了傷害，於是，保護環境就成了保護自己的一部分。生態學的教育就使人形成了"開明的自我利益"，它激勵人們去從事保護環境的實踐。[1] 儒家的大我論也認為，人的大我之心是由天地生生之德產生出來的天地之心。人若能"大其心"則能體天下之物，人的自我就會與天心一樣

---

[1] 參閱 J. B. 卡利科特：《生態學的形而上學含義》，載《自然科學哲學問題》1998 年第 4 期。

大,就能夠把萬物包容於自己的心中,環境中的萬物也就成了大我的一部分。當然儒家的大我論與環境整體主義的有聯繫的自我論有其認識基礎的不同。前者是以儒家所追求的不謀於見聞的"德性之知"為前提,通過儒家宣導的內心體驗的修養方法來實現的;後者則是以對生態科學的學習、理解和生態實踐為依據的。顯然,前者的大我意識還缺乏科學的內容,還需要通過認知途徑和科學方法的改變而發展為後者。

"仁民愛物"的道德階梯論

儒家的環境道德是一種真正地推己及人、由人及物的擴展。它把人類社會的仁愛主張,推行於自然界,其維護自然生態環境的目的,首要的是人類自身的生存需要,其次才是對自然萬物的愛護和同情。因此,人際道德是基本道德,生態道德是次要道德,二者的關係是以人的血緣親疏聯繫和社會等級的貴賤為核心,逐步地由內向外擴張的。儒家對非人類以外的自然萬物的愛,在倫理學上是從仁的人際道德向生態道德的擴展。孔子講仁,以親親的血緣關係為核心,以三綱五常的社會等級規範為基礎,以愛人為一般的社會準則。孟子則把儒家的仁,由親親、仁民而擴大到愛物,他還對這個基本原則做出了明確的規定:"君子之於物也,愛之而弗仁;於民也,仁之而弗親。親親而仁民,仁民而愛物。"(《孟子·盡心上》)顯然,這是一種仁分親疏、愛有等差的道德階梯論。親親、仁民、愛物在儒家的道德體系中的作用是有差別的,這與道家"物無貴賤", 同等地對待人與萬物的生態道德平等論是不同的。漢代經學家董仲舒又直接將愛護鳥獸昆蟲等生物, 當作仁的基本內容。他說: "質於愛民, 以下至於鳥獸昆蟲莫不愛, 不愛, 奚足以為仁。"(《春秋繁露·仁義法》)即是說, 僅僅愛民還不足以稱之為仁, 只有將愛民擴大到鳥獸昆蟲等生物, 才算做到了仁。可見這裏的仁, 不止包含了人際道德, 而且包含了生態道德。宋代大儒張載提出民胞物與的思想, 理學家程顥提出"仁者, 以天地萬物為一體"的學說, 最終把仁的物件和邊界, 擴大到了天地萬物和整個自然界, 在倫理上實現了人道和天道的徹底貫通, 把人際道德和人對自然的道德完整地統一起來。

儒家仁民愛物、貴人賤物的道德階梯論, 是由其價值論規定的。孔子提出"好仁者無以尚之"(《論語·里仁》)、"君子義以為上"(《論語·陽貨》)的命題, 認為道德是至上的, 但只有人又具有仁義之道德, 故仁在天地萬物中具有最高的價值。孟子肯定了人與物、物與物之間價值大小的不同, 他說"夫物之不齊, 物之情也。或相倍蓰, 或相什佰, 或相千萬"(《滕文公上》)。人比動物的價值要高, 因為動物"食而不愛, 豕交之也; 愛而不敬, 獸畜之也"(《盡心上》)。他還肯定人具有自己固有的不可剝奪的天賦價值, 即仁義忠信等"天爵", 天賦樂善等"良貴"。荀子雖然反對孟子的先天性善論, 但也認同於仁義等道德品質是人的價值高於自然萬物價值的主要原因。他說: "水火有氣而無生, 草木有生而無知, 禽獸有知而無義; 人有氣有生有知亦且有義, 故最為天下貴。"(《荀子·王制》)荀子認為, 在宇宙進化過程中, 價值是由低到高增大的,先有無機的水火,然後才有生命的草木和有心理活動的動物,最後才有道德意識的人類的產生。雖然他承認萬物和人類的價值具有共同的源泉,但是在他看來,萬物與人在價值的進化過程中處於不同的階段,各自具有不同的獨特性質,因而其價值有高低不同的區別。由於人能夠組成社會群體,有道德意識和行為,因此人在天地萬物中最為完善,其價值在萬物中最高。宋明理學家也認為,人與自然界中萬物的價值並非同樣大,人的價值要比萬物的價值高。如邵雍指出:"唯人兼乎萬物,而為萬物之靈。如禽獸之聲,以其類而各得其一,無所不能者人也。推之他事亦莫不然。……人之生真可謂之貴矣。"(邵雍《觀物外篇》)程頤也認為,人的價值之所以高於動物的價值,就在於人具有仁義之性。他說:"君子所以異於禽獸者,以有仁義之性也。"(《程氏遺書》卷二十五)根據儒家的看法,人類的價值要高於所有自然物的價值,而且自然物的價值也有等級高低的不同。並且人類社會的秩序也高於自然界的秩序。人類可以根據自身的需要和社會的道德原則來利用和管理自然界的一切。這正是儒家"親親而仁民,仁民而愛物"的環境道德階梯論的理論依據。

儒家仁民愛物、貴人賤畜、貴人賤物的道德階梯論首先表現為施政上對人民生存的關注。孔子說:"道千乘之國,敬事而信,節用而愛人,使民以時。"(《論語‧學而》)治理有千乘戰車的大國,舉事必須盡心而謹慎,對百姓必須誠信,要節省財富和物質用度,不事奢侈,以愛養百姓為治國之本,要按照自然的節令和農時役使百姓,不要違背農時。要關心人民的物質生活，體察人民生活的艱辛和疾苦，使人民的物質生活有所保障。孟子對於孔子的這個思想比較重視，認為明君行仁義之政，就應以務農置產為本，使人民沒有衣食之憂。他說："是故明君制民之產，必使仰足以事父母，俯足以畜妻子，樂歲終身飽，凶年免於死亡。……王欲行之，則盍反其本矣。五畝之宅，樹之以桑，五十者可以食肉矣。百畝之田，勿奪其時，八口之家可以無飢矣。謹庠序之教，申之以孝悌之義，頒白者不負戴於道路矣。"(《孟子·梁惠王上》)荀子也認為，天地所生的萬物，足以提供人類生存所需的物質資源，聖王之制度，在人民的生活方面，就是要按照萬物的性質和法則積極地從事物質生產，使物質資源為人的發展所用。"故天之所覆，地之所載，莫不盡其美，致其用，上以飾賢良，下以養百姓而安樂之。"(《荀子·王制》)而在人群內部，則由血緣關係的親疏逐步擴展其愛，以至遠及眾人。孔子說："弟子入則孝，出則悌，謹而信，泛愛眾，而親仁。"(《論語·學而》)由對父母之孝，兄弟之悌，擴大到家族、親戚和鄰里、鄉黨，以至民族、國人和整個人類。孟子將此發揮為"親親而仁民""老吾老以及人之老，幼吾幼以及人之幼"(《孟子·梁惠王上》)的仁政理想。

其次，在對待人與物的關係上，儒家的仁愛有一個由親到疏、由近及遠、按價值高低而採取不同程度的關心的道德。在人與動物之間的關係上，是貴人賤畜，重人輕畜。據《論語·鄉黨》記載："廄焚，子退朝，曰：'傷人乎？'不問馬。"馬廄被燒，孔子只問人而不問馬，就是這種人道關懷的表現。

因為人與馬不是同一類屬,人與人的關係比人與馬的關係親近,所以要首先關心人,而不是關心動物。當然,儒家對人的仁愛與對動物以至無生命的事物的關心雖然是有等級差異的,然而也是連續的,是以對人的關係為中心向外輻射的。孟子在與齊宣王談論關於具有什麼樣的德行才能稱王於天下時,就曾指出過對不同動物的仁愛程度的差別:"齊宣王問曰:……'德何如則可以王矣?'曰:'保民而王,莫之能禦也。'曰:'若寡人者,可以保民乎哉?'曰:'可。'曰:'何由知吾可也?'曰:'臣聞之胡齕曰,王坐於堂上,有牽牛而過下者,王見之,曰:牛何之?對曰:將以釁鐘。王曰:舍之!吾不忍其觳觫,若無罪而就死地。對曰:然則廢釁鐘與?曰:何可廢也?以羊易之!——不識有諸?'曰:'有之。'曰:'是心足以王矣。百姓皆以王為愛也,臣固知王之不忍也。'王曰:'然,誠有百姓者。齊國雖褊小,吾何愛一牛?即不忍其觳觫,若無罪而就死地,故以羊易之也。'曰:'王無異於百姓之以王為愛也。以小易大,彼惡知之?王若隱其無罪而就死地,則牛羊何擇焉?'王笑曰:'是誠何心哉?我非愛其財而易之羊也。宜乎百姓之為我愛也。'曰:'無傷也,是乃仁術也。君子之於禽獸也,見其生,不忍見其死;聞其聲,不忍食其肉。是以君子遠庖廚也。'"(《孟子·梁惠王上》)這裏,齊宣王以羊換牛,用羊的血來進行祭鐘的儀式。不是財產大小之別,而是對動物生命有仁愛的同情心。就同是動物生命而言,牛與羊實在沒有什麼區別,殺牛會使其產生臨死前的恐懼、痛苦與顫抖,難道殺羊就不會這樣?齊宣王之所以不忍殺牛以祭鐘而比較忍心於代之以殺羊，對話中雖然沒有明說，我們還是容易由儒家的愛有差等的道德階梯論推出：牛與我們人類的關係比羊與我們的關係要更加接近和親切。養牛主要是為了讓牛幹活，養羊則主要是為了吃其肉。對於為人類服役的動物，如牛、馬等，在一般情況下人們的確是不太忍心殺害它，對於豬、羊等家養動物，則不會感到特別殘忍。加之這些動物長期與人們接觸，自然會通一點人性，因此在殺死它們時，這些動物臨死前發出的哀鳴、慘叫、恐懼和顫抖，會引起人的心靈強烈的震撼，油然產生深刻的同情心。這一點非常類似於某些西方人類中心論者，他們按照動物與人類進化的親緣關係，而對不同的動物施以不同程度的同情心。王陽明對儒家的這種親親仁民、貴人賤物、愛有等差的倫理觀解釋得非常清楚。他說："禽獸與草木同是愛的，把草木去養禽獸，又忍得。人與禽獸同是愛的，宰禽獸以養親，與供祭祀，燕賓客，心又忍得。至親與路人同是愛的，如簞食豆羹，得則生，不得則死，不能兩全，寧救至親，不救路人，心又忍得。這是道理合該如此。及至吾身與至親，更不得分別彼此厚薄。蓋以仁民愛物，皆從此出。"（《傳習錄》下）就此而論，儒家的確具有一定的人類中心論傾向。不過，儒家並非只是完全出於人類與自己關係較近的角度來考慮對動物生命的保護，它也關切其他低等動物的生命，甚至關心非生命的存在物，如對瓦石之損壞尚且有顧惜之心。如果說儒家的道德階梯論也是一種人類中心論的話，那麼也只能說它是一種程度非常微弱的人類中心論。

從道德心理上看，儒家的這種貴人賤物的道德階梯論，也具有其獨特的情感心理基礎。孔子把人的道德態度當成人的內心感情的自然流露,甚至認為動物也存在與人相似的道德情感,並且可以引發人類的良知。他說:"丘聞之也,刳胎殺夭則麒麟不至郊,竭澤涸漁則蛟龍不合陰陽,覆巢毀卵則鳳凰不翔。何則?君子諱傷其類也。夫鳥獸之於不義尚知辟,而況乎丘哉!"(《史記·孔子世家》)這就是說,有靈性的動物,如麒麟、蛟龍、鳳凰等,尚且對同類的不幸遭遇具有悲哀和同情之心,人類則更應該自覺地禁止這種傷害動物的行為,主動地同情和保護生物。孟子認為,人固有一種愛護生命的惻隱之心。動物臨死前的顫抖和哀鳴,足以震撼人的心靈,引起人對於動物生命的同情。"君子之於禽獸也,見其生,不忍見其死;聞其聲,不忍食其肉。是以君子遠庖廚也。"(《孟子·梁惠王上》)荀子也認為:"凡生天地之間者,有血氣之屬必有知,有知之屬莫不愛其類。今夫大鳥獸則失亡其群匹,越月踰時,則必反沿,過故鄉,則必徘徊焉,鳴號焉,躑躅焉,然後能去之也。小者是燕雀猶有啁噍之頃焉,然後能去之。"(《荀子·禮論》)儒家這種以鳥獸昆蟲具有與人類一樣的同情同類的道德心理,給中國古代珍愛動物、保護動物的行為以深遠的影響。"勸君莫打枝頭鳥,子在巢中待母歸",就是對人們保護動物的一種感人至深的呼喚。它把人性對同類的憐憫與關懷之情投射到動物生命身上,強調了在生命世界裏人與動物在生命關係和情感關係中的一體感通性。雖然這種"因物而感,感而遂通"的體驗,在人類的移情作用和對生物情感心理的把握上有誇大之處,但對有血氣的、有感知能力的動物的相互同情的體察，並把它與人類的仁性關懷聯繫起來，從而使人類產生一種尊重和保護生物生存的強烈的情感動力，卻為生態倫理學提供了科學所不能給予的"情理"支援，這是當代人道德心理中非常缺乏的珍貴的"感通型智慧"。

儒家的"親親而仁民，仁民而愛物"、貴人賤畜和貴人賤物的道德階梯論，對於人類將道德的對象和範圍從人類自身逐步擴大到人以外的自然物，有其比較合理的現實性，而且符合人類道德進化的方向。從實質上看，它甚至比現代人類中心主義的倫理觀還要合理得多。因為儒家的道德人文主義，還不是只承認人類一個物種的利益和價值的人類中心主義，儒家在肯定人在自然界中具有最高價值的同時，也肯定了無機物、植物和動物在自然的進化之鏈上具有高低不同的自身價值。強調要"恩及禽獸""節用""愛物"，把人類的仁性關懷按照血緣親疏關係擴大到非人類以外的自然萬物，並且以生態倫理來約束人類對自然的行為。但是，如果完全按照與人類的血緣親疏關係來擴大道德對象，則儒家這種愛有等差的倫理依然具有嚴重的時代局限性。因為儒家由己及人，由親親而仁民，由人類及自然這種外推擴展的傳統倫理，到底還具有人類價值和利益的本位觀，還具有"自私物種"的狹隘性。而現代非人類中心論的生態倫理學，則從人類生命與自然界有機的整體聯繫的客觀事實出發，對人類的道德主體地位給予重新定位。要求人類將地球當作所有生命居住的家園來保護，要求在尊重生命和自然物的前提下來合理利用自然資源。

參天地贊化育與環境保護

參天地、贊化育，是儒家關於人在宇宙中的地位和作用的積極思想，它以天地生生之德和聖人與天地合其德為依據，這既強調了人與天地的統一，同時也突出了人在自然中的區別與人的獨特性和能動性。雖然人與天地參的思想形成較早，但直到《荀子》《易傳》和《中庸》，才形成了比較完整的理論基礎。春秋時期，已經有人提出"人事與天相參"的觀點："夫人事必將與天地相參，然後乃可以成功。"(《國語·越語》)認為人事活動必須有天地的自然因素的配合，才能取得成功。孔子以"盡人事，待天命"的行為突出了人的主體能動性。孟子雖然也強調人的因素的重要性，認為"天時不如地利，地利不如人和"(《孟子·公孫丑下》)，但並非認為天時、地利不重要，或者可以忽視，而是在三者中強調人和的首要性。荀子則在區分天、地、人三種因素的職能和遵循天地的客觀規律的前提下，強調人類積極參與和改造自然界的能動作用。他說："天行有常，不為堯存，不為桀亡。應之以治則吉，應之以亂則凶。……故明天人之分，則可為至人矣。不為而成，不求而得，夫是之謂天職。如是者，雖深，其人不加慮焉；雖大，不加能焉；雖精，不加察焉，夫是之謂不與天爭職。天有其時，地有其財，人有其治，夫是之謂能參。舍其所以參，而願其所參，則惑矣。"(《荀子·天論》)荀子認為，天與人的職能各有不同，人不應去了解與人事無關的天道，如果這樣做，就是與天爭職，就是未能懂得天人之分別。當然，荀子並不反對認識與人事特別是與農業生產活動相關的自然規律。恰恰相反，這正是他立足天人之分來保護環境的"聖王之治"的重要前提。

《易傳》雖然沒有從字面上明確提出天人相參的口號，但其三才之道，大人與天地合其德的微言大義，直接包含著《中庸》的人與天地參的思想內容。《易傳》認為，乾元代表天道，是原始的創造力之源，它剛健流行，統攝萬物，維持整個世界的正常秩序；坤元代表地道，它柔順寬容，順承天道的創造性，養育、輔助和成就萬物，具有厚德載物的慈善品格。人為天地所生，居於天地之間。因此人道是參元，兼備天地的創造性和順承性，因而能夠並且應該發揮天地生生的崇高德性，在自己得以發展和完善的同時，也使萬物得到繁榮興旺。《易傳·文言》說："夫大人者，與天地合其德，與日月合其明，與四時合其序，與鬼神合其吉凶，先天而天弗違，後天而奉天時。天豈弗違，而況於人乎，況於鬼神乎！"這在天人關係上是一種比較正確的看法。人兼具天地的乾坤剛健柔順之道，既應該順應自然規律，與天地的自然變化相一致，又應該積極進取，按照天地萬物的屬性來改造和利用自然，克服自然本身的缺陷和不足，以削弱自然的不利變化對人類和萬物造成的消極影響，使之更好地為人類的生存和發展服務。《易傳》主張"財（裁）成天地之道，輔相天地之宜"（《象傳》），"範圍天地之化而不過，曲成萬物而不遺"（《繫辭》）。《易傳》強調人應對自然進行引導和調整的觀點，與《中庸》裏"參贊化育"的觀點相一致，只是在側重點上有所不同。

《中庸》指出："唯天下至誠，為能盡其性。能盡其性，則能盡人之性。能盡人之性，則能盡物之性。能盡物之性，則可以贊天地之化育。可以贊天地之化育，則可以與天地參矣。"這段話道出了儒家關於人在宇宙中的地位和人與萬物關係的精髓。它認為，天道真實無妄，它就表現在萬物之性和人性之中。人性若能盡其誠，則可以合於天道。但萬物不能盡己之性，更不能盡人之性，而人則能夠由誠而明和由明而誠達到盡己之性，盡人之性，進而盡物之性，弘揚天地的生生大德，促進萬物的生長和繁榮，與天地並立為三。人在宇宙中的地位是高於萬物，而與天地卓然並立；人在宇宙中的作用，是協助天地化育萬物，促進萬物的順利生長；人與天地萬物的關係是互濟互利，相互依存的協調關係。這裏，我們可以看到儒家人文主義價值觀的一個重要特點：儒家強調人道，但又不將人與自然的關係切斷。它高揚人的價值，但又不否定自然存在物的價值。因為，在儒家的觀點看來，天地是一個生生不息的創造本源，而人則是這個創造過程的輔助者和促進者。人和萬物皆由於稟賦天地之性而具有其價值，但人同時還具有為萬物所缺乏的道德品格和智慧，因而人不僅能夠溝通天地，而且能夠把自己的內在德性開發出來，以協助萬物潛能的充分實現。人是宇宙進化過程中參天地、贊化育的共同創造者。

《易傳》和《中庸》的共同點是，人作為天地所生的萬物中最高貴者，具有與天地相同的崇高德性，能夠發揮自己的獨特作用，促進萬物的發育與成長，使天地中的生命和萬物日益臻於繁榮，從而把天地賦予的生生之仁和創造能力完全加以實現，因此能夠與天地卓然並立為三。其區別在於，《易傳》強調的主要是"裁化"之道，即在認識和依循自然法則的前提下，在實踐上輔相天地之宜，積極利用自然，為人類的生存發展目的服務，同時求得人與自然的和諧相處；而《中庸》則突出的是"誠明"之路，主張通過心性修養來盡人之性，盡物之性，誠己誠物，從而以內在超越之路來實現與天地參。前者與荀子相似，後者與宋明理學相同。但二者又相互補充和完善，從而構成儒家環境管理和自然保護的整個學理基礎。

儒家的環境管理是施行王道仁政的重要措施。孟子提出按照自然的生態節律和動植物的生長特點去利用自然資源的生態道德要求："不違農時，穀不可勝食也。數罟不入洿池，魚鱉不可勝食也。斧斤以時入山林，材木不可勝用也。穀與魚鱉不可勝食，材木不可勝用，是使民養生喪死無憾也。養生喪死無憾，王道之始也。"（《孟子·梁惠王上》）這是因為穀物、魚鱉、木材等老百姓養生喪死所需之物，有一個養護生長的自然之理。"故苟得其養，無物不長；苟失其養，無物不消。"即對生物資源要加以合理的養護和利用，才能使其生長茂盛，繁殖興旺。否則各種生物資源就會在人們的違時獲取和過度利用中耗盡，豐茂的山林就會變成不毛的童山。這種看法就是在今天也還具有保護自然資源的積極意義。

荀子繼承和發展了儒家"取物以順時"和"以時禁發"的思想，比較系統地提出了環境管理和保護自然資源的學說。他非常清醒地認識到，儘管人類的價值高於自然萬物的價值，但人類社會與自然界又是相互依存的，人類也是自然大家庭中的一員。為了使自然界給人類提供更多的物質財富，必須把管理社會的原則推廣到自然界中去，對天地萬物施以仁愛的精神，在人與自然的關係中建立起協同互濟、相互制約的秩序。荀子指出："君者，善群也。群道當，則萬物皆得其宜，六畜皆得其長，群生皆得其命。故養長時，則六畜育；殺生時，則草木殖。"（《荀子·王制》）他已經看到，在自然的生態秩序中，萬物皆有其適宜的位置，用現代的生態學術語來說，就是有其生態位，各種生物的生長成熟和衰亡也有其時間上的特點。因此要按照自然生態系統動態平衡的需要，建立一個依時採伐林木和獵取生物資源的環境管理制度："聖王之制也：草木榮華滋碩之時，則斧斤不入山林，不夭其生，不絕其長也；黿鼉魚鱉鰍鱣孕別之時，罔罟毒藥不入澤，不夭其生，不絕其長也。春耕夏耘秋收冬藏四者不失時，故五穀不絕，而百姓有餘食也；汙池淵沼川澤，謹其時禁，故魚鱉優多而百姓有餘用也；斬伐養長不失其時，故山林不童而百姓有餘材也。"（《荀子·王制》）按照荀子的看法，人類的生存依賴於自然界提供的各種物質資源，而只有聖王按照自然生態的演化法則對環境進行合理的管理，用養結合，愛物節用，使萬物各得其宜，才能有足夠的食、用、材等資源來養活百姓，才能維持社會的長期穩定。這種將社會經濟生活與自然生態環境聯繫起來加以考慮的智識，是與今天人們所提倡的可持續發展思想非常相似的理性態度。

成書於秦漢之際的儒家經典《禮記》，也提出了類似的看法。但其中被人們引述得較多的《月令》，卻不是儒家的著述，而是以道家為主旨、兼採百家的《呂氏春秋》中的《十二紀》

各篇之首。按鄭玄《三禮目錄》云："名曰《月令》者，以其記十二月政之所行也，本《呂氏春秋·十二月紀》之首章也，以禮家好事抄合之後人因題之名曰《禮記》。"[1] 而《禮記》中的《王制》等篇目，則繼承了《夏小正》《孟子》和《荀子》的有關思想，典型地體現了儒家在環境管理上"取物必順時"的傳統，允許"林、麓、川、澤，以時入而不禁"。"獺祭魚，然後虞人入澤梁。豺祭獸，然後田獵。鳩化為鷹，然後設罻羅。草木零落，然後入山林。昆蟲未蟄，不以火田。不麛，不卵，不殺胎，不殀夭，不覆巢。"(《禮記·王制》)規定在物候為"獺祭魚"之十月，漁夫才能入水澤之處捕魚。九月末、十月初，百姓可以打獵。中秋之時，可以設網羅捕鳥。草木凋零的季節，可以進山採伐林木。在萬物生長的春天，不能燒田，不許捕獵小動物和掏取鳥蛋。不准殺害幼小的走獸和飛禽，不准搗翻鳥巢。《禮記·王制》還提出以經濟法令為手段對環境資源進行管理，規定人們不得出售未成熟的五穀，不成材的樹木，未發育成熟的飛禽走獸，以獲取經濟利益。"五穀不時，果實未孰，不粥於市。木不中伐，不粥於市。禽獸魚鱉不中殺，不粥於市。"這種將環境的直接管理與市場的間接管理結合起來對自然資源進行保護的方法，在農業文明時代具有比較切實的效果與合理性，就是對於今天的動植物保護也有值得借鑒的地方。

從生態道德上看，儒家對於生物資源的保護，尤其突出

---

[1] 李學勤主編:《十三經註疏（標點本）》,《禮記正義》,北京：北京大學出版社，1999年，第470頁。

地表現在對動物的行為上。司馬遷在《史記·殷本紀》中講了一個"網開三面"的故事。"湯出，見野張網四面，祝曰：嘻，'盡之矣！'乃去其三面，祝：'欲左，左；欲右，右；有用命，乃入吾網。'諸侯聞之，曰：'湯至德矣，及禽獸。'"這個故事說的是，夏朝末年，湯在野外看見有人在張網捕鳥，捕鳥者在東西南北四面都佈下網，並祈禱所有的鳥都飛入網中。湯見此情景，立即命令撤去三面之網。並祈禱說："天下之鳥願意向左的向左，願意向右的向右，如不聽此命令者，就自投羅網。"諸侯聽到此事後讚歎說："湯的恩德真是高到了極點，已經施及禽獸身上。"

春秋時的《國語·魯語》也有一則關於"里革斷罟"的記載。魯宣公在禁漁期間去泗水捕魚，大夫里革聽說後立即趕到了泗水，用斧砍壞了魚網，並指責魯宣公說："今魚方別孕，不教魚長，又行網罟，貪無業藝。"里革認為魯宣公在禁漁期內用網去捕魚，不讓魚類繁殖和生長，是一種貪婪缺德的惡行，違背了古人保護生物資源的思想，因而對他加以嚴厲譴責。

儒家的創始人孔子，也從對動物的仁愛之心提出過類似的道德思想。他要求人們"釣而不綱，弋不射宿"（《論語·述而》)，即獲取魚類作為食物，可以釣魚，但不能用魚網捕魚，對於鳥類，也不能用弓箭射殺歸巢的飛鳥。朱熹在註釋這一句話時引洪氏之語："孔子少貧賤，為養與祭，或不得已而釣弋，如獵較是也。然盡物取之，出其不意，亦不為也。由此可見仁人之本心矣。"（朱熹《論語集註》）在《孔子集語·論政》中也有關於孔門弟子保護小動物的記載。孔子的弟子宓子賤在單父為官三年。"巫馬旗短褐衣敝裘而往觀化於單父。見夜漁者得則捨之，巫馬旗問之曰：'漁為得也，今子得而捨之，何也？'對曰：'宓子不欲人之取小魚也。所捨者，小魚也。'巫馬旗歸告。孔子曰：'宓子之德至矣。'"宓子不讓人們取小魚，即使到手，也要放回水中，讓其長大，這顯然是孔門重視保護幼小動物的生態道德的傳統在為政上的具體表現。儒家明確規定，"天子不合圍，諸侯不掩群。"反對大規模地滅絕動物種群的狩獵行為。在日常生活與宗教祭祀活動中，如果沒有正當的事由，也不能隨意殺害動物和家畜。"諸侯無故不殺牛，大夫無故不殺羊，士無故不殺犬豕，庶人無故不食珍。"(《禮記·王制》)儒家的上述環境管理制度、措施和保護生物資源的生態道德，繼承了中華民族自古以來的美好傳統，對於我國幾千年來農業文明條件下合理利用自然資源，保護生態環境起到了一定的作用。

人與自然的和樂之美

儒家"參贊化育"的天人合一思想，包含著追求人與自然和諧相處的生存境界。所謂"和"，就是諸多性質不同的事物構成的互濟互補、均衡協調、和諧有序的有機統一體。即史伯所說的"夫和實生物，同則不繼，以他平他謂之和"(《國語·鄭語》)。荀子繼承了史伯的這一思想，進而把"和"當作萬物得以產生和發展的綜合協調機制，"萬物各得其和以生，各得其養以成"(《荀子·天論》)，"天地合而萬物生，陰陽接而變化起，性偽合而天下治"(《荀子·禮論》)。"和"與"合"同義，都是萬物化生與成長的基礎和依據。《易傳》說："乾道變化，各正性命，保合太和，乃利貞。"(《易傳·彖》)認為天道的運行，規定著萬物各自的性質，保持和調整著萬物間全面和諧的關係，於是達到普利萬物的中正狀態。強調陰陽剛柔的和合對於規範萬物性質、法則、秩序、統一的作用，而對陰陽剛柔的體會就能通曉萬物的屬性、天地的原則和造化的神妙高明的用意。"乾，陽物也；坤，陰物也。陰陽合德，而剛柔有體，以體天地之撰，以通神明之德。"(《易傳·繫辭下》)《中庸》提出"喜怒哀樂之未發謂之中，發而皆中節謂之和。中也者，天下之大本也；和也者，天下之達道也。致中和，天地位焉，萬物育焉。"把中和從喜怒哀樂的性情推廣和提高到位天地，育萬物的道德形上學高度。這裏，"中和"強調了在事物的和諧過程中無過無不及的"合適度"。

在董仲舒的天人宇宙圖式中，中和也是天地生成的根由和自然秩序之依據。"中者，天下之所終始也，而和者，天地之所生成也。夫德莫大於和，而道莫正於中。"(《春秋繁露·循天之道》)於是才有自然中萬物各就其位，各循其軌和相互協調而達成的以陰陽五行為骨架的天人同構的感應系統。

儒家所追求的和與中和的天人合一的生存境界，是一種真善美相統一的理想境界。所謂真，就是經過由誠而明或由明而誠的途徑，去洞悉天地創生萬物的宇宙過程，把握人在宇宙中的位置，效法天地的生生之仁性，積極地發揮人的參天地、贊化育的作用，自覺地與天地合其德。"'與天地合其德'云云，豈不樂哉。"(《象山全集·語錄》卷三十五）所謂善，就是認識到天地創生萬物之生生過程包含著一種至善的德性，這就是生生之仁。儒者追求天人合一，就要像天地一樣生養萬物，關切萬物，使其各遂其生，各得其所，有"民胞物與"和"仁者與天地萬物為一體"的博大胸襟。"於萬物為一，無所窒礙，胸中泰然，豈有不樂。"(《朱子語類》卷三十一）進入這種境界，就會超越個人的私欲，把自己的情感融入於萬物之中，從人與萬物的一體感受中獲得審美快樂。所謂美，在生存境界上，就是人對天地萬之和諧一體的精神體驗而產生的最高快樂。《禮記·樂記》說"樂者、天地之和也""大樂與天地同和"。樂就是主體與物件結合產生的審美體驗。在人對天地萬物的和諧產生的審美體驗中，人的情感與萬物景象交融為一。人因自然的和諧產生愉悅和快樂，自然的和諧之美因人的體驗而更美。天與人，景與情，本身又是和諧不分的。這種人與自然的和樂之美，正像《論語·先進》所記述的曾點之志那樣。"曰：'莫春者，春服既成。冠者五六人，童子六七人，浴乎沂，風乎舞雩，詠而歸。'孔子喟然歎曰：'吾與點也！'"孔子所讚賞的曾點之志，就是人完全融入自然，實現了人與自然完美和諧所產生的審美境界。當然，儒家天人合一中包含的樂的境界，並沒有排斥天地生生之實裏的真，也未否定其中的仁。可以說，在人與自然的真善美的統一中，如果道家的道法自然思想主要強調人與自然和諧的真與美的結合，儒家則主要體現了善與美的結合。儒家樂的境界與仁的境界合而為一，在對天人合一的審美評價中貫穿著強烈的道德色彩。

孔子提出"智者樂水,仁者樂山"(《論語·雍也》)的命題,賦予山水以人的情感、氣質特徵和個性品格,把山水人格化,實際上開了儒家"比德說"的審美觀的先河。漢代的韓嬰對智者何以樂於水的解釋是:"夫水者,緣理而行,不遺小間,似有智者;動而下之,似有禮者;蹈深不疑,似有勇者;障防而清,似知天命者;歷險致遠,率成下毀,似有德者。天地以成,國家以寧,萬事以平,品物以正,此智者所以樂於水也。"(《韓詩外傳》卷三)漢代的伏勝也引孔子的話來說明"仁者何樂於山也",他說:"夫山者,崷然高,崷然高則何樂焉?山,草木生焉,鳥獸蕃焉,財用殖焉,生財用而無私為,四方皆伐焉,每無私予焉,出雲風以通乎天地之間;陰陽和合,雨露之澤,萬物以成,百姓以饗,此仁者所以樂於山也。"(《尚書大傳》)智者所以樂水,是因為水有類似人的智、禮、勇、德、公正、知天命等德性;而仁者所以樂山,也是由於山有生草木、育鳥獸、成萬物、殖財用、無私予人等至善的品格。這是從對自然美的欣賞中發現了自然美與人的某些品德、情操的相通之處,而以山水之美托情寄意。孟子也以山水之美比喻君子之道德:"孔子登東山而小魯,登泰山而小天下。故觀於海者難為水,游於聖人之門者難為言。觀水有術,必觀其瀾。日月容光必照焉。流水之為物也,不盈科不行。君子之志於道也,不成章不達。"(《孟子·盡心上》)荀子在《宥坐》中也將水勢與水的不同形態與人生的"九德"加以類比。這些事實說明,儒家天人合一的最高生存境界,是真善美三者融合為一體的境界,人與自然的和諧之美不能脫離真和善,尤其不能脫離道德內容。由此，決定了儒家反對人與自然的分離和對抗，不主張通過改造自然來創造人工自然的美，而只是讚賞在靜觀自然之美的過程中來實現人與自然之美的主客合一、心理合一、情景合一。這也是儒家傳統的生態倫理觀的一大特色。

作者簡介：佘正榮，男，1956 年生，中共廣東省委黨校哲學教研部教授，中國環境倫理學學會副會長，中國環境哲學專業委員會常務理事。主要從事生態倫理學和科技哲學研究，著有學術專著兩部，發表學術論文六十餘篇。

自然生命與文化生命：長江流域的生態生命思想素描

蕭洪恩

内容提要：人的生命分自然生命與文化生命。從哲學人類學層面來說，生態之思說到底即是賦予自然以人性並提升人的自然性，在人與自然的關係上實現"思想""心靈"的"比德"合一。長江流域作為中國文化的重要起源地、構成地、保障地、傳承地、發展地，長江流域的生態生命思想值得認真研究。研究表明，長江流域宣導自然人性與人性自然，訴求一種仙風道骨，把入世責任與功成身退作為統一的境界訴求，並從生態立德方面以自然形塑自己的社會文化生命，是一種真正的生態生命之思。

生態當然是對於人來說的，是人的生態。但是，一旦對人進行考察，首先看到的就是人是一種生命存在，即人是有生命的。從這個意義上說，生態也就是生命之態，即包括人在內的一切生命之態。

一、自然人性

從生態的角度說，依於一定生態而存在的人的生命是人的最基本、最顯著的特徵，是古往今來的人們所共同經驗到的東西，是具有不同知識的人們在自己的當下生活中就可以把握到的存在。正如德國哲學家尼采所說："存在——除'生命'而外，我們沒有別的關於存在的觀念。"[1]

但是，人的生命與其他的生命是不一樣的，人的生命存在不同於其他有機體的生命存在，這就是既有自然生命這一生物機體都具有的存在特徵，又有人所特有的文化生命，這是人之所以不同於其他有機體的生命存在。應該說，人的這一生命特點是在人們世代代經驗的基礎上被揭示的，中國古代哲學家荀子在《荀子·王制》中談到人與無機物、植物、動物的進化序列時即說道："水火有氣而無生，草木有生而無知，禽獸有知而無義，人有氣有生有知亦且有義，故最為天下貴也。"在他看來，無機物（"水火"）只是由物質性的元氣構成的，而沒有生命性；植物（"草木"）在元氣構成的基礎上具有了生命性，但這種生命性沒有感知能力；動物（"禽獸"）在元氣構成的基礎上具有了生命性及其感知能力，但這種生命性及其感知能力沒有文化規範（"義"）作為指導；只有人才既在元氣

---

[1] 尼采：《權力意志》，張念東、凌素心譯，北京：商務印書館，1993年，第235頁。

構成的基礎上具有了生命性及其感知能力,又具有了指導這種生命性及其感知能力的文化規範。"氣"與"生"或"氣"與"生""知"所構成的是自然生命,這是植物或動物這些生物機體所具有的;而"義"則是文化生命的產物,唯有人才具有。正是這種"義",這種文化生命,賦予了人的生命特徵,使人的生命不同於其他有機體的生命,形成了人的生命存在與其他有機體的生命存在相區別的類本質。也正是在這個意義上說,良好的生態有利於人文熏陶,因而中國人特別重視修身養性,如《大學》一書是專講修身的儒家經典,《抱樸子》則是專講頤養的道家經典,此類書籍舉不勝舉。修身、頤養離不開生態環境,都需要選擇良好的條件調整身心。

人的自然生命體現的是人與自然界的聯繫。但即使如此,人與動物仍然有著本質的不同。動物與自然界的聯繫,不論是適應自然界還是改變自然界,都是直接的,無中介作用的。例如,動物獲得食物的途徑相當直接,牛吃草、貓捉鼠,就是如此。牛吃了草,貓捉了鼠,當然是對自然界的某種改變,但這種對自然界的改變是不需要中介就能夠實現的,是這些動物直接作用於自然界的結果。人與自然界的聯繫則是間接的,是以文化世界為中介實現的。例如,人為了獲得食物,從遠古時代起就建立、發展了農業、漁業、畜牧業,至近代又有了食品工業,現在甚至利用人造衛星、航天飛機在不受地球重力影響的宇宙空間培育新的植物品種,以改良食物品質,而且還設立了食物品質與安全的監督管理系統,以保證食物有益於人的生命健康。人正是通過文化世界的發展,逐漸地擴大自己的生命活動範圍，逐漸地把自然界轉化為對象世界，把自在之物轉化為為我之物。人的文化世界發展到今天，人與自然界的聯繫已由古代的狹隘的區域性聯繫擴展為全球範圍，乃至地球之外的自然界也通過航天活動而與人建立起越來越密切的聯繫。

但是，這並不是說人的自然生命沒有留下自然界的烙印，相反，這個烙印還特別明顯，並且這是早已論述過的。比如《周禮·地官·大司徒》即論述到了區域與人體的關係，並作了五種類型的劃分："一曰山林，其動物宜毛物，其植物宜皁物，其民毛而方。二曰川澤，其動物宜鱗物，其植物宜膏物，其民黑而津。三曰丘陵，其動物宜羽物，其植物宜核物，其民專而長。四曰墳衍，其動物宜介物，其植物宜莢物，其民皙而瘠。五曰原隰，其動物宜羸物，其植物宜叢物，其民豐肉而庳。"主要意思是說：第一類是山林環境，宜於生長如貂、狐、貉等細毛動物和柞實之類的植物，林區的人多毛而健壯；第二類是川澤環境，宜於生長如龍魚等有鱗動物和蓮芡之類的植物，川澤地帶的人皮膚黑而亮；第三類是丘陵環境，宜於生長如翟雉等鳥類和梅、李等植物，丘陵地帶的人體圓而身長；第四類是墳衍環境，宜於生長如龜鱉等有甲動物和有芒刺的植物，墳衍地帶的人膚白而體瘦；第五類是原隰環境，宜於生長如虎豹之類的動物和蕉葦等植物，原隰的人胖而矮。

在中國文化地理中，最明顯的自然劃分是南人與北人的劃分。其自然背景也有差異，這種差異表現在：一是南暖北寒，南濕北旱。秦嶺—淮河是中國氣候的南北分界。秦嶺—淮河以北比較乾旱，年降水量少於800毫米，沒有灌溉不能保證水稻栽培。1月平均氣溫低於0℃,植物停止生長,有"死冬",大地缺乏綠色點綴。作物生長期小於225天,水稻一年一熟。秦嶺—淮河以南,1月平均氣溫大於0℃,沒有限制植物生長的"死冬"。到了冬季,大地一片蔥綠。作物生長期大於226天,水稻可以一年兩熟。年降水量在800毫米以上,在沒有灌溉條件下,可以保證水稻栽培。生於新鄭的陝西渭南人白居易在唐憲宗元和十年(815)貶任江州司馬,見廬山深秋樹華竹修,十分驚奇,賦詩:"潯陽十月天,天氣乃溫燠。有霜不殺草,有風不落木。""吾聞汾晉間,竹少重如玉。"[1]蘇東坡26歲(1062年)從陝西寶雞進川,看到沿途自然景觀變化,"漸入西南風景變,道邊修竹水潺潺"。[2]在自然資源上,南北最大的差別是南水北火。南方多淡水資源,北方多能源。南方河流徑流占全國83%。在南方旅遊,看到的是碧水青山,河湖水汊,秀麗風光。北方缺水,華北平原耕地占全國23%,徑流量只占全國3.8%。在煤、石油、天然氣等能源蘊藏方面,北方有較大優勢。第一個五年計劃(1953—1957)重點建設項目156項,實際施工150項,其中116項在北方。二是西高東低,東臨大洋。中國東臨太平洋,背負歐亞大陸,是世界上季風最典型、最強烈的地區。海洋是巨大的熱量調節庫。夏季大陸氣溫升高,形成低壓,風由大洋吹向大陸。夏季風帶來豐沛

---

〔1〕[唐]白居易:《白居易詩集第一册》,劉明查點校,珠海:珠海出版社,1996年,第22頁。
〔2〕[宋]蘇軾:《蘇軾詩集》,孔凡禮點校,北京:中華書局,1982年,第33頁。

的雨量，給大地帶來一片生機。冬季風自西北吹來，乾旱和寒冷。冬季風和行星風（西風帶）相吻合，顯得更強烈些，以至於東西變化明顯。"羌笛何須怨楊柳，春風不度玉門關。"[1]降水量由東南向西北遞減，來自大洋的潮濕氣流一般只能到達甘肅烏鞘嶺附近。與此相應，國土地形西高東低，可以分三級階梯。西部青藏高原是第一級階梯，面積約占全國的四分之一，平均海拔4000米以上，是世界上海拔最高的高原，與南極、北極並稱世界三極。中部內蒙古高原、黃土高原、雲貴高原，海拔1000米到2000米，是第二級階梯。東部丘陵和平原，海拔一般在500米以下，是第三級階梯。巨大的高度差別對中國社會、經濟和文化有深刻的影響。"一江春水向東流"，上游肥沃的土壤和養分順水流到下游，沉積在平原和三角洲，給下游創造出優異的生態環境。

　　上述兩個特徵的結合，形成的中國人自然人性南北差異的分界線有某種傾斜，但總體上仍然是各民族的體質有差異，漢族內部的體質也有地域差異。一是南矮北高，南瘦北胖。研究表明，南矮北高是中國人身高的地域變化態勢。1980年中國科學院古脊椎動物和古人類研究所在16個省、市、自治區實測10997例，說明漢族和少數民族都有南矮北高趨勢。形成南矮北高的主要原因有三個：食物結構，北方以麵食為主，肉和乳製品消耗量較大，麵食蛋白質含量較高，比較富於營養，南方以米食為主，大米的蛋白質含量較低；氣候差異，北方日照

---

[1]［唐］王之渙：《涼州詞‧出塞》。

時數長，低溫乾燥，日照充足，有利於吸收鈣和磷，促進骨骼成長，南方多陰雨，日照時數短，不利於營養吸收，不利於骨骼和肌肉發育；遺傳因素，中國人體高的南北差異趨勢由來已久，根據考古資料，早在新石器時期，北人已經高於南人，黃河中下游男性平均身高 165 釐米以上，粵、閩、浙男性平均身高 162 釐米以下。二是容貌的南北差異。漢民族在容貌和體形上的共性是中等身高，淺黃膚色，黑色直型頭髮，寬闊額頭，眼睛與眉骨齊，沒有凹陷，多深褐色，鼻子中等寬，鼻樑中等高，面部扁平，顴骨凸出，嘴唇不厚不薄，體毛稀少。漢民族有三個典型標誌：鏟形門牙，兩顆門齒兩側的邊緣翻卷呈菱形，中間低凹，形如鏟子；青斑，新生嬰兒屁股骶部有青灰色斑塊；內眥褶眼，又稱蒙古眼，眼的內角處上眼瞼微向下伸，像小小的皮褶，遮掩淚阜。德國地理學家李特爾認為蒙古眼是適應乾旱多風氣候的產物，可以阻擋風沙，保護眼球。在漢民族中，北方人膚色較淺，頭型較寬，下頜較寬，多丹鳳眼，眼裂開度較窄，鼻樑較直，嘴唇較薄，比較接近蒙古人種。南方人容貌特徵是三大，眼大、鼻大、唇厚，比較接近馬來人種。沒有風沙，眼睛可以睜得大大的。眼裂開度較大，多濃眉大眼。鼻子較寬，鼻樑軟骨上翹較多。鼻寬孔大，可以多吸入冷空氣調節體溫。廣東人平均鼻寬 40 毫米，黑龍江人平均鼻寬 37.5 毫米。嘴唇厚也有利於體熱擴散。南方人唇厚 10 毫米以上者超過 10%。此外，黑龍江人基本上沒有波狀頭髮，廣東人 5.4% 有波狀頭髮。根據身高、頭長等 11 個指標，對中國不同民族 41 個男性組的體質作聚類分析，得到的樹狀圖說明中國人的體質特徵：漢族內部體質上的區域差異大於漢族與鄰近少數民族體質上的差異；北方地區漢族體質與北方朝鮮族、蒙古族等民族比較接近；南方漢族的體質與南方布依族、壯族、彝族等民族比較接近。以蒙古褶眼為例，山東省漢族占89.2%，黑龍江和吉林省漢族占84%，朝鮮族占87.8%，比較接近。廣西漢族占65.33%，壯族占62.5%，比較接近。三是血型的南北差異。研究表明，包括漢族在內的中華民族由多種族融合形成，各地區融合的種族不同，Gm血型有較大差異；中國各民族的人種底子是蒙古人種，維吾爾族、哈薩克族和回族有Gmfb因數組，有高加索人種成分，但是，Gmafb和Gma因數組的頻率相當高，他們的人種底子主要是蒙古人種，不過混雜了有限的高加索人種血緣；南方漢族和南方壯族、侗族、白族等少數民族Gmafb因數組頻率較高，血緣上更接近，北方漢族和朝鮮族、蒙古族、鄂倫春族等少數民族Gmag因數組頻率較高，血緣上更接近，漢族Gm血型的南北分界線大體在北緯30°附近，基本上以長江流域為界；按Gm血型分析，藏族與北方少數民族、北方漢族更接近些，說明藏族可能是北方人群遷入形成的，或者是以北方人群為主混合形成的。

　　對於這樣的自然人性，中國傳統醫學用"氣"來解釋，《黃帝內經・陰陽應象大論》說："天氣通於肺，地氣通於嗌，風氣通於肝，雷氣通於心，谷氣通於脾，雨氣通於腎。六經為川，腸胃為海，九竅為水注之氣。"吳會稽郡（今浙江紹興）處士楊泉，字德淵，約三國、西晉時期哲學家，具體生卒年不詳。太康六年（208）晉滅吳後不久隱居著述，仿揚雄著《太玄經》十四卷,又著《物理論》十六卷、集二卷。久佚的楊泉著作,清代始有輯本。孫星衍輯《物理論》一卷,存《平津館叢書》乙集之三;馬國翰《玉函山房輯佚書》輯有《太玄經》十餘條;嚴可均《全三國文》卷七十五輯有賦六篇,文一篇。從哲學上講,楊泉反映當時長江流域的新學風,推進了以自然科學為憑依的氣一元論。他的以氣為體的自然觀,肯定自然法則的客觀性,又以其對農業、手工業等生產知識的廣泛總結,豐富了樸素的天人關係學說。在《物理論》中,他論及水的作用及"水"和"氣"的轉化,因而曾有學者把楊泉哲學斷為水一元論,因為他特別推崇水對萬事萬物的作用,認為"所以立天地者,水也。夫水,地之本也,吐元氣,發日月,經星辰,皆由水而興",即強調水變成氣,氣構成了自然界的各種物體和現象。"成天地者,氣也。水土之氣,升而為天","遊濁為土,土氣合和,而庶物自生"。楊泉堅持元氣自然本體論,萬物由元氣構成,但把戰國以來的五行學說中的"水"提高到最本源的地位,可以說是闡明了獨到的生態見解。他還在《物理論》中說"在金曰堅,在草曰緊,在人曰賢",楊泉已經認識到從"臤"得聲的"堅""緊""賢"在意義上的聯繫,應該說對天人合一學說提供了新的論證。中國近代思想家梁啟超在《地理與文明之關係》中則用氣溫來解釋:氣溫影響人的進取精神。天氣酷熱,使人精神昏沉;天氣嚴寒,使人精神憔悴。熱帶人得衣食太易,而不思進取;寒帶人得衣食太難,也不能進取。只有溫帶人,面臨四季變遷,苟非勞力,不足以自給。梁啟超在《孔子》一文中也說:"中國為什麼能產生這種大規模的中庸學說呢？我想，地勢、氣候、人種都有關係。因為我們的文明是發育在大平原上頭，平原是沒有什麼險峻恢詭的形狀，沒有極端的深刻，也沒有極端的疏宕，沒有極端的憂鬱，也沒有極端的暢放。這塊大平原位置在溫帶，氣候四時具備，常常變遷，卻變遷得不甚激烈。所以對於自然界的調和性看得最親切，而且感覺他的善關。人類生在這種地方，調和性本已應該發達，再加上中華民族是由許多民族醇化而成，若各執極端，醇化事業便要失敗；所以多年以來，調和性久已孕育。孔子的中庸主義，可以說都是這種環境的產物。"[1] 當代科學則證明，特別是水土等環境因素會導致多種疾病：寒冷地區、日照少的地區，小兒患佝僂病較多，這與維生素 D 生成不足有關；水土中的氟元素過量，導致地氟病，使人體骨質增生、全身骨骼總重量明顯增加；沼澤邊緣、地下水位淺，生活在附近的人容易缺磷；土質含硒太多，可發生硒中毒，導致毛髮脫落、口臭、四肢麻木，但是，如果缺硒，又導致克山病（心肌壞死）、高血壓病、溶血性貧血、胰腺炎、白內障、大骨節病，低硒地區的癌病率較高；山區缺碘，易患甲狀腺腫等。

二、仙風道骨

人的生命的意義，不僅在於它的自然生命，而且更在於它

---

[1] 梁啟超：《梁啟超全集卷十一》，《墨子學案》，北京：北京出版社，1999 年，第 3151 頁。

的文化生命。因此,分析自然人性時,仍然應承認人的文化生命與人的自然生命相比更為重要。如果說人之外的生物有機體的自然生命在各類生物的各個個體之間頗為近似的話,那麼人由於文化生命的影響而使得自然生命在人類的各個個體之間卻呈現出很大的差異性,不僅自然生命大體相似的人們,在人生舞臺上扮演著各種不同的角色,演出著豐富多彩的生活話劇,而且人的個體的自然生命的終結,也會存在巨大的差別,如同樣是自然生命的終結,中國古代史學家司馬遷即說"人固有一死,死有重於泰山,或輕於鴻毛"。因此,在人的生命存在中,人的文化生命起著主導的作用,並且正是人的文化生命規定了人的本質,決定了人的生命存在的意義與價值。

人的文化生命說明人是"社會的動物",總是生存於一定的社會關係中。而這種社會聯繫和社會組織,是靠人的文化世界來建立、發展和完善的。離開了人的文化世界,沒有語言,沒有符號,沒有意志,沒有理想,沒有傳統,就不可能建立和發展這種社會聯繫和社會組織。隨著文化世界的發展,人類社會也得到了發展。特別是自近代以來,隨著資本主義文化的興起和發展,資本主義經濟政治關係得以建立、發展、完善,由此而出現的以西方近現代文化為標本的全球性現代化運動,把一切前近代的非西方民族的閉關自守的大門都衝開了,形成了統一的"世界歷史"進程。而互聯網在20世紀末的出現,進一步把世界各地的人們更加密切地聯繫起來。歷史發展到今天,我們這個星球上的各種人群、各個民族、各個國家的聯繫日益緊密、日趨複雜。在當今世界,在人類的社會聯繫和社會組織中,不僅表現為各階層、各階級、各利益集團的複雜關係，而且表現為各民族、各國家、各宗教集團的複雜關係。這種複雜性隨著人類的全球性現代化進程不斷加強。現在完全可以說，不了解文化，就不可能深刻了解和把握當今世界的各種社會矛盾、社會問題，並找到解決這些矛盾和問題的途徑。因此，與其說人是"社會的動物"，倒不如說人是"文化的動物"。

在中國文化傳統中，特別是從生態角度說，仙風道骨的追求最具有生態意義。這一追求既表現在訴求自然生命的長期延續，又訴求文化生命的超越。前者如為了追求長生久視而到名山大川採仙氣、煉仙丹、服仙藥。傳聞黃帝到黃山煉丹，今黃山名勝有煉丹峰和丹井；又傳聞黃帝在峨眉山訪天真皇人，得秘法，這些都是發生在長江流域的人士及傳說。戰國時代北方的燕、齊術士下海求仙，到蓬萊、方丈、瀛洲尋找靈丹妙藥，則更為典型。《莊子‧逍遙遊》說："藐姑射之山，有神人居焉，肌膚若冰雪，淖約若處子，不食五穀，吸風飲露，乘雲氣，禦飛龍，而遊乎四海之外。"似又增加了新的吸引力。這一傾向在晉代葛洪著的《抱樸子》中表現特別明顯。葛洪，丹陽句容（今屬江蘇）人，字稚川，自號抱樸子，是中國東晉時期有名的醫生，是預防醫學的介導者，是東晉時期著名的道教領袖，內擅丹道，外習醫術，研精道儒，學貫百家，思想淵深，著作宏富。他不僅對道教理論的發展卓有建樹，而且學兼內外，於治術、醫學、音樂、文學等方面亦多成就。主要著作《肘後方》是最早記載一些傳染病如天花、恙蟲病症候及診治的書，其中"天行發斑瘡"是全世界最早有關天花的記載。

《抱樸子》為其最主要著作,既是醫書、道書,也是與生態相關的養生書,書中具體地描寫了煉製金銀丹藥等多方面有關化學的知識,也介紹了許多物質性質和物質變化,例如"丹砂燒之成水銀,積變又還成丹砂",即指加熱紅色硫化汞(丹砂),分解出汞,而汞加硫磺又能生成黑色硫化汞,再變為紅色硫化汞,描述了化學反應的可逆性;又如"以曾青塗鐵,鐵赤色如銅",就描述了鐵置換出銅的反應,等等。

在中國傳統的生態生命中,中國文人追求灑脫,看重精神追求,喜歡自由、閒逸的生活方式,可算是另一種仙風道骨追求。這些人為選擇良好的生態環境,強調淡泊明志、寧靜致遠,長江流域的陶淵明應為典型。陶淵明(365—427),一名潛,字元亮,潯陽柴桑(今江西九江西南)人,晉宋時期文學家。在家族中,陶淵明既欽敬曾祖陶侃的積極進取,又特別讚賞外祖孟嘉的沖淡自然,思想中融入了儒道兩種精神,如其《飲酒》詩即描繪了這種極高的生態人格境界,隱含仙風道氣:"結廬在人境,而無車馬喧。問君何能爾?心遠地自偏。采菊東籬下,悠然見南山。山氣日夕佳,飛鳥相與還。此中有真意,欲辨已忘言。"陶淵明的《飲酒》組詩共有20首,僅此首而論,意境可分兩層,前四句寫詩人擺脫塵俗煩擾後的感受,表現了詩人的思想感情為一層,後六句寫南山的美好晚景和詩人從中獲得的無限樂趣,表現了詩人熱愛田園生活的真情和高潔人格為一層。有學者說:全詩以平易樸素的語言寫景抒情敘理,形式和內容達到高度的統一,無論是寫南山傍晚美景,還是或抒歸隱的悠然自得之情,或敘田居的怡然之樂,或道人生之真意，都既富於情趣，又饒有理趣。陶淵明還為中國人開闢了一個理想的生態境界——桃花源。這是武陵漁人所要探尋的所在：

> 晉太元中，武陵人捕魚為業。緣溪行，忘路之遠近。忽逢桃花林，夾岸數百步，中無雜樹，芳草鮮美，落英繽紛。漁人甚異之。復前行，欲窮其林。
>
> 林盡水源，便得一山，山有小口，仿佛若有光。便舍船，從口入。初極狹，才通人。復行數十步，豁然開朗。土地平曠，屋舍儼然，有良田美池桑竹之屬。阡陌交通，雞犬相聞。其中往來種作，男女衣著，悉如外人。黃髮垂髫，並怡然自樂。
>
> 見漁人，乃大驚，問所從來。具答之。便要還家，設酒殺雞作食。村中聞有此人，咸來問訊。自云先世避秦時亂，率妻子邑人來此絕境，不復出焉，遂與外人間隔。問今是何世，乃不知有漢，無論魏晉。此人一一為具言所聞，皆歎惋。餘人各復延至其家，皆出酒食。停數日，辭去。此中人語云："不足為外人道也。"
>
> 既出，得其船，便扶向路，處處志之。及郡下，詣太守，說如此。太守即遣人隨其往，尋向所志，遂迷，不復得路。
>
> 南陽劉子驥，高尚士也，聞之，欣然規往。未果，尋病終。後遂無問津者。

南朝屬建立於長江流域的朝代，儘管各朝歷史很短，但卻在文化上形成了一種生態風氣，即一種有仙風道氣訴求的隱士風氣，儘管這種風氣有很悠遠的歷史，如長江流域的《鶡冠子》作者鶡冠子即是。但南朝的一些名家大族之子都放棄了都市生活而隱逸在山水間，形成了一種風氣，則是值得進行生態研究的，如《晉書·王羲之傳》記載："羲之雅好服食養性，不樂在京師，初度浙江，便有終焉之志。會稽有佳山水，名士多居之，謝安未仕時亦居焉。孫綽、李充、許詢、支遁等皆以文義冠世，並築室東土，與羲之同好。"他們自己則說："此地有崇山峻嶺，茂竹修林。又有清流激湍，映帶左右，引以為流觴曲水。列坐其次，雖無絲竹管弦之盛，一觴一詠，亦足以暢述幽情。"南朝陶弘景在《答謝中書書》中讚歎茅山："山川之美，古來共談。高峰入雲，清流見底。兩岸石壁，五色交輝。青林翠竹，四時俱備。曉霧將歇，猿鳥亂鳴；夕日欲頹，沉鱗競躍，實是欲界之仙都。"

事實上，南朝境內也的確生態環境較好，沈約《宋書》的不少傳論說："江南之為國盛也。……地廣野豐，民勤本業，一歲或稔，則數郡忘饑。會土（會稽）帶海傍湖，良疇亦數十萬頃，膏腴上地，畝直一金，鄠（今陝西戶縣）、杜（今陝西西安市東南），不能比也。荆城跨南楚之富，揚郡有全吳之沃，魚鹽杞梓之利，充牣八方；絲綿布帛之饒，覆衣天下。"同時，江蘇的新豐堰、浙江的荻塘、安徽的芍陂和蒼陵堰等，形成了圍湖造田的豐收氣象。當時還重視水利，如"芍陂良田萬頃，堤竭舊壞秋夏常苦旱。義欣遣諮議參軍殷肅循行修理。有舊溝引渟水入陂，不治積久，樹木榛塞。肅伐木開榛，水得通注，旱患由是得除"。或說，當時的祭祀山林川澤、皇帝籍田與親耕、群臣依次耕作，"男耕""女織"儀式等，不僅"凡諸州郡，皆令盡勤地利，勸導播殖，蠶桑麻紵，各盡其力，不得但奉公文而已"，而且也可能形成良好的生態風氣。此外，皇帝多次要求百姓遵時守禁，保護自然資源，強調"水陸採捕各順時月，其江海田池公家規固詔者，詳見開弛"，或說"江海田地與民共利，歷歲未久浸以弛替。名山大川往往占固。有司嚴加檢糾，申明舊制"，應該說都有利於人們重新認識山水。如謝靈運曾出任永嘉太守，他性愛山水，遨遊郡內名山大川，作詩寫賦，後人稱他為山水詩派的祖師。《宋書·謝靈運傳》記載他"稱疾去職"而在會稽"修營別業，傍山帶江，盡幽居之美"。山居的小環境是"左湖右江，往渚還汀。面山背阜，東阻西傾。抱含吸吐，款跨紆縈。綿聯邪亙，側直齊平"。近東之地"決飛泉於百仞，森高薄於千麓"。近南之地"會以雙流，縈以三州。表裏回游，離合山川"。近西之地"竹緣浦以被綠，石照澗而映紅"。近北之地"引修堤之逶池，吐泉流之浩漾"。山居的大環境，"遠東則天臺、桐柏、方石、太平、二韭、四明、五奧、三菁"等名山，"遠南則松箴、棲雞、唐嵫、漫石"諸山，"遠北則長江永歸，巨海延納""山縱橫以布護，水迴沈而縈邑"。其園宅是"敞南戶以對遠嶺，闢東窗以矚近田。田連岡而盈疇，嶺枕水而通阡"。這個園宅的選址與設計都是謝靈運躬自履行的："爰初經略，杖策孤征。人澗水涉，登嶺山行。陵頂不息，窮泉不停。……面南嶺，建經台；倚北阜，築講堂；傍危峰，立禪室；臨浚流，列僧房。對百年之高木，納萬代之芬芳。抱終古之泉源，美膏液之清長。"園中還有許多果林，"百果備列，乍近乍遠","桃李多品，梨棗殊所。枇杷林檎，帶谷映渚，椹梅流芬於回巒，槐柿被實於長浦"。朝廷上下都知道謝靈運喜歡"鑿山浚湖，功役無已"。其他如南朝會稽士族孔靈符在永興修園林，"周回三十三里，水陸地二百六十五頃，含帶二山，又有果園九處"。晉驃騎將軍王廙的曾孫王裕之"所居余杭舍亭山，林澗環周，備登臨之美，故時人謂之王東山"。

自此而後，這似乎成了一種文風，如唐代詩人孟浩然《過故人莊》說："故人具雞黍，邀我至田家。綠樹村邊合，青山郭外斜。開軒面場圃，把酒話桑麻。待到重陽日，還來就菊花。"孟浩然還有詩云"氣蒸雲夢澤，波撼岳陽城"。長期生活在長江流域的杜甫，唐肅宗上元元年（760）在成都郊外浣花溪畔作《江村》詩說："清江一曲抱村流，長夏江村事事幽。自去自來梁上燕，相親相近水中鷗。"他還在《絕句四首》（其三）中說："兩個黃鸝鳴翠柳，一行白鷺上青天。窗含西嶺千秋雪，門泊東吳萬里船。"正些這種風氣，形成了一種長江流域的生態範型。

三、生態立德

中國生態人格中，儒家、道家似乎還成就了另一風範。一方面是從自然中悟道，體會人格範型，像孔子即特別喜歡在水邊思考問題。《荀子·宥坐》記載了孔子觀水的理論："孔子觀於東流之水。"子貢問於孔子曰："君子之所以見大水必觀焉者是何？"孔子曰："夫水，遍與諸生而無為也，似德；其流也埤下，裾拘必循其理，似義；其洸洸乎不倔盡，似道；若有決行之，其應佚若聲響，其赴百仞之谷不懼，似勇；主量必平，似法；盈不求概，似正；淖約微達，似察；以出以入，以就鮮潔，似善化；其萬折也必東，似志。是故君子見大水必觀焉。"這裏強調了水使人明白"德、義、道、勇、法、正、察、善、志"這些道理。《論語·子罕》記載孔子有一次對著河水發感歎："子在川上曰：逝者如斯夫，不舍晝夜。"孔子還說"仁者樂山，智者樂水"。另外，《道德經》也說："上善若水。水善利萬物而不爭，處眾人之所惡，故幾於道。居善地，心善淵，與善仁，言善信，政善治，事善能，動善時。夫唯不爭，故無尤。"據傳，一次老子與孔子相遇於河，老子手指浩浩河水對孔子說："汝何不學水之大德歟？"孔子問："水有何德？"老子說："上善若水，水善利萬物而不爭，處眾人之所惡，此乃謙下之德也；故江海所以能為百谷王者，以其善下之，則能為百谷王。天下莫柔弱於水，而攻堅強者莫之能勝，此乃柔德也；故柔之勝剛，弱之勝強堅。因其無有，故能入於無間，由此可知不言之教、無為之益也。"孔子聽後恍然大悟地說："先生此言，使我頓開茅塞也。眾人處上，水獨處下；眾人處易，水獨處險；眾人處潔，水獨處穢。所處盡人之所惡，夫誰與之爭乎？此所以為上善也。"老子點頭說："汝可教也！汝可切記：與世無爭，則天下無人能與之爭，此乃效法水德也。水幾於道：道無所不在，水無所不利，避高趨下，未嘗有所逆，善處地也；空處湛靜，深不可測，善為淵也；損而不竭，施不求報，善為仁也；圜必旋，方必折，塞必止，決必流，善守信也；洗滌群穢，平準高下，善治物也；以載則浮，以鑒則清，以攻則堅強莫能敵，善用能也；不舍晝夜，盈科後進，善待時也。故聖者隨時而行，賢者應事而變；智者無為而治，達者順天而生。汝此去後，應去驕氣於言表，除志欲於容貌。否則，人未至而聲已聞，體未至而風已動，張張揚揚，如虎行於大街，誰敢用你？"孔子深表感謝地說："先生之言，出自肺腑而入弟子之心脾，弟子受益匪淺，終生難忘。弟子將遵奉不息，以謝先生之恩。"說完，告別老子，與南宮敬叔上車，依依不捨地向魯國駛去。這個故事假託孔老對話，有無真實性可不去管它，這裏只是想據此說明老子、孔子的一個重要思想——上善若水的生態人格範型。

宋代張載在《西銘》中為這種生態立德思想作了系統的論說：

乾稱父，坤稱母；予茲藐焉，乃混然中處。故天地之塞，吾其體；天地之帥，吾其性。民，吾同胞；物，吾與也。大君者，吾父母宗子；其大臣，宗子之家相也。尊高年，所以長其長；慈孤弱，所以幼其幼。聖，其合德；賢，其秀也。凡天下疲癃殘疾孤獨鰥寡，皆吾兄弟之顛連無告者也。於時保之，子之翼也；樂且不憂，純乎孝者也。違曰悖德，害仁曰賊，濟惡者不才，其踐形，惟肖者也。知化,則善述其事;窮神,則善繼其志。不愧屋漏為無忝,存心養性為匪懈。惡旨酒,崇伯子之顧養;育英才,穎封人之錫類。不弛勞而底豫,舜其功也;無所逃而待烹,申生其恭也。體其受而歸全者,參乎;勇於從而順令者,伯奇也。富貴福澤,將厚吾之生也;貧賤憂戚,庸玉女於成也。存,吾順事;沒,吾寧也。

"乾稱父,坤稱母",把地球當作父母,這就是生態立德的最高原則,從而提出了愛護自然的倫理高度;"予茲藐焉,乃混然中處",沒有自然就沒有人類,因而人類必須以孝心對待自然;"民吾同胞,物吾與也",把天下民眾都是地球養育的同胞與大自然的萬物平等對待,因而人與人、人與物都應具備愛心;"於時保之,子之翼也;樂且不憂,純乎孝者也",因而要求人類像子女盡孝一樣按時節保護自然,並以之為永恆的宗旨。

張載的思想在長江流域得到了回應,明代王守仁(1472—1529),浙江余姚人,字伯安,號陽明子,世稱陽明先生,故又稱王陽明,寫有《大學問》,認為大學即大人之學,而大人即以天地萬物為一體之人,其成為大人的前提"亦惟去其私欲之蔽,以自明其明德,復其天地萬物一體之本然而已耳"。大人明德,"君臣也,夫婦也,朋友也,以至於山川鬼神鳥獸草木也,莫不實有以親之,以達吾一體之仁"。"是故見孺子之入井,而必有怵惕惻隱之心焉,是其仁之與孺子而為一體也;孺子猶同類者也,見鳥獸之哀鳴觳觫而必有不忍之心焉,是其仁之與鳥獸而為一體也;鳥獸猶有知覺者也,見草木之摧折而必有憫恤之心焉，是其仁之與草木而為一體也；草木猶有生意者也，見瓦石之毀壞而必有顧惜之心焉，是其仁之瓦石而為一體也。"此後，清初長江流域的思想家王夫之高度評價《西銘》，在《張子正蒙註》卷九中說："張子此篇，補天人相繼之理，以孝道盡窮神知化之致，使學者不舍閨庭之愛敬，而盡致中和以位天地，育萬物之大用，誠本理之至一者以立言，而辟佛老之邪迷，挽人心之橫流，真孟子以後所未有也。"當代台灣（有學者把台灣也劃入長江流域的文化地理區域）環保倫理學家馮滬祥在《人·自然與文化》中也評論說："《西銘》這篇文章，雖然內容不多，但大氣磅礴，結構雄偉，而且意境深厚，非常具啟發性。尤其對今天的環境倫理學來講，可以說是非常完備，也非常深刻的一篇地球保護學，甚至可以說在任何西方一位思想家中，均還找不到如此精闢的地球環境倫理學。"

作者簡介：蕭洪恩，男，1961年5月出生，湖北咸豐人，哲學博士，現為華中農業大學教授，主要研究方向為中國少數民族哲學、民族文化及社會學。主要著作有《土家族口承文化哲學研究》（中央民族大學出版社，1999）、《土家族儀典文化哲學研究》（中央民族大學出版社，2002）、《易緯文化揭秘》（中國書店出版社，2008）、《土家族哲學通史》（人民出版社，2009）、《20世紀土家族哲學社會思想史》（中國書店出版社，2010）、《長江流域的生態世界》（武漢出版社，2014）等。

價值進化論與價值本體論[*]

——羅爾斯頓與儒家生態倫理思想比較

崔 濤

內容提要： 在對生態環境的認識、保護上，羅爾斯頓和儒家在諸如生態系統創生的目的性，內在價值的客觀性，人文、生態兩種倫理意識的區分等方面有很多相通之處，但他們在各方面又存在著極大的差異。其最根本的差異在於，羅氏在一種嚴謹的生態科學眼光下，對價值的創生現象持有一種價值進化論的觀點；而儒家在其特有的"天人合一"的哲學詮釋下，對人與萬物的內在規定性則持有一種形而上的價值本體論觀念。C. J. 普林斯頓認為羅氏對"自然價值""自然"持有一種"自然本體論"的觀點很難成立。

羅爾斯頓（Holmes Rolston Ⅲ）的主張在西方環境倫理學（environmental ethics）中相對比較溫和，他的思想與動物權利論、福利論（如辛格、T. 雷根等）、生命中心論（如史懷澤、泰勒等）及深層生態論（如阿倫·奈斯）等都有所關

---

[*] 本文係姚殿中國學教育基金項目（2012GX02）階段性研究成果。

聯，又沒有陷入到某些比較偏激的結論中。從總體上講，羅爾斯頓是利奧波德"大地倫理"（land ethic）思想的繼承者，他一直主張一種環境倫理的整體論、系統論及有機論，這使得他的現代環境倫理學在價值範式上很多地方都與從東方哲學可能闡釋出來的生態倫理思想存在著可溝通之處。事實上，羅爾斯頓非常重視東方哲學對環境倫理思想的建構，在論證事實與價值的溝通問題上，他就認為東方的佛學思想可以為之提供有益的參考。[1]而本文認為，羅氏的環境倫理學作為一種新型的倫理學與一向重視價值、倫理的儒家哲學也存在很多值得交流、對話的地方，下面即嘗試對這一問題做些梳理性的討論，以期對儒家生態倫理思想與現代環境倫理學的關聯有所揭示。

一、對生態系統及其內在價值生成的認識

由英國生態學家坦斯利（A. G. Tansley）提出的"生態系統"（ecosystem）一詞是一個生態學的功能單位，但對於現代環境倫理學者而言，它就不僅僅是一個生態科學的概念（除非擴大其意涵以容納生態倫理學），因為其中必然地被注入了價值觀念的因素，在對"生態系統"的認識上，他們更關注的是系統與其內在物種的價值存在及其生成問題。在這些方面，羅爾斯頓的觀念和儒家頗多可溝通之處。

---

[1] 參 H. 羅爾斯頓：《尊重生命：禪宗能幫助我們建立一門環境倫理學嗎？》，初曉譯，《世界哲學》1994 年第 5 期，第 11—18 頁。

羅爾斯頓以"價值"（value）取代"權利"（right）作為環境倫理的核心概念，認為生態系統是一個價值存在，他說："從長遠的、客觀的角度看，自然系統作為一個投射性系統（projective system），具有內在價值，人類只是其創造物之一，……自然系統本身就是有價值的，因為它具有展示（推動）一部完整而富麗的自然史的能力。"[1]自然生態系統自身源源不斷的創生能力本身即其系統價值的明證，這種觀點和儒家思想不謀而合。儒家沒有"生態系統"的概念，其"天地"的觀念與之大致相當。在儒家那裏，"天地"是一個容納天、地、人、萬物等諸多因素的大的創生系統，《易傳》將代表天、地的"乾""坤"稱為"父""母"，因為一切皆從"天地"的創造而來，"有天地然後有萬物"（《易傳·序卦》）。《易傳》又將這種創生力稱為"大德"："天地之大德曰生"（《易傳·繫辭下》）。儒家將"天地"的創生性確認為一種"德"，自然也就認可了其存在的價值意涵。事實上，儒家的"天"（往往舉"天"賅"地"，意指整個"天地"），作為一個哲學範疇，自先秦以來即具有價值本源的意義，具備生生大德的"天地"具有內在價值，在儒家而言當是無可置疑的。[2]

在對生態系統自身所具有的創生價值的認識上，羅爾斯

---

[1] Holmes Rolston, *Environmental Ethics: Duties to and Values in the Natural World*, Temple University Press, 1988, p. 198.
[2] 關於儒家哲學中"天地"概念的環境倫理學意蘊及其特殊性，參見崔濤、郭齊勇：《先秦儒家生態倫理思想探討》，《中國社會學科學輯刊》2010年6月夏季卷總第31期，第2頁。

頓與儒家的看法也很接近。羅氏認為生態系統並不是價值的所有者，也不是價值的觀看者（beholder），它只有在生產、保存和完善價值的擁有者（有機體）的意義上，才是價值的擁有者。[1] 也就是說，生態系統作為"投射的大自然"（projective nature）不像有機體那樣擁有任何自為（for itself）的價值，只擁有自在（in itself）的價值，但它卻是一切工具價值、內在價值的造就者。孔子說："天何言哉？四時行焉，百物生焉，天何言哉？"（《論語·陽貨》）"天地"不言，只是默默地運作，但這種無私的、自在的創化行為卻成就了萬物的生成。朱熹說："萬物生長，是天地無心時。枯槁欲生，是天地有心時。"（《朱子語類》卷一）"天地"是有心還是無心？在儒家看來，當萬物生機盎然之時，人們就忽略了"天地"的那顆仁善之心了（生物之心），然而"天地以生物為心"（《二程外書》卷三）。"天地"創生萬物的過程的確毫無人為的意圖、目的，從這個意義上講，它絕非價值的擁有者，但其"生生大德"卻又將本身造就為萬物之母。從這個角度看，無論羅氏還是儒家都認為生態大自然雖然不像人類那樣擁有任何"籌劃"的目的性，但其創生過程卻並非盲無目的。正如羅氏所說，生態系統中的偶然性不是毫無價值的噪音，"毋寧說，它被系統的有序原則包裹著，它是價值的發生器，價值的轉換器"。[2] 大自然的進化存在著諸多的偶然性，但生命物種從單一向多

---

[1] *Environmental Ethics: Duties to and Values in the Natural World*, p. 187.
[2] Ibid., p. 207.

样、从低级向高级的进展并不是一个"偶然"所能完全解释得了的。

尽管罗尔斯顿和儒家对生态系统作为一个价值系统有着如上相通的看法,他们对内在价值的产生的认识却存在着根本差异。内在价值现象的根源是生态系统的创生性,仅从这一点上看,二者并无不同,他们所追溯到的源头是一致的。但罗氏对生态系统的创生现象的认识所持的是一种严谨的生态科学的眼光,这在他的整部《生态伦理学》(Environmental Ethics)的阐述中随处可见,他以其特有的生态伦理价值观进一步改造、完善了达尔文的进化论思想,他认为自然的物种进化过程本身就包含着内在价值的产生进化进程,且这种进化具有向较高价值倾斜的选择性。[1] 而我们虽然从《易传》"有天地然后有万物,有万物然后有男女,有男女然后有夫妇"(《易传·序卦》)的说法中,也可以引申出某种粗线条的物种演化的认识,但那毕竟不能和一种生物进化理论相提并侔,而且儒家对万物创生中价值的生成很少作历时性的描述。儒家在这个问题上更注重的是一种共时的体验性确知,《中庸》曰:"天命之谓性。"儒家通过"尽性知天"的内在体验领会到人与万物之性皆"天(地)"所赐予,正如张载所说:"性者,万物一源,非有我之

---

[1] 从整体上讲,达尔文的进化论应该也包含有价值进化的观点,因为完整的达尔文进化论思想应该包括个体自然选择(On the Origin of Species,1859)与群体自然选择(The Descent of Man,1871)两部分,在《人类的由来》中,达尔文就着重从群体自然选择的角度探讨了人类道德意识的产生,为西方近代进化伦理学奠定了思想基础。

得私也。"(《正蒙·誠明篇》)"天地"創生萬物的過程同時即對萬物"賦形命性"的過程，它不但賦予萬物以外在的形體，也賦予萬物以內在的"性"，人有人性，物有物性，這個"性"就是儒家所確知的人與萬物的內在價值。而在儒家那裏，"天（地）"不單指向自然的天地（宇宙論意義的），同時也是一個形上的道德本體的存在，人與萬物的內在價值皆來源於這個價值本源（本體論意義的）。

由此可知，羅爾斯頓對內在價值產生的歷時性追溯的結果表現為某種"價值進化論"，其考察的根本立足點是生態學的物種進化論。他雖說過"自然系統的創造性是一切價值之源"[1]，但這個"價值之源"是發生學意義上的，並不具有哲學的本體論意義。而儒家對"天地"創生的認識雖然也有發生學的意義，但他們通過"盡性知天"的共時性體驗所得到的主要是對人與萬物的一體同源的確知，他們對生態系統的價值認識的根基是形上的價值本體論，是本體論意義上的，而非生態科學意義上的。這種差異直接影響了二者對生態系統內部諸構成要素的價值認定及其具體的生態倫理意識等方面的區別。

二、對內在價值的認定及兩種倫理道德的區分

羅爾斯頓肯定生態系統中的一切存在物都具有客觀價值，但似乎並不認為一切存在物都具有內在價值。他區分了內在價

---

[1] *Environmental Ethics: Duties to and Values in the Natural World*, p. 198.

值和工具價值，"工具價值指那些被用來作為某一目的的手段的事物；內在價值指那些能在其自身中發現價值而無須藉助其他參照物的事物"。[1] 在自然界中有機體具有工具價值，也具有內在價值。無機物自然具有工具價值，但是否也具有內在價值呢？在這個問題上，羅爾斯頓的說法多少有些含糊，他雖然說即便"純粹的物"（mere thing）也值得尊敬，但當他說"所有的大自然的造物就其作為大自然的創造性的實現而言都是具有價值（value）的"[2] 時候，卻審慎地使用了"價值"（value）而不是"內在價值"（intrinsic value）[3]；而在另一處他還說道："泥土畢竟只是泥土。相信土可以有內在價值這一點有時會被當作一個歸謬論證（reductio ad absurdum）加之於環境哲學，而土並不屬於那種自身擁有價值（value by itself）的事物。這樣說，我們是同意的。一塊孤立的土塊不可能辯稱什麼內在價值，也很難說它自身有多少價值（value in itself）。"[4] 他顯然認為一塊孤立的泥土並不具有什麼內在價值。而當他宣稱，如

---

[1] *Environmental Ethics: Duties to and Values in the Natural World*, p. 186.
[2] Ibid., p. 198.
[3] 羅爾斯頓對生態系統中的無機物有時似乎更傾向於用"自然價值"（natural value）這個概念，但他的用法頗含糊，1992年他在中國社會科學院所作的學術演講中列舉了13種"自然價值"（參童天湘、林夏水主編：《新自然觀》，北京：中共中央黨校出版社，1998年，第220—224頁），而在其清楚區分的"系統價值""內在價值""工具價值""客觀價值""主觀價值"諸概念面前，我們仍很難界定籠統的"自然價值"這一概念被應用於無機物物件時的確切內涵。
[4] Holmes Rolston, *Value in Nature and the Nature of Value*, Robin Attfield and Andrew Belsey, eds, *Philosophy and the Natural Environment*, Cambridge: Cambridge University Press, 1994, p. 26.

果說在大自然的奇跡景觀前作為主體的人的美德是獨一無二的價值，那麼同樣有理由認為，大自然所取得的那些客觀成就"本身就具有價值"（are of value in themselves）[1]，他所謂"客觀成就"除了指稱那些有機的生態景觀是否也包括無機的生態景觀在表達上也是模糊的。當然，羅氏就大自然整體作為生態系統具有內在價值的判斷是十分明確的。

這個問題在儒家那裏則要明了得多。儘管儒家沒有對他們所確認的內在價值——"性"作更進一步的劃分，但從"性者，萬物一源，非有我之得私也"一語來看，儒家認為這個"性"乃是指人與萬物從作為創生母體的"天地"那裏秉得的內在規定性，它並不指外在的工具價值（儘管由內在價值可以導致某種工具價值的可利用性）。也就是說，對儒家而言，萬物與人一樣都毫無疑問具有本身的內在價值。造成這種差異的原因何在？

從羅爾斯頓判斷有機物有內在價值的具體論證來看，他是根據存在物是否具有價值評價系統來界定的。他認為有機物在進化過程中具有了基因系統，而基因系統在本質上是一種意向系統（propositional set）、規範系統，這即意味著有機體同時也是一個價值系統、評價系統；那種有機體尋求的完全表現其遺傳結構的物理狀態，就是一種價值狀態。有機體所以能從工具價值的角度去看待它們所攝取的資源，正是它們能從內部對資源給予評價的結果。在羅氏看來，有機體具有內在價值、

---

[1] *Environmental Ethics: Duties to and Values in the Natural World*, p. 201.

評價系統,就有足夠正當的理由讓人類給予它們以道德的關懷。[1]事實上,僅從這一點上講(不涉及人與有機物種的社會性差異),人類與其他有機體並無本質差別。然而,無機體並不具有這種內在的評價系統,是否仍然有正當的理由要求一種道德的關懷呢?這個問題從上述羅氏的論證中很難得出明確的答案。

儒家對"性"(內在價值)的思考重點主要落實在人性、物性之別的哲學維度上。朱熹說:"人物之生,同得天地之理以為性,同得天地之氣以為形;其不同者,獨人於其間得形氣之正,而能有以全其性,為少異耳。雖曰少異,然人物之所以分,實在於此。"(《孟子集註》卷四)朱子指出了人性、物性的根本差異在於人類"得形氣之正,而能有以全其性",但人性、物性在"得天地之理以為性"這一點上,卻是"同"而非"異",物性(內在價值)的確立無須人的主體意識的確認。這說明儒家對人性、物性的區別是在肯定人與萬物具有共同內在價值本源(作為價值本體的"天地")的基礎上進行思考的。這裏應該注意的是,羅氏也完全會認同儒家所說人與萬物及其價值皆同出於"天地"這個創生源頭的觀點,但儒家的"天地"除了發生學意義的本源義外的價值本體義(二者是二而一的)卻是羅氏理論所不具備的,而正是在價值本體義上,儒家才認定了人與萬物皆具有內在價值("同得天地之理以為性")。

不過,儒家對人、物內在價值的差異的辨析和羅氏對兩種

---

[1] *Environmental Ethics: Duties to and Values in the Natural World*, pp. 98–100.

不同倫理規範的界定則有很多可溝通之處。

羅爾斯頓認為應該區分文化共同體和生物共同體兩個不同的體系，堅持不同的道德價值評判準則，他說："有差別地對待不同事物是允許的，在道德上甚至是必須的。一個人應該公平地對待同等的事物，公正地對待不同等的事物。"[1]對用於食用的飼養動物，羅氏認為宰殺和食用非但不意味著不尊重它們的生命，反而是尊重生態系統規律的——"自然中的感覺從屬於食物鏈與自然選擇"[2]，人宰殺、吃動物是服從進化的自然選擇的結果，生態圈層的"工具痛苦"屬於自然現象，有益於更高價值的實現。孟子說："親親而仁民，仁民而愛物。"（《孟子·盡心上》）人性與物性不同，相應地，儒家對人倫、物倫也作了明確的區分，"親親""仁民"與"愛物"三者間不但有程度上的等差，也有性質上的區別。前二者屬人倫範疇，關涉人際道德，後者則是待物之道。程子曰："仁，推己及人，……於民則可，於物則不可。"（《二程外書》卷二）這裏有著明確的人道與非人道的差別。孟子說："君子之於物也，愛之而弗仁。"（《孟子·盡心上》）趙岐註曰："物，謂凡物可以養人者也。當愛育之，而不加之仁，若犧牲不得不殺也。"（《孟子正義》卷第十三下）從這些論述看，儒家對人倫、物倫的區分和羅爾斯頓對文化、生物兩種不同共同體的倫理規範的區分在觀念上是頗為一致的，他們

---

[1] *Environmental Ethics: Duties to and Values in the Natural World*, p. 65.
[2] Ibid., p. 82.

都主張嚴格地區分人際道德與生態倫理道德，反對將人際道德延伸到生態倫理圈層。

那麼，生態倫理圈層的道德應該是怎樣的？在這個問題上，羅爾斯頓主張維護一種"客觀的道德"（objective morality），他說："我們不能說，毫無必要地毀壞一棵植物（或一只螞蟻）是殘忍的，但可以說那是麻木的。這是一個倫理判斷嗎？……我們之所以認為前面那些行為是令人厭惡的或任性的，是因為我們讚賞那些存在於活生生的有機體身上的價值。"[1]也就是說生態倫理道德的基礎是有機物種所具有的客觀內在價值，而這個範圍對儒家而言則應擴展到萬物之"性"。儒家對內在價值的關懷並不限於有機物種，因為"天地"的"命性"是普及萬物的。如孟子講牛山從林茂之美到濯濯童山，說："人見其濯濯也，以為未嘗有材焉，此豈山之性也哉？"（《孟子·告子上》）現實中的禿山當然不是絕對無機狀態的，但即便是一座純粹無機的禿山，也仍是山，當它具足了陽光、種子、水分等足夠的條件，就必然又會推動物種的生長繁衍，那種融入並促進生態環境生成的潛在性自然是山固有的內在本性，所以，牛山之"性"指的就是牛山本具的能生茂林的內在價值。

羅爾斯頓提倡的客觀道德也涉及對待殺生現象的態度，他雖不反對基於生存必需的殺生現象，但他認為人對動物仍"負有通過避免無謂的痛苦使它們的命運得到改善的非充分義務

---

[1] *Environmental Ethics: Duties to and Values in the Natural World*, p. 95.

（weaker duty）"[1]，也就是說，人在宰殺或實驗解剖的時候應該儘量減少動物的痛苦。但羅氏在這裏要求的絕非一種內在反思的主體性道德，而是基於尊重有機體內在價值的客觀道德，在他看來，即便對野生動物的過分的愛護也是一種"文飾與過度的多愁善感"。儒家在這個問題上似乎沒有那麼"絕情寡義"。在孟子與齊宣王有關"仁術"的對話中，齊宣王說自己以羊易牛並非出於吝惜（工具價值），孟子說："君子之於禽獸也，見其生，不忍見其死；聞其聲，不忍食其肉。"（《孟子·梁惠王上》）可以肯定地說，儒家君子的這種"惻隱之心"是包含著一種基於主體道德反思的倫理意識的，當人接觸到動物的痛苦而引發自身的內在道德反思是很正常的；但如果認為儒家在這裏有將人倫道德推至生態圈層的意思則未必恰當，因為這種"惻隱之心"也自然包含著儒家對"物性"的尊重，基於生態規律的殺生現象終究也是對一種內在價值（生命）的毀滅現象，這才是這裏"惻隱之心"產生的根源。因此在對動物報以同情的道德關懷（生態倫理意義上的）這一點上，儒家和羅氏的認識仍然是相通的，只是儒家同時並不反對一種由此而引發的主體道德的內在反思，以促進主體的道德意識的增進（即所謂"仁術"）。由此亦可知，儒家從工具價值的立場取用生態資源的同時並沒有忽視它們的內在價值，"民本物用"（工具價值）與"愛物""盡物之性"（內在價值）共同構成了儒家的待物之道。

---

[1] *Environmental Ethics: Duties to and Values in the Natural World*, p. 81.

三、對"生命共同體"的認識

羅爾斯頓主張一種"大地倫理"（land ethic），旨在強調生態系統作為人與萬物共同依賴的生命共同體（life community）的重要性，他說："一種倫理學，只有當它對動物、植物、大地及生態系統給予了某種恰當的尊重時，它才是完整的。"[1]這種理念擴大了"共同體"的概念外延，把山川、岩石、土地等整個自然界都納入"生命共同體"的視野，動植物乃至整個自然界都構成人類道德關懷的物件。儒家沒有與"生命共同體"對等的概念，但羅氏的這種觀念在他們那裏卻能找到呼應。程顥說："醫書言手足痿痹為不仁，此言最善名狀。仁者以天地萬物為一體，莫非己也，……如手足不仁，氣已不貫，皆不屬己。"（《二程遺書》卷二上）程顥認為人類應該關切萬物，如同一體，世人對天地萬物與自己的關聯之所以不明曉，和手足麻痹不仁就不知手足原本屬於自己是一個道理。這種把人與萬物相關聯，視為一體的看法，我們也可以稱之為一種"大共同體"意識，這和羅氏的"生命共同體"觀念是深相契合的，他們對待生態環境都持有一種整體的、系統的眼光，不是把大自然當作一個孤立的客體物件，而是將人與萬物納入一個整體作考察：生態系統是一個完整的有機體。

但另一方面，我們應該看到二者的差異。"大地倫理"是

---

[1] *Environmental Ethics: Duties to and Values in the Natural World*, p. 192.

利奧波德最早提出來的,他說:"大地倫理只是把共同體的範圍加以擴大,以包含土壤、水、植物、動物;或統稱之為大地。"[1]這種系統論、整體論的眼光,被稱為"倫理整體主義",羅爾斯頓的"生命共同體"理論即繼此而來。這種環境倫理觀念的產生有著深刻的生態危機的現代背景,當代的環境倫理學者多將今天人類所面臨的生態危機的根源追溯到"主客二分"的西方傳統理性,他們認為恰恰是在這種思維模式下產生的"人類中心主義"導致了人類對自然資源的肆無忌憚的破壞性開採,因此他們主張重新審視人類與大自然、生存環境的關係。羅氏提出"生命共同體"的概念,擴大"共同體"概念外延的目的,正在於擴大人類倫理觀念所關涉的物件範圍,建立一種人與生態環境的新型倫理關係,從而獲得人與大自然的一種和解。而上文所講從儒家哲學引申出來的人與萬物相關聯的"大共同體"觀念,與羅氏的環境倫理學建立的背景並不一樣;如果說羅氏"生命共同體"觀是建立在對人與自然生態關係的重新反思的基礎之上的,那麼,儒家的"大共同體"觀則是建立在"天人合一"的哲學理念上的。無論是朱熹的"天地以此心普及萬物,人得之遂為人之心,物得之遂為物之心"(《朱子語類》卷一),還是王陽明的"人的良知就是草木瓦石的良知"(《王陽明全書》卷三《傳習錄》下),他們所說的都是一事:人與萬物之"性"(內在價值)

---

[1] Aldo Leopold, *A Sand County Almanac*, 1949, reprint, New York: Ballantine Books, 1966, p. 239.

本即一體同源，都是從天道這個價值本體下貫而來的。而人與萬物在內在價值上的這種一體同源性才是儒家生態倫理的"大共同體"意識建立的基礎，正如王陽明所說："風雨露雷、日月星辰、禽獸草木、山川土石與人原只一體，……只為同此一氣，故能相通耳。"（《王陽明全書》卷三《傳習錄》下）這裏的"同此一氣"，並不是"天地"對萬物的"賦形"意義上的，而是"命性"意義上的，對儒家而言，這是人與萬物"原只一體"的根基。

由於這種差異，羅爾斯頓和儒家對人在大自然中的生存樣態的認識也呈現出很大的不同。在"生命共同體"觀念下，人的生存與自然應該是一種什麼樣的關係？羅爾斯頓在一個橢圓形的草圖中一邊列出"荒原"（wild）、"自然"（nature），另一邊列出"城市"（urban）、"文化"（culture），中間則是一個"混合地帶"（hybrid），"混合地帶"是"自然"與"文化"共同作用的產物。他指出，有些價值根植於城市，而有些價值則根植於荒原，文化價值與自然價值不是截然對立的，而是交錯難分的。[1] 羅氏認為巴思（K. Barth）所謂如果人完全融入到環境中去就不再是一個真正的人的說法只說對了一半真理，"另一半真理是，真正的（真實的）人需要棲身的環境。人需要一個居住和進行價值創造的地方，……人們不可能脫離他們的環境而只能在他們的環境中獲得自由。除非人們能時時遵循大自然，否則他們將失去大自然的許多精美價值。他們將無法

---

[1] *Environmental Ethics: Duties to and Values in the Natural World*, p. 331.

知道自己是誰，身在何方。"[1]與羅氏特別強調人文價值與自然價值的不可割裂的共生關係不同，儒家在這個問題上更注重一種人與生存環境的"手足情"的體驗，張載《西銘》曰："乾稱父，坤稱母。予茲藐焉，乃混然中處。故天地之塞，吾其體。天地之帥，吾其性。民，吾同胞；物，吾與也。"因為"天地"本來就是儒家安身立命的形上根據，所以，從這裏我們可以看到，儒家不但把"天地"這個大的生態環境看作是人"安身"的棲居地，同時也把它領會為人的身體，與性、命休戚相關（"天地之塞，吾其體。天地之帥，吾其性"）；在人與萬物一體同源的認識下，人的價值實現與天地萬物都存在著密切的關係，人的道德關懷所關涉到的"他者"不但包括人，也包括著物（"民，吾同胞；物，吾與也"）。王陽明講"使有一物失所，便是吾仁有未盡處"（《王陽明全書》卷一《傳習錄》上），即是此意；對儒家而言，人在"天地"間最高的生存樣態即對人的仁愛本性的徹底實現。在這種敘述語境下，人與其生存環境、外物的關聯就不只是一種相對被動的共生共存的關係，更涉及人格的主動地、積極地完善，或曰人的內在價值的最高實現的問題。

當然，羅爾斯頓的"生命共同體"與儒家對天地萬物與我一體同源的體認有相通之處，他們都認為人類應該關愛其賴以安身立命的生態系統，因為大自然是人類的家園，只有在這裏人才可能尋得自身的歸宿，獲得自由，儘管這種"自由"對於

---

[1] *Environmental Ethics: Duties to and Values in the Natural World*, pp. 332–333.

二者而言可能意味著不同的價值實現。

四、對人的生態倫理義務的反思及規範意識

罗尔斯顿說:"當人類意識到他們存在於這樣一個生物圈中,發現自己是這個過程的產物時,……他們就會感到,他們對生物共同體的這種美麗、完整和穩定負有某些義務。除非擴展到大地領域,否則倫理學是不完整的。"[1]應該說沒有比人類生於斯、長於斯這樣一個樸實而有力的理由更足以說明人類應對生態系統這一"母體"負有義務了,但羅氏對人類的生態倫理義務的反思並不停留於此,他提出了"客觀的道德"的主張。

"客觀的道德"相對於"主觀的道德"(subjective morality),是對傳統倫理價值觀念的一種反駁。在傳統倫理學中,道德是附繫於作為主體的人的,它指向主體的內在精神性,而缺少外在的客觀性,道德的這種主觀性根源於對內在價值的主體性的認識。但羅氏在根本上質疑這一點,他在嚴格的意義上反對一切認為內在價值依賴於主體的觀念,包括諸如普拉(D. Prall)、文德爾班(W. Windelband)、佩里(R. B. Perry)等人的觀點,也包括科利考特(J. B. Callicott)的較為折中的"價值投射"說,因為他認為儘管大自然中的內在價值的確認過程是主觀的,但這些內在價值作為自然客體的屬性卻是內在的、本有的,並不

---

[1] *Environmental Ethics: Duties to and Values in the Natural World*, p. 188.

依賴於主體。[1]而內在價值的這種客觀性才為一種"客觀的道德"奠定了基礎,這樣人類對生態資源的道德關懷、義務承當,才可能牢固地樹立在一個人類與生態系統之間的客觀倫理關係的基礎之上,而不再是出於一種"人類中心主義"的施捨或自私意圖。

　　羅氏的"客觀的道德"為一種生態倫理義務的樹立提供了堅實的客觀基礎,或者說它使人對生態圈層的義務獲得一種"義不容辭"———一種來自"生命共同體"的某種意義上的平等"他者"的合法要求。在這一點上,羅氏不難得到儒家的支持,因為從上文我們即已確知,內在價值("性")對儒家而言不但具有和羅氏一樣的客觀性基礎,而且在涉及物件上更為廣大(容納天地萬物)。但另一方面,我們又不能不說,從儒家資源去談生態倫理義務的建立,可能引發的闡述思路和羅氏並不相同。

　　儒家對生態倫理義務的闡述集中體現在他們的某些禮學觀念中,《禮記·禮器》曰:"故天不生,地不養,君子不以為禮,鬼神弗饗也。居山以魚鱉為禮,居澤以鹿豕為禮,君子謂之不知禮。"《禮記》把"天地"的生養之道與人之生存秩序的關聯性毫無置疑地納入禮法的範圍內,這是否說明儒家對人與生態系統的關係本然地是從倫理的層面去認識的呢?某種意義上講是這樣的。人與生態的關係在儒家可從主體與外物的關係的角度去考察,儒家對這一問題的處理的焦

---

[1] *Environmental Ethics: Duties to and Values in the Natural World*, pp.107–115.

點是"（物）欲"的控制，而這其實正是儒家禮法的核心問題之一。《禮記·樂記》："夫物之感人無窮，而人之好惡無節，則是物至而人化物也。……此大亂之道也。"儒家深刻地指出了人性的欲望本能在外物誘惑面前的有限性；如果對人的物欲不加以節制，以至於"人化物"，那人類就會喪失自我，導致道德倫理的悖亂、社會秩序的失控。因此，儒家一向是堅決主張以禮樂節制人的欲望從而引之向道的。禮法是儒家倫理的直接體現，儒家通過對"人"與"物（欲）"關係的辯證而確立的規範也屬於倫理層面，只是它不屬於人倫而屬於物倫而已（在上文我們已指出人倫、物倫共同構成儒家倫理的完整內容）。儒家提出的諸多生態保護方面的禮法規範皆屬此類。由此亦可知，儒家的生態保護主張不但含有對外物的內在價值給予愛護的內涵（參上文），同時又含有對人類主體欲望進行節制的明確意義。

由上可知，儒家在生態倫理義務的樹立問題上是從對主體的人性反思入手的，這和羅爾斯頓在這個問題上特別強調對主體價值意識的反駁是不同的。不過，二者在根本上又是殊途同歸的。從羅氏的立場看，不破除主體價值意識，就難以確立生態圈層物種在內在價值上的平等擁有權，就不足以催促人類達到對一種生態倫理意識的自覺；而從儒家的立場看，不對人性進行深刻的反省，就難以認識到生態危機（"人化物"）的根源終究出在人性的放縱上，所謂"無節於內者，觀物弗之察矣"（《禮記·禮器》）。應該說，任何倫理觀念、義務的樹立從來都是基於某種人性反思的基礎上的，生態倫理（物倫）既是一種倫理，同樣必須建基於對人性的反思的基礎之上[1]；羅氏對主體價值意識的抨擊其實也是對人性反思的另一種方式，而儒家禮樂對人性節制的目的不過在於人、物的和諧共處，而作為這種和諧共處根基的"一體同源"觀念在儒家那裏自然也是非主體價值意識的（參上文）。

正因為破除主體價值意識與對主體進行人性的反思具有相通性，所以羅爾斯頓和儒家在生態倫理義務的樹立問題上都表現出明確的規範意識。羅氏認為必須將生態保護問題納入法律的規範中才可能行之有效，他說："自覺遵守取決於這一預期：即便那些不想遵守的人也被要求去遵守。這樣一種倫理，除非它不但是受鼓勵的，同時也是被強制的，否則基本上是無用的。一種純粹私人的、自願的環境倫理學不可能有效果。"[2]儒家對生態倫理義務的規範性本身沒有明確的闡述，但從他們對生態資源的諸多保護主張（如《禮記·月令》等）看，他們對生態倫理義務是有著清晰的規範意識的，很多這方面的禮法性主張在歷史上甚至獲得了立法，如雲夢秦簡《田律》："春二月，毋敢伐材木山林及雍（壅）堤水。不夏月，毋敢夜草為灰，取生荔、麛卵鷇，毋□□□□□□毒魚鱉，置阱罔（網），到七月而縱之。唯不幸死而伐綰（棺）

---

[1] 關於這一問題，拙文《先秦儒家生態倫理思想探討》從另一角度也有所論及，認為儒家哲學的"天人合一"思想可以為一種新型的生態倫理思想的建立提供人性反思的途徑，參見崔濤、郭齊勇《先秦儒家生態倫理思想探討》，《中國社會學科學輯刊》2010年夏季卷，第6—7頁。
[2] *Environmental Ethics: Duties to and Values in the Natural World*, p. 247.

享（梛）者，是不用時。"他如漢代《使者和中所督察詔書四時月令五十條》，其中也有一些生態保護的律法條款，與《禮記·月令》的主張相近。儒家對人性在物欲面前的惰性有著清醒的認識，他們以禮法節制人欲的主張與羅氏的生態立法觀念也可溝通，且從歷史上看這種觀念與立法的思路並不衝突，甚至可以給予支持。當然，從儒家一向倡德不尚刑的立場講，他們不會反對生態立法，也並不等於認同一種強制性律法約束的必然有效性；在生態倫理問題上，儒家會認為最根本的解決之道是通過教育（禮法教化）進行人性改造，從而樹立一種新的倫理意識，而非強制性約束。從現實的角度看，羅氏和儒家在生態倫理義務的樹立問題上的各有側重正好呈現出某種互補性，因為立法和教育顯然對一種生態倫理義務觀念的樹立都是不可缺少的。

五、餘　論

如上所論，在生態倫理問題上，羅爾斯頓和儒家有很多可溝通之處，也存在很多差異，此不復贅述，這裏僅就二者的根本差異所涉及的兩點問題澄清如下：

其一，羅氏與儒家的生態倫理思想的最大差異，如本文標題所示，是價值進化論與價值本體論的差異。C. J. 普林斯頓認為羅氏對"自然價值""自然"持有一種"自然本體論"的態度[1]，本文認為這很難成立。因為，僅從表面上看，羅氏的"生態系統"確有價值賦予的絕對意義，但在其闡述體系中有機物的內在價值是從系統進化產生的，是發生學意義上的（宇宙論的），所以，他的系統創生性只具有價值進化論的意義，並不具有嚴格的本體論意義。而這在儒家則有很大的不同，在"天人合一"的哲學詮釋中，"天（地）"的意涵始終具有雙重性，它既意指物種創生的"生態系統"（自然），同時又意指著儒家終極本體的價值本源。"天地"既承擔著對人與萬物生成的宇宙論解釋，更承擔著對他們在"賦形命性"上一體同源的終極規定性的解釋，而後者是生態科學意義上的"生態系統"所不可能具備的。

其二，羅氏基於環境倫理學的反人類中心主義背景，有著強烈的反主體意識，他特別強調從客觀價值、客觀的道德的角度去闡明一種生態倫理的必然性、可行性，但從他對內在價值的判斷上看，他似乎無法完全放棄一種主體立場，因為其所謂有機物的"評價系統"在某種意義上不過是一種擴大了的"主體"。正如科利考特所說，羅爾斯頓很難為道德的本質、起源和進化提供生物學的根據，因為有關環境倫理的生物學思維恰恰是以現代科學的認識論為尺度的[2]，所以，羅氏的思維很難

---

[1] Christopher J. Preston, *Refining Rolston: A Natural Ontological Attitude towards Natural Values, Nature, Value, Duty: Life on Earth with Holmes Rolston, III*, Dordrecht, The Netherlands: Springer, 2006, pp.29–44.

[2] J.Baird Callicott, *Rolston On Intrinsic Value: A Deconstruction, Environmental Ethics* 14, 1992, pp.129–143.

說真正擺脫了西方傳統的主體意識。相對地，儒家在這一點上呈現出頗為相反的景象。無論從生態倫理義務的人性反思上看，還是從主張"參贊化育""為天地立心"這類對"天地"的擔當精神上看，儒家都表現出比較強烈的主體意識，但在對內在價值的規定性問題上，儒家卻並未出現羅氏判斷的那種內在緊張，因為在儒家那裏"天地"作為人與萬物內在規定性的價值本體，它的"賦形命性"是同步的、普遍的，萬物皆具內在價值，要對這一點給予確認，在儒家而言，除了需要人對萬物一體同源的主觀內在領悟，並不需要一個"評價系統"去作客觀的確認。這個差異與"其一"所論有一定的內在聯繫，在此不贅論了。

作者簡介：崔濤，男，1974年出生，山東青島人，文學博士，山西大學哲學社會學學院講師，主要從事中國哲學研究。

儒家"天人合一"思想的歷史脈絡及當代意義

景海峰

內容提要：源於宗周禮樂文明的"天命"觀，演化為影響深遠的"天人合一"理念，蘊含了豐富的終極性意義，很好地呈現了華夏文明獨特的宇宙意識。相對於原初的文化形態而言，儒家人文精神的覺醒與突破，即是天的意象的重大改變，德性之天和自然之天的觀念同時被強化和系統化。就德性之天而言，人的主觀能動意識和道德自覺的提升，凸顯了天的德化意義；就自然之天來說，天是有職分、有律則，因而也可以認識、可以順處的客觀存有，是具有某種人化意義的可親近對象。此德性之天和自然之天的新型維度，是先秦儒家思考天人關係的起點。從整個儒學發展史來看，天人合一理論，就其自然意涵而言，《易傳》表達得較為突出，而《中庸》則非常集中地闡發了其中的德性含義，這也可以視為後續儒家接踵掘汲的兩大源頭。天人合一學說，在經歷了自兩漢以至宋明的繁複曲折的發展之後，在今天依然是意蘊無窮，存在著無限多的可釋空間，近代以來的理解，不外乎有科學剖析、歷史陳述和哲學解釋這樣三條路徑，各自異彩紛呈，但也不乏可認真思索處。

钱穆先生在其生命的最后时刻，口述了《中国文化对人类未来可有的贡献》一文，对中国哲学的"天人合一"观念做了全新的阐释和高度的概括，谓"'天人合一'论，是中国文化对人类最大的贡献"，"惟到最近始彻悟此一观念实是整个中国传统文化思想之归宿处"。[1]此言一出，激起一片思想涟漪，反响热烈，应和者众。季羡林说："一个像钱宾四先生这样的国学大师，在漫长的生命中，对这个命题最后达到的认识，实在是值得我们非常重视的。""中国文化和东方文化中有不少好东西，等待我们去研究，去探讨，去发扬光大，'天人合一'就属于这个范畴。"[2]李慎之、蔡尚思、周汝昌等著名学者也纷纷做出回应，杜维明更是将这篇文章称作"证道书"，与宋儒张载的《西铭》相媲美。20世纪90年代初，大陆学界相对沉寂，各种思想观念还处在一片混沌和朦胧之中，对传统文化的否定态度尚未开始转变，此言一出，如闻惊雷，标志着一个新的时代之春天的到来，这就是此后二十年来持续的中华文化复兴的巨大浪潮。在今天看来，当时的这件事情所引发出的欣喜与讨论，实属于一个突出的文化思潮变迁的范例，足可以称之为是那个时代思想转换的一大标志。"天人合一"观念有何魅力，让20世纪屈指可数的一代国学大师为之曲枕以思，曾经沧海，临终彻悟；又含何衷曲，能隔岸拨动一众时迁

---

[1] 钱穆：《中国文化对人类未来可有的贡献》，原载台湾《联合报》（1990年9月26日），引见《中国文化》（刘梦溪主编）1991年第4期，第93页。
[2] 季羡林：《"天人合一"新解》，《传统文化与现代化》（北京：中华书局编辑部）1993年第1期。

境移的學者之心弦,而為之擊節稱快,這確實是一個值得人們深思的問題。這裏,我們就"天人合一"觀念的歷史源流和邏輯內涵做一些辨析,以深化對這個命題的理解以及對其當代意義的認識。

一、觀念之兩源

中國文化中,天的觀念極其複雜,也是現代學術史上引人關注、辨析甚詳的重要範疇之一。[1]從最初的仰望蒼穹、列星流佈、形氣變化的視覺意識,到觀察、辨識、體悟和言說的

---

[1] 此類陳述,最為流行的當屬馮友蘭在《中國哲學史》(1930年)一書中的概括:"在中國文字中,所謂天有五義:曰物質之天,即與地相對之天。曰主宰之天,即所謂皇天上帝,有人格的天帝。曰運命之天,乃指人生中吾人所無奈何者,如孟子所謂'若夫成功則天也'之天是也。曰自然之天,乃指自然之運行,如《荀子·天論篇》所說之天是也。曰義理之天,乃謂宇宙之最高原理,如《中庸》所說'天命之為性'之天是也。"(見《中國哲學史》,北京:中華書局,1961年,上冊,第55頁)在這之前,嚴復於《群學肄言》按語(1903年)中,已經指出了天有四種意思,他說:"中國所謂天字,乃名學所謂歧義之名,最病思想,而起爭端。以神理言之上帝,以形下言之蒼昊,至於無所為作而有因果之形氣,雖有因果而不可得言之適偶。西文各有異字,而中國常語,皆謂之天。"(見《嚴復集》,北京:中華書局,1986年,第四冊,第921頁)熊十力亦曾於《心書》(1918年)中概括為四義:"天字之義有四:以形氣言,一也;以主宰言,二也;以虛無言,三也;以自然言,四也。四義中,後三皆本前一引申之,而學術思想之變遷,亦於此可略識矣。"(《心書·示韓浚》,見《熊十力全集》第一卷,武漢:湖北教育出版社,2001年,第6頁)這類研究文獻太多,無法一一列舉。最近,劉笑敢教授在《中國哲學與文化》集刊第十輯(桂林:灕江出版社,2012年)上發表的長文《天人合一:學術、學說和信仰》,收集了大量的相關資料,可供參考。

思考對象，天作為被思議和表達的內容，其漫長的歷程和複雜的蘊積，可以說是難盡言表。天與地之架構的空間感，天地變化流行的實存感受，以及人與天地之間的關係，是先民思想活動展開的先在形式。從最早的文獻記載來看，天被擬人化而作為膜拜的對象、成為人格神——天帝，早已存在於原初的文化形式當中；殷人之"尊天事鬼"，可謂集其大成。到了周代，相對於巫覡文化形態之下的人的不自覺的狀態，有了所謂"人文的覺醒"，亦即雅斯貝爾斯所說的"哲學的突破"。這一覺醒與突破的標誌之一，即是天的意象的重大改變，德性之天與自然之天的觀念同時被強化和系統化了，逐步形成一種所謂新的宇宙觀。就德性之天而言，人的主觀能動意識和道德自覺的提升，凸顯了天的德化意義，天之狀況和人自身行為的相關度大大地加強了，天不僅是可敬畏的對象，也是可理解的對象，是與人的情志、願望和理想可以互通款曲的客體性存在。所謂"維天之命，於穆不已，於乎不顯，文王之德之純"（《詩經·維天之命》）。"盡其心者，知其性也，知其性則知天矣；存其心，養其性，所以事天也"（《孟子·盡心上》）。就自然之天來說，天已不是原初的渾沌可怖的實體，而是有職分、有律則，因而也可以認識、可以順處的客觀存有。天對於人而言，甚至不是外在的本然之物，而是在人的活動之中構成了一種具有一定認知之維的關係，因而與人的存在息息相關。也就是說，天不僅僅是客觀的實體，而且是具有某種人化意義的可親近的對象。所謂"天因人，聖人因天。人自生之，天地形之，聖人因而成之"（《國語·越語》）。"知天之所為，知人之所為者,至矣。知天之所為者,天而生也。"(《莊子·大宗師》)此德性之天和自然之天的新型維度,是先秦儒家思考天人關係的起點,也是我們今天理解天人合一思想的重要基礎。

天之德性色彩和人化自然的含義,周人已經啟動,孔子繼而擴之。子曰:"大哉堯之為君也,巍巍乎!唯天為大,唯堯則之。蕩蕩乎!民無能名焉。巍巍乎!其有成功也。煥乎!其有文章。"(《論語·泰伯》)所謂"天何言哉?四時行焉,百物生焉,天何言哉?"(《論語·陽貨》)"天之曆數在爾躬,允執其中。"(《論語·堯曰》)這也就是由知天命轉向了如何發揮人能的問題,因為"人能弘道,非道弘人",即:"不怨天,不尤人,下學而上達,知我者其天乎!"(《論語·憲問》)這一天人關係的人文主義理解為孟子所繼承。孟子講君子"過化存神"、上下與天地同流,講"反身而誠"、萬物皆備於我,推演盡心、知性、知天的由人上達於天的天人相感邏輯,皆是在強化天人統一的德性紐帶和人與自然之天的順適性。先秦儒家對於天人關係的理解,儘管孔孟有別,孟荀之間的差異更大,但都是在德性之天與自然之天的基礎上來疏析二者的,其人文精神和理性主義的特質也是始終如一的。從整個儒學發展史來看,天人合一理論,就其自然意涵而言,《易傳》表達得較為突出,而《中庸》則非常集中地闡發了其中德性的含義,這也可以視之為後續的儒家接踵掘汲的兩大源頭。

我們先來看《易傳》之本據自然之理對天人合一的理解與解釋。按照清初易學家胡煦(1655—1736)的說法,"《周易》乃天人合一之書,言天道當知有人道,言人道當知有天道。""夫《易》固天人合一之大道也，夫《易》固至神至變至精者也"。[1]《易》道本之自然，其對於天的了解是宇宙論的，也是合乎理性原則的。所謂《易》無思也，無為也，寂然不動，感而遂通天下之故。非天下之至神，其孰能與於此"。"《易》與天地准，故能彌綸天地之道"(《繫辭上》)。《易傳》對宇宙做了哲理化的抽象與演繹，明確提出一套天之自然生成與萬物變化的模式，由最高的本根性範疇——太極，衍化天地，然後化生萬事萬物，從而推演出整個世界。"易有太極，是生兩儀，兩儀生四象，四象生八卦，八卦定吉凶，吉凶生大業。"(《繫辭上》)"有天地然後有萬物，有萬物然後有男女，有男女然後有夫婦，有夫婦然後有父子，有父子然後有君臣，有君臣然後有上下，有上下然後禮義有所錯。"(《序卦》)從宇宙之根到萬事萬物，從自然到社會，是一個有序生成的過程，構成了一個完整的系列，天地與人事由此緊密地聯繫在一起。天的存在是萬事萬物所展開的具體性之根源，也是人的活動能夠被解釋和說明，從而獲得意義的最終依據，沒有了形而上的天道，人的行為就變得荒謬和不可理解。反過來，天的價值也是在人的活動之中得以呈現的，"富有之謂大業，日新之謂盛德，生生之謂《易》"(《繫辭上》)。沒有了萬物變化的具體性，天就成為死體，《易》道也就無從談起了。

《易傳》的宇宙大化論，為天人關係的說明奠定了重要的

---

[1] 胡煦：《周易函書約存》卷七，《周易函書》，程林點校，北京：中華書局，2008年，第一冊，第225頁。

理論基礎，天人合一成為自然之事，天道與人道是一體之兩面，談天道不能離開人道，談人道亦不能離開天道，天人本不二。南宋易學家王宗傳在其《童溪易傳》中，有一段話解釋《易》之天道與人事的不可或離，意思頗為劇切。他說：

  聖人以天道人事本無二理，故其興《易》也，即人事以明天道，非舍人事別有所謂天道也。《上系》曰：擬之而後言，議之而後動，擬議以成其變化是也。故於此而曰變化，云為一天人也。夫天下之吉凶與天下之亹亹者，即人事也，而聖人定之成之，則以天道律人事也。人有言而云，有動而為，無往而非天道，則得聖人所以興《易》之意矣。且夫人之事有得，夫《易》之吉事歟？則必有上天所降之祥。人之事有得，夫《易》之象事歟？則必知聖人所制之器。人之事有得，夫《易》之占事歟？則又知遠近幽深之來物。凡此皆天道也，孰謂天道人事之為二乎？夫惟天道人事之無有二也，故天地設位於上下，而聖人成能於兩間，此乾坤之德所以全盡於聖人也。所謂人謀，即成天下之亹亹者是也；所謂鬼謀，即定天下之吉凶是也。天人合一，幽顯無遺，則百姓日用於是道之中者，莫不樂推而不厭矣。[1]

王宗傳研《易》，唯憑心悟，力斥象數之弊，雖與理學主流有異，但大體能夠把握得到《易》的天人合一之旨。《易傳》不

─────────
〔1〕 王宗傳：《童溪易傳》卷三十。

僅講天人相合，也闡明其職分，對天地之道和人道的不同處有清楚的表達："《易》之為書也，廣大悉備，有天道焉，有人道焉，有地道焉。"(《繫辭下》)"昔者聖人之作《易》也，將以順性命之理，是以立天之道曰陰與陽，立地之道曰柔與剛，立人之道曰仁與義。"(《說卦》)區劃天人的職分，就是要確立一個間架的形式，分別開來說，以增強論說的力量。換言之，天人能否成為合一的狀態，或者說合一的過程是否順暢，關鍵是要看人的主觀能動性，這恰恰在於人能的發揮。"夫大人者，與天地合其德，與日月合其明，與四時合其序，與鬼神合其吉凶，先天而天弗違，後天而奉天時。天且弗違，而況於人乎，況於鬼神乎！"(《乾·文言》)《易傳》講天人關係，重點在發揮人能，這便與巫覡文化形態之下人的被動狀況有了本質的差別，這也恰是儒家講天人合一，由此彰顯義理精神的精彩之處。所以胡煦說：

> 《周易》非占卜之書也，淺之則格物窮理之資，深之則博文約禮之具，精之則天人合一之旨，體之則參贊位育之能，是全體大用之要歸，聖聖相傳不言而同然之秘也。開六經之始，而六經胥不能違，探六經之原，而六經止分其用。其出也，取之而不窮，其返也，藏之而無朕。羲、文、周、孔極力闡揚，後之學者觀其象、玩其辭、習其占，仍如昏衢，如暗室焉，可不謂難乎！[1]

---

[1] 胡煦：《周易函書約存·序》，《周易函書》，第二冊，第463頁。

《易傳》立足於儒家的人文精神，既超越了自身的傳統，也打破了諸子的門戶，吸收道家、陰陽家等流派的思想，以儒家的人文關懷有效地改造之，將先秦哲學的天人觀提升到一個新的水平，實現了自然主義和人文主義的有機結合，為後續的天人合一思想之發展打下了堅實的基礎。

在《易傳》之外，對天人合一思想有突破性見解的另一個系統即是《中庸》。與《易》訴諸自然的宇宙論和探研萬物之生化的理路不同，《中庸》直指天人合一的德性之本，"天命之謂性，率性之謂道，修道之謂教"，一氣貫下，殆無餘蘊。清儒張瑗在《天命之謂性》一文中說道：

> 《中庸》明天人合一之旨，即性、道、教而申其義焉。夫性也、道也、教也，出於天而成於人，固一原而相為用者也。明其所謂不可，以識所宗乎？自性學不明，而言道者日益紛，於是異端之徒各挾其教，以爭勝於天下，子思子慮人之失所宗也，爰述聖賢相傳之意，而作《中庸》。[1]

很多學者都曾指出，《中庸》與《易傳》相表裏，可以說是一內一外，前者直探德性之源，而後者則以彰顯自然之化為殊勝。《易傳》講"太極"之生生不已，講"一陰一陽之謂道"，講"天地之大德曰生"。而《中庸》卻不走這些外延性思想流程的路子，起首一句只說個"天命之謂性"，不解釋何以為性，

---

[1] 張瑗：《天命之謂性》，載方苞編《本朝四書文》卷八。

更沒有陰陽等生生環節夾雜其間，而是直接去說人生的道德實踐活動。它也不用生化的邏輯程式來談論天道，只拈出一個"誠"字來，便打通了天與人，在己性和物性之間架起了溝通的橋樑。此"誠者，天之道"，和"天命之謂性"一句，語義上相回環，所以後面所講的性，都是在"誠明之謂性"的意思上立論的，而所謂的天，也是在說至誠無息意味上的天道，人與天均歸併在"誠"的意義之下，為"誠"的精神所統攝。這樣，在至誠之道底下的天與人，實際上就沒有了間隔，在"誠"的意境中完全地融合在一起了。正像清初大儒陸世儀（1611—1672）所說的："《中庸》一部書，句句言人道，卻句句言天道。能如《中庸》，方始是天人合一。""不是天人合一，如何能盡己性、盡人性、盡物性。"[1]在此合一的狀態之下，盡己性即是盡物性，體物而不遺，盡物性便是盡己性，周遍而不流，"故至誠如神"，天與人不可分也。

《中庸》講天人合一，以德性為綱宰，把空泛而寂寥乃至於神秘莫測的天的世界給意象化和道德化，使之成為境界性的形而上實體；同時，庸眾的日常生活，甚或是無意味的普遍現象，也因為至誠無息的天作為其存在的形而上根據，而變得熠熠生輝、意義非凡。誠，本為人的道德品節，講人心之信實狀態，《中庸》將之投射到無聲無臭的天之上，就將天擬人化、德性化了；然後作為形而上普遍存有的天之意義又反諸人自身，加強了"誠"的厚度，使之具有了更大的權威性和說服

---

[1] 陸世儀：《思辨錄輯要》卷二十三。

力。這一"誠"的意義，自由穿梭在天與人之間，使天人關係的各個層面和相關的問題都可以得到融會貫通的解釋，因而圓融無礙。明末大儒劉蕺山在分析《中庸》之要點時說道：

> 《中庸》有數吃緊語：一曰知行合一之說，言明，而曰"賢者過，不肖者不及"，言不行，而曰"知者過，愚者不及"是也。一曰誠明合一之說，言誠則明，而曰"至誠之道，可以前知"，言明則誠，而曰"曲能有誠"是也。有隱見合一之說，"君子之道費而隱"是也。有顯微合一之說，"鬼神之為德"是也。有天人合一之說，"暗然而日章""上天之載，無聲無臭"是也。然約之，則曰"慎獨"而已。[1]

這些關涉到天人關係的重要元素編織成一張以"慎獨"為核心的大網，覆蓋了人類道德生活的不同層面，也蘊含著天道的意義，生命的獨特價值由此而得以挺立。德性之天的收攝和內在化，也開啟了以人之心性來度量和衡准天意的方便之門。"人心所以能周物而不遺者，以性大無外故也。故心之量之無不該，必性之源之無不窮。至天者，又性所從出也，知性則知天，《中庸》所謂立天下之大本，知天地之化育，天人不二者也"。[2] 自

---

〔1〕 劉宗周：《劉子遺書》卷二，學言一，《劉宗周全集》，台北："中央研究院"中國文哲研究所籌備處，1996 年，第二冊，第 453 頁。
〔2〕 李光地：《榕村四書說》，《讀孟子劄記》卷下。

中唐以後，因受到佛教之刺激，儒家嘗試創闢新路，特別地拔舉《中庸》，漸開了心性之學的大門。此一路向，至宋代而漸臻於輝煌，其潛在的動力在很大程度上已經包含在《中庸》所提供的天人關係之新的理解中。

二、漢代的曲折

秦火之後，典籍散佚，儒家經典詮釋的格局發生了重大變化。一則原有的思想路數和穩定線索被打斷，慣性前行已難以為繼；二則經文的傳遞由口耳相授變為著之竹帛，接受的感知方式和理解習慣已經大不同於以往；再則戰國晚期的思潮融會和西漢初年新起百家之學的相互間激盪，也為漢代儒學的發展注入了新的活力，打開了新的視野。更為重要的是，漢代大一統，"為漢制法"的現實要求激勵著儒家人物來思考新的解釋方法和構築新的哲學系統。正是在這種局面下，天人合一之說趨向於豐富化和複雜化，自然元素和文化關懷交織扭結，眾家思想相互影響與重疊，陰陽五行學說無處不在，氣論瀰漫於各個角落，使得自然的神秘性和不可預知性大大地增強了。另一方面，對於自然認知的精確要求，刺激了實證精神的膨脹，天的模糊意象被打破，許多細部的問題提了出來，天人關係的具體內容漸次地展開，呈現出了前所未有的豐贍性和複雜度。對於此種變化，徐復觀先生在《漢代思想史》一書中分析道：

> 古代天由宗教的意義，演變而為道德價值的意義，或

自然的意義，這都不足以構成天的哲學。因為這只是由感情、傳統而來的"虛說"，點到為止，沒有人在這種地方認真地求證驗，也沒有人在這種地方認真地要求由貫通而來的體系。到了董仲舒，才在天的地方，追求實證的意義，有如四時、災異。更以天貫通一切，構成一個龐大的體系。[1]

他認為，這一由虛而實的"天的哲學"，不是《易》《庸》傳統的延續，而是直承《呂氏春秋》十二紀的格套和內容發展下來的。[2] 其談天的目的，在於政治上的佈德施惠、慶賞教化，最高的政治理想是"蓋聞古之清世，是法天地。凡十二紀者，所以紀治亂存亡也，所以知壽夭吉凶也。上揆之天，下驗之地，中審之人，若此，則是非、可不可，無所遁矣"（《呂氏春秋·序意》）。其現實的要求和政治上的取向，把自然的節律與人事之活動、社會之治亂緊密地結合起來了，形成一套"人副天數"的新解釋系統。

在這個系統之中，天有著更為複雜、也更加精細化的內容。天不只是一個模糊的意象或與人相對應的觀念，而且是可以感知和經驗的實存世界，是一個與人的活動息息相關，並

---

[1] 徐復觀：《兩漢思想史》卷二，台北：學生書局，1976年，第371頁。
[2] 張祥龍認為，徐先生指出董仲舒的思想和十二紀的關係，頗有見地，但這並不是最重要的。"我們看董仲舒的哲理思想的最大特點不是採納了陰陽五行說，而是能用它闡發《春秋》公羊學的'元年春王正月'的元時更化的哲理，或三統一統的哲理，並將之貫通到其他的學說中。"見氏著《拒秦興漢和應對佛教的儒家哲學》，桂林：廣西師範大學出版社，2012年，第102—103頁。

且有著很強應和性的具體的存在。天的變化有陰陽、四時等節律,故本身也就有不同的名號。《爾雅·釋天》曰:"春為蒼天,夏為昊天,秋為旻天,冬為上天。"鄭玄在《駁五經異義》中解釋說:

> 《爾雅》者,孔子門人所作,以釋六藝之言,蓋不誤也。春氣博施,故以廣大言之。夏氣高明,故以遠大言之。秋氣或生或殺,故以閔下言之。冬氣閉藏而清察,故以監下言之。皇天者,至尊之號也。六藝之中,諸稱天者,以己情所求言之耳,非必於其時稱之。"浩浩昊天",求天之博施;"蒼天蒼天",求天之高明;"旻天不弔",求天之生殺當得其宜;"上天同云",求天之所為當順其時也。此之求天,猶人之說事,各從其主耳。若察於是,則"堯命羲和,欽若昊天",孔子卒,稱"旻天不弔",無可怪耳。[1]

天的"於其時稱之",是對應其自然的屬性,用之來觀察經驗的世界;而"以己情所求言之",則重在人能的表達與應驗上,是道德判斷的依據。董仲舒將人天相合,把自然存在和人類社會融為一體,構造出一個"十端"之天來:"天有十端,十

---

[1] 東漢許慎《五經異義》有《天號》篇,引今、古文《尚書》釋"天"語,用春夏秋冬四時解"天之五號"——昊天、蒼天、旻天、上天及皇天;時鄭玄駁之,強調五經稱天,只是因人事而言之,非必稱其時也。詳見清人陳壽祺的《五經異義疏證》,曹建墩校點,上海:上海古籍出版社,2012年,第6—8頁。

端而止已。天為一端,地為一端,陰為一端,陽為一端,火為一端,金為一端,木為一端,水為一端,土為一端,人為一端。凡十端,而畢天之數也。"(《春秋繁露·官制象天》)天有五行,天地之氣又分陰陽,故起於天、至於人而畢,"天地陰陽木火土金水九,與人而十者,天之數畢也"(《春秋繁露·天地陰陽》)。這個天,具有無比廣大的涵容性,既是物質的、自然的,也是精神的、社會的,人類的道德價值(仁、義、禮、智、信"五常")也含蘊其中。

從天的大系統來理解人,人的存在就不是孤立的,而是與天地、陰陽、五行這些元素有一種投射和相依的關係,天地如父母,人即酷似之,天地是人存在的根據,人的身體、面貌,乃至於情志、行為等,都與之息息相關。《淮南子》在描述人與天地的呼應關係時說道:

> 是故聖人法天順情,不拘於俗,不誘於人,以天為父,以地為母,陰陽為綱,四時為紀。……故頭之圓也象天,足之方也象地。天有四時、五行、九解、三百六十六日,人亦有四支、五藏、九竅、三百六十六節。天有風雨寒暑,人亦有取與喜怒。故膽為雲,肺為氣,肝為風,腎為雨,脾為雷,以與天地相參也,而心為之主。是故耳目者,日月也;血氣者,風雨也。[1]

---

[1]《淮南子·精神訓》,見《淮南鴻烈集解》(劉文典撰),北京:中華書局,1989年,第219—221頁。

這一人天對應的關係，到了董仲舒的《春秋繁露》，即發揮出一整套"人副天數"的學說，他說：

> 天地之符，陰陽之副，常設於身，身猶天也，數與之相參，故命與之相連也。天以終歲之數，成人之身，故小節三百六十分，副日數也；大節十二分，副月數也；內有五藏，副五行數也；外有四肢，副四時數也；乍視乍瞑，副晝夜也；乍剛乍柔，副冬夏也；乍哀乍樂，副陰陽也；心有計慮，副度數也；行有倫理，副天地也。此皆暗膚著身，與人俱生，比而偶之弇合。於其可數也，副數；不可數者，副類，皆當同而副天，一也。[1]

人是天地的一部分，其行為效法天，道德價值根源於天，其形也酷似於天，因為"為生不能為人，為人者天也。人之人本於天，天亦人之曾祖父也，此人之所以乃上類天也"（《春秋繁露·為人者天》）。人與天的相類相符，不是後天有意仿效的結果，而是先天的機能使然，在自然功能的意義上，人與天地就具有內在的同一性。天不只有德性的意義，人的道德本源植根於天地，所謂"天命之謂性"；而且也包含了機能主義的系統性，一切生命生理的現象都可以在這個互動的結構之中得到說明。人的生理機制與天相副，所有功能都具

---

[1]《春秋繁露·人副天數》。引見《春秋繁露校釋》（校補本），鍾肇鵬主編，石家莊：河北人民出版社，2005年，第805頁。

有"高仿真度",可以毫不困難地進行相似性的類比,人的情感和心理活動與天也是息息相通的。"天亦有喜怒之氣,哀樂之心,與人相副。以類合之,天人一也"(《春秋繁露·陰陽義》)。所以"人副天數"的另一面就是天的"與人相副",即天人之間沒有任何的間隔性,以類視之,人可以為天,天亦可以為人,天人一也。

天人之際高度的同一性,使之不可分而言說,在功能上它是統一的,具有系統性和融貫性,從結構而言,天地和人事之間也是一氣貫下、毫無障隔、相互回環的。從天地萬物的自然屬性到人類社會的德性生活,不可以截斷來看,天地是德化的自然,具有意志力和好惡之情,人的存在也具有自然之屬性,"性雖出善,而性未可謂善也"(《春秋繁露·深察名號》)。所以,天人相感應。天影響、支配,乃至決定著人的行為,因"仁義制度之數,盡取之天",社會的有序化也是"受命於天"的結果。反過來,德性價值的實現雖說是"人之繼天而成於外也",但只有人才能夠應天命而實現王道理想,成就最高的天意,也就是達到自然與社會的和諧狀態,這又是人對於天的有效回應和完滿化。這一宇宙論的和諧圖景,在漢儒看來,它是有秩序的(自天而人),並且是有層級的:

> 天地設位,懸日月,布星辰,分陰陽,定四時,列五行,以視聖人,名之曰道。聖人見道,然後知王治之象,故畫州土,建君臣,立律曆,陳成敗,以視賢者,名之曰經。賢者見經,然後知人道之務,則《詩》《書》《易》

《春秋》《禮》《樂》是也。《易》有陰陽，《詩》有五際，《春秋》有災異，皆列終始，推得失，考天心，以言王道之安危。[1]

天地成道，聖人作經，賢者務於王道，這是宇宙的秩序，也是社會生活的秩序，同時，儒家經典的巨大價值和現實政治的合理性也就盡在不言之中了。漢儒論天人關係，至董仲舒推演出一套"人副天數"的天人感應學說，即為君權神授的政治想象奠定了天道自然的根據，"天人之際，合而為一"（《春秋繁露·深察名號》），這不僅僅是宇宙本體的論說，也是極強的現實政治之祈求。人受命於天，優於萬物，且人是有等級的，聖人和王者才是天地之精的稟受者，也是天人之間的中介和體現者。這一意義重大的理論奠基，為其後兩千年帝制的穩固性提供了必要的條件，後儒評價說："漢儒至董子而聖學始倡，即'道之大原出於天'一語，其原本出於《中庸》，而宋儒遵之，悉莫能外。今觀《天人三策》及《繁露》一書，盡有極精極微，非後儒所能及者。竊憶獨創之難，不似後儒共和之易也。……董子於群言惑亂之時，獨倡為天人合一之說，董子之功偉矣哉！"[2] 其學說的創造性意義及其長久而深遠的影響於此可見一斑。

─────────

[1] 此為翼奉之奏封事語，見《漢書》卷七十五。《漢書》，北京：中華書局點校本，1962年，第十冊，第3172頁。
[2] 胡煦：《周易函書別集》卷十三，《籌燈約旨》，《周易函書》，第三冊，第1076頁。

漢儒的天人感應之說，具有很強的宗教意味，其敬天祈神的目的性也是十分明確的，但它又不同於嚴格信仰意義上的宗教，和傳統的萬物有靈式的自然崇拜也判然有別。其天是擬人化的，但又不是所謂的人格神，人並非匍匐在天的腳下，唯命是從，而是與天地之間有著一種密切的融通性和交互感，天地有佑人之責，人也可盡天地之能，它們的感應性和流通性是一個有機的過程，猶如同一體，張弛有度，揮灑自如，圓融無礙。這個天既是自然的，也充滿了擬人化的想象，人不與天相對，更不相反，而是融合在天人互感、互通、互動的一體化結構之中。就像生態學家馬爾騰（Gerald G. Marten）所描述的：

> 神靈超越了對自然過程的原始解釋，作為人與自然和諧關係的保障而存在。他們就像看不見的主人，擁有幫助人們的力量；反之，他們也可以傷害人類。對於相信神靈的人們來說，敬畏神並保證他們愉悅是非常重要的。信仰神靈的人努力經營日常生活——他們獵取或收集食物、在農田上耕種、供養家庭——以使神靈們愉悅。信仰者經常舉行祭典以使眾神愉悅（通常是在精心準備的儀式上準備少量的食物）。許多信仰者認為這種方式並非宗教，而僅僅是他們的生活方式而已。[1]

―――――――――

[1] 馬爾騰：《人類生態學——可持續發展的基本概念》，顧朝林等譯，北京：商務印書館，2012年，第139頁。

这样一种有机式的感通关系，消融了天人之际的间隔感，使得合一的情状弥漫于日常生活的各个角落。本之于天志以明人事，用可操作的技术来窥测天意，便刺激了象数之学的发达，如此一来，《易》之为道的形上学不彰，而处为器用的形下之理却大行其道。汉易象数学的繁荣，使卜筮、卦气、图谶等应用之术广为流行，几乎到了泛滥的地步。"常疑卜筮不过一事，《繫辞》如何那样神奇其说。看来古人无事不'用稽疑'，马必卜、禦必卜、葬必卜、迁国必卜、疾病必卜、祭日必卜，盖人刻刻与神相通，天人合一。后世信邪尚鬼，而敬天尊神之事，反置不讲，此阴阳所以不和而灾害所以时至"。[1]天人关系理解的流俗化，反而掩盖了《易传》本之自然理性以究天人之际的原初面貌，而将《易》理的解释引入到烦琐哲学的死胡同中。清初易学家胡煦在反思象数易的流弊时说道：

豈知河圖者，《周易》之大原所從出，天人合一之旨，聖聖傳心之道，所由肇乎！諸家所著，或兢兢焉向卦爻中分別，或沾沾焉向蓍數上留心，而圖書分合之秘不能逐節打通，則膚竊之語貌其形似，轉就支離。[2]

---

[1] 李光地：《榕村語錄》卷十二，陳祖武點校，北京：中華書局，1995年，第217頁。
[2] 胡煦：《周易函書約存》卷十一，《周易函書》，第一冊，第315頁。

況《周易》者，固聖人之大本所存。孔子假年學之，韋編猶尚三絕，此豈粗浮剽竊、略觀大意所能懸揣而臆解者乎？乃註釋孔子之書，而不折中孔子之論。至採洛書作範之說於向、歆，而不察《繫傳》則圖之語。取卦變之說於虞、荀，而不察《彖傳》往來之幾。襲分爻占驗之說於漢魏，而不察窮理盡性之秘旨。宗乾化而坤、剛化而柔之論於蔡墨，而不察乾元用九之深機。以聖人傳心傳學、天人合一之精微，僅目為究卜究占、進退趨避之作用。[1]

所以天人合一的道理，儘管在《易傳》中早已潛含之，天人感應的學說也將此一思想做了進一步的意義鋪陳，但具體化到可以操作的層面，卻面臨著危機。如何溝通天與人，人事與天意如何相合？在漢儒的思想系統中，實際上存在著矛盾。過分渲染天的神秘性和人與天在機能上的相似性，人之本性的理解就越發變得困難，道德的自主性也有歸於消解的危險。對於天之自然狀態的實證性求解，也背離了儒家的人文路線，或屈從於墨家"天志"的神靈說，或轉向粗俗的神學目的論而難以自拔。到了漢末，天人分離，天歸之自然本體，以元氣論解之，而對於人的理解，又回歸到人自身，探研人的性情問題由此復盛，談才說玄，時風大變。以天人感應說為基礎的系統，在玄學興起之後，實際上已難以為繼了，天人關係亟待新的理

---

[1] 胡煦：《周易函書別集》卷四，《周易函書》，第三冊，第910頁。

解和解釋。

三、理學之範式

經過玄學的洗禮和佛教之蕩滌之後,儒家對於天人關係的理解又面臨著一些新的問題和調整。唐代基本上是攪擾在漢末以來的元氣自然論和對傳統天命觀的回望之中,而甚少思想上的突破,對於佛教強有力的挑戰,更是顯得束手無策。韓愈倡揚道統,以抗衡佛教,但在天人關係上卻拿不出新的主張來,只好打舊牌,依然承繼傳統的天命論。他以形上、形下講天地人的位置,"形於上者謂之天,形於下者謂之地,命於其兩間者謂之人。"(《原人》)其"性三品"說也基本上是董仲舒人性論思想的翻版,只是在性情的內容上稍有加厚而已。柳宗元分疏自然與人性,將天和人區別開來理解,既批評了傳統的天命觀,也強化了純自然的絕對性和不可預知性。劉禹錫在《天論》中認為,韓愈的天命說為"拘於昭昭者",而柳宗元的自然論則是"泥於冥冥者",兩者皆有問題。他提出了"天與人交相勝"的觀點,"理明"便求諸人而不言天,"理昧"則寄望於天而不言人。[1] 此一立基於自然論的天人較量與相搏,不管是天定勝人,還是人定勝天,顯然都是天人對峙的思路,而非走天人融合的路子,這與儒家向來主張的天人合一理想相去

---

[1] 見劉禹錫:《天論》,《劉禹錫集》,北京:中華書局,1990年,第67—70頁。

甚遠。[1]所以，"必謂天定可以勝人，則自修之功廢；必謂人定可以勝天，則妄作之心起。自修而不妄作，其達於天人之故乎！"[2]加之佛教傳入以後，更是為天人之際的相關論域別開了新境，諸行無常、法界緣起、六道輪回諸說，可以說是前所未聞的，立意奇巧，往論似可一切休矣！譬如與劉、柳同時代的佛學大師，華嚴五祖宗密（780—841）在《圓覺經大疏鈔》中就曾兩面開弓，既批天命論，也批自然論，把天道、元氣諸說統統打翻在地。[3]

---

[1] 儒家既不主張天定勝人，也不強調人定勝天，而是走中和的路子。天定勝人，天只是一個黑黢黢的冥然塊狀物，與人無涉。人定勝天，也是一種極端的說法，最早似是出自春秋時期楚國大夫申包胥之口。據《史記·伍子胥列傳》載："始伍員與申包胥為交，員之亡也，謂包胥曰：'我必覆楚。'包胥曰：'我必存之。'及吳兵入郢，伍子胥求昭王。既不得，乃掘楚平王墓，出其屍，鞭之三百，然後已。申包胥亡於山中，使人謂子胥曰：'子之報仇，其以甚乎！吾聞之，人眾者勝天，天定亦能破人。今子故平王之臣，親北面而事之，今至於死人，此豈其無天道之極乎！'"（《史記》，北京：中華書局點校本，1959年，第七冊，第2176頁）這裏的天應該是指某種"勢"，或者必然性，而非自然之天。明代薛瑄在《讀書錄》中有一段話講"古語云：'天定能勝人，人定亦能勝天。'如古者無道之世，若秦、若隋、若武氏之流，方其勢盛之時，虐焰如烈火不可近，此人定勝天也。及其罪盈惡稔，人怨天怒，剿絕覆亡之無遺育，此天定勝人也。善惡之報，豈不明甚？信古語之不誣。"（《讀書錄》卷十，見《薛瑄全集》，孫玄常點校，太原：山西人民出版社，1990年，第1262—1263頁）所謂天之報應，說的可能就是這個意思。至於荀子在《天論》中所發揮的天人相分思想，以及明代呂坤所說的"聖人學問只是人定勝天"（《呻吟語摘》卷下）等，均是在強調一種人能的意思，語雖有偏頗，但也並非是天人截然對立也。
[2] 胡煦：《周易函書別集》卷七，《周易函書》，第三冊，第968頁。
[3] 宗密對中國傳統哲學的批評，集中於四個論題："一道，二命，三自然，四元氣。"這恰恰是唐代流行的天人觀之最為核心的部分，也是韓愈、柳宗元、劉禹錫等儒家人物殫精竭慮所論述的話題，宗密均給予一一揭破。參見冉雲華著：《宗密》，台北：東大圖書公司，1998年，第74—92頁。

面對佛教的批評，處於炒冷飯狀態的儒家天人關係之說，就顯得更加捉襟見肘、漏洞百出了，這就亟須有說服力量的新理論出來，以彌補缺失，應對異說的挑戰。所以在入宋之後，如何重構天人學說，就成為了新儒學體系創造的首要問題，理學家們都是圍繞著天人關係來展開思考與討論的。如"宋初三先生"之一的胡瑗（993—1059），後人曾以"明體達用之學"概其說（胡的弟子劉彝答宋神宗語，見《宋元學案·安定學案》），又謂之"學問最為篤實，故其說惟發明天人合一之旨，不務新奇"。[1]理學開山周敦頤（1017—1073）的《太極圖》，從"無極"推到"萬物化生"，用了五個層次的圖示，囊括天人關係，既講天道，也講人道，可謂窮其枝葉。所以明儒薛瑄說道："《太極圖》見天人合一之妙。"又指出："《太極圖說》不過反復推明陰陽五行之理，健順五常之性，蓋天人合一之道也。"[2]另一理學重鎮邵雍（1011—1077）也明確提出了"學不際天人，不足謂之學"的命題，又說"事無巨細，皆有天人之理"。[3]其詩作云："萬物之中有一身，一身中有一乾坤。能知造化備於我，肯把天人別立根。天向一中分體用，人於心上

---

[1] 永瑢等撰：《四庫全書總目》卷十一，《洪範口義》，北京：中華書局影印本，1965年，第90頁。
[2] 薛瑄：《讀書錄》，《薛瑄全集》，孫玄常等點校，太原：山西人民出版社，1990年，第1260、1179頁。王夫之在《張子正蒙註》中亦謂："濂溪周子首為《太極圖說》，以究天人合一之原，所以明夫人之生也，皆天命流行之實，而以其神化之粹精為性，乃以為日用事物當然之理，無非陰陽變化自然之秩敘，而不可違。"北京：中華書局點校本，1975年，第313頁。
[3] 邵雍：《觀物外篇》下，《邵雍集》，郭彧整理，北京：中華書局，2010年，第156、174頁。

起經綸。天人安有兩般義,道不虛行只在人。"謝良佐於此評論道:"學者須是天人合一始得。"(《上蔡語錄》卷一)理學的實際奠基者二程更是說出了"天人本無二,不必言合"這樣的斷語。[1]可見,新儒學肇始,理學家們即是環繞著天人關係的問題來運思和創作的,他們試圖修補在玄、佛分別進擊下已經千瘡百孔的宇宙論體系,以恢復儒家天人合一的傳統,對天人之際的基礎性理論再做出新的論說與創構。

較為系統地論證天人關係,並且第一次明確提出了"天人合一"命題的是理學家張載(1020—1077),他在《正蒙·乾稱篇》中說:

> 釋氏語實際,乃知道者所謂誠也,天德也。其語到實際,則以人生為幻妄,以有為為疣贅,以世界為陰濁,遂厭而不有,遺而弗存。就使得之,乃誠而惡明者也。儒者則因明致誠,因誠致明,故天人合一,致學而可以成聖,得天而未始遺人,《周易》所謂不遺、不流、不過者也。彼語雖似是,觀其發本要歸,與吾儒二本殊歸矣。道一而已,此是則彼非,此非則彼是,固不當同日而語。其言流遁失守,窮大則淫,推行則詖,致曲則邪,求之一卷之中,此弊數數有之。大率知晝夜、陰陽則能知性命,能知性命則能知聖人、知鬼神。彼欲直語太虛,不以晝夜、陰

---

[1]《河南程氏遺書》卷第六,《二程集》,北京:中華書局,1981年,第一册,第81頁。

陽累其心，則是未始見易；未始見易，則雖欲免陰陽、晝夜之累，末由也已。易且不見，又烏能更語真際！捨真際而談鬼神，妄也。所謂實際，彼徒能語之而已，未始心解也。[1]

這裏張載藉著批判佛教人生觀之虛幻，重返《周易》《中庸》傳統，用天道自然、大化流行的宇宙觀和致學成聖、誠明真際的人生態度來重新詮釋天人合一的關係，創造性地轉換了傳統元氣論和釋道之虛無觀。其學說以太虛之氣為天，同時涵容了天道、自然、神化、天命、心性諸義，將這些不同的屬性和功能融為一體，成一人天合一的大系統。在這個系統中，"天地之塞吾其體，天地之帥吾其性"（《正蒙·乾稱》），人以天地之性為其性，以天地之氣為其體，此因"天性在人，正猶水性之在冰，凝釋雖異，為物一也"（《正蒙·誠明》）。這個水乳交融的狀態，是因為人有特殊的天性，可以在實踐中與萬物相合，這就是"大其心"以"合天心"，超越自身的局限性而達於天德之無限，"窮神知化，與天為一"（《正蒙·神化》），乃"德盛而自致"，具有邏輯的必然性。張載認為，此一發揮人能的實踐歷程才是真正的"實際"，是所謂與天相合的秘蘊所在。這個實際，並非釋氏所言之實際，而是儒家之真際、實

---

[1]《張載集》，北京：中華書局，1978 年，第 65 頁。關於對張載這段話的理解，歷代註釋者眾，詳見林樂昌撰《正蒙合校集釋》一書，北京：中華書局，2012 年，第 946—950 頁。

際也,故王夫之說:"《正蒙》一編,所以發實際之藏也。"這裏的"實際",就是明、誠合一,"必於人倫庶物,研幾精義,力行以推致其極,馴致於窮神,則天下之理得,而成位乎其中矣。"[1]到此境界,人與天沒有了隔閡,人心即是天心,人德即是天德。

　　從人生實踐和道德工夫入手,來談天人關係,是張載對漢以後之天人自然論歧出的根本扭轉,也是面對佛教之挑戰所做回應的最要緊處,這開啟了宋明理學以境界工夫論來談論天、定位人和理解天人關係的基本思路,同時也上接先秦儒學,把思孟一派的思想掘進光大。橫渠批釋氏、明天人的理論實踐,深刻地影響到了理學的發展,成為後來的道學家談論天人關係的一個基礎。譬如南宋胡宏(1105—1155)在闢佛老時,就完全延續了《乾稱篇》的理路,謂釋氏之幻化的人生觀是不知"窮理盡性"所致,其別談精妙之道,"言雖窮高極微,而行不即乎人心",是背離了人道原則。他說:

> 昔孔子下學而上達,及傳心要,呼曾子曰:"吾道一以貫之。"曷嘗如釋氏離物而談道哉!曾子傳子思,亦曰:"可離非道也。"見此,則心跡不判,天人不二,萬物皆備於我。反身而誠,天地之間,何物非我?何我非物?仁之為體要,義之為權衡,萬物各得其所,而功與天地參

---

[1] 王夫之:《張子正蒙註》,北京:中華書局點校本,1975年,第333頁。

焉。此道之所以為至也。[1]

清初李光地（1642—1718）在闡發《正蒙》之思想時，亦說道：

> 大學當先知天德，天德者，誠而已矣。誠之中，萬理具備，至賾而不可厭也。釋氏亦語實際，疑與夫誠相似矣，而以人生為幻妄，有為為贅疣，欲厭棄之不暇，雖使其果誠也，而已惡明矣。況誠明相為體用，既無明，所謂誠者，又安在乎？因明致誠，由窮理而盡性也，故致學而可以成聖。因誠致明，由盡性而窮理也，故得天而未始遺人。致廣大而盡精微，是其所以曲成而不遺也。極高明而道中庸，是其所以旁行而不流、周物而不過也。此則天人合一，儒者之學也。[2]

與張載同時的理學諸開山，實際上都在考慮自然式天道的置換物，也就是那個能夠容納天與人的統一體。張載以天為太虛，"太虛即氣"，走了一段氣化的歷程來融合天人；邵雍用數的秩序性來描述天道，安頓天與人的位置；程顥以理言天，就一體來講天人，並說"只心便是天"，開了"以心知天"的先河[3]；程頤堅持理的統一性，主張"性即理也"，又

---

[1] 胡宏：《與原仲兄書》，《五峰集》卷二，見《胡宏集》，吳仁華點校，北京：中華書局，1987年，第121頁。
[2] 李光地：《註解正蒙》卷下。
[3] 《河南程氏遺書》卷第二上，《二程集》，第一冊，第15頁。

說"稱性之善謂之道,道與性一也",[1]把理、性、天、人融貫在一起。二程所說的理進一步消除了元氣自然論的遺痕,在天的形而上理解以及天與人的實踐境遇之融通方面來得更為徹底些,因而成了理學的正宗。按照二程的理解,"天者理也",天是理氣之合,一理相通,一氣相通,天與人、自然與社會、萬物與吾心,統歸於一理,都是理的呈現。所謂"天下只有一個理,既明此理,夫復何障?若以理為障,則是己與理為二。"[2]在"理一"的意義上,天與人本來就是無分的,天可以是道德化的境界,人也可以達到超越的無限性。這樣,天人合一實際上就轉化成了一個精神境界的問題,或者道德實踐之體驗的問題,表達了一種人與自然關係的獨特價值。特別是"天理"概念的提出,實際上是用更具普遍性的"理"容納或者取代了"天",使得天人合一的可公度性和可驗證性都得到了強化,此舉意義重大。[3]朱子在天人問題上,延續了小程子的路線,同時也總結吸收了北宋諸子的看法。他強調天人相合的過程性和間架性,由合到分,由分到合,但終歸是一體之流行,由人心見天地之心,"天人本只一理"。"天即人,人即天。人之始生,得於天也,既生此人,則天又在

---

[1]《河南程氏遺書》卷第二十五,《二程集》,第一册,第318頁。
[2]《河南程氏遺書》卷第十八,《二程集》,第一册,第196頁。
[3] 張東蓀在《知識與文化》(1940年)一書中縱論中國思想之特徵,特別分析了宋儒何以要用"理"來代替"天"與"仁"的緣故,認為從公共性、普遍性、永久性和對抗性來說,"理"都具有更為明顯的優勢,分析得頗為精到。參閱氏著,長沙:嶽麓書社,2011年,第131—133頁。

人矣。"[1]在天則理氣相合,生生不息;在人則心統性情,體證天道。所謂天人一理,天人不二也。

同為"理一",與程朱講的"性即理"不同,陸王說"心即理",更強調以心知天、代天立言的意志性。在天人關係上,心不僅是人的道德主體,也是宇宙的本體,只要識心見性,便可以天人合一。王陽明說:"人者,天地萬物之心也;心者,天地萬物之主也。心即天,言心則天地萬物皆舉之矣,而又親切簡易。"[2]又說:"心即道,道即天,知心則知道、知天。"(《傳習錄》卷上)也就是說,天是人性之源,在本原意義上,人與天就是同一的;而心作為意識活動的主導者,它本身就囊天括地,既是性,又是天,不是在心之外別有個性、別有個天。所以,心外無物,"人心是天淵,心之本體無所不該,原是一個天。"(《傳習錄》卷下)按照明儒羅倫(1431—1478)的說法,就是:"君子之學,持靜之本,以存其虛,防動之流,以守其一。虛則內有主而不出,一則外有防而不入,則物不交於我矣。物不交於我,則我之所以為我者,非人也,天也,天人合一。則天地自我而定,萬物自我而遂,中自我而大矣,夫豈有待於外哉!"[3]這個與天相合的過程,既是一段社會實踐的工夫,窮理盡性以至於命,也是一種人生修養的磨礪方式,

---

[1]《朱子語類》卷十七,北京:中華書局點校本(黎靖德編,王星賢點校),第二冊,第387頁。
[2] 王守仁:《答季明德》,《王陽明全集》,吳光等編校,上海:上海古籍出版社,1992年,第214頁。
[3] 羅倫:《一峰集》卷五。這段話亦部分輯入《明儒學案·諸儒學案上三》,見《明儒學案》,北京:中華書局點校本,1985年,下冊,第1076頁。

存心養性以俟天道。正像明儒馮從吾（1556—1627）所說的：

> 存心養性，辭平而意串。存是收放心，養是養德性，存如擇種下地，養是有了此種，方可涵養。蓋心有道心、人心之別，能存則人心去而道心現矣。養也者，即勿忘勿助，養此道心之謂也。夭壽不貳，即知之盡，即知性也。修身以俟，只是存養無間立命，合知天、事天言之。即《易》所謂"先天而天弗違，後天而奉天時"。至此，則天人合一，而造化在我矣。[1]

至此，所謂天人合一就完全內化成為一種人生的實踐狀態，天是一種與生命意識沒有任何間隔的處境或者際遇，人生所追求的境界就是天地的完滿狀況，人生的意義就是天的意志，人生價值的實現就是天德的周流不滯。而"一天人"的樞機始終是掌握在人的手裏的，並且也是每個人當下社會道德生活的具體性呈現。"其學則以躬行實踐為主，隨其人之根基引之入道，或直與天通，或以人合天，或真臻悟境，或以修求悟。夫天人合一，修悟非二，天而言人，悟而言修，則淺矣。……大抵果能合天，則必益盡其人事，果能真悟，則必益盡其真修。"[2] 這樣，天人合一的實現，關鍵就在於人的主觀

---

[1] 馮從吾：《少墟集》卷十二。
[2] 曹於汴：《答李贊宇》，《仰節堂集》卷八。《明儒學案·諸儒學案下二》所輯名為《論講學書》，見《明儒學案》，下冊，第1308—1309頁。

能動性的發揮，如何重視人能、發揮人能，並通過人生實踐活動的具體工夫，以達致人天為一的境地。這可以說是每一個道學家的人生追求，也是宋明理學所謂"天人合一"之說的真實意蘊所在。這種情景，正像陳俊民先生所說的："他們建構的'天人合一'，均不同於秦漢諸儒從對感性現實世界'生生不已'的直觀中所創立的宇宙生成演化論的'天人合一'，而是通過一系列哲學論證，將社會倫理綱紀本體化為與宇宙自然'顯微無間'的道德境界。"[1] 此一境界，既是人類精神在社會現實和倫常關係之中的真實呈現，也是個體心理與道德情感的一種順適狀態，它包含了生命主體與其生存環境之間的互感、互動與互融的複雜過程，含攝了自然、社會、精神與心靈的諸多因素，並且在這眾多的要素之相互影響和不斷的流變之中，尋求著最為恰當的路徑與方式，修己以敬、以安人、以安百姓，成就君子之品格，內聖而外王，實現人生的價值。

四、現代闡釋

隨著近代科學的興起，傳統的宇宙觀、神創論、人與自然的關係說，以及對於人自身的理解等，均發生了翻天覆地的變化。西學東漸，自然科學普及，天人關係解構，天與人同時經歷了徹底的祛魅化之過程，天人合一論不再有任何說服力。首先是天與人的相分，天是自然之天，人是進化之人，天自天，

---

[1] 陳俊民：《張載哲學思想及關學學派》，北京：人民出版社，1986年，第170頁。

人自人，各有各的演化路徑和運行規律；如果相合，那也只是外在的、兩個事物之間的關係，即人與自然環境之間的關係。在此科學認知的基礎上，人天分離，人是認識活動的主體，自然環境為客體，講人與天之間的關係，立論前提就是要區分出主、客來，所有敘事都必須納入到這個邏輯框架之中。在此情境下，儒家本之自然之天和德化之天的獨特理解及其所建構起來的天人關係，就難再成立了，無論是漢儒的天人感應之說，還是宋儒的天人合一理境，均失去了立足的支點，傳統的天人觀逐漸被科學的人與自然關係之新範式所取代。

19世紀末葉，進化論傳入中國，自然演化的圖景和人與天地的關係具有了全新的視野，人只不過是宇宙洪荒、天地演化、萬物流變過程之中的瞬間存有和滄海一粟而已，如何得天人合一？不啻是癡心妄談。按照自然科學對於宇宙和生命認識的事實剖析和直白陳述，人與天地的關係是從屬性的，它只是宇宙整體之中的一小部分，不可能平列在一起談所謂"合一"的問題。作為物質運動變化和自然生物演進的序列式構件，人之存在的片段化和渺小性，在宏大的宇宙面前簡直不值一提，天人合一只能是意識活動的假設和浮遊無據的精神想象。在自然科學的視域和理解當中，天人合一命題是不可理喻的，更是無法證明的，所以完全可以被證偽。如果按照科學的理路來繼續講論天人合一，那就走到了死胡同裏，百口莫辯，難圓其說。換言之，天人合一不是科學的假設，或者說用科學的眼光來理解天人合一，那是牛頭不對馬嘴。所以科學主義者或崇尚科學真理的人，自此以後就不再理會所謂天人合一的話題。

但科學的解釋不能解決所有的價值疑問，科學判斷的真假值也無法消弭人們面對自然之時內心所產生的種種困惑。故近代以來，在兩種文化——科學與人文的對峙格局之下，或者在做中西文化之比較的時候，對於天人合一的另一種理解還是不時地浮現出來。譬如，嚴復（1854—1921）在傳播進化論的同時，就用了分疏科學與宗教、學術與政治的方式，指出了儒家天人觀在義理上的獨特性。他在解釋斯賓塞之天演界說"翕以聚質，闢以散力，由純之雜，由流之凝"的質力之天時說：

> 前篇皆以尚力為天行，尚德為人治。爭且亂則天勝，安且治則人勝。此其說與唐劉、柳諸家天論之言合，而與宋以來儒者，以理屬天，以欲屬人者，致相反矣。大抵中外古今，言理者不出二家，一出於教，一出於學。教則以公理屬天，私欲屬人；學則以尚力為天行，尚德為人治。言學者期於徵實，故其言天不能舍形氣；言教者期於維世，故其言理不能外化神。[1]

這意思便是，西學所謂的天，是就天之自然性的質力而立論的，屬於科學的說明和學術研究的範疇；而中學的天，則具有擬人化與想象的色彩，是宗教信念和政治期待的一種特殊寄寓方式。當時大力傳播科學新知的杜亞泉（1873—1933）亦曾就西學之

---

[1] 嚴復：《天演論》案語，見《嚴復集》，北京：中華書局，1986年，第五冊，第1395頁。

時空觀和宋儒的無極太極說做了中和性的理解和解釋，他說：

> 自吾頂而上之，空氣已盡，其境無名，名之曰天。天者其虛境乎，抑實質乎？其為虛境，則長此虛境，無盡程乎？乘虛而上，靡有底止乎？假令不然，必遇實質。此實質也，有盡程乎？無盡程乎？吾能步虛，又能蝕實，鑿之鎔之，鑽而過之，實質盡則虛境又來，是故純虛純實，何謂盡程；虛實相間，亦無止境。[1]

這裏是在順著科學的邏輯往上推，似乎難有止境，作為物質性和時空存有意義的天，如何確證它的虛實特徵及其無限性，在經驗世界裏依然是個難題。面對此一不可致詰的困難，杜亞泉認為用無極太極觀來做說明，恰能補足其缺憾。他指出，無極就是一個無盡的設定與想象，可以以光喻之；太極就是最大之"止境"，即在無極之內截取一段，立為太極，建立起想象的確定性來。這樣，用無極太極觀來解釋天，就可以補充感覺經驗之天的不足，將思議的天與物性的天結合起來，以豐富天論的內涵。

這一類的疑惑、反詰、辯難和再思考，實際上伴隨了整個20世紀，不絕如縷，構成另一種非科學主義的別樣理解。其論旨一般是直指科學解釋的不完滿處或不可窮究之地，為天人

---

[1] 杜亞泉：《無極太極論》（1901年），見《杜亞泉文選》，上海：華東師範大學出版社，1993年，第3頁。

合一論說的合理性做維護或為之現代的翻轉預置可能的空間。在科學宇宙觀和自然進化論漸已成為常識，並為一般大眾所理解和接受的情景下，再議天人合一，其論說的前提必然包含了對科學知識的承認，也預設了現代性批判的眼界，即對所謂迷信的鄙視和對宗教信仰的排斥、知識的分類意識和科學研究方法的運用等。在此背景之下，對天人合一的闡釋，一般是用中西比較的方式，也有意地模糊了儒、釋、道的界限，從中國文化之特性來確立其現代的意義。大略歸之，這一類的論述，不外有三途：一是以科學解釋為基礎，順著科學理解的路數，按照科學的邏輯，將天人合一劃歸為人與自然的關係，或簡約成為人類生存的自然環境問題。二是歷史的解釋或學術史、思想史的研究，以史料為基礎，以典籍為依憑，用現代學術的研究方式來說明天人合一的古典意蘊、來龍去脈，或其可有的啟迪意義。三是哲學的闡發，重在思維模式或思想方法的掘進，由此展示天人合一觀念的獨特性及其現代價值。

在科學主義大行其道、人類所面臨的環境問題日顯窘迫的情形下，隨順著科學治理的思路，將天人合一解釋為人類的適應能力或順應自然的哲學，顯然是有吸引力的，這也是現代闡釋的主流方式。過去大講唯物主義，宇宙觀重天人相分，進步論言人定勝天，強調人征服自然、改造自然，天人分離，嚴重對峙，並由此否定了天人合一。在科學觀和唯物論的結盟下，儒家的天人合一學說被作為反面教材肆意曲解，或批判得體無完膚。撥亂反正之後，科學批判的眼光有所收斂，對傳統的理解多了一絲溫情和敬意，天人合一又漸漸成為被肯定的、具有正面價值的思想。在這個轉變當中，除了社會意識形態的因素之外，天人關係的重構式理解——由對抗變為合作、由二元對立趨向於同一體的建構，這一內在要求的轉向促成了對天人合一學說的重新省視和評價。既然科學解釋並不排斥天人合一，那麼天人合一當然就可以按照科學的邏輯來進行闡發和說明，於是乎，當代儒學與生態哲學之間便形成了結盟的關係，對天人合一的解釋也大多沿著生態的思路前行。以往的新儒家諸哲所苦心孤詣堅守和揭櫫的天人合一義理，也成了新時代儒學發展的不竭動力。杜維明就認為，錢穆、唐君毅、馮友蘭的相關論述，已經構成了儒學"生態的轉向"，用"他們所鍾愛的傳統為形成中的'地球村'帶來了信息"。[1]

　　站在現代學術的立場，用歷史研究的方式來描述和分析天人合一問題，在學術史、思想史領域便積纍下豐厚的材料，成為當代研究的主產地。一大批學者從史料的爬梳入手，用文字考證、概念辨析和範疇釋義的方法，把握思想的脈流，闡發不同時代、不同背景下的各種人物對天人合一觀念的理解和敘述，從而構成了豐富多彩、多元多樣的思想圖景。正像余英時所說的，"'天人合一'這個論旨自漢代以來爭議不休，近二十年的新論述更是汗牛充棟"。他將歷史上的"天人合一"說分為三個階段：始自西周，迄於春秋戰國之際，為第一階段；戰

---

[1] 杜維明：《當代新儒家人文主義的生態轉向》，載《儒學與生態》，Mary Evelyn Tucker 與 John Berthrong 編，彭國翔等譯，南京：江蘇教育出版社，2008年，第284頁。

國諸子的思想是"天人合一的突破時代",為第二階段;戰國晚期到秦漢時代,是"天人合一的預設發揮其最高最大的效用的時代",為第三階段。[1]這三段大概只能算作是"天人合一"說的顯著時期,之前"絕天地通"的巫覡文化及更早的神話傳說,以及秦漢以後的漫長歷史,特別是宋明理學對"天人合一"別開生面的新理解和新闡釋,豈能輕忽放過!劉笑敢便將宋以後的"天人合一"解說,區分為四種模式:"一、天道人事相貫通;二、以人事為重心;三、以天道為重心;四、天人相應互感。"[2]這四者之間的交叉、重疊、置換和位移,實際情況要複雜得多。這說明天人合一的理解及其材料,如果從歷史入手,似繭剝絲,抽之不盡。

和歷史敘述的複雜性相比,哲學把握則相對要來得簡潔些。對所謂"天人合一"的哲學式概括,一般是從主體和客體,或宇宙與人生的大關節處來入手的。現代新儒學開山熊十力(1885—1968)就將儒家的天人合一視為宇宙人生的根本問題,屬於哲學本體論,力主"體用不二"。他指出:立基於自然科學的近代西方哲學總是將宇宙人生割裂,"其談宇宙,實是要給物理世界以一個說明,而其為說卻不從反己體認得來,終本其析物之知,以構畫而成一套理論"。[3]這就使得天與人

---

[1] 余英時:《中國文化史通釋》,北京:生活·讀書·新知三聯書店,2012年,第158—162頁。
[2] 劉笑敢:《天人合一:學術、學說和信仰》,載《中國哲學與文化》(第十輯),桂林:灕江出版社,2012年,第83—91頁。
[3] 熊十力:《新唯識論》(刪定本),《熊十力全集》,武漢:湖北教育出版社,2001年,第六卷,第301頁。

是相分離的，宇宙和人生沒有了關係，宇宙論的對象成為自然狀的塊然之物，而人生論也失去了存在環境的根系性，變得沒有意義。所以他凝思體用，抉發真源，重新闡釋宇宙人生合一的傳統，用本體論來統貫天人。"《新論》直將本體論、宇宙論、人生論融成一片，此是老夫苦心處，亦是不失吾先聖哲精神處。"[1] 走哲學化路向的新儒家，大體都堅持了精神本位的立場，反對物質主義的宇宙人生觀，認為天地自然和人文精神是融通在一起的，不能割裂開來理解。唐君毅便指出：

> 吾人謂中國儒者之天或天地，至少在《孟子》《中庸》《易傳》作者之心中，乃一具形上之精神生命性之絕對實在。由是可知中國人之祀天地，或祀天，與天地君親師神位中之有天地，亦不能謂之只祀一塊然之物質天地，或只有生命之自然；而實含視之為一精神實在之意。唯先哲因恒對物質、生命、精神三者，不加截然區別，故人恆易不知覺間以天或天地唯指感覺界之自然。實則中國後儒亦多以天或天地，直指形上之精神實在。[2]

這一主客渾、宇宙人生不分的天人觀，可以說是與西方最大的不同。對於中國哲學的生命化特質，不僅新儒家們有很好的把握，就是治西方哲學的現代哲人也大多能體會得到，他們

---

[1] 熊十力：《摧惑顯宗記》，《熊十力全集》，第五卷，第 539 頁。
[2] 唐君毅：《中國文化之精神價值》，台北：正中書局，1953 年，第 454—455 頁。

對"天人合一"的獨特意義,多具同情的理解。譬如,張東蓀在《知識與文化》(1940年)一書中講到中國思想之特徵時,就特別分析了這個"天"的意義——它是自然,也是上帝;是宇宙觀,也是社會、道德、政治諸論;是包括了人在內的"整體"。[1]金岳霖也準確地意識到了:

> 這"天人合一"說確是一種無所不包的學說,最高、最廣意義的"天人合一",就是主體融入客體,或者客體融入主體,堅持根本同一,泯除一切顯著差別,從而達到個人與宇宙不二的狀態。[2]

金氏的學生張世英沿著這個理路,在近年的中西哲學之比較研究中,大大地擴展了其豐富的內蘊。他認為,就最廣泛的意義來說,"天人合一"代表了一種思想類型或思維模式,強調主客體的互融性,乃至主客無分。"西方哲學史上佔統治地位的舊傳統是'主客二分'式,中國傳統哲學的主導思想是'天人合一'式。"[3]西方早期的自然哲學在講到人與世界、自然、萬物的關係時,也有"天人合一"的色彩,即人與自然不分;在柏拉圖之後,特別是笛卡爾以來的近代哲學,才走

---

[1] 張東蓀:《知識與文化》,長沙:嶽麓書社,2011年,第117—120頁。
[2] 金岳霖:《中國哲學》(1943年),載《金岳霖學術論文選》,劉培育選編,北京:中國社會科學出版社,1990年,第355頁。
[3] 張世英:《天人之際——中西哲學的困惑與選擇》,北京:人民出版社,1995年,第5頁。

上了"主客二分"的道路;後現代主義興起之後,又有了向"天人合一"模式回歸的傾向。中國古典哲學則長期是以"天人合一"為主導的,儒釋道概莫能外,只是到了近代,才有了所謂"主客二分"的挑戰和應對問題。今後中國哲學的發展,就是怎樣在這兩種思想方式之中會通出一條新路來。

對儒家"天人合一"思想的科學化解釋,求得了當下的合法性安穩,向生態問題的滑轉,也為儒學話語的現實介入拓展了空間;但主客體的分離、自然世界的對象化以及天地人文精神的祛魅後果,都將使儒學面臨著新的困境。再者,完全按照西方的生態理念,亦步亦趨,緊隨其後,固然有添磚加瓦之功效,但缺乏思想主體性的勞作,可能永遠只是聽人吆喝的小幫工。學術史、思想史的研究,保存了我們對"天人合一"傳統的豐富記憶,也釐清了歷史積纍過程之中的重重迷霧,加深了人們的印象,也使得這些寶貴的資源有了更好的清晰度和可辨識度。特別是,在歷史的理解和解釋之中,實際上已包含了觀念的演繹和創造,所以哲學的闡釋便呼之欲出、緊跟其後。

"天人合一"說到底,是對於一個思想觀念的理解和解釋問題,屬於哲學詮釋學的範疇。近代以來的科學宇宙觀將人與自然完全隔開,主客二分的認知模式又強化了這種對立的趨勢,使得天人關係的解釋要麼是機械論的,要麼是形式論的,自然、宇宙與人之間的有機聯繫或者種種情境化的問題往往被忽略掉,更不要說人的精神主體性的存在了。要走出天人相隔的困局,就需要重新理解世界、自然、宇宙這些概念，從機械論和唯物論的狹隘解釋中逃離出來。懷特海（A. N. Whitehead）指出："作為完整宇宙論的目標之一，就是要建構起一種觀念體系，把審美的、道德的、宗教的旨趣同來自自然科學的那些世界概念結合起來。"[1]儒家的"天人合一"觀念，恰恰是建立在審美、道德、政治和宗教的基礎之上的，如果去除了這些情境化的因素，只是孤零零地談宇宙論，則中國哲學就成為不可理解的臆說。實際上，近代以來的科學宇宙觀只是人類對自然和世界認識的漫長歷史過程之中有限而短暫的一種形式而已。"哲學史表明，在不同時期支配著歐洲思想的有兩種宇宙論，即柏拉圖的《蒂邁歐篇》所表達的那種宇宙論，以及17世紀以伽利略、笛卡爾、牛頓和洛克為主要代表的宇宙論。在進行同一種事業中，也許正確解決問題應當遵循的明智的途徑就是把先前的這兩種宇宙論體系結合起來，並且根據自洽性和知識發展的要求作必要的修改。"[2]就中國哲學而言，宇宙不是一個外在的世界，它一樣是可設計的、合目的性的、自洽的，並且有著精神的意義灌注其中；因而它也是可以感知和可以理解的對象，與人的情志、判斷力、審美情趣以及道德追求是聯繫在一起的，所謂自然、宇宙可以說完全是"人化"的結果。在這樣一個有機的世界裏，充滿了各種詩意的想象，孕育著無限的生機和創造力，為人的存在提供著多種多樣的可能性，這可以說是一種有機哲學的宇宙論圖景。懷特海指出：

---

[1] 懷特海：《過程與實在》，李步樓譯，北京：商務印書館，2011年，第2頁。
[2] 同上書，第5頁。

在有機哲學中,這種終極的東西叫做"創造性"……就一般的立場來看,有機哲學似乎更接近於印度或中國的某些思想特徵,而不是像西亞或歐洲的思想特徵。一方面使過程成為終極的東西;而另一方面則使事實成為終極的東西。[1]

從這個意義而言,儒家的"天人合一"思想,也可以說是一種想象,只是一個理想,因為它不存在任何終極性的追求,永遠只是個目標,也永遠在努力的征程之中;但它又非常現實,因為傳統的中國人是如此理解這個世界的,也是如此安排自己的人生的。

作者簡介:景海峰,男,1957年生,寧夏賀蘭人。1978—1985年在北京大學哲學系讀本科及研究生,1985年至今任教於深圳大學。先後在香港中文大學、美國哈佛大學、台灣大學等校做訪問研究。現任深圳大學文學院院長、國學研究所所長、哲學系教授,武漢大學兼職教授、國學專業博士生導師,中山大學中國哲學專業博士生導師,香港中文大學中國哲學與文化研究中心通訊研究員。兼任國際儒學聯合會理事暨學術委員會委員、中國孔子基金會學術委員會委員、中國現代哲學研究會副會長、中國哲學史學會常務理事等。主要從事中國哲學史和儒學研究,專著有《熊十力》《梁漱溟評傳》《中國哲學的現代詮釋》《新儒學與二十世紀中國思想》《熊十力哲學研究》《詮釋學與儒家思想》等,編著有《當代新儒家》等十多種,並合作整理校點了《熊十力全集》(九卷十冊)等。

---

[1] 懷特海:《過程與實在》,第15頁。

從《易・繫辭傳》論儒家的空間實踐
—— 以台灣為例

潘朝陽

內容提要：人之世界具有雙重性，一是庶民習以為常的生活世界，一是由精英階層創建闡揚的知性之概念化世界。兩者在天地之中，其實整合為一體，但庶民對於後者世界之道理則習焉不察，但依然生活於其中而安身立命。此雙重性的世界，當然表象為存在空間。本文依據此種思維進路，探索並詮釋中國儒家的空間實踐，先就精英層的概念世界之創作文本《易・繫辭傳》說明儒家的存在空間之根本思想，再則以明清台灣為例詮釋儒家的空間實踐，最後提出現代化之下，傳統儒家的概念世界和生活世界空間結構解體之困境。

一、前言：世界的雙重性

現象學宗師胡塞爾（Edmund Husserl，1859—1938）於晚年創發了十分有意義的"世界概念"，此即"日常的生活世界"（the everyday-life world），張慶熊解釋胡塞爾的生活世界："當我們互相握手致意，坐在一起吃飯，沿著林蔭道散步,到商店去買東西或回家做家務時,在這些場合人們是很容易互相理解的,因為我們能直接看到我們的周圍世界,我們能立即明了彼此間的願望和需求。胡塞爾把這樣的一個世界稱為'日常的生活世界'。他認為,'生活世界是一個具有原初的自明性的領域'。"[1]依此詮釋,生活世界是在人之具體的日常生活之中而存在,是我們群體(we-group)的自明性之原初周圍世界,有如魚與它周遭的水之關係,這個水體是魚日常存活著而自在不知的那個素樸之世界;人之日常的生活世界,就是人們的"水體"。

然而,張氏復指出,胡塞爾又指明在日常生活世界的裏面,亦存在一個由各別專家的邏輯形構的"科學世界",它是由各門科學的概念體系結構出來的專家世界,不是直接自明的,而是抽象的,不向一般人展開。再者,還有一個更為寬闊深入高度的世界,它稱為"哲學世界",它不僅與日常生活有關係,而且跟科學有關,跟整個文化發展有關。因為人們各自所處的環境和文化不同,對於什麼是世界的本源、什麼是人生的根本價值、什麼是理想的社會制度、什麼是真正的幸福以及有無彼岸的世界和神的問題,有其自身的認知或證會,期望大家互相了解,有其共識,實在相當困難,因此亦可稱呼"哲學世界"為"文化世界"。[2]

---

[1] 張慶熊:《生活世界是人類主體間交流的基礎》,《哲學雜誌》第20期,第116—135頁,沈清松、傅佩榮主編,台北:業強出版社,1997年。
[2] 同上。

如果運用另一種話語,生活世界與文化世界(哲學世界),對於一個族群而言,前者是他們的小傳統,後者則是大傳統。當代新儒家徐復觀說過,文化傳統有低次元和高次元之層次,前者就是一般提到的"風俗習慣",表現在具體事象,成為眾人不問理由、互相因襲的生活方式,這樣的生活方式其實就是"日常的生活世界";而後者指的則是形構了一個民族精神的最高目的、最高要求、最高修養。此種"最高",是由大教主如耶穌、釋迦,或由大聖哲如孔子、蘇格拉底原創而出,再由歷代大宗教家、大賢者、大藝術家、大文豪、大史家等一流心靈加以繼承、充實、發揚,因而形成該族群的人文思想主脈。這樣的主脈就是"哲學或文化世界",它滲透貫達於日常生活世界中,成為一般人的指導型原理和信念。[1]

日常生活世界就在人們存活的周圍,他們活著只知其日用經驗而不必知其形而上或超凡入聖的大道至理。換言之,人們往往不能也不必通達生活世界裏面作為中心的那個"最高"。

這個人生存有的限定,不是只有現象學家明白,《論語》早就記載了儒家聖人的體證。茲舉兩條章句以明之。

　　　子曰:"民可使由之,不可使知之。"(《論語·泰伯》)

朱子註曰:"民可使之由於是理之當然,而不能使之知其所以

---

[1] 關於大小傳統,見徐復觀:《傳統與文化》,《徐復觀文錄》(一),台北:環宇出版社,1971年,第57—61頁。

然也。程子曰：聖人設教，非不欲人家喻而戶曉也。然不能使之知，但能使之由之爾。若曰聖人不使民知，則是後世朝四暮三之術也。豈聖人之心乎？"[1]朱子指出一般人不必然明曉事象背後、內在或超越的道理，而他們能就事象的當然，依其感官經驗而知曉，此即俗語所言"知其然而不知其所以然"，日常的生活世界之現狀，以生活經驗和約定俗成而知，可是"科學世界"的邏輯概念以及"哲學世界"之存有境界，則不能以日常生活經驗和約定俗成之形式和方法得知，科學是專家專業研幾之規律；哲學是哲士睿智體證之理則。君子治民，應依順小傳統而讓人民安居於仁德之中，至於仁德之至理的詮釋，則屬於大傳統，是須概念抽象之高度思維的建構，乃是君子之專長而不能勉強人民學習，因為其概念抽象之理則，不是素樸世界中的一般人所能達至。

王船山的詮釋如此：

> 天之生人也同，而人之習以成性者異。夫既為民矣，其父兄之所率，鄉黨之所狎，知有飽煖逸居而已。進之孝友嫻睦，尊君親上，免於淫僻而止耳。為之禁其非，定其分，行乎不得不然之途，所可以以貴治賤，以賢治不肖，而使之由者也。若其所以然者，君之何以尊，父之何以親，人之何以不可違天，情之何以不可悖性，則其幼之所未聞，長之所不信，無靜可存，無動可察，而欲使知之，

---

[1] [宋] 朱熹：《四書集註・論語集註》。

必不可也。由,此理也;知,亦此理也。[1]

一般俗民如果依動物自然性,活著只是追求"飽煖逸居"而已。但因為是人,不可野獸般地"淫僻"而無人倫。所以,君子必須"以貴治賤,以賢治不肖",就是通過政與教之設施,讓俗民得有人倫秉彝之人文生活,而不至於與禽獸一般。然而,人文道德的所以如此之理則的深層性和超越性,先儒以"天理"稱之者,唯君子以其思維能力方能掌握,而非俗民所務,因此,船山才說"由,此理也;知,亦此理也"。俗民的人倫秉彝之人文生活,遵循天理;而君子證悟體知的深層和超越的存有性,也是同一的天理,民唯由之,而君子則能知之。

《論語》另有一條章句:

> 子貢曰:"夫子之文章,可得而聞也。夫子之言性與天道,不可得而聞也。"(《論語·公冶長》)

朱子註曰:"文章,德之見於外者,威儀文辭皆是也。性者,人所受之天理;天道者,天理自然之本體,其實一理也。言夫子之文章,日見乎外,固學者所共聞,至於性與天道,則夫子罕言之,而學者有不得聞者,蓋聖門教不躐等,子貢至是始得

---

[1] [明]王夫之:《四書訓義》,《船山全書》,第七冊,長沙:嶽麓書社,1996年,第541—542頁。

聞之。"[1]朱子說明孔子的弟子均能親炙老師的言行表顯出來的人格品德之莊嚴威儀，然而，那個深層且超越的道體之本身，即章句所言的"性與天道"，由於其高邁性、深層性和超越性，故屬言詮之外而有賴於智之直覺才能臻至的生命境界，所以孔子雖然時有講說，卻非隨便而講，亦非隨便什麼人都對他講，因此弟子們常"不可得而聞"，也就是不能常聽見，且雖聽見亦無法體證理會。

王船山如此詮釋：

> 吾黨所聞者，何一而非夫子率性之道？何一而非夫子法天之實？然而其散殊者也。見之於威儀，則威儀也；發之於文辭，則文辭也。動容中禮，而言皆載道，吾黨既得而聞之，聞之而可法可則者在是矣。乃威儀之盛，何以必如是而行無不順？文辭之美，何以能如是而於道無疑？我蓋嘗日習之，而未能知；雖知其所自生者，而未知其何以合也。則夫子之言性，自有灼知乎人之所以為人，而皆因乎必然之物則與？其言天道，自有灼知乎道之所以為道，而一本於自然之天載與？若是者，夫子罕言之，而吾黨有不可得而聞者矣。[2]

孔子的言行顯發出來的人格品德之煥發文章，其實就是天道與

---

[1] [宋]朱熹：《四書集註・論語集註》。
[2] [明]王夫之：《四書訓義》，《船山全書》，第七冊，第413—414頁。

聖人於生活世界中的散殊表現。弟子就孔子人格的散殊而法之則之，此即是"學而時習之"的入路工夫。唯孔子言性與天道，而性"因乎必然之物則"，而天道"一本於自然之天載"，這個"因乎""一本"以及"必然之物則""自然之天載"，則豈是一般人的思考和推論所能掌握？此必不能，因為高邁、深層和超越的存有性是依"智之直覺"而體證的，非文字言語所行境界。

依據上引兩段《論語》章句的詮釋，可以如是說，即世界存在兩重性，其一是"可由之""可得而聞也"的世界，其一是"不可使知之""不可得而聞也"的世界；前者就是日常的生活世界，而後者則是"哲學的（文化的）世界"。

如果使用另外的話語，我們亦可說：日常生活世界之事境即"器世界"，而哲學或文化世界之理境即"道世界"；前者是"用"，後者是"體"，亦可說前者是"氣之散殊"，後者是"理之一本"。

人活生生地存在，其身心一般散殊於一定的時空架構之中，然而，此存在的高邁、深層和超越的根據，就是"理體"或"道體"。而理體或道體，卻非尋常百姓可得而知之的境界，雖然如此，卻是徐復觀提到的"大傳統"，是該民族的大宗師、大聖賢之精神創造，再由大精英知識分子代代傳承延續。它遂形成為該民族的價值核心和文化方向。

無論是日常的生活世界之層面或哲學和文化世界之層面，兩重性均同一地呈現為空間結構，從這一點切入而說的空間，稱為"存在空間"（existential space）。而這樣的空間，是人們依其人文意向而在大地上面塑造形構出來的一個範圍，此範圍內的大地，對該群人而言，則稱為"地方"（或稱為"場所"）（place）。人文主義地理學家愛德華·瑞夫（Edward Relph）闡明對地方的空間性（也就是存在空間）之認識，宜從外在性（outsideness）轉入到內在性（insideness），而內在性其實亦有其層層逐漸轉深的分別，依瑞夫之說辭：第一層只是"代理的內在性"（vicarious insideness），此只不過是依靠二手圖片、文字、談說來認識的某個地方，譬如風景月曆有瑞士的雪中山村，我們易以為瑞士山村的雪景就是這樣，這是很膚淺不真實的認識；第二層則是"行為的內在性"（behavioural insideness），此層是指在日常行動中對於一個地方之形色之初步認識，譬如旅人對於一個旅行景區的觀察下之印象，當然，對於一個存在空間的此層認識是甚粗淺的；第三層是"移情的內在性"（empathetic insideness），此層已更能深入一個存在空間之內部而有更貼切的認識，是人們用其心依其情而能關懷他所在的生活空間，譬如清代台灣的泉州移民能夠認知其村落大廟以保生大帝為主祀神而稱之為"保安宮"；最後一層則是"存在的內在性"（existential insideness），這一層乃是代代久傳，在歷史傳統中融溶於其中而成為民情風俗之存有之內在性，譬如漢人的血緣村是由宗祠、風水林、民居、大小神祠、祖宗墳墓以及村內村外的小路、石牆、竹籬、河邊涼亭等景觀與築造整體合成。地方或存在空間的高邁性、深層性和超越性之根源，就在這個內在而存有。瑞夫的意思就是指明我們對於一個地方或存在空間之認識，應深入於如此之內在性而體證之，而不止於外在淺層的知識邏輯的追索。[1]

　　對於中國深受儒家影響的大地，如何形塑創造上面的屬於中國人悠久長遠的日常生活世界之存在空間，欲圖加以存有性的詮釋，不能只是透過日常生活世界的外在性或淺層之內在性之詮釋進路，而必須上提層面而達至深層和超越的體證之工夫境界，此境界是就中國文化歷史傳統本質之本體宇宙論詮釋進路入手。

　　基於上論，本文先依《易·繫辭傳》的存在空間觀來詮釋儒家的空間實踐，同時依據具體世界而陳明之，而以台灣為例訴說之。筆者的理路是先究明中國大傳統中的哲學或文化世界，也就是其"理體"（"道體"）層，再依之而縱貫落實來詮釋散殊於小傳統層次的"氣界"（"器界"）之空間結構圖式，本文擬聚焦於明清台灣而加以論述。

二、儒家思想中的存在空間——《易·繫辭傳》詮釋

　　儒家經典隱含且豐具"仁"為動力的存在空間結構，筆者曾以孔孟朱子以及清初治台儒吏陳璸為依據，而詮釋了從古代到近代儒家的身心安居天地的空間觀念及其實際施作。[2]《論語》《孟子》《中庸》《荀子》之外，亦可在其他重要經籍中攝

---

[1] Relph, E., *Place and Placelessness*, London: Pion Limited, 1976, pp. 52–55.
[2] 潘朝陽：《儒家影響下的傳統生活世界之空間性》，《中國語文論譯叢刊》，第21輯，第77—106頁，韓國首爾：中國語文論譯學會，2007年8月。

握儒家的存在空間觀。《易·繫辭傳》即有相同的義蘊。

關於《繫辭傳》，吳怡指出依照朱子的說法，乃是孔子所述繫辭之傳，以其通論一經之大體凡例[1]，而朱維煥則強調"繫辭傳未必為孔子所原作，其主旨則在申述繫於各卦各爻下之辭所涵之本體宇宙論、人生價值觀，以及敘釋古經於筮占用途之意義與方術"。[2] 晚明大儒王船山亦有其解釋：

> 若夫文王、周公所繫之辭，皆人事也，即皆天道也；皆物變也，即皆聖學也；皆禍福也，即皆善惡也。其辭費，其旨隱，藏之於用，顯之以仁，通吉凶得失於一貫，而帝王經世、君子窮理以盡性之道，率於此而上達其原。夫子……為之傳以發明之，……即以知命而不憂，即以立命而不貳。其以喻斯人於人道之所自立，而貞乎死生休咎之大常，意深切矣。[3]

船山認為《繫辭傳》乃是孔子闡明人道即天道的儒家常道之重要文本，以仁而貫達天地人，既是帝王經世濟民之方策，也是君子窮理盡性之大旨。而最關鍵處乃是人在天地之中所以知命不憂、立命不貳的大經典。

於此，船山闡述《繫辭傳》具有人在天地之中有所貞定生

---

[1] 吳怡：《易經繫辭傳解義》，台北：三民書局，1993年，第25頁。
[2] 朱維煥：《周易經傳象義闡釋》，台北：台灣學生書局，1993年，第452頁。
[3] [明] 王夫之：《周易內傳》，《船山全書》，第一冊，長沙：嶽麓書社，1996年，第506頁。

死善惡而使身心得以自立的存在空間之儒家智慧。

茲徵引數則相關章句以明之。

《繫辭傳》表達了一種天在上、地在下而人在天地之間存有的空間思想：

> 《易》之為書也，廣大悉備：有天道焉，有人道焉，有地道焉，兼三才而兩之，故六。六者，非它也，三才之道也。道有變動，故曰爻；爻有等，故曰物；物相雜，故曰文；文不當，故吉凶生焉。(《繫辭下傳》第十章)

（一）天地人三才空間

同樣論天地人三才之道，《說卦》更進一步說明其內蘊：

> 昔者聖人之作《易》也，將以順性命之理；是以立天之道，曰陰與陽；立地之道，曰柔與剛；立人之道，曰仁與義。兼三才而兩之，故《易》六畫而成卦。分陰分陽，迭用柔剛，故《易》六位而成章。(《說卦》第二章)

其空間示意，見圖一。明儒來知德綜合兩段經傳而詮釋"三才之道"：

> 兼三才者，三才本各立，因重為六。故兩其天、兩其人、兩其地也。天不兩則獨陽無陰矣；地不兩則獨陰無陽矣；人不兩則不生不成矣。此其所以兩也。才者，能也，

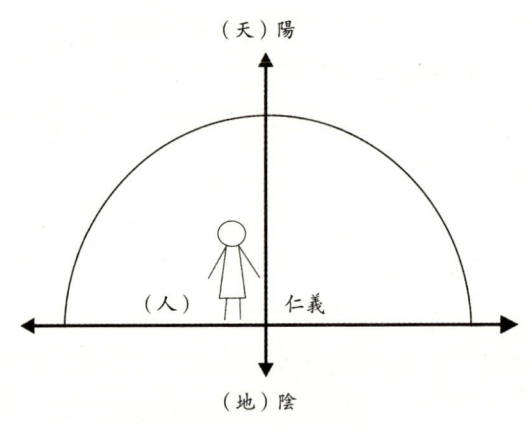

圖一　天、地、人三才空間（一）

天能覆，地能載，人能參天地，故曰才。三才之道，立天之道曰陰與陽，五為陽，上為陰也；立人之道曰仁與義，三為仁，四為義也；立地之道曰柔與剛，初為剛，二為柔也。《易》之為書，廣大悉備，何也？以《易》三畫之卦言之：上畫有天道焉；中畫有人道焉；下畫有地道焉。此之謂三才也。然此三才，使一而不兩，則獨而無對，非三才也。于是兼三才而兩之故六。六者，豈有他哉？三才之道，本如是其兩也。天道兩，則陰陽成象矣；人道兩，則仁義成德矣；地道兩，則剛柔成質矣。道本如是，故兼而兩之。[1]

---

[1] [明]來知德:《慈恩本易經來註圖解》，台北：天德黌舍，1976年，第1419—1420頁。

依來氏此大段解析，天道的區位在上，以陰陽之象覆蓋萬物；地道的區位在下，以柔剛之質承載萬物；而人道的區位則在天地之間，以仁義之德參贊天地而普濟萬物。（圖二）天地屬形而下之器界，在此器界存在的人身亦屬有對之物，故天、地、人三才，必以兩兩對峙之相對法而顯其存有，這乃是大道的具現為現象界之根本法則。"大道者自身"是超越而夐然絕待的，此即是"大一"，但對世界萬象而言，並無此種超絕的"大一"，而乃是以相對峙的"二"之交互作用而展演變化為眾多繁雜之世界萬象。故說"道有變動"，亦即指出天、地、人三才構成宇宙生態的生命韻律，是變化不息的，因而此世界乃衍生出各種形式的有機無機等物種品類，由於其眾多繁雜，故經傳稱之為"文"；生態多樣而雜且不斷地推演變化，遂有統一和諧及矛盾鬥爭，這就是"吉凶"。

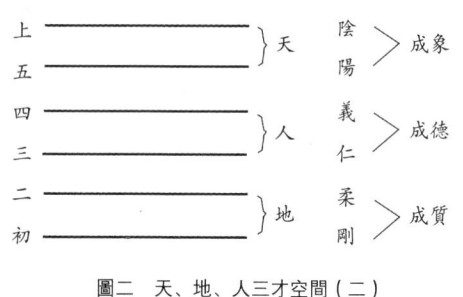

圖二　天、地、人三才空間（二）

（二）創造與終成的乾坤

上述來知德的解析文句，顯示儒家所主張的人在天地中存有之空間結構。這是存有論（ontology）的論述語言，並無進一步落實在實際天地空間中的宇宙論（cosmology）的論述。然而,《繫辭傳》卻是一部十分正面積極呈現天地空間之宇宙論取向的經典。其第一章如是說：

> 天尊地卑，乾坤定矣。卑高以陳，貴賤位矣。動靜有常，剛柔斷矣。方以類聚，物以群分，吉凶生矣。在天成象，在地成形，變化見矣。是故剛柔相摩，八卦相盪，鼓之以雷霆，潤之以風雨，日月運行，一寒一暑，乾道成男，坤道成女。（《繫辭上傳》第一章）

這段章句是古代儒家彰著天地空間和自然生態的語言，詮釋了天與地共同表顯的空間性及其中的生態系的變化。而雷霆之鼓動，風雨的潤澤以及日昇月落的時間循環和夏暑冬寒之四季氣象的一一往復，均是古代儒家在大自然中生活並體證而來的宇宙論形式之天地空間和自然生態的敘述。

於是，創作《繫辭傳》的古代儒家遂於天地空間和自然生態的循環往復之運行動勢中，發現了兩種密契且互動的宇宙性大功能，這就是"乾""坤"。而所謂乾坤，同樣在上傳的第一章,《繫辭傳》有十分關鍵的話語："乾知大始，坤作成物；乾以易知，坤以簡能。"當代新儒家牟宗三先生如此詮釋"乾知大始"：

> "乾知大始","知"不是知道。知，主也。乾元是創造原則。"大哉乾元，萬物資始。"（《周易·乾·彖》）乾

元本身就是萬物所資以為始者。從乾開始，……乾元就是始，就是天地萬物的開始，天地萬物就從這裏開始。資，憑藉、藉賴。萬物憑藉它才有其始，有其始就是有其存在。……朱註："知者，主也。"乾元主管大始。主管有兩個作用：興與革。興就是創造，從沒有存在使它存在。革就是把它去掉，它存在，我叫它不存在。這個"知"有創造意義，它有這個力量，該革的革，該興的興，這個就是創造性。乾元主管天地萬物之間最高的始。[1]

乾就是乾元，它是天地萬物所以延續存有且演變不止的"創造原則"；天地萬物的存在物，是"該革的革，該興的興"，有興有革，方能永續發展，這個推動天地萬物興革不息的力量，稱為"乾"（"乾元"）。

牟先生又如此詮釋"坤作成物"：

"坤作成物"，坤是終成原則。"坤作成物"就表示坤擔負的責任是完成這個物。所以《周易·坤·彖》云："至哉坤元，萬物資生。"……那麼，它這個原則可以……落在甚麼地方呢？哪個東西才能使它完成其為一個終成原則呢？落在"氣"；陰陽五行之氣。……"坤作成物"這個"作"表示"能"，真正能表示它有這個"能"，完成它

---

[1] 牟宗三：《周易哲學演講錄》，《牟宗三先生全集》三十一，台北：聯經出版事業公司，2003年，第76頁。

這個"能",靠"氣",要靠着氣化,這個物才能完成其為一個物。物成了,坤的作用就實現了。[1]

牟先生於此指明"坤"("坤元")則是和合乾元而在陰陽五行之氣化中使天地萬物形成的"終成原則"。換言之,天地萬物背後的發動力(乾元—創造原則),須透過含藏在陰陽五行之氣中的"坤元"加以終成,才能"凝聚形成"實存的天地萬物。

然則,乾坤和合的創造與終成的雙元且合一的宇宙原則,是以如何之形式而運作?關於此點,就是"乾以易知,坤以簡能"所表達者。牟先生亦有所詮釋:

乾以甚麼方式才能成其為創造原則呢?乾以甚麼方式知這個大始呢?以"易"(easy)的方式、樣式、道路、路數。……因為它無條件,它不需要其他的條件。"簡易"都是從最根源的層次上說。……"坤作成物",從"成物"這個地方看坤有這個能,它以甚麼方式表現它這個能呢?以"簡單"(simple)的方式表示,就是最簡單的路,簡單、單純。[2]

牟先生以本體宇宙論(onto-cosmology)的語言詮釋乾坤,他

---

[1] 牟宗三:《周易哲學演講錄》,《牟宗三先生全集》三十一,第76—77頁。
[2] 同上書,第77頁。

說的創造和終成原則以及它們運作之簡易形式,甚合於天地空間和自然生態之所以運轉之自然律則之簡易之道,自然科學家總是以簡潔明白的數學式加以表徵。在《繫辭傳》,也顯出古代儒家亦以存有論和宇宙論的方式體證了天地空間和自然生態的形形色色繁複現象背後或內在之超越性簡易之道。

在《繫辭傳》中,乾坤以簡易之道的動力而創造、終成天地萬物,其中具有一種意思,那就是特別強調乾坤之沛然發用的功能,如此章句之言:

> 夫乾,其靜也專,其動也直,是以大生焉。夫坤,其靜也翕,其動也闢,是以廣生焉。廣大配天地,變通配四時,陰陽之義配日月,易簡之善配至德。(《繫辭上傳》第六章)

朱維煥認為乾者就是天道,若就其靜之層面而言,則歸向自體,只見其內容充實豐滿,圓滿具足;若就其動之層面而言,則呈現大用,生化作用無不貫注,顯示無窮的生機,故說是"大生"。坤者就是地道,若就其靜之層面而言,則歸向自體,乃斂藏以致博厚;若就其動之層面而言,則承順乾元之生機以凝聚成物,此即顯示無限的生成,故說是"廣生"。[1]總而言之,乾坤所顯發的天地之道,就是大生廣生沛然無竭的生生之道。

---

[1] 朱維煥:《周易經傳象義闡釋》,第469頁。

"大生廣生的生生宇宙"的看法，貫通整部《繫辭傳》。茲引第五章文句如下："顯諸仁，藏諸用，鼓萬物而不與聖人同憂。盛德大業至矣哉，富有之謂大業，日新之謂盛德。"來知德釋之曰：

> 仁者，造化之心；用者，造化之功。仁本在內者也，如春夏之生長萬物，是顯諸仁；用本在外者也，如秋冬之收斂萬物，是藏諸用。春夏是顯秋冬所藏之仁；秋冬是藏春夏所顯之用。仁曰顯，用曰藏，互言之也。不憂者，乾以易知，坤以簡能，無心而成化，有何所憂？富有者，無物不有，而無一毫之虧欠；日新者，無時不然，而無一毫之間斷。天地以生物為德，以成物為業。[1]

來氏此段析論十分貼切深契，甚顯宇宙論取向的詮釋語言，仁與用，均是就"造化"而說，從天地之間生態農業的"春耕夏耘、秋收冬藏"之生長與收斂來體證乾坤生生大化。在來氏的認識，《易·繫辭傳》的儒家肯定的乃是一個無物不有而無一毫虧欠且無時不然而無一毫間斷的生物成物之生生天地宇宙。（圖三）

（三）聖人的仁政

然而，儒家對於天地空間之自然生態的體認，如果只是停留於此，則只不過屬於古代的自然主義而已。《繫辭傳》並

---

[1] [明] 來知德：《慈恩本易經來註圖解》，第1253—1254頁。

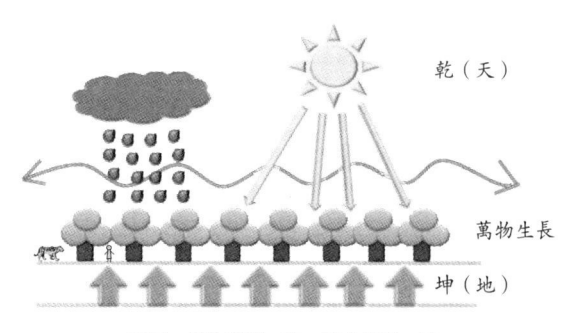

圖三 創造原則：乾，終成原則：坤

非以此為其思想巨龍之心眼，因為天地空間之中，依"三才之道"，乃是以人為中軸；此處所言的"人"，在儒家，是依據道德理想主義而以道德實踐為其徵向之人，這種人在《繫辭傳》中，是以"聖人"稱之；聖人既與天地相稱相配而為"三才"，所以甚居中軸地位，此如《繫辭傳》所言："天地之大德曰生，聖人之大寶曰位，何以守位曰仁，何以聚人曰財，理財正辭禁民為非曰義。"（《繫辭下傳》第一章）這樣的聖人何等具足在生生大德的天地空間中參贊化育之能動性；這樣的聖人就是天地空間和自然生態的心眼。（圖四）

人既然在天地空間之中存有，與自然生態隨時互動，儒家主張人須向天地自然學習效法，換言之，對於天地自然的存有現象以及其存有之道，人應敬畏之、禮謙之、和遜之，並且學之法之，這在《乾‧象》和《坤‧象》就已表明清楚，前者曰："天行健，君子以自強不息。"後者曰："地勢坤，君子以厚德載物。""天行健"和"地勢坤"是自然空間與生態語句，"自強不息"和"厚德載物"則是道德與人文語句，顯

圖四　聖人的仁政

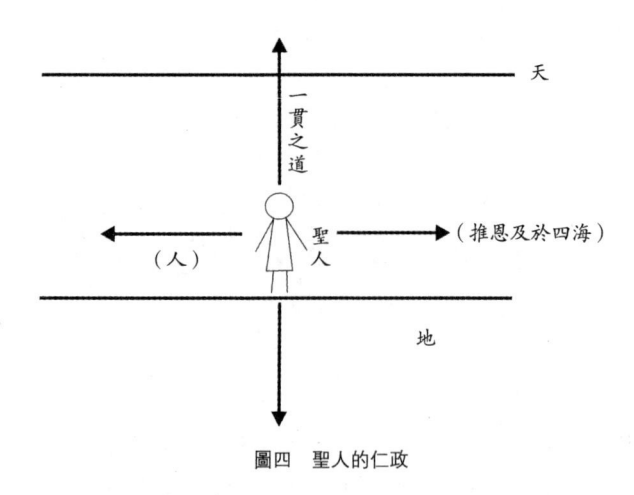

然,《易傳》是體證人須向天地學習效法才能提升道德境界和人文水準的。

同樣的語句出現在《繫辭傳》,如:"夫易,聖人所以崇德而廣業也,知崇禮卑,崇效天,卑法地。天地設位,而易行乎其中矣。成性存存,道義之門。"(《繫辭上傳》第七章)天尊地卑的自然空間已然設位,生生大化之道行乎其中,聖人的道德修養,就是從天高地卑之德習效而來,通過這樣的道德修養,才是實現人文世界的方針。《易傳》是這樣體證人在天地之中存有之意義的。[1]

---

[1] 類似的道理,譬如:"是故,法象莫大乎天地;變通莫大乎四時;縣象著明莫大乎日月;崇高莫大乎富貴;備物致用,立成器以為天下利,莫大乎聖人;探賾索隱,鉤深致遠,以定天下之吉凶,成天下之亹亹者,莫大乎蓍龜。是故,天生神物,聖人則之;天地變化,聖人效之;天垂象,見吉凶,聖人象之;河出圖,洛出書,聖人則之。"(《繫辭上傳》第十一章)

上述《繫辭傳》所體證的天地與聖人生生大化之互為主體性，當代新儒家也承繼了這種肯定。徐復觀先生詮釋了《繫辭傳》，有一段相關的論述：

> 到了《繫傳》，開始引進了陰陽的觀念以作《易》的解釋；同時亦即以陰陽為創造萬物的二基本動力，或二基本元素。由陰陽相互間的變動，以說明天道生育萬物的情形，……但孔門傳《易》的人，目的不僅在以變化來說明宇宙生化的情形，而是要在宇宙生化的大法則中，發現人生價值的根源。《繫傳》上說"生生之謂易"；又說"顯諸仁，藏諸用"；所以在傳《易》者的心目中，覺得"與天地準"的易，它的內容，只是生而又生，此乃天的仁德的顯露。人的生命的根源，既由此仁德而來，則人即秉此仁德以成性。因而人之性，即與天地連接在一起。[1]

徐先生連接了"生生大化的天地"和"秉仁德成性的人"而為一體，此一體就是"仁德"。他又說：

> 天道若不變化，即不能生萬物；而所謂道之體，亦成為與人相隔絕，而且為人所不能了解的懸空的東西。吾人只能於道之用處見道，便不能不說一陰一陽之謂道。

---

[1] 徐復觀：《中國人性論史·先秦篇》，台北：台灣商務印書館，1994年，第206頁。

> 一陰一陽的結果便是生育萬物，所以繼之而起的，便是生生不息的作用。……此生生不息的繼續，用另一語言表達，即所謂"顯諸仁"，即天地仁德的顯露。既是仁德的顯露，便自然是"善"的。……作《易傳》的人，若不點破此一句，則宇宙的生生不息，可能只是某種勢力的盲目衝動；由盲目衝動的結果所形成的萬物，自然也是一種盲目衝動的渾沌世界。作《易傳》的人，有"繼之者善也"這一句的點醒，便頓覺宇宙間一切皆朗徹和諧，所生生者不僅是物質，而實際也是價值。
>
> "繼之者善也"的善的性格是"仁"，是"生生"，其本身即要求具體實現於所生的萬物的生命之中。……善實現於萬物之中，即成為萬物在其生命中的性。[1]

如上所述，徐先生進一步點明《繫辭傳》的天地與人都是依據仁德而具備善性，此善性在天地和人的生命中，構成了目的論意義的天人本質，其表現就是朗徹和諧的生生大化，依據這個仁德善性的本質，所以此生生大化是朗徹和諧的，而宇宙與人生同時就超脫了盲目衝動的渾沌，因而成為一個道德價值性的宇宙與人生。

然則，實際上的實踐和施作究竟如何？

---

[1] 徐復觀：《中國人性論史·先秦篇》，第206—207頁。徐氏此段詮釋根據的《繫辭傳》章句是："一陰一陽之謂道。繼之者善也，成之者性也。仁者見之謂之仁，智者見之謂之智。百姓日用而不知，故君子之道鮮矣。"（《繫辭上傳》第五章）

《繫辭傳》認為聖人在天地空間中，依仁德而參贊天地自然的生生大化。茲舉章句以明之：

> 古者包犧氏之王天下也，仰則觀象於天，俯則觀法於地，觀鳥獸之文與地之宜，近取諸身，遠取諸物，於是始作八卦，以通神明之德，以類萬物之情。(《繫辭下傳》第二章)

包犧氏乃儒家設想的古代聖王，其行仁政於天下，是通過天地空間和自然生態的觀察，並與自己的身心加以對比之下，方能構畫出完整的宇宙圖式（八卦），藉此圖式而貫達於天地陰陽生化之仁德（以通神明之德），於是才進一步在萬物之種種類型中掌握了其生生的實態（以類萬物之情）。

在上述的第二章文句，實即其結構性的聖人參贊天地的端緒。其後的章句，則一系列鋪陳《繫辭傳》如何依此理想而在天地空間的人文實踐施作之論述，謹分列而簡說如下：

1. 作結繩而為罔罟，以佃以漁——漁獵時代的古文明興起。
2. 神農氏作，斲木為耜，揉木為耒，耒耨之利，以教天下——農業時代的古文明興起。
3. 黃帝、堯、舜垂衣裳而天下治——華夏文明正式興起。
4. 刳木為舟，剡木為楫，舟楫之利以濟不通，致遠以利天下——文明華夏的交通建設。
5. 服牛乘馬，引重致遠以利天下——文明華夏的運輸建設。
6. 重門擊柝以待暴客——文明華夏的治安建設。

7. 斷木為杵，掘地為臼，臼杵之利，萬民以濟——文明華夏的農產加工業建設。

8. 弦木為弧，剡木為矢，弧矢之利，以威天下——文明華夏的國防軍備建設。

9. 上古穴居而野處，後世聖人易之以宮室，上棟下宇，以待風雨——文明華夏的聚落民居建設。

10. 古之葬者，厚衣之以薪，葬之中野，不封不樹，喪期無數，後世聖人易之以棺槨——文明華夏的禮制建設。

11. 上古結繩而治，後世聖人易之以書契，百官以治，萬民以察——文明華夏的文教與政治建設。

上述共十一個列序階段，其屬於人文建設和發展的程序，十分清楚而合理。彰顯了《繫辭傳》的文明演進論以及文明演進史觀。在此十一個列序階段，明白看到自然與人文的相諧和的配合，以天地為生態基礎，以農耕為生產基盤，在此生生大化的天地空間發展了文明華夏的人文建設，推動此人文建設者，則為《繫辭傳》所稱的"聖人"。

《繫辭傳》的這種聖人行仁政的文明演進論以及文明演進史觀，存在一個空間結構，即是以聖人為天地空間的中心，且具備了能動性，其作者特引孔子的話語加以詮釋：

子曰："君子居其室，出其言善，則千里之外應之，況其邇者乎！居其室，出其言不善，則千里之外違之，況其邇者乎！言出乎身加乎民；行發乎邇見乎遠。言行，君子之樞機；樞機之發，榮辱之主也。言行，君子之所以動

天地也。可不慎乎？"(《繫辭上傳》第八章)

《繫辭傳》所引孔子這段話是典型的空間取向語句，其所謂"君子"，在政治上即是"聖王"。君子或聖王居於王廷，其一言一行，從此執政的空間中心發出，形成為政治上的實踐施作，善言善行，出於仁心，於是從近邇之處到千里之遙的邊遠地區，整個國家天地之中的庶民百姓，均蒙仁心的善政之德惠；反之，則蒙受暴政之摧殘。因此，孔子警戒儒家的為政者，在執政的王廷，一言一行關係萬民之幸與不幸，換言之，關係萬民之是否安居於天地之中，故說言行是君子之樞機，而事實上，由於君子言行關聯著全國天地之安寧與否，所以言行也就等於是天地之樞機；君子的一言一行，表現為天地空間樞機的善動或惡動，當然是會撼動天地的。因此，《繫辭傳》提醒執政者千萬要以仁德發政治國，如此，天地空間得到樞機的善轉，萬民亦能在此善轉的天地空間中得到身心之安居，否則，若果倒行逆施，以惡德發政治國，就是扼殺自然生態以及人文社會的生生演化，此即天地空間的樞機得不到善轉，而萬民亦就被迫而沉陷在惡轉的天地空間中顛沛流離，失落其身心之安居矣！

三、儒家在台灣的空間實踐

創作《繫辭傳》的儒家建構的以仁德之聖人而實踐施作的儒家道德理想之天地空間結構，其實也都在其他儒家經典中具有相同的闡發。而歷代強調齊家治國平天下的諸儒，基本上均依此共同的價值觀而在心靈、身體、家居、聚落以及國度和天下宇宙之範疇,實際以此理想為藍本而踐履。若就神州中原的歷史脈絡而觀之,從天下庶民百姓之安身立命直至小儒大儒的內聖外王之治道,均在在遵照並反映了如《繫辭傳》表顯的天地人三才一體安頓的理想而盡其心力加以構畫實現之。

台灣長期處於中華文明圈之外面海上,在較遠之古代,雖偶有接觸,但真正進入中華文明圈而成為中國的一塊區域,乃是晚近四百年之事。再加上清代兩個世紀的輕忽以及五十年日本的入據,台灣似乎屬於中華文明圈的邊緣。

然而,台灣一旦邁進中華文明圈,其地理的邊陲性,並未阻隔神州中原的儒家跨海前來播散。本章試依史實詮釋台灣儒家的空間實踐之性質。

(一) 明鄭儒家在台灣的空間實踐

在台灣依儒學而建構儒家文教形式的空間,是陳永華創始的。史載明永曆十五年(1661),延平王鄭成功驅荷開台,以福建同安儒生陳永華為諮議參軍,待以賓禮。明年,王薨,子鄭經嗣立,十八年八月晉永華為勇衛,軍國大事必諮問之,並且仰賴其創建擘畫。[1]

於是陳永華乃為初闢的台灣展開城鄉聚落的空間規劃。他首先區分東寧(今台南市)為東安、西定、寧南、

---

[1] 連橫:《台灣通史·陳永華列傳》,台中:台灣省文獻委員會,1976年,第586—588頁。

鎮北四坊,同時又制定郊野為三十四里,每里都設有社,社立小學。且教民插竹為籬,斬茅為屋,並督勸農桑,以藝五穀,又在較高燥的地形上,教民植蔗,製糖之利,販運國外,歲得數十萬金。[1]

上面所述,顯示明鄭在南台灣大地上營建了數重的同心圈空間;空間的圓心就是首府東寧;在東寧四野則散佈以村里,這是第二圈空間;村里之外廣大的農田地區則為第三圈空間;更外面則是明鄭政教之力尚未到達的北、中、南、東台灣,仍屬台灣原住民的領域,對漢族言,稱為"化外",則是第四圈空間。

就第一圈空間之東寧而言,更建立了其具有儒家型的神聖中心,史載陳永華建議世藩鄭經速在東寧"建聖廟立學校"。陳永華說:

昔成湯以百里而王,文王以七十里而興,豈關地方廣闊?實在國君好賢,能求人才以相佐理耳。今台灣沃野數千里,遠濱海外,且其俗醇;使國君能舉賢以助理,則十年生長,十年教養,十年成聚,三十年真可與中原相甲乙。何愁侷促稀少哉?今既足食,則當教之。使逸居無教,何異禽獸?須擇地建立聖廟,設學校,以收人才。庶國有賢士,邦本自固,而世運日昌矣。[2]

---

[1] 連橫:《台灣通史·陳永華列傳》,第586—588頁。
[2] [清]江日昇:《台灣外記》,台北:大通書局,未刊印刷年份。

鄭經從其議，因此在永曆十八年（1664）十二月始建明鄭台灣的聖廟和學校於寧南坊，二十年（1666）春正月聖廟落成，三月學校開學。陳昭瑛引述史料特別表揚了陳永華創闢的台灣廟學之儒教甚有成效，當時的國子監助教由葉亨擔任，葉氏是廈門儲賢館儒生，受教於南明來台的浙東遺民儒者徐孚遠，著有《五經講義》。在葉亨的教導下，諸生深造有得，如王璋於康熙三十二年（1693）中舉，他是同為避清而來台的遺民儒者王忠孝之姪；陳永華子陳夢球則於康熙三十三年（1694）中進士。其餘受教廟學的台灣士子有蘇峨、王錫祺、許宗岱、楊阿捷等，皆應試中舉。上述諸儒生均嫻熟《易經》。而另有王茂立、陳聖彪習《詩經》；邑星燦習《春秋》。[1]依此，則足證東寧廟學很快就達到儒家文教的功能，遂具備了明鄭為台灣建構的四重空間圈之神聖中心的地位，而其空間核心的神聖性，乃源自孔孟儒家。這個漢人在台灣的儒家型神聖空間中心，清後發展成為台灣府城的"全台首學"。

除了東寧府城中以聖廟學校為神聖中心之外，依陳永華所置村里的構畫，則有社。社者即社祭與社學，以教村里聚落中庶民之子的小學也。因此，在第二圈的空間中，遂亦建構了散佈各地的村級聚落的神聖中心，而亦是以儒家教化為其性質。而在這兩圈的教化空間之基層，就是生產富庶穀類和甘蔗的南台灣肥沃大地，即第三圈空間，因此以三層空間圈而托庇了明

---

[1] 陳昭瑛：《儒學在台灣的移植與發展：從明鄭至日據時代》，收於氏著《台灣儒學：起源、發展與轉化》，台北：正中書局，2000年，第1—48頁。

鄭黎民百姓的身心一如之安寧。

　　陳永華為明鄭台灣的空間規劃，其理念乃源自儒家傳統，合於《繫辭傳》所標舉的生生大化的天地空間之大義。（圖五）

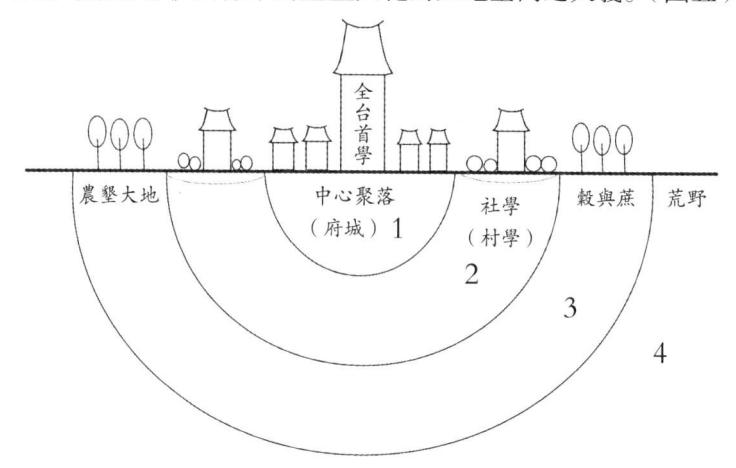

圖五　明鄭儒家在台灣的空間實踐

（二）清朝儒家在台灣的空間實踐

　　延平王父子和陳永華在台灣振興的儒學，其精神屬南明抗拒型或浙東經世型儒學，其時甚短。台灣入清版圖之後，台灣儒學以及因之而推展的儒教，基本精神和格局，變成閩學或朱子儒學。朱子儒學本質上也重視春秋大義以及經世濟民實學。唯因華夏已被女真統治，經過意識形態之改造和假藉，清朝的朱子學已成為籠罩全國而羈縻天下讀書人的一種御用型儒學，已非朱子原始儒學的真面目，最根本之處在於以高壓恐怖之術掃除華夷之分的大義以及革命之生命力。因此，入清之後的台灣儒學已被改造後的朱子儒學所易，基本上，春秋大義和抗拒精神，實已無存。然而，縱許如此，在台灣大地上，依據儒家道德理想主義而構畫和建設存在空間，依然是傳統孔孟或《繫辭傳》儒家之延續，與明鄭陳永華之實踐施作並無差別。

本文擬以台灣文獻中的《台灣中部碑文集成》為基本文獻，抽取其中相關文本，加以詮釋。

1. 廟學

修建孔廟儒學於治邑，即是為行政轄區的空間築造人文的神聖中心，此由台灣地方政府的建設儒學而得以證明。乾隆二十五年（1760），時任台灣府彰化縣知縣張世珍重修彰化縣學而撰述一文以記其事，其文如下：

> 半線（按即今彰化市）舊隸諸羅（按即今嘉義市），雍正甲辰始置邑；而建學立師以彰雅化，夫子廟屹然作焉。其時草昧初開，因陋就簡。歲辛未，紳士施士齡、張方大等始有重修之議，各輸金為資；益以張達京庚午報捐之項，得白金七千有奇。請於縣，經前縣程君運青具情以聞；報可，興工。旋以他故，中輟。癸酉秋，淡分府王公鶚攝縣篆，兼得歲貢生吳洛，使卒其事；樸斲丹腹，備極經營。復以資用告乏，僅及欞星門而止；外無泮池、無屏樹。輿馬往來，日雜遝於其前。此外，缺略不如式者尚

多。崇聖佑文之謂何,而褻越一至此哉![1]

上一段為文章的前言,反映了清朝地方文治之艱難,以及一位負責的儒官一心想為地方的天地建立神聖空間中心之願望。

關於前者,表顯了台灣彰化初闢不久,文教不彰,邑儒學的構築地景,一直無法順利建成。儒學築造之多阻礙,其實也反映了清乾隆時代台灣中部仍為移墾社會粗鄙荒野的性質,且亦反映了中華文明圈中較邊陲區的文明演進史架構。蓋文教空間的神聖中心不是不創建,而是以一種困難的形式逐步地往理想之境發展。其中透露了地方紳商出資,而由儒官和秀才擔負建造邑儒學的工作,此即彰化地區經濟力、社會力以及政治力共同合作來創造儒教空間中心。張世珍接任彰化知縣,遂依其儒家仁德之治世的理想,開始重新展開彰化縣儒學構建,也就是重新為彰化地方築造其神聖中心。張氏又說:

於是涓吉命匠,櫺星門易舊為新,覆以屋,防風雨也。其外為泮池;池開有泉湧出,題於石曰"芹泉",取"泮水採芹"之義也。又外為照牆,旁列短垣,塗以丹。移禮門、義路於泮池左右,符體制也。殿前後築甬道各三,砌以磚,以便趨蹌。……明倫堂仍故址而增高二尺餘,堂及頭、儀門皆三楹,規模宏敞,視昔有加。其後訓

---

[1] [清]張世珍:《重修邑學碑記》,《台灣中部碑文集成》,台北:大通書局,未刊出版年份,第2—5頁。

導署、後左教諭署,悉更新焉。左為白沙書院,列宮牆之側;絳帳青燈,書聲徹夜,又其相附而成者也。[1]

這一段文章,是張世珍主持重修彰邑儒學的記錄,他將孔廟、明倫堂、訓導署、教諭署以及白沙書院的客觀空間配置和結構,甚清楚地敘述出來。清治台灣,如同中土一般,在縣級聚落,合文廟儒學為一體而建設,祀至聖孔子之大成殿為主體,其空間配以櫺星門、泮池、照牆、禮門、義路以及甬道,因而形成祭宣聖及諸賢的神聖空間,此神聖空間之左近則是在其中教授儒家德智之學的明倫堂,訓導和教諭的辦公廳則位於其後,此等構築正是儒家德教傳播延續之所在,亦屬人文崇高的空間中心。

張世珍不嫌文繁如此細述彰邑儒學之構建過程及其空間性,其實並非孤立的特例,他身為一位從清代朱子儒學教養下的儒官,在這樣的碑記所表達的精神和內容,乃是儒家一貫相傳的在天地之中營建儒家型的聚落空間之共同體實踐施作。因為孔廟和儒學之建制,是中國所有民之父母官在其官宦位置上必為之要務,且廟學的空間建置,全國一致地公式化,換言之,在傳統儒教儒政的中國,散佈神州大地之上從縣治聚落以上,莫不是如此建立了聚落的空間神聖中心,似乎在此儒家神聖中心建設完成,一個屬於中華文明圈的聚落才算真正貞定,而在此聚落中的士農工商四民才能整體地安身盡心立命。

然而並非在客觀建制上修築孔廟和儒學之框架就算成事。

---

[1] [清]張世珍:《重修邑學碑記》,《台灣中部碑文集成》,第2—5頁。

張氏在其文章中，對於彰化的儒生，乃有一番期勉：

> 所期諸生體大聖示教之意，應天地方亨之運，篤志力學，以培其基；正誼明道，以定其趨；求至聖賢之域，以要其歸。[1]

台灣新闢不久的彰化地區，何以急急地重修廟學？依知縣張世珍所言，實在是期望彰邑儒生都能在此儒教空間中心體證孔子之教化本意，厚培道德根基，而能正誼明道，目標何在？乃在於"求至聖賢之域"，換言之，就是立志成聖成賢。這正是《繫辭傳》儒家標榜的天、地、人三才的聖人之道。清代台灣儒家的認知，亦有達此心境者。（圖六）

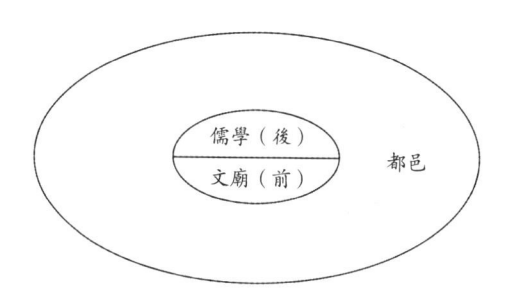

圖六　廟學：國家在地方行政中心的教育機構

2. 書院與文昌祠

上述是台灣的縣治聚落建構其文廟儒學為其文教神聖空間之

---

[1]　[清]張世珍：《重修邑學碑記》，《台灣中部碑文集成》，第2—5頁。

一例。而在更多的一般聚落中，則以書院之修建，作為當地儒家教化的中心場所。茲引清朝治台賢吏鄧傳安一文藉以明之：

> 彰化縣南五十里東螺保螺青書院，以祀文昌帝君，肪於嘉慶八年（癸亥）。廟貌既煥，人文蔚起。已而毀於兵、圮於水；至嘉慶二十二年（丁丑），眾紳士乃醵千餘金修復。越五年而予來為鹿港同知，楊茂才贊元乞文以記其事。
>
> 今州縣學宮，即古之鄉學；城鄉或各建書院，即古"術序黨庠"之遺意。《周禮》："黨正有春秋祭禜之儀。"《祭法》：幽禜，祭星也。文昌在天，為司中司命之六星。自古德行道藝之書，必以孝弟為首；後世於文昌之神，或求其人以實之，又權輿於雅詩之張仲孝友。然則書院之崇奉文昌，宜也。……苟念赫然在上之神憑依在德，信而有徵，則歲時之薦馨，一若夙夜之勵志；庠序之敬業，一若門內之修行。上以實求，下以實應，人所仰服，即神所默佑，士習自不懈而及於古。孰謂螺青人物之自奮於山川和會者，徒博春夏弦誦，三年賓興之名也哉！
>
> 蒞斯舉者，舉人楊啟元、其弟廩膳生楊調元，附學生楊贊元，候選訓導胡克修、羅桂芳，附學生周大觀等，宜并書。[1]

此篇碑記寫於道光元年（1821），撰述人是清朝治台官員中的

---

[1]［清］鄧傳安：《修建螺青書院碑記》，《台灣中部碑文集成》，第27—28頁。

賢儒鄧傳安，時鄧氏在台任鹿港同知。他也是新修鹿港文開書院的主其事者，對於儒家的治理和文教之大義知之甚詳，台灣各書院崇祀的神主乃閩學大儒朱子；而所謂文昌帝君之祀，是在民間宗教中的文昌祠，各有定制，於禮和理上，實不可混淆，鄧氏既為儒臣，沒有不清楚的道理。然而台灣屬於新開闢之地，儒家文教仍待持續推展，所以，東螺保這個聚落的士子儒生，或尚不能明白書院與文昌祠之崇祀神主之別，而以文昌帝君為螺青書院的主祀神；或許螺青書院本來就是文昌祠，而直接將它當成書院。

在如此結構中，鄧傳安應書院中的儒士之請，特別為其撰寫這篇文章勒石立碑以垂久遠。鄧氏遂乘勢假藉而特別強調了書院乃孟子揭櫫的庠序之教乃古代鄉學之意以及祭法中的孝悌精神。因而轉化其宗教上的迷信變為儒家所重視的德行、勵志、敬業等尊德性道問學之大義，並藉此而期勉東螺保聚落的儒生，既有此書院敬德修業，則應恢宏志氣以希聖求賢，而不可狹隘地以科場虛名為目的。

因此，螺青書院的存在，遂成為該聚落的天地空間之儒家型神聖文教中心。與上述的彰化廟學合而觀之，就可以明白儒宦治台，都依據儒家以文教之廟學、書院為神聖中心而為台灣的聚落建立了神聖空間，這樣的空間中心，是為培育、安頓地方上的儒士團體的，此種舉措甚重要，因為儒士乃地方治道的精英，是核心成員，他們經常親身出入浸潤於廟學、書院而虔心向學，方能造就仁義之道業和德行，而地方治理才能臻乎理想之境。（圖七）

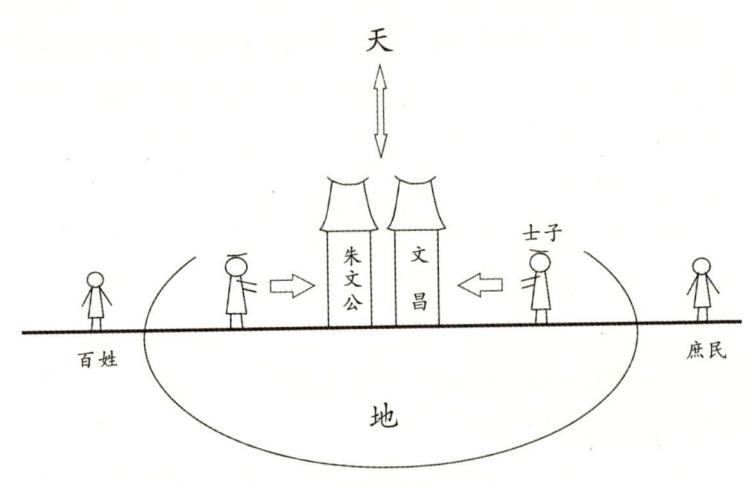

圖七　書院與文昌祠是儒教的神聖中心

3. 廟宇

然而，儒家德教並不能停留在儒士階層，因為儒家教化，是以全民普及為目標的。傳統時代的一般庶民百姓，在禮制上不可以廟學、書院，甚而文昌祠為神聖中心；該等中心，是儒士秀才之地方知識精英的培學育德的神聖場所，庶民百姓既然無權擁有儒士的神聖中心，則需另外具備類似的神聖中心以安身立命。這個讓萬民的身心有所依附安頓的中心，乃是血緣聚落的家族宗祠以及地緣聚落的共祀神大廟。台灣僻處海疆，漢人多僅以隻身渡海來台開發新天地，因而地緣聚落多而血緣聚落甚少，因此，台灣一般庶民於其地緣聚落多以共祀神大廟為其身心安居的神聖中心。

茲以創作於雍正十三年（1735）的《關帝廟碑記》加以詮釋：

關帝者漢壽亭侯，……帝喜讀《春秋》，梗亮有雄氣。……天不祚漢，帝殉大節，而英靈之丕顯，萬古凜如一日；故歷代遞加封號，易侯而王、易王而帝，推崇無以復加。普天之下，像帝而廟祀者，難以更僕數。

而我彰邑，荒昧初開，民番雜錯，沐聖朝雍熙之化，漸知服教畏法。若更感之以帝德、攝之以帝威，則其鼓舞更神。……予不自揣，竭蹶踵事，庀材鳩工，五閱月而廟成。……前殿鐫帝金像，冕旒端凝，宛然如生。……

夫自古忠臣義士，生為正人，沒為明神，皆足以奠俎豆、享血食；然或祀隆於一代，或廟建於一方，求其比戶尸祝，海隅裡祀，自漢迄今，日新月盛，惟帝一人。論者謂："其德配尼山，聖分文武，忠同日月，氣塞天地。"其言庶幾有當也。[1]

撰寫這篇碑記者，是當時擔任福建省台灣府彰化縣知縣的秦士望，而參與撰稿立碑者則有該縣儒學訓導教諭陳梯以及貓霧揀巡檢司巡檢杭國榮、鹿仔港巡檢司巡檢王洪仁、典史邢繼周等地方文武官吏。[2]

依上所述，雍正十三年的彰化地區，仍屬荒昧初開、民番雜處的正在墾闢之邊陲，亟待施以德化和文教。知縣秦士望乃以關帝崇拜加以神道設教來促進彰化的道德性的治道。清朝治

---

[1] [清]秦士望：《關帝廟碑記》，《台灣中部碑文集成》，第1—2頁。
[2] 同上。

台的儒官和其文武部屬,率皆認為關帝的忠烈,乃是孔子忠信義勇之儒家德教的身心殉節式之實踐。因此,在以身殉道的彰著上,關帝"其德配尼山,聖分文武,忠同日月,氣塞天地",根本就是把關帝武聖之地位提高而與文聖孔子分庭抗禮了。

　　清朝對於關帝崇拜的標揚和提升,當然有藉《三國演義》故事來進行神道設教而實施地方治理的政治性思維。唯將關帝的信義忠勇精神普施於台灣荒野待闢之區,卻給予當時當地的一般漢人庶民一個足資寄託其飄搖不定的身心而有一個神聖中心得以安頓。這座關帝廟,就成為清初台灣彰化地區文武官宦以及民間眾庶共同的祭祀大廟,也是他們得以共同依附信賴的聖域。

　　上述例證乃是關帝崇祀,明顯蘊含著儒家的德教旨意於其中,台灣許多民間信仰的各種大神祇崇拜,大皆與此相同,均具有儒家之德教內涵,譬如活躍於中國海邊和海島區位的媽祖信仰,在台灣也扮演著儒家德教之功能,如二林地方的媽祖廟"仁和宮"於嘉慶二十年(1815)重修之碑文就反映了這個事實:

> 二林有聖母宮,由來舊矣。地連衢壤,厥位面陽;清溪環其前,竹木護其後。勝概既昭,神威彌赫。設立以來,聿彰呵護,士則家詩書而戶禮樂,商則山材木而海鱗蛤,庇佑及於無疆里之人。[1]

─────────
[1] [清]鄭捧日:《重修仁和宮碑記》,《台灣中部碑文集成》,第20—21頁。

上述一段文章表現海神媽祖的民俗宗教,亦具有一種與儒家文教聯結的神道設教功能,此即所謂"聿彰呵護,士則家詩書而戶禮樂",這等於指出媽祖信仰的目的,實在是期待二林地方普施儒家教化而能建立詩書禮樂的家家戶戶,因此,崇祀媽祖是宗教上的神秘契應,而另一件人文盛事則是地方儒士要推廣深化儒教,使二林由荒陬野地轉化成禮儀之邦。

這篇碑記的作者鄭捧日是具有官員資格的地方儒士,其頭銜為"鄉進士例授文林郎揀選縣知縣會試";又在其文中提到:"總其事者,太學生洪君培源、職員洪君霞光。"又提及:"日與其地洪君鏞、洪君圖、洪君錫疇、洪君肇勳為文字交,數相從過;凡創修之始,襄事之終,無不詳悉。"[1]由此引文可證二林媽祖廟的重修,完全是地方儒士信仰性的身心實踐,換言之,儒士不但以廟學、書院、文昌祠、關帝廟為其儒家德教的神聖空間,也甚至以媽祖廟為其神聖空間,但是如同關帝崇祀是全體庶民的共同信仰,媽祖崇祀亦具相同的宗教功能,而成為當時當地一般百姓身心寄附的神聖空間,換言之,媽祖廟這個神聖中心除了提供宗教密契的安慰之外,也提供敦仁行慈、知書達禮的教化,而這是孔聖的德訓。(圖八)

4. 善養所

上面所述,均屬天地空間儒家型文教神聖中心之施設,清朝台灣在地方上,尚有一種專為安頓孤苦無告的孑然身心而設計的存在空間,此謂之"善養所",茲以下引文章予以詮釋:

---

[1] [清]鄭捧日:《重修仁和宮碑記》,《台灣中部碑文集成》,第20—21頁。

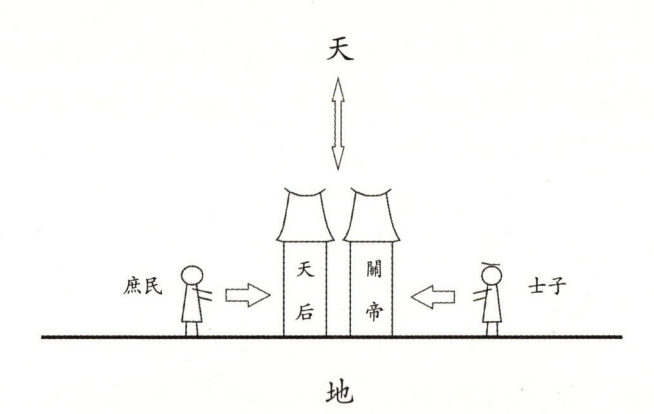

圖八　廟宇是庶民與士子共同崇祀的神聖中心

　　竊維心存樂善，必重仁慈；德尚好生，莫先養濟。念遊子之久羈，止居靡所；悲窮民之無告，疾病堪憐。欲使安身而利用，務須處置之得宜；庶幾病者可依棲有定，不幸死者亦殯殮無虞也。

　　伏思彰邑城南武廟及龍王廟，祀典攸關，肅清為貴。每有窮途孤客、患病旅人，無地棲身，投臥其處；直僵橫偃、露體褻身，狎侮神靈，莫此為甚。蓋雨暘蒸濕、寒暑感傷，致病恆多致死，可惡又甚可憐。道光十二年，……就於廟邊始建瓦屋三間，名曰"善養所"。……設床舖器用，仍僱一人，常川在所，應接病人。

　　房判北南，死生亦殊其處。穢濁毋許相侵，調養自能漸愈。所謂以善養人者，義取諸此。

　　維好善之人，後先欣捐其數；慈心之士，多寡樂願其輸。……集腋成裘，可長存以費用；置田生息，俾永濟夫孤貧。病危則分給賑濟，身故則發付收埋。如或養成體健，實同再造之恩；苟其數已目瞑，亦感無疆之德。[1]

此篇碑文出自彰化地方的生員吳桂芳，時為咸豐二年（1852）二月。此文最是直接關懷安養"久羈遊子、無告窮民"的疲病之軀的文獻。清朝初葉到中葉的台灣依然屬於"移墾社會"，社會上尚多遊離無居的遊民以及窮困無告的窮人，如吳氏文章中所指出的，彼等往往盤桓流離於武廟、龍王廟的內外，而"投臥其處；直僵橫偃、露體褻身，狎侮神靈"。由於這些窮途孤客、患病旅人缺少家居的安頓和庇護，因此"雨暘蒸濕、寒暑感傷"之下，多致一病不起而多死亡。於是，彰化的儒士和鄉紳遂興仁慈惻隱之心，出錢出力，將"善養所"的建築修建完成，裝置設備，成立基金，然後收容窮病且無家可歸的流浪漢和窮困者。生病的，給予治療服藥，期其身心康復；死亡的，給予收殮安葬，使其靈魂安息，總之，盡最大力量讓流離失所且窮困傷病的社會邊緣底層之黎民，有一個安頓哀哀可憐之衰病身軀的空間，而讓心靈最終得到慰藉。

從該碑文來看，捐銀者有儒士商紳，且有水田磧地銀之捐，[2]足證清咸豐年間的彰化，已漸為漢人的文教社會，但是既然有此所謂"善養所"的建設，也證明了兩種現象，其一是當時當地的流離無歸的窮困階層依然很多；其一是清朝在台的

---

〔1〕 〔清〕吳桂芳：《善養所碑記》，《台灣中部碑文集成》，第50—52頁。
〔2〕 同上。

政治建設實在惡劣,照顧庶民百姓的力量,是來自社會層的自力救濟。

　　善養所這種空間的存在,彰顯了儒家道德理想主義在民間社會的仁德,補政府治道之不足,與前述廟學、書院、文昌祠、關帝廟、媽祖廟之著重教化有所不同,善養所的目的是在"施善",若說前者凸顯儒家的智,後者則凸顯儒家的仁。(圖九)

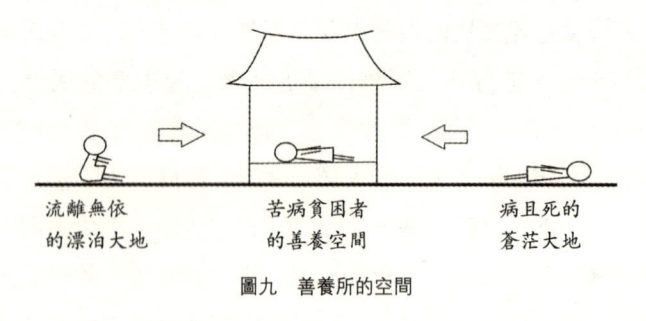

流離無依　　　苦病貧困者　　　病且死的
的漂泊大地　　的善養空間　　　蒼茫大地

圖九　善養所的空間

5. 義塚

　　如果依據《繫辭傳》儒家的理念,則天地空間的安頓是通透幽明陰陽的,換言之,在天地之中築造存在空間,除了照拂生人的身心在精神和肉體雙方面的適切之外,也貫達於人之死亡後合乎仁義之德的歸趨。茲引《北斗街義塚碑記》詮釋之:

　　　　人鬼殊途,養生必兼以送死;幽明一理,陰地不後於陽居。蓋人生必死,死必歸土,此之謂鬼;鬼有所歸,乃不為厲。此孝子仁人所以必掩其親;古人掩枯埋骴,正謂此也。

我北斗街自舊社遷居以來，各事略備；獨義塚一節，前人未經建置。其在豐腴之家，隨地擇吉，不俟外求；可憐貧窮之家，一旦風水不慮，卉身無地，死而有知，咎將安歸！前賴十張犁、新眉兩埔得以□□（按原件字跡不清）。現十張犁埔墓纍纍，無從識認；新眉埔溪水沖迫，四處墳塋崩壞，骸骨漂流。不忍之心，人皆有之；袖手旁觀，豈情也哉！爰邀同人，就本街陸續捐題，……凡置塚地二所：一買東螺社番婦沙衣未說等熟園二段，在本街宮後東勢，……一買東螺社白番眉巴連等熟園二段，在大三角。……自茲以往，生有室家之慶，死無溝壑之恨，人鬼均安；是亦一大陰騭事也。

……

董事：舉人林煥章、楊啟元，武舉陳聯登，監生楊在中，生員陳樂，街耆吳士切、……

道光二年十月□□日立，宋漁變書。[1]

孟子王道仁政的最起碼標準就是"養生喪死無憾"。這是指儒家的仁義之政在於一則善養黎民百姓，一則使黎民百姓死後得能入土安葬；活著與死亡，都能安寧其身心而了無缺憾。對富豪之家而言，其族人活著時是活在豐腴之生態中；死亡時則是安葬在豐腴之空間裏，這樣的富豪階層，天地空間乃是溫馨敦篤的，然而更多的窮苦困頓人民，卻是生無片瓦而死無葬身之

---

[1][清]宋漁變：《北斗街義塚碑記》，《台灣中部碑文集成》，第30—31頁。

地,此碑記是道光二年(1822),北斗街的耆老和儒士依據儒家仁義之道,為窮困無助的庶民尋得新土地闢為義塚,起碼讓窮人的子孫可以有一片土壤來安葬他們的先人遺體。

因此,清代台灣地方往往有一種所謂"義塚"之窮人墓地,表現了清代台灣地方儒家從生到死、由明通幽、以陽達陰的仁德實踐,而這樣的墳場墓地安頓了窮困者的骸骨和靈魂,所以也就構成了重要的儒家意義之神聖空間。

以上所述,無論是主導文教的廟學、書院、文昌祠,神道設教而具有儒教內涵的關帝、媽祖之廟,或是培護醫療遊民窮人身體的善養所,這些從儒家道德理想主義導引而建構的神聖中心,多集中在都邑、城鎮、鄉街的聚落空間,形成它們的空間中心。甚至純屬陰地的義塚空間,也多位於緊鄰聚落的郊外,其區位乃是在近處而非山野之遙,所以亦可視為陰陽一體幽明一如的儒家生死觀下的神聖中心。(圖十)

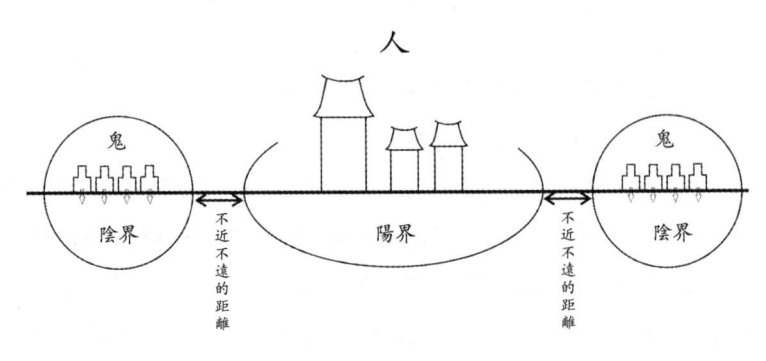

圖十　義塚空間

6. 農耕大地的水圳規劃與管理

依據《繫辭傳》儒家的標準，道德意義的存在空間實踐，並不能止於教化其心志、醫護其病體、安葬其骨骸而已。人之在世存有，不是精神抽象的"但理"，而是以血肉之軀承載心靈；並以心靈帶動肉身的既雙重且一如的存有，且必須在特定的時空架構中在世。因此，聚落的外圈，必圍之以沛然生產穀糧的農業大地。因為，如果沒有足夠豐富的穀米以養民，則聚落內部的文教、醫護、喪死等仁義之治道，均必淪為空談。清代台灣屬於農業社會，農作的暢順永續和豐收，是台灣天地空間中的生態大事。

關於如何確保農耕順利，是清代台灣精英階層最注重的地方治理，茲引史料進行詮釋。

乾隆十三年（1748）彰化縣正堂陸廣霖給示一方禁碑，題為：《養鴨禁示碑》，有曰：

> 據業戶張嗣徽、秦張江、張承祖、張振萬、廖盛、陳用文、□□順等具呈前事，詞稱：緣彰邑貓霧揀等保居民，勤力耕種田園，上供國課，下養父母。□□□被畜鴨之徒，在於各莊田□搭蓋，□□遍野，每□聚數十人、□人不等；甚至藏奸窩匪，夜則流散，盜□莊民牛隻家貨，進則□將養鴨踐食禾苗為由，貽害不淺，疊蒙仁爺出示嚴禁。[1]

---

[1] ［清］陸廣霖：《養鴨示禁碑》，《台灣中部碑文集成》，第63頁。

这是一位於乾隆初年在彰化擔任正堂的官員提出的禁碑文，充分反映了當時當地有一種大量放養鴨群之行業，其等成員秉性頑劣，有些甚至被疑為奸匪，其等將鴨群遊牧各地，任憑牲畜亂吃踐踏田裏禾苗，賴以維生的農作大為損毀。包括業戶、佃人以及官吏都期期以為事態嚴重，所以才有這張示禁碑文出世。

從上述禁止群鴨踐禾的碑文可知，在廣大聚落的外圈，正是生長稻禾的豐腴大地，是生生不息的自然生態，其精耕農產，向為儒家重視。就儒家的台灣空間實踐而言，稻穀年年豐收的大地，乃是養育萬民之仁政之始，所以治台儒臣是非常在意農事的，因為唯有在台灣大地上收割纍實的穀糧，才能保證聚落庶民身心的溫飽和健康。

清代台灣的稻作農作是灌溉水稻業，因此，開圳引水是一項重要的農田大地上的空間規劃和施作。由於灌溉水是那麼重要，埤圳的開鑿佈局，就變成清代台灣農作大地上最顯著的土地規劃（land planning）。這個規劃就是生產空間的佈局。而埤塘水圳的開鑿和管理，事實上從大禹治水的古史之標揚上，就可證明是儒家最神聖的存在空間實踐和施作，孔子已經讚美大禹，說他盡力乎溝洫，這就是讚美大禹治水發展農耕[1]；而孟子也特別發揮了儒家讚美大禹的功德，除了強調平治洪水之

---

[1] 子曰："禹，吾無間然矣！菲飲食，而致孝乎鬼神；惡衣服，而致美乎黻冕；卑宮室，而盡力乎溝洫。禹，吾無間然矣！"（《論語·泰伯》）關於"溝洫"，朱子註曰："田間水道，以正疆界，備旱潦者也。"（《論語集註》）

外,更肯定大禹重用后稷推動農業之偉業。[1]

中國自古以來就是遵從儒家重農思想而以農立國的文明國度,效法大禹勤於治水盡力溝洫的精神,開埤鑿圳以通航運以及藉之引水灌溉農田,乃是歷代推展農政的必備之方。清吏治理台灣亦無例外;在台清吏非常在意水圳是否暢流,常需出面管制水圳的灌溉水之通暢。茲引史料以明之。

　　特調台灣府彰化縣正堂加三級軍功加一級大功十次李,為藐斷架翻等事。

　　案據沙連保和溪厝莊張九、曾南河、蔡武夷等呈稱:和溪厝莊田業,歷自乾隆二十八年間蒙前主韓勘明,詳請前憲鑿□嘉屬交界之清水溪,以資灌溉;並蒙前主□給勒碑記在案。迨道光七年間,突有嘉邑九芎林莊張歐等恃為抄產管事,填塞九等圳道。本莊埤長蔡令同九等各佃赴仁爺□□內呼控,經蒙會同前嘉邑陞憲王親臨詣勘,就地訊斷,該處圳道永照現勘情形,嘉屬得水六份、彰化得水四份,永著為例,毋許將來混爭滋事等因;並取具二比依結,案卷煌煌確據。不意本年三月間又旱,詎嘉邑蔡子張等竟以彼處抄田乏水,架赴嘉邑主張、府憲王控誣九等佔埤奪水,□蒙府憲札行仁爺會勘;□□案經勘斷,九等凜

---

[1] 孟子曰:"禹疏九河,瀹濟漯而注諸海;決汝漢,排淮泗,而注之江。然後中國可得而食也。……后稷教民稼穡,樹藝五穀。五穀熟而民人育。……"(《孟子·滕文公上》) 依此,則大禹治水包括了引水灌溉而交給后稷推展農耕。

遵，俱各照份得水，罔敢混爭。奈逢天旱，九等各田並皆灌溉無水，何獨張等抄田乏水，灌禾□□，……

據此，除批示外，合行示禁。為此，示仰沙連保和溪厝莊等處佃民人等知悉：爾等如有承耕該處圳水田園。務須遵照前斷，引水灌溉，毋許藉端滋事。……

道光十一年八月二十一日[1]

這篇碑記乃是道光十一年（1831）擔任彰化縣正堂的李廷璧所寫，碑文中所言"前主韓"就是曾任彰化縣知縣的韓琮。[2]

原來沙連保（在今南投縣）的和溪厝莊莊民張九等人以圳引嘉彰交界的清水溪水灌溉田園，行之有年，卻突遭嘉邑九芎林莊的張歐等人填塞圳道，因而引起了農耕用水的紛爭，須驚動清廷在當地的官員出面加以區斷，並且特別豎立碑記給予規範。

這個示禁碑記主要在於規定清水溪的灌田水是嘉邑有六份而彰化有四份。將溪水的灌田比率規定明確，擔保農耕之無虞。清水溪用圳道引灌農田，同時供給九芎林莊與和溪厝莊的水稻用水，此乃是治台清吏希望的善局，因而不准任何一方有獨佔溪水的權利和舉措。農田有豐沛灌溉水滋潤，稻穀藉以豐收，在此廣大農產空間上的聚落中生活的黎民百姓才得以溫飽，依此溫飽，其心靈才得有餘裕接受文教而人格

---

[1]〔清〕李廷璧：《和溪厝圳水份諭示碑》，《台灣中部碑文集成》，第92—93頁。
[2] 同上。

才得以調適上遂。此即傳統儒家的治道理想的實踐，換言之，就是孔子所言"庶矣而後富之；富矣而後教之"的儒家仁政之施作。[1]

公平引水灌田，一直是清朝台灣的清吏留心的治民大事，上引碑記發生於道光年間，直到割台前一年的光緒二十年（1894），治台官員仍然為公平引水的治道而用心，下引碑記可茲以證明：

> 特授台灣府知府在任候補道陳，仰台令葉、苗令沈勘諭具遵依甘結狀。
>
> 本年亢旱，台灣縣大肚保之人循照舊章程，朴仔籬地方決三分之水。不意，中途被苗栗縣民張廷材（即張戇）在枋寮地方之下鑿圳兩道，橫截溪流；致台邑大肚保水田，更益乾涸，紛紛爭控，致令填塞圳道。今經台、苗兩縣會勘定斷：查張廷材所開兩圳，已歷二十餘年之久。其上流穿山數十丈，所費工資尤屬不輕；以兩圳須令填塞，實有為難。且當年溪流充足，以其有餘分潤墩仔腳等處各莊之旱田，於此無損，於彼有益，有何不可？斷令不必填

---

[1]《論語·子路》載："子適衛，冉有僕。子曰：庶矣哉！冉有曰：既庶矣，又何加焉？曰：富之！曰：既富矣，又何加焉？曰：教之！"近人蔣伯潛釋之有云："此章之旨，與孟子論仁政當先制民之產，使人民不飢不寒，足以仰事俯蓄，然後謹庠序之教，申之以孝弟之義正同。"[見蔣伯潛：《語譯廣解四書讀本·論語》，台北：啟明書局，未刊出版年份，第 196 頁。] 當代中國人口達 13 億，可謂庶矣，自改革開放後的經濟建設突飛猛進，可謂富矣，當前正是應該積極教育全國人民的階段了。

塞，常年溪水充足，仍照舊引灌。至現時圳道不通，墩仔腳等處各莊人民牲畜皆憂乾渴；斷令於四月初三日引灌一晝夜，如再不雨，四月十一日復引灌一晝夜。嗣後每隔八日，引灌一次，仍以一晝夜為準，俾資渴飲。兩邑之民，各宜遵照，按時引灌，無得爭多競寡，致滋事端。……

　　光緒二十年（歲次甲午年）九月□□日立置（三月諭示，九月勒碑）。[1]

這篇碑記是當時台灣府知府陳文騄給示的，主要是因為苗栗縣民張廷材私鑿水圳，將台灣縣（今台中縣）大肚保莊民從上游朴仔離決分大安溪用以灌田的水，橫截奪去，昔年水量豐足，分潤下游的墩仔腳各莊農田且給牲畜飲水，兩方均可各取其利，然而如今圳道阻塞，使下游的大肚保農田以及墩仔腳各莊田地和牲畜無水可用，因此發生了紛爭，因而驚動了台灣府、台灣縣、苗栗縣的官員。這塊碑記就是規定張廷材必須按時放水給下游的農莊，俾使該處農莊稻田和牲畜有足夠用水。

這一篇碑記充分反映了清代治台儒吏一直到割台前夕仍然十分重視台灣農耕大地的生生盛產之道；引導充足豐沛的用水滋溉稻田以及提供廣大農村牲畜的飲水，才能支持農業大地之上的聚落之自然和文化生態，而台灣庶民百姓才能真正獲得身

---

[1] ［清］陳文騄：《五福圳結狀諭示碑》，《台灣中部碑文集成》，第120—121頁。

心一如的安居。換言之,清代治台儒臣的極重視水資源的分配,極重視引水圳道的開鑿和管理,基本上是儒家仁政之方。

綜合上面本章論述,大體上可以勾畫出一個清代台灣的儒家空間實踐示意圖:最內圈表示文教的神聖中心,包括廟學、書院、文昌祠、關帝廟、媽祖廟等,是台灣黎民之心靈得到德教的空間;第二圈表示聚落,是台灣黎民之身心得以避風雨躲災害的安居空間,由於儒家主張仁慈應及於矜寡孤獨廢疾者,也應從陽明透達於陰幽,所以聚落空間包含了善養所和義塚;第三圈表示圳水灌溉的農耕大地,是台灣黎民之身心得以獲得滋養而不飢饉的生生豐厚空間。(圖十一)

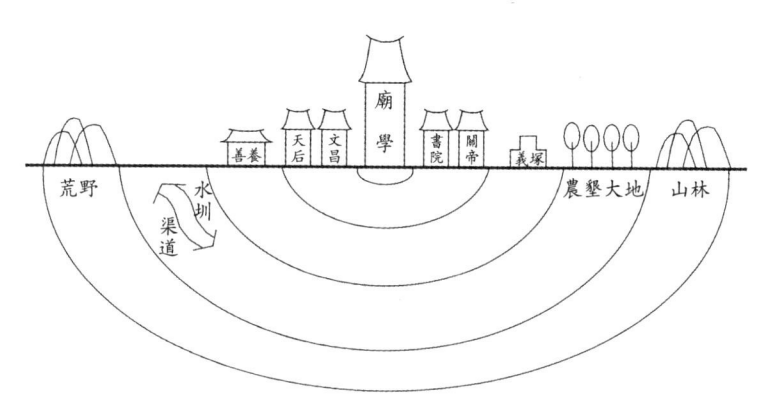

圖十一　綜合的儒家空間實踐的結構示意

四、在現代化台灣儒家型空間實踐的困境

中華文明,是在大河及其支流沖積而形成的平原上面發展

出來的農耕文明體。儒家思想和實踐，實在就是以大河灌溉農業為基盤而建立的一套文明主軸及其踐成，這套思想體系形成之後，它則反過來成為後世之中國人民從事農作的觀念原則。就以《易·繫辭傳》的根本思想而言，也是從具體的農業生生永續的理則和現象中加以抽象概念化而得出來的一種天地宇宙論和農本的環境倫理。[1]

依據儒家生生永續的思想而建構的文明體，黃俊傑先生稱之為中國的農本主義，他說：

> 幾千年來，中華民族在中國這一塊古老的土地上，辛勤耕耘，生死以之，他們的血汗注入中國的土壤，得到了豐碩的收成。這種以農為本的生活傳統，使中國人深深地植根於他們所生長的土地之上，中國的社會也因此具有強烈的鄉土性格。……中國文化中重視灌溉以及講求品種改良的傳統，也形成了傳統中國經濟生活中重要的面貌；……而傳統思想中企求天人合一的境界，希望在自然秩序與人間秩序之間獲得一個動態的平衡，這種思路與悠久的農業傳統是有密切關係的。[2]

具有強烈的鄉土性的灌溉式農耕，促使中國人十分重視天人合

---

[1] 關於這方面的詮釋，參見潘朝陽：《周易的環境倫理及其大地關係》，收於氏著《心靈·空間·環境——人文主義的地理思想》，台北：五南圖書出版公司，2005年，第415—455頁。
[2] 黃俊傑：《稻作農業在傳統中國文化中的地位》，收於氏著《台灣農村的黃昏》，台北：自立報系，1988年，第27頁。

一，要求自然與人間的秩序存在一種和諧性，有一種動態的平衡。這樣的思想，就是中國的農本主義思想。

黃先生論述的中國農本主義，其實與本文所引《繫辭傳》儒家的思想以及清代台灣儒官和儒士重視的儒家生生型文教與農耕的天地空間實踐和施作，其實若合符節。在這樣的空間觀念及其實踐施作中，正如黃氏所說："表現在社會上的是一種'安定'的特色：諸如安土重遷、大家庭合作制度、'差序格局'的社會觀、密切的親緣關係、息事寧人的無訟傾向、敬老尊賢的風俗。表現在文化上的是一種'和諧'的特色：諸如力求'人'與'大自然'的配合、講究天道人道合一、崇尚中庸。"[1]

徐復觀先生則從出身農家的生活經驗抒發中國農業文明的淳厚：

> 新年到了，"教化子也有三天年"（教化子即乞丐），討債的只能討可除夕為止。這一不成文憲法，打斷了窮人生活上的糾纏，使他也能隨春到人間而鬆一口氣。除夕到了，全村大掃除，貼門神、春聯，放爆竹。自此之後，一直到燈節，各人堆上笑臉，滿口都說吉利話，一團喜悅，一片溫情。……新年大家帶點禮物，彼此來往一番，聊通一年的款曲。農村的新年，才真是人情味的世界，才真可

---

[1] 黃俊傑：《農本主義的崩潰及其社會文化意義》，收於氏著《台灣農村的黃昏》，第136頁。

> 以看出是人的世界。"張而不弛,文武弗能"。在弛之中,更合上發乎人情自然的禮節,如臘祭、迎年、鄉飲酒之類;這種先王之教,一直浸潤在農村,使中國的農村,不是由鞭子所造成的冷酷黑暗,而富有溫暖光輝,以積蓄發展民族的生命,這實在是支持中國歷史的主力。[1]

這一段話語乃是徐先生從其湖北家鄉的農村生活經驗而發之者,中國農村鄉民的這套生活倫理,徐先生指出乃"先王之教"。所謂"先王之教"就是孔孟儒家的德教,也是《易·繫辭傳》儒家的理想。這種農本主義的儒家先王之教,成為中華文化的主幹,若從炎黃時代開始,上下幾垂五千年。

然而,在同一篇文章中,徐先生也同時指出中國農村是窮苦的,他說:

> "勤儉"兩個字,是農村經濟的骨幹。但在政治不安定的時候,與其用勤儉兩字去表徵農民的活動,無寧用勤苦二字更為恰當。我小的時候,常常晚上沒有飯吃,那還可以說是太窮。但我祖母的時候,聽說糧食是夠吃的,因為要存點糧食備糶,慢慢再添一點產業,便在農閒的日子,晚上只喝點米湯或吃點豆子當飯。……真西山說:"數米而炊,併日而食者,乃其常也。"這確是農村之常。家

―――――――――
[1] 徐復觀:《誰賦豳風七月篇——農村的記憶》,收於氏著《學術與政治之間》,台北:台灣學生書局,1956年,第71—82頁。

裏有老人，每月初一和十五的兩天，能買兩次肉給老人家吃，那就算小康之家。[1]

徐先生提到的少時之農村家鄉，是抗日戰爭前的湖北武漢附近，當地人稱魚米之鄉，本屬中土富足穀倉，其地尚且如此艱苦，遑論神州其他更貧之地。兩千多年前的孟子提到的仁政之條件是這樣的：「五畝之宅，樹之以桑，五十者可以衣帛矣；雞豚狗彘之畜，無失其時，七十者可以食肉矣；百畝之田，勿奪其時，數口之家，可以無飢矣。謹庠序之教，申之以孝弟之義，頒白者不負載於道路矣。七十者衣帛食肉，黎民不飢不寒，然而不王者，未之有也。」[2] 依孟子之意思，只要合乎五十歲的中年庶民可以衣帛、七十歲的老年庶民有肉可食，而且頭髮花白之人不必在道路上肩負重物吃苦，這樣的治道就是王道仁政。而由此反證，在孟子的戰國時代，中華黎民百姓的農村生活是窮苦的，而此種情形，到了現代的徐復觀先生之經驗中，依然如此。

因為自給自足式之農業文明如此貧窮，促使中國必須盡力發展工業化和都市化之現代化，因為唯有現代化才能讓中國人擺脫近三千年來的勤苦生涯。現代中國在西力衝擊下，也要求民主和科學，而表現在中華大地上的改變就是良田變工廠以及農村變都市。傳統的儒家思想建構下的以農耕大地為基盤，以

---

〔1〕 徐復觀：《誰賦豳風七月篇——農村的記憶》，收於氏著《學術與政治之間》，第 71—82 頁。
〔2〕 見《孟子·梁惠王》。

鄉莊城鎮為聚落，而以廟學等神聖空間為中心之理想境界，已經逝而不返。

第二次世界大戰之後，台灣此種結構的改變明顯且巨，黃俊傑先生指出：

> 從統計數字來看，台灣農業人口從 1952 年的 52.4%，1960 年的 49.8%，逐年下降到 1989 年的 18.1%。隨著戰後台灣人口結構中農業人口的逐漸下降，我們也看到在台灣的國內生產淨額（Net Domestic Product, NDP）之中，農業部門所佔的比例江河日下，而工業部門生產力則穩定成長。在 1952 年農業部門與工業部門的比較，是 30.0% 比 18.0%，但是，到了 1964 年，則農工兩部門平分秋色，成為 28.3% 與 28.9% 的對比。自 1963 年以降，工業部門就凌駕農業部門之上，凌夷至於 1980 年，農工部門之比例成為 9.2% 和 44.7%，1987 年為 6.2% 對 47.1%，1989 年為 5.9% 對 43.5%。[1]

從以上一段農工部門比例之比較，得知台灣的農耕文明已經消失，黃先生特別強調這是史上的第一次中國人從農業社會轉型到工業社會之徹底變動。工業化不免給台灣帶來了人與人的疏離，個人深感在世界上的孤獨；人與自然的疏離，則使台灣的

---

[1] 黃俊傑：《儒家傳統與二十一世紀台灣的展望》，收於氏著《戰後台灣的轉型及其展望》，台北：台大出版中心，2007 年，第 165—188 頁。

自然環境遭受破壞和污染，其狀況日益嚴重。[1]

急速的工業化，也讓台灣人從農村家園中被抽離出來而移入都市，以 2000 年而言，黃先生指出，台灣每千人就業人口，農業部門下降到 9.1%，工業部門為 39.4%，而服務業則高佔 51.5%；而且由於二、三級產業人口的高比例，所以台灣都市人口的比例也隨之大為提高，1985 年是 73.0%，到 2000 年時上升到 87.0%。[2]

總之，現代台灣已經完全從農耕的鄉村台灣轉型為工商業的都市台灣。傳統儒家在農本主義之下建立的以農耕大地為主的存在空間，在現代台灣也逐漸解構。換言之，從孔孟以及如《繫辭傳》儒家所創建的依據生生仁德而以天人和諧之道庇護庶民百姓身心的天地，在現代台灣已經不復存在。

現代化的效應是讓人們在都市化和工業化的影響下，增加日常生活中的移動，他們的身體不再定著於一個固定的空間坐標，而是不斷地在多元且動態的空間坐標中移動，也由於如此，現代人所在的世界，乃是存在著繁複、破碎、遷移、變動的景觀所構成的空間，因為他們每天接觸很多的廣告、招牌、媒體、電視、商品以及經常拆掉又重建的建築。[3]因此，現代人根本已經沒有單純素樸且神聖中心明確的穩定堅篤之農耕型

---

[1] 黃俊傑：《儒家傳統與二十一世紀台灣的展望》，收於氏著《戰後台灣的轉型及其展望》，第 165—188 頁。
[2] 同上。
[3] Hough, M., *Out of Place – Restoring Identity to the Regional Landscape*, Yale University Press, 1990, pp. 85–121.

存在空間。現代台灣從光復之後就在這樣的軌道加速奔馳一往不返,現代台灣的生活世界之存在空間,早已不屬於儒家的建構。[1]

然則,工商業化與都市化的現代台灣已經不需要儒家德教了嗎?或者儒家德教已經不再是現代台灣的指導原則?

五、結　語

儒家主張內聖外王,是從誠意正心修身出發,才談到齊家治國平天下。換言之,意誠心正身修的工夫,是原初點,是自己可以及時且在於自己內在就可把握肯定的,換言之,內在的體證和清明,才是道德意志取向的天地宇宙的空間中心。因此,現代台灣固然已經由於從農耕台灣轉型為工商業台灣、從農村台灣轉型為都市台灣,外在客觀的三圈型存在空間及其神聖中心之傳統結構,已經隨時代而一去不返,可是我們深信儒家思想的核心境界卻依然存在於人人之良知本心中,一點也沒有喪失。

筆者曾經為文指出儒家思想最能給現代化的世界提供一種美好之古典智慧,即是"整全生機"的生態倫理觀,在這個倫

---

[1] 傳統台灣的農村之農宅是所謂"三合院",由正身和左右護龍以及中間的曬穀埕構成,中軸線明確,而在正身的正廳中供奉祖先牌位,其生活空間的儒家實踐非常清楚;都市發達之後的台灣,在都市中,人們不以農為業,也不住三合院,而是居住在集合住宅型的公寓建築物中,建築空間不依中軸線,當然也沒有給祖先牌位留下合宜的祭祀空間,於是絕大部分的現代台灣人已屬都市人的情形下,根本不再祭祖,不再於儒家的存在空間中生活。

理觀裏，認同人與自然同體、人與他人同體、人與社會同體、人與大宇長宙同體（同體者同其一體之意），在同體中生生永續。[1] 通過適當的教育，使當代人在心中涵養了儒家這樣的整全生機自然生態觀，以生生永續的生活態度對治現代化文明中的人與己、人與人、人與社會、人與自然環境以及人與大宇長宙的疏離症、割裂症[2]，若能如此對治，則人將可以依據活潑潑地存有於自身的仁心作為天地空間之神聖中心；就是以自家本有的仁心作為"在世存有"的天地空間之中心，這樣的本我之人方能真正回歸到惜物愛生的素樸簡約，因而也讓自身和天地獲得安頓，這是迷失在當代現代化世界的人回歸安宅的定盤針，從這一點重新出發，人才能邁向人與世界和諧的後現代天地空間。

作者簡介：潘朝陽，男，1951年生於台灣省苗栗縣，客家人。台灣師範大學地理研究所博士。現任台灣師範大學東亞學系、地理學系合聘教授，東亞文化暨漢學研究中心主任，全球客家文化研究中心研究員。兼任《漢學研究》編委、《海峽評論》編委、《鵝湖月刊》社長、台灣朱子學研究協會副理事長、台灣周易研究學會理事、中華兩岸和平發展聯合會第

---

[1] 關於這方面的詮釋，筆者撰寫了下列論文：《整全生機論自然宇宙觀：人與自然和諧的環境倫理——以聖經創世記為主的詮釋》《儒家哲學的環境思想》《文化生態論與中國天人和諧思想下的環境觀——以儒家為例》《周易的環境倫理及其大地關係》，以上論文均收於潘朝陽《心靈·空間·環境——人文主義的地理思想》。
[2] 類似的見解亦見之於黃俊傑教授，黃俊傑：《儒家傳統與二十一世紀台灣的展望》，收於氏著《戰後台灣的轉型及其展望》，第164—188頁。

一副主席。學術專業為文化地理、宗教地理、地理與環境思想、空間思想、中國儒學、台灣儒學、東亞儒學、客家學等。出版學術專著《出離與歸返：淨土空間論》（台北：台灣師大地理系，2001）、《明清台灣儒學論》（台北：台灣學生書局，2001）、《心靈・空間・環境——人文主義的地理思想》（台北：五南圖書出版公司，2005）、《台灣儒學的傳統與現代》（台北：台大出版中心，2008）、《台灣漢人通俗宗教的空間與環境詮釋》（廈門：廈門大學出版社，2008）、《時代憂患與國族思維》（台北：海峽學術出版社，2009）、《儒家的環境空間思想與實踐》（台北：台大出版中心，2011）、《家園深情與空間離散：儒家的身心體證》（台北：台灣師大出版中心，2013）等，主編《跨文化視域下的儒家倫常》（台北：台灣師大出版中心，2012），發表學術論文多篇。

論儒家的生命倫理

單　純

內容提要： 儒家的天命信仰是建立在進化論的"生命共同體"原則之上的。它通過"天人合一"的思想闡述了人的世俗生命的和天命的神聖性之間的統一關係，因此在儒家的"宇宙大家庭"關係裏，可以推導出儒家式的公平和博愛價值觀。在理論上可以用"性命之學"總括儒家的生命共同體信仰，其世俗與神聖相統一的精神主導了儒家科舉考試的內容從漢唐的"五經"轉向宋明的"四書"。儒家通過親緣關係揭示的不僅是一種家庭紐帶，而且更重要的是表達了一種普世的和諧倫理，它體現了人在終極關懷方面的主體性、創造性；與西方的教堂救贖相比，中國人的信仰可以被概括為一種根植於"家庭生命延續"的世俗信仰。

中華民族的信仰通常被理解為一個由儒、釋、道三者所構成的信仰系統，在這個系統中，儒家的信仰是主流，而以道教和佛教為兩個重要的羽翼補充之。從源流來看，儒家和道教是中國本土的信仰，佛教是從印度傳入的，後經由與儒家和道教的融合，終而形成以禪宗為特色的中國佛教。與西方的亞伯拉罕信仰系統相比，這三個大信仰都沒有人格神的創世說，而是以人與天即宇宙之間的一種關係，或者稱之為"天人關係"，或者稱之為天道與人道關係，或者稱之為緣起性空關係，來揭示人生的意義。對於儒家來說，宇宙萬物都是由天地化生的；對於道家來說，天地萬物都是由道化生的；對於佛教來說，世界萬物都是由因緣關係而起的。在這些"萬物"中，人居其一，因此，人不只與萬物而且與天地、道、佛性皆有親緣關係，此關係之有並非基督教創世記中造物主絕對主體與宇宙萬物被造客體之關係，而是一種化生、流轉關係，前者之有賴於上帝之神力，後者之有賴於親緣關係中的性情。在中國人的信仰系統中，天（或道家宇宙論中之道及佛教之緣起）可以象徵自然，化生之祖先，人倫的源泉，自然、社會的立法者以及人之追求的終極歸宿。因此，中國人的信仰系統大體上是可以用"天人合一"來概括之。"天人"之間的關係並不是簡單的造物主與受造物之間的關係，而是人類與其祖先之間的親緣關係，即是生命共同體的關係，而不是生產的設計者與其所設計的產品之間的關係。在這個意義上講，中國人的信仰客體既是天也是人。當中國歷史上的統治者遵循這個生命共同體的基本原則時，中國老百姓就尊稱統治者為"天子"，但是，當這些統治者違反這個生命共同體的基本原則時，中國的老百姓就以"替天行道"的精神清除這些統治者。那麼，中國人所信仰的這個生命共同體的普遍原則是什麼呢？就是一種親緣性的博愛，即從人類的生物小家庭擴展至社會（國家）中家庭和天下宇宙大家庭的"生生之德"。

一、天人關係

　　作為中華民族的傳統信仰,"天人合一"在中國思想領域裏已經成為持續討論了兩千多年的話題,成為中國傳統文化中各種其他話題的核心和基礎。以中國傳統文化主流的儒家為例,天被賦予了最崇高的地位,它是宇宙中一切生命的源泉、道德基礎和永恆的生命歸宿。中國人通常講"天生,地養,人成""天地良心""人命關天""命歸西天"等,表達的就是"天人合一"的信仰在這些方面的信息。儘管道、佛兩家在表述它們各自的宇宙論與人生論的統一性時所用的術語不同,但它們所賦予"道"和"佛性"的神聖性與儒家所賦予天者是十分接近的。儒家的人在將天說成是一切生命和價值的源泉時,也衍生出了天的更加具體和絕對意義的資訊,即"命",故有時儒家的人喜歡將"天命"連用,或者對於具體的事物中的絕對性和神聖性也單獨以"命"來表達,如《論語》中講"君子有三畏:畏天命,畏大人,畏聖人之言""死生有命,富貴在天"[1]。在儒家的信仰中,天或天命可以有自然之天、命運之天、價值之天、義理之天、立法之天和救贖之天等十分豐富的含義。大體可以這樣說,西方基督教傳統中所賦予上帝的一切特性,中國人都賦予了他們傳統信仰中的"天",一句"天地良心"簡直可以將中國傳統信仰中的所有含義言簡意賅地完

---

[1]《論語·季氏》,《論語·顏淵》。

全表達出來。但還有一點是值得我們特別關注的，即中國人在討論自己的"天人合一"信仰時，其用心很偏於天的神聖性與人的親緣性的，正是由於這種親緣性，天與人的合一才能成為儒家宇宙論和人生論相統一的共同議題，其情形正如宋儒張載所說的"乾稱父，坤稱母；予茲藐焉，乃混然中處。故天地之塞，吾其體；天地之帥，吾其性。民吾同胞，物吾與也"[1]。宋儒相信，在宇宙這個大家庭中，天地就是父母，人類和萬物都是這個大家庭中的成員。這種宇宙大家庭的關係顯然不是屬於實證型的，而是具有信仰意義的，其最有價值的地方在於推導出儒家式的公平與博愛思想，韓愈說"博愛之謂仁，行而宜之之為義"[2]，伊川說"公而以人體之謂之仁"[3]，也都是以宇宙大家庭的親緣關係為基本原則而推導出的世俗倫理。照一般的邏輯講，一個生物小家庭中所培育出的倫理與一個宇宙大家庭所培育出的倫理肯定是有程度上的巨大差異的，那麼，以諸子百家之一的儒家的"天人合一"關係推導出的倫理能有廣泛的普世性嗎？許多人都有這樣的疑慮，也有人直接批評儒家的這種小家庭倫理會導致"任人唯親"的政治和"家族式管理"的企業。但是，我們應該說明的是，儒家的生物小家庭和宇宙大家庭之所以能夠孕育出"天人合一"的公平和博愛倫理，顯然不是因為它們之間有程度上的差異性，而是因為其共同的親緣

---

[1] 《張載集·正蒙》乾稱篇第十七。
[2] 《韓昌黎全集·原道》。
[3] 轉引自《朱子語類》卷九十五。

性和切近的經驗性,即孔子說的"夫仁者己欲立而立人,己欲達而達人,能近取譬,可為仁之方也已"。[1]體會"博愛""公平"之"仁"要找個最切近的經驗,那當然就是家庭,所以儒家提倡的"五倫"(君臣、父子、夫婦、兄弟、朋友)都是從家庭中的親緣關係推導出的,其中"君臣"可以類比於"父子",可以說是"事君如事父""愛民如子";"朋友"可以類比於"兄弟",叫作"稱兄道弟的朋友"等。另外一個由儒家的家庭倫理推導出普世倫理的原因是,中國先秦的思想家是從"天下"的地理空間思考問題的,所謂"天下"就是今天所說的世界或全球。照當時的中國思想家看,中國是在天下的中央(如基督教的信仰以以色列為天下的中央一樣),而天下的具體位置就是東臨大海,西阻高山,北隔大漠,南斷雨林這樣的"六合之內,皇帝之土"。[2]因此,天下就是世界,由"天下一家"和"四海之內皆兄弟"的思想揭示的"天人合一"的倫理自然也就是普世的倫理;"天人合一"的普世價值觀自然也表達著中國人的信仰特色和歷史情懷。

中國人傳統信仰的空間既然是"天下"這樣的宇宙大家庭,那麼其所推導出來的價值觀自然也被他們信仰成為"普世的",即"建諸天地而不悖"的。[3]因為屬於家庭倫理的"孝"是"推而放諸東海而準,推而放諸西海而準,推而放諸南海

---

[1]《論語·雍也》。
[2]《史記·秦始皇本紀》。
[3]《中庸》。

而准,推而放諸北海而准"的[1],所以生物小家庭是一個體會普世倫理的經驗道場,它的意義不是演繹出一個客觀的知識系統,而是切近地體會一種生命信仰。從中國古人的動機和情感來看,他們世俗倫理中的一切價值都不能"悖於"天命,因此也都具有天命所賦予的神聖性,即《詩經》裏說的"天生烝民,有物有則"。[2]《尚書》也是根據同樣的信仰,明確"天降下民,作之君,作之師"。[3] 這裏,"君"和"師"仍然可以視為"天人合一"的普世倫理在政治方面和教育方面的體現。這些經典性的儒家思想表明,天下萬物都是"天地化生"的結果,所以中國人的信仰系統總是與天地、與祖先崇拜聯繫在一起的,稱之為"敬天法祖"。從邏輯上講,這樣的信仰是將天命與人事聯繫起來,將人對天的宗教情感與人的生命起源、社會倫理及宇宙普世倫理聯繫起來,合成為一個獨特的"天人合一"的信仰系統。

二、神聖信仰與親緣紐帶

按照儒家"天人合一"的信仰邏輯,天下萬物包括人都是天出於善意而化生出來的,人自然要感激天地父母的衣養之恩,"知恩圖報"也成了中國人這種傳統信仰最直觀的寫照。

---

[1] 《禮記·祭義》。
[2] 《詩經·大雅·烝民》。
[3] 轉引自《孟子·梁惠王章句下》。

同樣，儒家的傳統也表明，天下萬物都是天意化生出來的，"知恩圖報"自然也是天下的一種普世倫理，這是"朗朗乾坤，天理昭彰"。但是如果我們將這種普世的"天理"聯繫到具體的個人時，對生命的直接感受和"知恩圖報"的倫理也就都體現在了家庭的環境之中，即子女的生命直接來源於其父母，再依次回溯到家庭的祖先，最終止於天地。在這樣回溯的生命鏈中，一個人的個體生命雖然是世俗的，但是通過其生命的親緣聯繫可以一直追溯到人類共同的生命起源處——天命，這樣就把個體生命的世俗性與生命共同起源的神聖性聯繫起來了。所以最直接體現生命親緣紐帶的家庭就成了世俗的個人與神聖的天命相連接的基礎。從體現人倫日用的家庭生活可以直接體會到神聖的天命。宋儒程頤說："性命孝悌，只是一統底事。就孝悌中，便可盡性至命。至於灑掃應對，與盡性至命，亦是一統底事。無有本末，無有精粗。"[1] 體現在家庭生活中最基本的人倫就是"孝悌"，它固然也是人最頻繁體驗到的生命實踐，是最世俗不過的道理了，可是它在本性上卻與神聖的"天命"聯繫在一起，這種世俗與神聖的統一到了宋代便已經深入到儒家的思想情感裏了，所以宋儒特別推崇的四書之一——《中庸》開篇就點明了此點："天命之謂性，率性之謂道，修道之謂教。道也者，不可須臾離也，可離，非道也。"[2] 中國科舉考試的重點從漢唐的"五經"轉向宋代的"四書"，這幾句話是十分

───────────

[1]《遺書》卷十八。
[2]《中庸》。

關鍵的,因為它突出了儒家"性命之學"的特色,亦即中國人的信仰特質,西方學者將此特質稱為"世俗與神聖的統一"[1],中國人通常就稱之為"天人合一"。這或許可以解釋為什麼中國人崇拜祖先總是要與天聯繫在一起。在傳統的天命信仰中,祖先去世只是命歸西天,祭祀祖先就是祈禱他的在天之靈護佑其地上的世俗子孫。

根據這個傳統的生命共同體模式,家庭的親緣紐帶還是一種天與人之間的媒介,它不僅使人的世俗的生命得以永恆地延續,而且還使這些生命得到"天命"的神聖護佑。而世俗家庭裏的成員同樣有義務娶妻生子延續香火,這樣世俗的生命過程就是在完成一種神聖的使命。通過敬天祭祖這種表達生命親緣關係的儀式,儒家的學者所要證實的就是一種世俗生命的神聖性以及對於生命的感激之情。雖然敬天祭祖在許多場合已經不具有西方實證的生物學和考古學意義,即天和祖先離我們的實際經驗相當遙遠,但是這種信仰儀式卻能表達人對於維繫生命的基本單位——家庭——的感激心理。家庭的親緣紐帶見證著每一個世俗生命的價值以及它在親緣關係中的神聖性。漢代歷史學家司馬遷曾經深刻地闡明了這種寓神聖於世俗生命的"天人合一"思想,他說:"夫天者,人之始也;父母者,人之本也。人窮則返本,故勞苦倦極,未嘗不呼天也;疾痛慘怛,未

---

[1] 美國學者 Herbert Fingarette(芬格瑞特)寫了一本有關研究孔子思想的書,書名是《以凡俗為神聖》,她認為孔子在《論語》裏通篇的主題就是把凡俗的世界和神聖的世界聯繫起來,以世俗的倫理展示天命的神聖性質。

嘗不呼父母也。"[1]"天人"關係在這裏不僅被表達成為一種宗教關係，而且他還說明宗教是人生的本能的需求，即報本返始表達的是一種本能的宗教情感。他的這種觀察還揭示了家庭親緣關係所具有的一種信仰功能，即通過"天人合一"和"敬天祭祖"可以將人的世俗的困境轉換為神聖而平和的心靈世界，這也是通常人們所說的宗教具有的心靈安慰或"安身立命"作用。

三、齊家治國平天下

根據儒家的傳統，家庭是個體生命存在和延續的基本單位，而國家和社會只是一個放大了的家庭，所以中國人喜歡將"國"與"家"連用，將社會甚至世界視為一個大家庭，有"四海之內皆兄弟"和"天下一家"的說法。一個人對天的情感和信仰與他對家庭、國家、社會和世界的信仰應該是一樣的，因為這些物件都是他的生命得以存在和延續的環境和展現的舞台。因此儒家說的"修身、齊家、治國、平天下"實際上就是一個人生命價值的逐級體現。作為一種生命的直接體驗和對天命的神聖感受，家庭是最能體現天的神聖性的地方。比照著現代西方人說"教堂是公民的道德孵化器"[2]，家庭是中國人

---

[1] 司馬遷：《史記·屈原賈生列傳》。
[2] "關於美國的一個最基本的事實是，在美國人自己的概念中，他們大多數都是基督徒，他們和許多非基督徒都認為，美國社會的道德基礎是猶太—基督教道德"，"從某種意義上說，教堂是公民美德的孵化器"。見《交流》2000年第1期，第29頁。

"修、齊、治、平"的"教堂",因為在中國人家庭生活的"灑掃應對"中就蘊含著"盡性至命"的神聖性。根據中國人的傳統,一個家庭生活中父母對其子女的愛也是對給予自己生命的長輩父母的感激之情,對晚輩的慈愛也是對長輩的孝敬,只有在這樣的生命共同體的永恆延續中才能完整地表現"不孝有三,無後為大"[1]的思想,中國人詛咒人有兩句極端厲害的話,一是"掘人祖墳",一是"斷子絕孫",這些詛咒被認為是阻斷生命永恆的源流,最嚴厲地褻瀆以家庭為象徵的生命的神聖性。對於寄希望於教堂救贖的西方人來說[2],中國人則是將他們永恆的生命寄託在香火延續的家庭之上。對於前者來說,倫理的神聖性被詮釋成"博愛";對於後者來說,倫理的神聖性則被詮釋成"孝悌",即孔子說的"孝弟也者,其為仁之本與!"[3]

由於僅只是以亞伯拉罕信仰系統為唯一的宗教信仰參照系,不少西方人感到吃驚:中國人並不具備足夠多的教堂,他們是怎樣使一個佔世界人口最多的民族保持了最久遠的歷史的統一性的?這確實使他們感到疑惑。但是如果他們能夠將目光轉向中國人傳統的家庭以及中國人所寄託在家庭之上的傳統感情和社會責任,他們的疑惑將會得到很大程度的消解:中國

---

[1]《孟子·離婁上》。
[2] 教堂在歷史上也被西方人視為"救贖之舟"(the church as the only ark of salvation) — *Dialogues in the Philosophy of Religion*, by John Hick, Palgrave, 2001, p.195。
[3]《論語·學而》。

人傳統的家庭的數量和中國人對其賦予的感情及承擔的社會責任,都足以和教堂在西方人的傳統中所具有的功能和地位相提並論,因為中國人的傳統家庭正是溝通世俗的個體生命和神聖的宇宙生命的橋樑,是"天人合一"的一幅袖珍圖卷。因此,由"齊家"而培育出的倫理自然可以擴大至社會和天下,昇華成社會倫理和全球倫理。在國家這個社會層面,具有儒家情懷的政治領袖都被期待要"愛民如子",而一般民眾也以同樣的理由被期待"敬重領導如同敬重長輩父兄",甚至現代的華人企業也說"關愛自己的員工如同兄弟姊妹""愛廠如家"等。將這樣的家庭倫理再擴大到整個的生物世界,或者甚至整個宇宙,儒家的人仍然提倡這種孕育家庭的父母子女、兄弟姊妹之間的關愛倫理,孟子說:"老吾老,以及人之老;幼吾幼,以及人之幼。天下可運於掌。"[1]就是這個信仰邏輯,它的基礎是家庭倫理,但其價值卻是普世的,可以輕鬆地貫徹於"天下"。中國儒家常說的"修、齊、治、平"就是在追求這種家庭個體生命的倫理與普世倫理的統一。這也是寓"天人合一"的神聖性於家庭生活的"世俗性"的一個常見的解釋。在比較的意義上如果我們可以將西方人的信仰理解為"教堂式的救贖信仰",那麼我們同樣可以將中國人儒家式的信仰理解為"家庭式的生命延續信仰"。在由家庭式的倫理推延而成的普世倫理中,我們不難理解為什麼中國人常見的各種格言中總是會帶有儒家信仰的色彩,如"天下一家,中國一人""觀雞雛可以

---

[1]《孟子·梁惠王上》。

觀仁，……觀萬物自得意""求忠臣必於孝子之門""以孝治天下""民胞物與""天人合一"及"孝為百行先"，等等。這些信仰色彩的普世觀念所要表達的都是神聖與世俗的相互統一的價值，它們不是二元對立的，而是互含互攝的。這就是為什麼中國人在其傳統的信仰中能夠做到寓神聖於世俗、極高明而道中庸的原因，其基本的信仰特徵是中國人的宇宙觀是一個可以歸約為家庭這樣一個進化性質的生命共同體，而不是一個二元對立的宇宙工廠，由造物主來設計、生產受造物。

四、天的神聖性與世俗生命的創造性

我們都清楚，基督教信仰本質上是一種明顯的二元對立信仰，即上帝作為造物主與宇宙萬物作為受造物之間的對立。在這種對立關係中，居主導地位的是上帝所代表的"他力"，即遠離我們人類和自然世界的一種絕對神奇的力量。造物主憑藉這種超越受造物的"他力"創造了宇宙萬物包括具有"原罪"的人類。照《聖經》的說法，上帝運用這種神奇的"他力"將人類逐出了"天堂"——"伊甸園"，他也運用這種神奇的"他力"發起了"大洪水"來懲治"亞當的子孫"，當然，在"世界末日"來臨時他還能夠運用這種神奇的"他力"永久地救贖或者責罰人類。這些神奇的"他力"對於宇宙萬物包括人類來說是無可奈何的，只有對之敬畏，否則必遭其懲罰。從邏輯上講，信仰者與這個具有"他力"的造物主之間的信仰關係是靠力量的懲罰或施恩原則所確立的，最極端的情況就是末日的天堂救贖和地獄責罰。就其消極的一方面講，人們信仰基督教是基於一種對"原罪"的懺悔和對"地獄"責罰的恐怖。相反，在儒家的信仰裏其宇宙論的起源則是出於天的善意，萬物的出現和生長依靠的是天地的演化力量，即和諧的進化功能而非神奇的製造功能。在儒家的天地化生萬物的模式中，所有的存在物都分享了進化的神聖性，"天命之謂性"給了這種分享的神聖性很好的解釋。這種萬物的"性命"是在進化中生成的，它本身就具有神聖性。因此說，萬物的神聖性又是具有主體性的，它成為了自我進化的內在根據；它的內在主體性也成就了天命的神聖性，沒有它，天命的神聖性也就失去了根據。所以作為儒家"群經之首"的《易經》就很強調這種帶有萬物主體性的化生原則："大哉乾元，萬物資始""乾道變化，各正性命"[1]"乾道成男，坤道成女。乾知大始，坤作成物"[2]。在《周易》的這些思想中，既有天命的神聖原則，也有萬物"正性命""成物"的主體性。這種進化論的宇宙觀可以與家庭生活中嬰兒的產生相類比，其中融合了男女世俗的生物性和生命抽象的神聖性。而且在這種進化論的融合中生命的主體性得到了強化：沒有陰陽男女的生物性結合，抽象生命的神聖性便無從談起。

儒家還有一個與《周易》的宇宙論相似的例子就是《中庸》。拿《中庸》開頭的宇宙論與《聖經》的"創世記"比，

---

[1]《周易·乾卦》"文言"。
[2]《周易·繫辭下》。

就可以明顯地看出儒家信仰的這種"生命主體性"特色。從"天命之謂性"到"天地位焉，萬物育焉"，從先天的"性"到後天的"教"，人都以自己的生命參與其中，體現著其生命的主體價值。人的世俗本性與天命的神聖性是同時出現在宇宙的化生進程中的，人自主地展現自己的本性就是在體驗天命的神聖性，就是在展現"天人合一"的信仰，表達神聖的生命情懷。在這個層面上講，儒家式的"性命"觀念對信仰者是具有人性的解放和激勵作用的，它免除了人對於生命之外的"他力"的迷信，轉向內心體驗宇宙的"性命"價值，以自己的主體性將天命的神聖性表現出來。孟子的"性善論"和"富貴不能淫，貧賤不能移，威武不能屈"的"大丈夫"品格，陸九淵的"宇宙內事，乃己分內事。己分內事，乃宇宙內事"的宇宙人格論，王陽明的"人是天地的心"，這些都是在闡明"天人合一"的信仰中人的主體性價值。通過人的這種主體性，天命的神聖性才得以充分地表現出來，所以宋儒常講"天不生仲尼，萬古常如夜"。基督教沒有這個人的主體性傳統，所以它必須依靠上帝的"道成肉身"和耶穌在十字架上的受難才能救贖人類，這種思想從上帝來講是極盡博愛之能事了，可是從信仰者——人這方面來看，他的主體性完全被神的救贖性替代了。所以，尼采才從人的主體性價值出發，大叫："上帝死了，死於對人的同情。"

在中國人的信仰傳統裏，天的神聖性不能獨立於人的主體性和創造性之外而單獨發揮，這使得中國人在實現自我價值方面並不太受偶像、教典、崇拜儀式、天堂、地獄等因素的局限。對這些"客觀因素"的忽視主要是為發揮他們的主體性和創造性提供了條件,西方人發現中國人的主體性和創造性在家庭生活中得到了最經常性的展現,一定會覺得中國人太世俗了,以至於主導他們入世精神的儒家思想不配被稱為"超越性的宗教",可是,如果他們認真了解儒家"天人合一"的宇宙論和價值觀,了解中國人在其家庭生活中的"灑掃應對"和"人倫日用"中所體現的就是"盡性至命"的神聖思想,他們也許能夠理解中國人為什麼一定要標舉"極高明而道中庸"這樣的終極關懷。人既然是"天地萬物之心",是"立乎其大者"的"宇宙之心",他的情感和創造力就是要體現在家庭、國家和世俗世界,因為這些物件都是生命共同體中不可或缺的要素。這當然也是生命進化論和生命創造論兩種不同的信仰體系的差別。中國人經常追求外在的"天"與主體的內在的"人"的統一,以確保"天"的神聖性不孤立於"人"的世俗性,朱子說:"天地只是不會說,請他聖人出來說。"[1] 這就是所謂聖人代天立言,而從本質上講"滿街都是聖人",所以人的主體性和創造性就可以用"替天行道""代天立言"來表現,其與基督教"道成肉身""最終救贖"的最顯著區別就在人的主體性和創造性方面。照儒家的辯證法講,人要是在本質上不具備這種主體性和創造性,人就不成其為人,所謂"喪盡天良"或"良心泯滅"都是從人倫的意義上講的,而不是就人的生物學的意義講的。陸九淵的哥哥陸九齡說,良心是"古聖相傳只此心",王陽明也說

---

[1]《朱子語類》卷六十五。

"知善知惡是良知",它們成了人的主體性建構的價值標準,用它可以判斷一切是非曲直,違反者即被判定違反了"天命"的神聖性。人所覺悟到的內在於自己的"良心"也是"宇宙的心",是普世的倫理,誰違背了它誰就失去了在宇宙間立足的依據,所以從信仰的辯證邏輯看,中國人的"性命觀"具備了最大的公平性,以及最充分的人性主體價值和創造性,所以"天視自我民視,天聽自我民聽"[1]一直被儒家提倡人的主體性和創造性的學者視為神聖的公理,它的基本精神與現代社會的民主、公正及和諧的價值觀是大可相互發明的。

作者簡介:單純,男,1956年4月出生,浙江紹興人,哲學博士。現為中國政法大學人文學院教授、法學院博士生導師,兼任美國愛爾文尼亞大學教授、德國波鴻大學宗教學院教授、澳大利亞邦德大學國際關係學院榮譽教授、中國社科院宗教所研究員、四川大學教授、國際儒學聯合會學術委員會副主任。研究方向為儒家思想、宗教哲學、法哲學。主要著作有《宗教哲學》《舊學新統——馮友蘭哲學思想通論》等。

---

[1]《孟子·萬章篇》引《泰誓》。

儒家文化與農村生態經濟：兩岸共建儒學文化村的構想

王寧川　皮介行　鄔宇澤

摘要： 本文以梁漱溟、晏陽初、台灣儒商洪武雄在廣西農村"推儒學，促生產"的成功範例為基礎，對經濟和地緣相對落後的農村未來發展進行虛擬戰略定位，在理論上提出一個將儒學實踐、農村管理和招商引資相結合，三位一體的傳統文化傳承模式，暨在農村試建以儒學傳統為"共核"的生態文化村的構想。這不僅可以傳承并發展儒家文化，促進經濟生產方式的多元化轉變，同時也符合國家所宣導的"保護生態，促進可持續發展"的政治方針，若將此作為一個招商引資的新路徑，或可能成為吸引兩岸乃至世界志同道合的華人以及國際友人參與投資的精神動因，不僅能在一定程度上彌合政治意識形態差異所造成的矛盾，同時也是地方基層政府對黨中央所提出的"復興儒學，提升國家軟實力"戰略部署的內化履踐與回應。在傳承儒家文化的基礎上，使其在社會主義建設中再次煥發新的生命力。

關鍵詞： 文化傳承　儒家文化　儒學生態村　生態經濟

一、儒學傳承尋覓家園，發展需要擁抱實踐

隨著清末民初廢除科舉、書院，大家庭解體，儒學便失去了體制性依託，陷入一種無家可歸的窘境。余英時在《現代儒學的回顧與展望》一文裏，指出此後的儒學是"遊魂"，他認為，儘管儒學的許多精神元素依然在中國社會生活的各方面發揮著功能，但作為一個曾經有制度依託的整體性架構，已經不復存在。如何重建儒學的制度依託呢？他認為出路應該是重新發揮儒學的踐履精神，走向人倫日用，在民間"私領域"中建立自己安身立命的家園。可實際結果如何呢？

在台灣，蔣介石雖然高調推動文化復興運動，支持了新儒家的發展壯大，但是，新儒學畢竟還沒有發展出與現代社會相匹配的理論資源，無法在社會領域發揮重要作用，只能成為學院中用來思考討論的對象。在大陸，儒學在今天也算是聲勢重起，並且得到了官方的扶植（比如作為國家的文化軟實力，在國際舞臺上得以展現），可在社會實踐特別是教育體制中，它仍缺乏有形的立足點，缺少培育儒者的成形體制，支撐自己的群眾基礎還比較薄弱，特別是能夠踐履儒家精神的群眾稀缺。

如何更好地推動儒學的傳承與發展？儒者於講習之餘，必須加強實踐精神，走入社會日常生活，以此重新進入中國價值與精神的主流領域。歷史上，修身齊家，知書達理，天下大治，和諧盛世，儒學價值觀中的優秀成分貫徹在社會運轉各個環節之中，是有很多成功範例的。但當代中國，儒學為什麼就

在小團體、小圈子內才能影響實踐，一出了這個範圍，它就成為一種流行文化式的東西呢？講《論語》的和讀《論語》的，就像賣化妝品和買化妝品的，洗完臉抹一抹完事。

　　對利益不擇手段的追求，已經使得中國社會生態系統出現了連鎖反應式的危機。陳水扁案、山西疫苗事件、各地的野蠻拆遷事件，都是讓人痛心疾首的事例。當代中國社會的諸多問題說明，社會迫切需要作為仁學、人學，作為與社會實踐有著密切關聯、以積極入世、知行合一為旨歸的儒學，儒學也迫切需要擁抱生活實踐。特別是後者，儒學一向以道德修持為其核心，禮樂教化裏的"內聖外王""道器體用"是儒學在實踐上的主導理念，其邏輯體現為道為本，器為末；體為本，用為末；德為本，技為末；內聖為修德成道，外王為行道救世。這在農業社會或不成問題，但在當代社會，道德掛帥不足以解決實際問題，反而使儒學邊緣化、學究化，疏離了工商大眾人群的切身生活。傳統上，儒者對工商業界，對謀利行為都比較鄙視與排斥，認為讀書與當官比較清高，這樣的觀念與行為，造成了儒學脫離百姓日用，也使儒者的實踐經常缺乏再生產能力。現代儒者的重新出發，應該秉持"無器不能見道，無用也不成其體"的理念，重視物質生產在儒學上的價值與地位，肯定市場活動是人類社會不可或缺的基本活動，把物質生產與市場交易活動納入儒學價值實踐的體系中。儒學要在現代社會建立體制上的立足點，重新成為公私生活的有機成分，應該做一種通權達變的理論調整，以提升儒學的實踐性，提升儒學在百姓生活實踐上的契合點。也就是依照太極陰陽，往復循環的道理,將"內聖外王""道器體用"的關係,置於更開放的循環共成之中,強調聖必有用,德必有功,提高外王事功、器用技能的作用,肯定事功與技能在人生與家國天下裏的價值與地位。循此思路,"道器體用"亦可以表述為:道以成器,器以顯道,體以成用,用以顯體,無器不能見道,無用不能成體,所以道不離人倫日用,儒者應走向人倫日用,走向社會人群,建功業,成器用,以事功而希聖希賢。正所謂"修道在人間,成道在人間,行道在人間",將知與行打成一片,統合為己為人而共相為用,這才是儒者應有的修德之路。

二、將發展農村生態建設作為傳承儒學的一個突破口

當代文明伴隨著生態惡化、資源枯竭,人類生存與發展面臨嚴重威脅。近年來北京的黃土風沙,雲南貴州的嚴重旱災,長江中下游的流斷河枯,都是大自然在提醒我們、督促我們重溫儒家重視生態、天人合一的教導。在儒家傳統裏,人與自然是存亡與共的有機整體,人類應該維護地球生態系統的平衡,才能有持續的生存與發展。例如《禮記·祭義》載,曾子曰:"樹木以時伐焉,禽獸以時殺焉。""斷一樹,殺一獸,不以其時,非孝也。"《大戴禮記·衛將軍文子》記孔子之言:"開蟄不殺當天道也,方長不折則恕也,恕則仁也。"《孟子·梁惠王上》記有:"不違農時,穀不可勝食也。數罟不入洿池,魚鱉不可勝食也。斧斤以時入山林,材木不可勝用也。穀與魚鱉不可勝食,材木不可勝用,是使民養生喪死無憾也。養生喪死無憾,王道

之始也。"《逸周書・大聚解》有"禹之禁：春三月，山林不登斧，以成草木之長；夏三月，川澤不入網罟，以成魚鱉之長"。《中庸》有"唯天下至誠，為能盡其性。能盡其性，則能盡人之性，能盡人之性，則能盡物之性。能盡物之性，則可以贊天地之化育。能贊天地之化育，則可以與天地參矣"。只有天下極端真誠的人能充分發揮他的本性；能充分發揮他的本性，就能充分發揮眾人的本性；能充分發揮眾人的本性，就能充分發揮萬物的本性；能充分發揮萬物的本性，就可以幫助天地培育生命；能幫助天地培育生命，就可以與天地並列為三了。

天人合一、民胞物與的思想，永遠是儒家處理人與自然關係的大章大法，學者論之已多，實無須贅述。現在中國成了世界工廠，雖然經濟增長的成績驕人，但生態的破壞、環境的污染，也已到了觸目驚心的地步。我們該如何做，才能使中國的生態倫理資源盡可能地發揮其能量，為神州大地帶來山青水綠、物種繁盛，也使自然生態、社會生態能達到相應的和諧？

基於農業生產必須順天之運行，合地之土宜，儒學作為農業時代發展起來的信念與價值體系，含有許多生態理論資源。儘管生態哲學不是傳統儒學的核心，在傳統儒學中不具主導作用，但當下的生態建設是舉世關注，而傳統儒學的道德掛帥又不合時宜，不妨以儒學生態觀作為一個突破口，在生活與生產上進行切實的實踐與心靈轉化。當代儒學要想尋找立足點，走向社會實踐，最好的試驗地也還是在農村，因為：

其一，儒學是講求天人合一、民胞物與的學問，而農村天地萬物的四季變化，草木蟲魚的生長與躍動都有利於養成天人合一的生命體驗。

其二，儒學應建立自己的道場、書院，城市裏費用昂貴，空間狹窄，生活緊張，缺乏從容論道論學的環境。鄉村生活費用便宜，居住與活動空間大，只需要不多的資金，就可以租有一片房一片地，用之為講學與勞動的基地。

其三，農村的生態問題嚴重甚至惡化，急需發揮傳統生態理論資源幫助農民應對，比如，農業藥物的污染、水土保持與生活垃圾，有可能通過儒者實踐建立起可行的以傳統理論資源教育農民的環境教化方法。

其四，大部分農村的教育設施和水準依舊落後，藉此可以在一定程度上發展農村的文化教育，提高農村人口的素質，這也有利於以後開展各項基礎設施的建設工作。

三、1949年以前儒家在大陸的農村建設實踐

基於儒學生態觀發端於農業文明，對農村的生產、生活方式，天然具有親和性的特質，基於先易後難的處事原則，儒者的生態實踐最好還是從農村切入。放眼中國，在社會扶助與農村建設上比較有成就的儒者，首推晏陽初和梁漱溟。

民國前期，戰爭頻仍，兵禍匪患，使得中國農村的生活更形困厄，1930年初的世界經濟危機，進一步迫使農村走向破產，於是有了各種鄉村建設運動的興起。這一運動以鄉村自

治、合作社、平民教育為主要內容[1]，其中最有名的是晏陽初在河北定縣的實踐，梁漱溟在山東鄒平、菏澤一帶的實踐。

晏陽初出生在書香世家，深受儒學的熏陶，之後又求學西方，吸納西方文化。第一次世界大戰期間到法國為華工服務，其後回國成立平民教育總會，推動平民教育運動。1927年，他受河北定縣翟城村米鑒三、米迪剛父子的邀請，取得八十畝土地及試驗場，開始試種各種作物，之後將平教總會遷到定縣，全面進行平民教育及鄉村建設。晏陽初對當地情況做了細緻的社會調查[2]，並以之為基礎提出"十年計畫"，認為鄉村建設的核心目標是救治"愚、窮、弱、私"，他開展了對應的文藝教育、生計教育、衛生教育。他認為人民是國家的根本，要建國，先要建民；要強國，先要強民；要富國，先要富民。必須以教育為工具，推動鄉村的全面發展。[3] 除鄉村教育的推動之外，晏陽初也在農村推廣優良品種的農作物，以增加農民收益。並在全縣建立了一百三十多個合作社，協助農民解決生產、銷售與技術上的問題。在晏陽初的感召下，有數十位大學教授、博士、碩士離開城市優裕的職位及生活，來到定縣投入鄉村建設及平教運動中去，造成轟動一時的"博士下鄉"運動。此外，平教總會還興建劇場、廣播電臺、實驗銀行、公民服務團及《農民

---

[1] 參見虞和平：《1930年代鄉村建設運動改造農業和農民的方式》，http://blog.sina.com.cn/s/blog_44d10cf001000bgj.html。
[2] 參見祝彥：《晏陽初與他的鄉村建設運動》，《黨課參考》2008年第6期。
[3] 參見吳曉波：《晏陽初與定縣實驗》，http://star.news.sohu.com/20090817/n266012666.shtml。

報》，在定縣轟轟烈烈地幹了十年，直到日軍侵華才被迫終止。[1]

梁漱溟更是大師級的儒學人物。1928年在廣東省主席李濟深支持下，梁漱溟在廣東辦村治講習所，次年又在河南辦村治學院，他認為社會的根本問題是舊秩序崩潰，新秩序尚未建立，社會處於無序狀態，鄉村建設的任務是"重建一新組織構造，開出一新治道"，如此則社會生活可以順利進行，民窮財盡以及抵抗外侮的問題都可以逐步得到解決。他認為自己提出的鄉村建設運動是"救濟鄉村"的運動，是鄉村自救的運動，是民族社會的新建設運動，是重新建設中國社會組織結構的運動。[2]

1931年，在山東省主席韓復榘的支持下，梁漱溟選定山東鄒平一帶實驗其鄉村建設的理念，他主張以中國傳統文化為基礎，吸收西方的科學技術，從教育農民入手，開發民智，改善風俗，以教育為手段，通過社會組織的改良、生產技術的改進來復興農村，以農村帶動中國問題的解決，使中國走上民族自救的道路。[3]

梁漱溟在鄒平建立了許多合作社，引導農村經濟走向企業化、市場化，合作社分成金融、生產及運銷三類，主要的辦法是：

1. 利用集體的資金和力量開展生產和經營，具有一定的

---

[1] 參見吳曉波：《晏陽初與定縣實驗》。
[2] 參見白希《開國大土改》中《梁漱溟山東鄒平實驗》一節，http://book.ifeng.com/section.php?book_id=1284&id=89181。
[3] 參見陳憲光：《梁漱溟的鄉村建設運動與中國現代化之路的探索》，http://www.jamesyan.net/show_hdr.php?xname=LTUAM41&dname=9JDOE41&xpos=128。

股份制企業的性質。

2. 採用產銷聯合方式，具有一定的農工商聯合企業的性質。

3. 建立比較完整的生產和經營管理系統，具有一定的農業企業化管理性質。

4. 有些合作社在經營理念上有較強的市場觀念，在實際操作上有較強的效益追求。[1]

梁漱溟的鄉村建設活動的立足點在鄉農學校，其目的是"化社會為學校"，推行社會學校化，以之組織農民，推動鄉村建設。鄉農學校的成員由三部分人組成：鄉村領袖，成年農民，鄉村建設運動的參與者。農忙時節，鄉農學校組織農民開展農業生產，傳播農業技術，促進鄉村經濟；農閒時，幫助農民讀書識字，傳授農業知識，進行文藝及娛樂活動以陶冶農民性情。[2] 梁漱溟在鄒平實踐了七年，也因為日軍進佔而終止。

這些鄉村建設的實驗，很受各方關注，也都曾取得相當的成績，但都因中日全面開戰而終止，並沒有充分地發揮其理論設想。數十年後的現在，雖然情境變遷，他們的踐履精神與實驗成果，仍然是我們的寶貴資產，仍然有後繼者致力於恢復他們的實踐並發揚光大，如近年來很有影響的設在河北定縣的晏陽初鄉村建設學院、設在人民大學的梁漱溟鄉村建設中心。

---

[1] 參見虞和平：《1930年代鄉村建設運動改造農業和農民的方式》。
[2] 參見白希《開國大土改》中《梁漱溟山東鄒平實驗》一節。

四、當代儒商洪武雄在廣西的儒學試驗田[1]

洪武雄是最早到玉林市從事農業開發的台商。他祖籍福建泉州，祖上於清代移居台灣，到他已是第五代。1989年以前，洪先生一直在東南亞、美國等地做生意。1992年5月，他來到廣西玉林開發農業。在玉林的十多年時間裏，洪武雄先是發展優質稻穀種植，由於種種原因，沒有獲得成功。2003年，洪先生改為開發有機茶種植，經過三年的試種，終獲成功。

洪武雄雖只有高小學歷，卻飽讀經書，並於2000年創立了中華淵源文化交流學會。洪武雄說："兩岸同根，傳統文化一脈相承。學會自成立以來，一直致力於中華傳統文化的交流。"由於他從事農業開發，經常和當地（石地村）的農民打交道。他發現，那裏的村民缺乏基本的道德文化教育，民風惡劣，家庭和社會秩序混亂。他公司的員工及其親屬，乃至整個村莊的居民都存在著各種各樣的有悖道德常理的現象。於是，他決定首先在公司裏開設講座，要求公司員工每月的初一和十五都參加學習。洪武雄說："我和他們講《大學》《中庸》，並聯繫自身的經歷講中華美德'孝道'。當然，開始開設講座時，還沒多少人注意。為了吸引大家能準時來聽講，公司不但

---

[1] 參見《人民日報》海外版華人專欄台商故事，http://www.achinan.com/html/xwzl/tsgs/40.html，以及2009年12月香港浸會大學、北京師範大學國際聯合學院舉辦的第五屆"儒家文化與生態文明"國際研討會上洪武雄之子洪文斌帶來的影像視頻資料。

免費提供各種教學設備,每次還免費提供一頓豐盛的晚餐。不久,石地村的很多農民都一起來聽。逐漸,他的做法得到了村民的認同,久而久之,當地的民風也隨之得到了較大的改善。

以玉林市玉州區仁東鎮石地村50歲的農婦周安為例。她是台資企業廣西玉林三山坡農業實業有限公司雇用的臨時員工。公司忙時,她被洪武雄請來打理茶園。其餘時間,她在家忙自家的農活。每逢農曆初一、十五,她都會準時端正地坐在教室裏,和村裏的同伴一起,聽台商洪武雄先生講四書五經。這個頭髮染霜的農婦在談到是否喜歡聽儒家傳統文化講座時,幽默地說:"託洪先生的福,上了一回'大學'。這樣的活動舉辦一年多了,我每次都來。"周安所說的"大學",就是洪武雄先生所印贈的《國學啟蒙》課本裏的課文,選自宋代朱熹所編的四書。周安讀得很有心得,以至於把這樣的經歷,一語雙關地說成是上了一回"大學"。周安說,學了"大學"之後,比以前更明事理。這位只讀了初中便離開學校的農婦,在時隔三十多年之後能坐在課堂裏,顯得異常高興。當老師問她,"大學"裏那句"物有本末"是什麼意思?周安用玉林本地話回答:意思是有根有表。此外,周安同村的村民周紹青對於學習"大學"體會最深。他說:以前兄弟間老為一些雞毛蒜皮之事爭吵,學了以後,兄弟、鄰里間變得和睦很多。周紹青說,石地村一羅姓男子,共有三兄弟,以前不贍養父母,學了"大學"和"孝道"之後,羅姓男子主動把父母接回了家。

從2005年5月開設中華淵源文化講座以來,石地村先後已有二百多名村民聆聽了洪先生的講座。為向當地農民推廣中華傳統文化,到目前為止,洪武雄先後向當地農民無償地捐贈了一萬多本《國學啟蒙》課本。此外洪先生還在玉林多個地方開設中華淵源文化講座。

五、建設儒學生態文化村的構想

近年來,海峽兩岸弘揚傳統文化,致力於社會實踐特別是鄉村建設的仁人志士奔赴鄉村,建設體制性依存之所的實踐很多,但也引起很大爭議,遇到很多波折。上文提到的定縣晏陽初學院,淨空在安徽廬江創辦的學堂,都已關閉。考察這些事例,筆者以為,如果有具備資金實力以及有志於從事該項建設的兩岸政界、商界人士以及儒者,儒學生態文化村的組建與推展可以是:

1. 文化村可以由推進的機構作為文化村建設的主體,該機構應實施股份制,將理念相合的儒學信仰者組成股東群。股東中應該有3—5位主要股東,占總股份60%以上,以保障有一個主導推動力量。盡可能全員持股。股東在處理股份時,文化村的村民都有優先購買權。

2. 文化村推進機構的職工盡可能雇用儒學愛好者,以壯大儒學隊伍,培育儒學骨幹。文化村推進機構更應妥善規劃,幫助自己的職工在農村建立美好家園,在農村進行永續經營。首先能培養幾個有志青年,讓他們有一個生活、學習與勞動的場所,在大自然生命躍動與噴湧中,感受宇宙天人的強健生機,從中契悟儒道,養成淵深博厚的心智能力。這個農場應該學習與實踐生態理則，建築物、生活、生產等方面都依據儒學與生態的原則。

3. 文化村的主營實體內容可以是種植及養殖，也可以擴充到農牧產品的加工，或者是比較傳統的木工、竹工、手工編織，以及儒學文化、生態、農業為主題的旅遊、娛樂、餐飲、影視等服務業。在保護生態的基礎上，發展高科技作業和生態文化品牌，拉動當地的經濟。文化村應依生態原則進行生產，實施有機農業，提供綠色食品，逐步建立可以推廣的綠色生產技術與綠色生活準則。在農閒時候，推進機構與農村朋友交流與討論，在彼此之間傳送生態理念與生產技術，同時傳播儒學的信念與行事準則，在農村逐步培育儒學的有生力量。文化村應該協助農家組成互利共贏的合作社，做必要的技術扶助及運銷合作，同時在行有餘力之時，幫助農民子弟學習知識及修養儒學，讓農家子弟能在農村找到安身與發展的希望。

4. 在管理與內部人事關係上，文化村促進機構應該依託儒學理念，發展出儒家管理學，開拓儒學的應用空間。比如，以文化村為依託，建設一套適合企業管理運用的禮樂制度。

5. 依據儒學及道家、禪宗精神，培育一種更具人性價值的幸福觀，在使村民物質生活充盈的基礎上，不以金錢作為生命追求的主要內容，培育更多的精神上的追求，重視人間的愛與友誼，重視生活的閒暇與自然美感，形成一種契合生態需要的生活模式。

6. 文化經營方面，可以和大學、科研院所聯辦，邀請相關科研和生產部門進駐文化村，作為國學相關專業的研究基地，學術交流的工作坊，以及博士後的流動站和文化拓展基地（如政府短期文化培訓，MBA 的流動課堂，生態產品研發基地和試驗田）等。亦可開辦文化度假營，可以通過旅遊，主題公園和短期培訓結合的形式普及傳統知識（如將相關儒學知識科普化），增加人民收入。

　　7. 以有深厚儒學底蘊、資源豐富但尚未過度開發，或缺乏開發和維護資金的區域為生態村建設試點。在河南、山東、海南、廣東和福建，有許多地方可以作為儒學生態文化村的試點。比如，開封、洛陽、焦作、曲阜、文昌、儋州、惠州羅浮山、從化太平錢崗陸家祠、開平碉樓、潮汕和珠海伶仃洋等地區，以及福建的武夷山和永定土樓等地區作為試驗基地。一方面，這些地區或有炎帝、黃帝、墨子、韓愈、包拯、寇准、王安石、蘇軾、朱熹、陸秀夫、文天祥等華夏鼻祖或唐宋賢良大儒留下的足跡，或有華僑為家鄉發展所做出的不朽貢獻，因此擁有良好的傳統文化根基；另一方面，由於地域、親緣和文化關係，粵港澳瓊台等地區進行交流的物質和精神成本也相對較低。這不僅有助於傳承並弘揚程朱儒家理學文化，同時亦可為各地的旅遊開發再添一道人文風景線。與此同時，對如開平碉樓、永定土樓、太平陸家祠等地區，這樣不但可以協助政府共同維護和開發世界遺產，增加當地人民的收入，同時也可改變當地較為單一的旅遊生態模式，從多方面吸收資金。

　　當前，中國正面臨著快速的城市化，中央政府提出了城鄉一體化的方略，希望搞好新農村建設。城鄉一體化並不是像目前有些地方搞宅基地換房、農民離村進城那樣城市化了事，那是單一的、過度的城市化。這樣的城市化強化了城鄉二元體系，農民為了謀生，不得不設法擠進城市，而往往疏於管束其年輕子弟，在五光十色的城市裏迷失，走向害人害己的犯罪道路，這是很可痛惜的。儒者基於民胞物與的情懷，應該設法加以救助，最好的辦法就是經營鄉村，使鄉野地帶也成為生活樂土，也充滿生活的希望與人倫的溫暖。

繼續走晏陽初等先賢開拓的儒學與農村結合的道路，我們正在浙江莫干山、遼陽市白塔區韓夾河村、廣州從化、天津津南等地試點，目前，已經有志願者發揮儒家傳統理論資源，在白塔區韓夾河村的徵地動遷中做了一些促進官民互相尊重、互相理解的事情，接下來，將在遼陽和天津等地建設幼小但有效的促進機構，以實現我們建設儒學生態文化村的設想。

六、結　語

光大中華民族的優秀傳統，可以說是兩岸政府和人民乃至整個華語界所應共同承擔的歷史責任。儘管在西方文明衝擊之下，華語社會的外在形態、運行方式和人的思維模式都發生了天翻地覆的變化，但儒家思想卻依舊深深地植根於中華民族的集體無意識之中，仍在潛意識中影響並制約著兩岸社會的思維方式、社會實踐乃至整個民族或社會運作機制。這裏面有精華，也有糟粕。因為植根深厚，對整個華語界來說，儒學交流也是一種較為穩固的文化認同模式，對兩岸的政治與經濟都能起到顯著的反推與提升作用，對兩岸關係的融洽也會起到促進作用。

　　同時，只有農村穩定富足，才有國家的安定強盛。近百年來農村遭受太多的戰火、災難與剝奪，農民為社會的工業化做出無可取代的貢獻，他們付出太多，所得太少，已經成為一個嚴重問題。近年來國家政策對農村做了傾斜，已為農村的安定富庶做了必要的鋪墊，但要根本改善農村，恐又非政府單方所能為力，此時儒者若能互相號召走入農村，將知識信息、生態觀念、文化藝術以及經營管理能力帶入農村，將可以為繁榮鄉村做出貢獻，而受到政府及農民的歡迎。與此同時，儒學也可以在農村介入民生日用，將理念與現實結合，無論是心性儒學、生態儒學、農業儒學，抑或是莊園、書院、合作社、農牧公司等，都可以做一次真實的踐履，為儒學的復興與壯大找到一個可依託的基礎，這應該值得兩岸社會各界，特別是儒學界有識之士，在兩岸乃至整個華人的文化交流中試驗踐履之。

　　可以進一步認為，從理論上講，以儒學為共核，發展農村的生態經濟和文化建設，若能得以良好的推行，結果很可能是多贏的。這不僅是從實踐角度探索發展傳統文化的模式，同時也符合國家所宣導的"保護生態，可持續發展"的戰略方針，若將作為一個招商引資的新路徑，或可能成為吸引兩岸乃至世界志同道合的華人以及國際友人參與投資的精神動因，不僅能在一定程度上彌合政治意識形態差異所造成的矛盾，在較為融洽的氛圍中培養信心和信任，從而建立起一個新的交流與發展的生態結構。同時，地方政府也能藉此提升農村人口文化素質，改良農村社會風貌，解決一些長期存在的道德倫理問題，這其實也是對黨中央所提出的"復興儒學，提升國家軟實力"戰略部署的內化履踐與回應，抑或可成為一個消弭政治隔閡，促進兩岸經濟發展模式的多元化轉變和推進中華文明進步的新支點。

作者简介：王寧川，華南農業大學珠江學院副教授，世界共同發展聯盟（简稱"共盟"）傳統文化與當代政治經濟和社會研究組研究員。皮介行，台灣民間學者，商人，武漢雲深書院院長，嘉興光文講堂主講人，莫干山儒學生態文化村主創人，共盟傳統文化與當代政治經濟和社會研究組研究員。鄭宇澤，香港中文大學訪問學者，多家文化傳媒教育機構、涉農類機構策劃人，評論員，特訓講師，影視編導，區域文化顧問，共盟傳統文化與當代政治經濟和社會研究組協調人、研究員，綠地裏可持續發展促進機構創立人。

恭祝劉述先先生八十華誕

郭齊勇

欣逢著名哲學家劉述先先生八十華誕,我作為受到先生接引的後學,懷著十分崇敬與感恩的心情恭祝劉先生與夫人福體康泰,思想長青。劉先生特別關懷敝校,提攜中青年學人,親臨敝校出席會議並演講,在敝校設立了以他的父母親名字命名的獎教金與獎學金,激勵青年教師與學子研究現當代新儒學思想。劉靜窗獎教金與王蘊聰獎學金在敝校已頒發了五屆。謹代表敝校同仁向劉述先先生賀壽,祝福先生與夫人壽比南山,福如東海!

劉先生學貫中西,在國際哲學界頗有影響與活力。他是開放型的當代新儒家思想的代表人物。他的專長是西方文化哲學、宗教哲學與中國儒學,尤其是宋明理學,以及中西比較哲學、比較宗教學。他有著深厚的中西哲學的底蘊與修養,以發掘儒家思想的現代意涵為職責,努力促進傳統中國哲學的創造性轉化。

劉先生是一位講堂教授與書齋學者,做純學術研究,但他也以極大的熱誠反省現代化與"全球化"帶來的諸多現實問題，積極參與並推動全球倫理的建設與世界各宗教間的對話，在反思、參與和對話中代表中國人與中國文化，貢獻出華夏民族獨特的智慧、理念與精神。劉先生是一位極有涵養的忠厚長者，寬容、儒雅，但他偶爾也因不得已與人辯論，打筆仗，所辯均關乎儒學思想資源的理解與闡發。"予豈好辯哉？予不得已也。"劉先生不回避理論爭鳴與當代新儒家所面臨的挑戰。

劉先生早年受方東美先生影響，中年以後愈來愈轉向熊十力、牟宗三的路數，重視對儒家天道及身心性命學說的闡發。劉先生定位自己為現當代新儒家三代四群學者中之第三代第四群學者，自承自己是熊十力、牟宗三一系的哲學家。但他並未重復熊、牟先生，而有自己獨特的貢獻。[1]劉先生的創見和貢獻尤多，以我的膚淺理解，最重要的是，他重視宗教對話，闡發了儒學的宗教意涵，推進並豐富了"內在—超越"學說，創造性地詮釋"理一分殊"，積極宣導"兩行之理"，繼承宋學，發揮發展了儒學"仁""生生"與"理"之旨。劉先生的精神成果對儒家學說乃至中國傳統文化精神的世界化、現代化做出了貢獻。

---

[1] 劉先生自承他受到牟宗三先生的深刻影響，認同大陸學者對他與牟先生的思想聯繫是"接著講"而不是"照著講"的評價，特別說明他修正了牟先生的"良知之坎陷"說，他自己的貢獻在於給"理一分殊"以創造性的闡釋，並推動孔漢思宣導的全球倫理與宗教對話。詳見劉述先：《論儒家哲學的三個大時代》，香港：香港中文大學出版社，2008年，第238—239頁。

一、宗教對話與儒學的宗教意涵

劉述先代表儒家,積極推動儒學與天主教、基督教、伊斯蘭教等方面的對話,努力參與世界宗教與倫理方面的交流互動。他有關儒學宗教性問題的中英文論文,最早發表於1970—1971年間[1],基本論旨至今未有大變,然關於孔孟思想的宗教義蘊,晚年的論著顯然有更深入的發掘。

劉先生注重現代神學的成果及面對現代化的儒耶溝通。他取基督教神學家田立克(Paul Tillich)的見解,把宗教信仰重新定義為人對終極的關懷。這顯然是對"宗教"取一種寬泛的界定方式,因為在田立克看來,人的宗教的祈嚮是普遍的,每個人都有自己的神、自己的信仰、自己的終極關懷。當然,問題在於什麼樣的終極關懷才是真正的終極關懷。劉先生又借鑒現代神學家蒲爾脫曼(Rudolf Bultmann)、巴特(Karl Barth)、魏曼(Henry Nelson Wieman)、赫桑(Charles Hartshorne)、龐豁夫(Dietrich Bonhoeffer)、哈威‧柯克斯(Harvey Cox)和孔漢思(Hans Kung)等人的思想,例如消解神化、象徵語言的進路、經驗神學、過程神學或宗教徹底俗世化的努力等,進而從當代宗教的角度審視儒家傳統的宗教意涵。現代神學揚棄中世紀的

---

[1] 劉述先:《儒家宗教哲學的現代意義》,原載台北《中國學人》1970年第1期。此文後收入著者《生命情調的抉擇》,台北:志文出版社,1974年。英文論文發表於夏威夷《東西哲學》1971年第2期(總第21期)。

宇宙論等形式架構，一面堅持基督資訊在現代的相干性，一面接受現代文明的挑戰。本來，以傳統基督教為模型的宗教觀念，根本就不適用於討論世界宗教（例如無神的佛教）。從宗教現象學的觀點看，宗教的定義必須重新加以修正，必須捐棄傳統以神觀念（特別是一神教）為中心的宗教定義。上帝可以死亡，但宗教意義的問題不會死亡。對於"他世"的祈嚮並不是宗教的必要條件，對於"超越"的祈嚮乃是任何真實宗教不可缺少的要素，對現世精神的注重未必一定違反宗教超越的祈嚮。

劉述先從這一視域出發，判定孔子雖然不信傳統西方式的上帝，並不表示孔子一定缺乏深刻的宗教情懷，中國傳統對於"超越"的祈嚮有它自己的獨特的方式。[1] 劉先生認為："由孔子反對流俗宗教向鬼神祈福的態度，並不能夠推出孔子主張一種寡頭的人文主義的思想。事實上不只在他的許多誓言如'天喪予'之類還保留了傳統人格神信仰的遺跡，他對超越的天始終存有極高的敬意。"[2] 通過對孔子"天何言哉"等"無言之教"和"三畏"的詮釋，劉先生進一步肯定孔子徹底突破了傳統："天在這裏已經完全沒有人格神的特徵，卻又不可以把天道化約成為自然運行的規律……孔子一生對天敬畏，保持了天的超越的性格。故我們不能不把天看作無時無刻不以默運的方

---

[1] 詳見劉述先：《儒家宗教哲學的現代意義》，《生命情調的抉擇》，台北：志文出版社，1975年5月第二版，第47—48頁；劉述先：《由當代西方宗教思想如何面對現代化問題的角度論儒家傳統的宗教意涵》，《當代中國哲學論：問題篇》，新澤西：八方文化企業公司，1996年12月初版，第85—93頁。
[2] 劉述先：《由當代西方宗教思想如何面對現代化問題的角度論儒家傳統的宗教意涵》，《當代中國哲學論：問題篇》，第94頁。

式在宇宙之中不斷創生的精神力量，也正是一切存在的價值的終極根源。"[1]劉先生注意到孔子思想中"聖"與"天"的密切關聯及孔子對祭祀的虔誠態度，指出孔子從未懷疑過超越的天的存在，從未把人事隔絕於天。但孔子強調天道之默運，實現天道有賴於人的努力，人事與天道有不可分割的關係。這與當代西方神學思想所謂上帝（天道）與人之間的夥伴關係相類似。人自覺承擔起弘道的責任，在天人之際扮演了一個樞紐性的角色。但這與西方無神論不同，沒有與宗教信仰完全決裂。孔子所提倡的儒家思想兼顧天人的一貫之道，一方面把聖王之道往下去應用，另一方面反身向上去探求超越的根源。

劉述先認為，進入現代，面臨科技商業文明的挑戰，儒耶兩大傳統所面臨的共同危機是"超越"的失墜與意義的失落。新時代的宗教需要尋找新的方式來傳達"超越"的資訊。就現代神學思潮企圖消解神化，採用象徵語言進路，重視經驗與過程，並日益俗世化，由他世性格轉變為現世性格來說，儒耶二者的距離明顯縮短。儒家本來就缺少神化的傳統，至聖先師孔子始終只有人格，不具備神格，陰陽五行一類的宇宙觀是漢儒後來附益上去的，比較容易解構。中國語言對於道體的表述本就是使用象徵語言的手法。中國從來缺少超世與現世的二元分裂，儒家自古就是現世品格。儒家有一個更注重實踐與實存的

---

[1] 劉述先：《論孔子思想中隱涵的"天人合一"一貫之道——一個當代新儒學的闡釋》，《中國文哲研究集刊》，第10期，台北："中央研究院"中國文哲研究所籌備處，1997年3月，第7頁。又請見劉述先：《儒家思想意涵之現代闡釋論集》，台北："中央研究院"中國文哲研究所籌備處，2000年3月，第9頁。

體證的傳統。面對現代化挑戰，在現代多元文化架構下，宗教傳統必須與時推移作出相應的變化，才能扣動現代人的心弦，解決現代人的問題，既落實在人間，又保住超越的層面，使人們保持內心的宗教信仰與終極關懷。在這些方面，儒教比基督教反有著一定的優勢，有豐富的睿識與資源可以運用。[1]

劉先生通過討論納塞（Seyyed Hossein Nasr）思想，探尋從伊斯蘭教與儒家及多元宗教傳統中找到共識與普遍性倫理的問題。[2]他在夫人劉安雲女士翻譯、他校訂的史密斯著《人的宗教》的"校訂序"中說："人雖嚮往無窮，卻是有限的存在。每個人都必須植根於某一傳統之內，通過自己時空的限制去表達無窮。"[3]他又指出："每一個傳統都表現了歧異性，在精神上卻有感通，最後指向超越名相的終極真實，始可以產生多元互濟的效果。由這樣的線索探索下去，每一個傳統都可以找到自己不可棄的根源，卻又有一條不斷超越自己傳統故域的線索。"[4]由此可知，劉先生以比較宗教學的修養與睿智，深刻地闡發了儒家資源的終極性及人在現代的安立問題，發揮了儒家在當代宗教與文明對話中的積極作用。

---

[1] 劉述先：《由當代西方宗教思想如何面對現代化問題的角度論儒家傳統的宗教意涵》，《當代中國哲學論：問題篇》，第98—99頁。
[2] 參見劉述先：《新儒家與新回教》，《當代中國哲學論：問題篇》，第132—133頁。
[3] Huston Smith 著，劉安雲譯，劉述先校訂：《人的宗教》，台北：立緒文化事業有限公司，1998年1月初版，第27頁。
[4] 劉述先：《全球（世界）倫理、宗教對話與道德教育》，《現代新儒學之省察論集》，台北："中央研究院"中國文哲研究所，2004年5月，第82—83頁。

二、"超越—內在"說

劉先生發展"超越—內在"說,充分重視二者的張力,提出"超越內在兩行兼顧"的理論。劉先生在《"兩行之理"與安身立命》的長文中詳細梳理了儒、釋、道三家關於"超越"與"內在"及其關係的理論。關於儒家,他指出,儒家有超越的一面,"天"是孔子的超越嚮往,《論語》所展示的是一種既內在而又超越的形態。劉先生指出,孟子從不否認人在現實上為惡,孟子只認定人為善是有心性的根據,而根本的超越根源則在天。我們能夠知天,也正因為我們發揮了心性稟賦的良知和良能。孟子雖傾向於"內在"一方面,但孟子論道德、政事同樣有一個不可磨滅的"超越"的背景,由此發展出一套超越的性論。"只不過儒家把握超越的方式與基督教完全不同:基督教一定要把宗教的活動與俗世的活動分開,儒家卻認為俗世的活動就充滿了神聖性;基督教要仰仗對於基督的信仰、通過他力才能夠得到救贖,儒家的聖人則只是以身教來形成一種啟發,令人通過自力就可以找到自我的實現。既然民之秉彝有法有則,自然不難理解萬物皆備於我,反身而誠,樂莫大焉的境界;而君子所過者化,所存者神,上下與天地同流。《中庸》講天地參,與孟子的精神也是完全一致的。"[1]劉先生認為,孟

---

[1] 劉述先:《"兩行之理"與安身立命》,《理想與現實的糾結》,台北:學生書局,1993年8月初版,第220—221頁。

子與孔子一樣清楚地了解人的有限性，接受"命"的觀念，但強調人必須把握自己的"正命"。如此一方面我們盡心、知性、知天，對於天並不是完全缺乏了解；另一方面，天意仍不可測，士君子雖有所擔負，仍不能不心存謙卑，只有盡我們的努力，等候命運的降臨。

劉先生指出，由孟子始，儒家認為仁心的擴充是無限的，這一點與田立克之肯定人的生命有一不斷自我超越的構造若合符節。儒家這一路的思想，到王陽明的《大學問》發揮得淋漓盡致。大人的終極關懷乃以天地萬物為一體，不能局限在形骸之私和家、國等有限的東西上。在王陽明那裏，人對於無限的祈嚮實根植於吾人的本心本性，良知的發用與《中庸》所謂"天命之謂性"的本質性的關聯是不可以互相割裂的。"儒家沒有在現世與他世之間劃上一道不可跨越的鴻溝，所體現的是一既內在又超越之旨。由這一條線索追溯下去，乃可以通過既尊重內在又尊重超越的兩行之理的體證，而找到安身立命之道。"[1]

劉述先肯定"仁"是既超越又內在的道，同時強調即使是在孟子至王陽明的思想中，天與人之間也是有差距的，並非過分著重講天人的感通。"孟子既說形色天性，又說盡心、知性、知天，可見通過踐行、知性一類的途徑，就可以上達於天。這是典型的中國式的內在的超越的思想，無須離開日用常行去找宗教信仰的安慰。但有限之通於無限不可以滑轉成為取

---

[1] 劉述先：《"兩行之理"與安身立命》，《理想與現實的糾結》，第226—227頁。

消有限無限之間的差距。儒家思想中命的觀念正是凸出了生命的有限性，具體的生命之中常常有太多的無奈不是人力可以轉移的。"[1] 人的生命的終極來源是天，但既生而為人就有了氣質的限定而有了命限，然而人還是可以就自己的稟賦發揮自己的創造性，自覺以天為楷模，即所謂"正命""立命"。天道是一"生生不已"之道，這一生道之內在於人即為人道。儒家"生生"之說體現的是個體與天地的融合。

　　劉先生認為，自中國的傳統看，宇宙間的創造乃是一個辯證的歷程。創造要落實則必具形，有形就有限制。宋儒分梳"天地之性"與"氣質之性"。後者講的是創造過程落實到具體人的結果，說明人的創造受到形器的、個體生命的、外在條件的制約。但"氣質之性"只有返回到創造的根源，才能夠體現到"天地之性"的存在。只有體證到性分內的"生生之仁"，才能由有限通於無限。儒家強調，吾人接受與生俱來的種種現實上的限制，但又不委之於命，不把眼光局限在現實利害上，努力發揮自己的創造性，不計成敗，知其不可而為之，支撐的力量來自我對於道的終極託付。如此，超越與內在、無限與有限、天與人、天地之性與氣質之性、道與器，都是有差別、有張力的，兩者的統一不是絕對的同一。劉先生認為，只顧超越而不顧內在，不免有體而無用。"而超越的理想要具體落實，就不能不經歷一個'坎陷'的歷程，由無限的嚮往回歸到當下的肯定。而良知的坎陷乃不能不與見聞發生本質性的關聯。超

---

[1] 劉述先：《"兩行之理"與安身立命》，《理想與現實的糾結》，第 228—229 頁。

越與內在的兩行兼顧，使我有雙重的認同：我既認同於超越的道，也認同於當下的我。我是有限的，道是無限的。道的創造結穴於我，而我的創造使我復歸於道的無窮。是在超越到內在、內在到超越的回環之中，我找到了自己真正的安身立命之所。"[1]劉先生重釋、發展了牟宗三先生的"超越—內在"說，強調了二者是有差別的、有張力的、辯證過程的統一，使這一學說成為中國哲學的創新的、有深度的詮釋理論。與牟先生的認識心為"良知的坎陷"說不同，劉先生把"坎陷"的觀念普遍化，以卡西爾的文化形式，如神話、宗教、語言、藝術、歷史、科學等都是客觀化的結果，把道德也視為一種文化形式，同樣是客觀化或"坎陷"的結果。

三、"理一分殊"說

"理一分殊"的問題，在劉先生的少作《新時代哲學的信念與方法》一書中就開始討論了。這一問題後來成為他中晚年關注的中心問題。劉先生強調超越理境的具體落實，重新解釋"理一分殊"，以示儒家宗教哲學的現代性與開放性。劉先生認為，超越境界是無限，是"理一"，然其具體實現必通過致曲的過程。後者即是有限，是"內在"，是"分殊"。"理一"與"分殊"不可以直接打上等號，不可以偏愛一方，而是必須兼顧的"兩行"。兼顧"理一"與"分殊"兩行，才合乎道的流

---

[1] 劉述先：《"兩行之理"與安身立命》，《理想與現實的糾結》，第239頁。

行的妙諦。

劉先生重新詮釋"理一分殊"有四方面的意義：

第一，避免執著於具體時空條件下的分殊，陷入教條僵化。他指出，超越的理雖有一個指向，但不可聽任其僵化固著。例如當代人沒有理由放棄他們對於"仁""生""理"的終極關懷，但必須放棄傳統天人感應的思想模式、中世紀的宇宙觀、儒家價值在漢代被形式化的"三綱"及專制、父權、男權等。"把有限的分殊無限上綱就會產生僵固的效果……徒具形式，失去精神，甚至墮落成為違反人性的吃人禮教……如果能夠貫徹理一分殊的精神，就會明白一元與多元並不必然矛盾衝突。到了現代，我們有必要放棄傳統一元化的架構。今天我們不可能像傳統那樣講由天地君親師一貫而下的道統；終極的關懷變成了個人的宗教信仰的實存的選擇。"[1]這有助於批判傳統的限制，揚棄傳統的負面，打破傳統的窠臼。

第二，鼓勵超越理想的落實，接通傳統與現代。劉先生認為，今日我們所面臨的時勢已完全不同於孔孟所面臨的時勢，同時我們也了解，理想與事實之間有巨大的差距。我們要在現代找到生命發展的多重可能性，採取間接曲折的方式，擴大生命的領域，"容許乃至鼓勵人們去追求對於生、仁、理的間接曲折的表現方式，這樣才能更進一步使得生生不已的天道實現於人間。"[2]如此，以更新穎、更豐富的現代方式體現傳統的理

---

[1] 劉述先：《"兩行之理"與安身立命》，《理想與現實的糾結》，第236頁。
[2] 同上書，第170頁。

念。超越境界（理一），好比"廓然而大公""寂然不動""至誠無息"；具體實現的過程（分殊），好比"物來而順應""感而遂通""致曲"（形、著、明、動、變、化）。"生生不已的天道要表現它的創造的力量，就必須具現在特殊的材質以內而有它的局限性。未來的創造自必須超越這樣的局限性，但當下的創造性卻必須通過當下的時空條件來表現。這樣，有限（內在）與無限（超越）有著一種互相對立而又統一的辯證關係。我們的責任就是要通過現代的特殊的條件去表現無窮不可測的天道。這樣，當我們賦予'理一分殊'以一全新的解釋，就可以找到一條接通傳統與現代的道路。"[1]

第三，肯定儒家傳統智慧、中心理念與未來世界的相干性。劉先生通過對朱熹的深入研究指出，"仁""生""理"的三位一體是朱子秉承儒家傳統所把握的中心理念，這些理念並不因朱子的宇宙觀的過時而在現代完全失去意義。朱子吸納他的時代的宇宙論以及科學的成就，對於他所把握的儒家的中心理念（理一），給予了適合於他的時代的闡釋（分殊），獲致了超特的成就。[2]今天，我們完全可以打開一個全新的境界，以適合於現代的情勢。

劉述先把儒家的本質概括為孔孟的仁心以及宋儒進一步發揮出來的生生不已的精神，宣導選擇此作為我們的終極關懷，並以之為規約理想的原則，同時對傳統與現代均有所批判。劉

---

[1] 劉述先:《"理一分殊"的現代解釋》,《理想與現實的糾結》, 第172—173頁。
[2] 同上書，第167頁。

先生認為:"儒家思想的內容不斷在變化之中……仁心與生生的規約原則,在每一個時代的表現都有它的局限性,所謂'理一而分殊',這並不妨害他們在精神上有互相貫通之處。"[1]每一時代的表現,都是有血有肉的。儒家的本質原來就富有一種開放的精神,當然可以作出新的解釋,開創出前人無法想象的新局面。這當然只是適合於這個時代的有局限性的表徵而已,不能視為唯一或最終的表現。後人可以去追求更新的、超越現代的仁心與生生的後現代的表現。

第四,劉述先指出,培養哈貝馬斯(J. Habermas)所說的交往理性,求同存異,嚮往一個真正全球性的社團,同時要反對相對主義,肯定無形的理一是指導我們行為的超越規約原則。我們所要成就的不是一種實質的統一性,而是卡西爾(E. Cassirer)所謂的"功能的統一性"。"通過現代的詮釋,對於超越的理一終極託付並無須造成抹煞分殊的不良的後果。但是對於分殊的肯定也並不會使我們必然墮入相對主義的陷阱。這是因為我們並不是為了分殊而分殊,人人都以自己的方式去追求理性的具體落實與表現,雖然這樣的表現是有限的,不能不排斥了其他的可能性,然而彼此的精神是可以互相呼應的。宋儒月印萬川之喻可以充分表現出這樣的理想境界的情致。"[2]透過對"理一分殊"的詮釋,劉先生在絕對主義與相對主義、一

---

[1] 劉述先:《有關儒家的理想與實踐的一些反省》,《當代中國哲學論:問題篇》,第237頁。
[2] 劉述先:《"兩行之理"與安身立命》,《理想與現實的糾結》,第237頁。

元论与多元论之外找到第三条道路。

刘先生把"理一分殊"的理论与方法运用在"全球伦理"的探求上。他认为，所谓"理一"是肯定有一通贯的道理，但其表现却可以千变万化而显现殊异性。每一个宗教与伦理传统中都有人道、人性等，这是贯穿世界上各大精神传统的东西，这就是"理一"。各个族群、各种信仰与传统都是"分殊"，我们可以由分殊开始，超越各自的局限，尊重人与生俱来的德性，和睦相处。儒家传统中可以与基督教、佛教、伊斯兰教等相通的人道精神是"仁"。孔汉思在《世界伦理宣言》中突出了孔子讲的"己所不欲，勿施于人"的金律，世界各大传统中都可以找到类似的思想，都有类似的"己所不欲，勿施于人"或"己欲立而立人，己欲达而达人"的表达。可见孔子的思想是一个象征，这个象征指向一个常道。孔汉思对摩西传下来的"四诫"作出新释，我们也可以扬弃"三纲"，重新解释以"仁"为核心的"五常"。人类各族群、各宗教都可以找到相互贯通、契合的人性、人道精神，找到相互尊重、相接相处之道。[1]

四、刘先生的学术贡献

刘先生翻译了卡西尔的《论人》，又以专著《文化哲学的试

---

[1] 刘述先：《"理一分殊"的规约原则与道德伦理重建之方向》，《全球伦理与宗教对话》，台北：立绪文化事业有限公司，2001年，第211—215页；刘述先：《哲学分析与诠释：方法的反省》，《现代新儒学之省察论集》，第278—281页。

探》,對斯賓格勒(O. Spengler)、卡西爾做了精到的研究。在中國哲學方面,特別是儒家哲學方面,他有特別傑出的發揮。他對孔子的天道觀、孟子的心性論和《周易》經傳的義理,有深刻的揭示。他是宋明學術的專家,特別在朱子、王陽明、黃宗羲的研究上,下了很大的功夫。他的《朱子哲學思想的發展與完成》《黃宗羲心學的定位》等皇皇專著都是現代學術史上不可多得的精品。他的研究,不單是哲學思想史的,尤其是哲學的,是以現代哲學的問題意識與方法論去解讀、詮釋古代哲學大家的思想遺產,發揮出了一些新的看法,以貢獻給世界。他對當代大儒熊十力、方東美、牟宗三及整個當代儒學思潮也有深入的研究。如前所述,劉先生研究的範圍甚廣,在與西方學界的對話中,在全球倫理、比較宗教的研究中,都有不少創造性的成果。劉先生有大量的英文論文。劉先生晚年的工作重點是用英文把有關先秦儒學、宋明儒學和當代儒學的智慧、哲思及學術,通過自己的研究介紹給西方,這些英文專著都已在西方出版。

劉先生的研究中心是儒學。他的開放性和西學訓練、現代哲學背景等,使他成為世界性的儒家學者。他在方東美、牟宗三等前輩學者的基礎上,有超邁前賢的貢獻。他強調儒家仁心與生生精神可以作為現代人的宗教信念與終極關懷,通過對傳統與現代的多維批判,肯定儒家思想的宗教意涵有著極高的價值與現代的意義。他著力論證、開拓、辯護、推進了"超越內在"說[1]，並通過"兩行之理""理一分殊"的新釋，注入了新的資訊，使之更有現代性和現實性，肯定超越與內在、理想與現實、傳統與現代、科技與人文的有張力的統一。

包括劉先生在內的當代新儒家關於儒學的反思，深化、豐富了我們對儒家精神特質的認識，這本身已成為貢獻給現代世界的、極有價值的精神資源。在人的安身立命與終極關懷問題日益凸顯而科技又無法替代的今天，這些論說就更加有意義。

當代新儒家的反思也各有特色。相比較而言，唐君毅、杜維明偏重從中國人文精神、從人文學或哲學的人學的角度涵攝宗教；牟宗三、劉述先則偏重從存有論、從宗教哲學的角度闡明儒學之宗教之旨。唐先生注意宗教與道德的分別，牟先生直接指陳儒家即宗教即道德，為"道德宗教"。牟先生不重視倫理學，杜先生重視倫理學，更接近徐復觀。杜先生只肯定到儒學具有"宗教性"的程度為止，即先秦、特別是宋明儒學觀念中有著信奉精神自我認同的宗教傾向，在超越自我的精神修養中含有本體論和宇宙論的道德信仰。劉述先則藉助田立克，把宗教定義為終極關懷，在此前提下，肯定儒學有極其深遠的宗教意蘊。雖然在牟先生那裏，天人也不是絕對同一的，但牟先生不太注重超越、內在之間的距離，劉先生則突出了這一點，強調"超越""內在"的

---

[1] 馮耀明對"內在的超越"提出質疑，見馮文：《當代新儒家的"超越內在"說》(《當代》，台北，1993年4月，第84期)。劉述先作文回應：《關於"超越內在"問題的省思》(《當代》，台北，1994年4月，第96期)。另請見李明輝著：《儒家與康德》，台北：聯經出版事業公司，1990年；李明輝著：《儒學與現代意識》，台北：文津出版社，1991年。

并行不悖。唐、牟注重儒耶之異，其比較還停留在一般水準上。對耶教等，唐、牟以判教的姿態出現，杜、劉則放棄判教，轉向吸收神學新成果，在理解中對話。這看起來似乎是把儒家拉下來了，但不是消極退縮，而是積極參與，為世界各大宗教的現代化提供儒教的智慧。劉述先比唐、牟更重視《論語》，更重視朱子學的理性精神，其開放性、批判性、現實性都超過了唐、牟。劉先生與成中英先生的不同在於，他們二人對牟先生的親疏不同，成先生發展了"本體詮釋學"的思路。他們二人當然都是哲學的路子，都肯定中國哲學的普世意義。[1]

劉先生早年在《新時代哲學的信念與方法》一書中提到了建構意義哲學的問題，他認為，"意義"是與"事實"相對的一個觀念，在物理世界中，"事實"獨立於人的觀念而存在；但在人文世界中，"事實"的樞紐卻繫於人們對之所持的觀念之上，人生的事實取決於人類所選取的意義系統（他當時用的名詞為"系絡"）與理想，人抉擇了不同的理想，便有不同的事實與之相應，人類的一切文化造就都是活潑的心靈流露出來的意義系統。意義哲學承認最深邃的意義系統同樣是人性真實所與，從而避免了實證主義的短視與偏狹，也糾正了傳統的實在主義只肯定外在的真實而逃避內在的真實的缺陷。他中晚年也談到建構意義哲學的事，但終究未能寫出專著。究其原因，劉先生晚年實際上是透過對中國哲學特別是儒家哲學的現代意義的闡釋及與西方宗教、哲學的對話，具體闡發了意義系統，避免了抽象的建構。

---

[1] 參見劉述先：《論儒家哲學的三個大時代》，第239—240頁。

新儒學在全球倫理重構中的角色

景海峰

今天的世界在工業文明和科技進步的推促下，呈加速度發展之勢，僅僅幾百年的時間，從"軸心時代"以來逐步確立起的倫理秩序和道德規範，已經在強大的物質力量的衝擊之下變得千瘡百孔，有著數千年歷史的舊有價值系統搖搖欲墜，似乎已到了不可救挽的地步。特別是近些年來，隨著全球化浪潮的加劇，我們越來越強烈地感受到了一些更加劇烈，也更為致命的變化和不確定因素，譬如基因工程等科學技術對生命形態的日漸改變，性別、婚戀、家庭、生活共同體等觀念和既有形式所遭遇到的前所未有的挑戰，迅猛發展的網絡技術對人際關係的間距化與虛擬化，社會存續方式普遍的抽離化機制和生活形態的虛空化，等等。這一切，不但對每一個文明傳統的歷史倫理是新的挑戰，而且對整個人類傳統的道德精神都構成了一種連根拔起式的顛覆。面對洶湧的時代浪潮，固有倫理體系日漸坍塌，道德狀況令人堪憂，人文精神每況愈下，以至於許多有識之士都站出來大聲疾呼，並且振臂救挽，試圖從各種不同的角度、以各種不同的方式來提出解決之道,或者是挖掘傳統的資源,以堅守道德的底線,或者是應對新的時代問題,以創新性的思路回應之。在這一解構與重構的拉鋸戰中,圍繞著道德問題的重新思考與定位,各種思潮和各派學人都紛至沓來,發出了自己的聲音。作為當代重要思想流派的新儒家亦不例外,許多學者都參與進來,提出了自己的觀點。就像全球倫理的宣導者斯威德勒(Leonard Swidler)所說的,"新儒家想重建儒家傳統,使其成為一個與西方和世界上其他民族充滿活力與創造性的對話夥伴,在全球對話的時代,作為許多人類對話參與者之一做出它自己獨到的貢獻。"[1]而在這個群體當中,尤以劉述先先生為突出,他不但認真思考全球倫理的問題,在理論上著力回應與建構,而且積極地參加各種活動,在實踐上展開卓有成效的工作,為新儒學的時代發揚做出了重要的貢獻。

一、如何參與全球倫理的建設

在全球化時代,人類道德所面臨的困境越來越走向趨同化,這是因為相同的物質生活環境、社會制度的相互借鑒與穿透性、知識的普及化,特別是高度發達的通訊傳媒技術和以往難以想象的便捷交通條件,把世界的每個角落都緊密地聯繫在一起了。以往傳統社會的封閉性和各個民族與國家之間各自為

---

[1] [美] 斯威德勒:《全球對話的時代》,劉利華譯,北京:中國社會科學出版社,2006年,第229頁。

政的舊有狀況被徹底地打破，每個文化系統的合理性不再是完滿自足的，而是需要經過核對綜合論證，不同文明之間的文化與行為的獨特性，必須要在相互的觀照和比較之中才能夠確立其合理性的依據，而那些不能兼顧到或者融會於人類道德普遍性之中的獨特道德法則和道德行為，也就變得越來越難以為繼了。在這種情況底下，道德的重建就不只是對原有系統的修補或者改善，更不是要回到封閉性的歷史想象的美好情景之中，而是在經歷過一番大開大闔之後，來認真考慮人類道德的普遍價值問題，重新建構一種適應於全球化格局之要求的普遍性倫理。這種普遍倫理是以世界的同一性作為其哲學基礎的，它以人類的生存法則和全球的普適境況為最高原則，取最大公約數，而不是以任何一種文明形式為其獨有的標誌。這就需要世界各大文明體系的共同參與，在協商和對話中來尋找最大公約數，經過融合之後，形成全球共有倫理的基本形式。所以，今天在全球化時代來思考普遍倫理的問題，與其說這是一項道德復興或重振的運動，還不如說它是一種道德的重構和新系統的創造工程。在全球倫理的建設中，首先要有認同普遍價值的參與感，有貢獻力量的自覺性與自信心，取得"入場"的正式身份，然後才能有效地與他人展開對話與討論，從而形成互動與合力的基礎。

近些年來，正是本之於全球倫理建構的自覺意識，劉述先積極參與到國際文明對話和思想交流當中，將儒學的聲音帶入當代學術的前沿地帶，提出了許多獨特的觀點，從而對新儒家思想的廣泛傳播起到了極大的推促作用。在許多國際場合，劉述先被視為是當代儒家的重要代表,他也成為當今東西方文化互動式的角力場中儒學力量的代言者之一。早在1989年,劉述先即參與了聯合國教科文組織發起的一項有關世界宗教對話的計畫,來代表儒家發言。隨後,又和全球倫理運動的主要宣導者孔漢思、斯威德勒等人展開交流與對話,寫了大量的文章,拓展當代儒學創造性轉化的視野,推動了儒家倫理與全球倫理的融合。

從1989年的巴黎"和平與世界宗教"會議到1993年的芝加哥"世界宗教會議"通過《走向全球倫理宣言》,以神學家孔漢思為代表的一批宗教思想家,積極推動世界各大宗教之間展開對話和商談,尋求共同的價值理念和倫理準則,在世界範圍內掀起了一場頗具聲勢的全球倫理運動。聯合國教科文組織實施的"普遍倫理計劃"也緊鑼密鼓地運籌了《世界倫理宣言》的起草。這些活動在國際間引起了熱烈反響,標誌著全球文化交往與互動在深層次的展開,也標誌著世界各大文明"從獨白的時代到對話的時代"之來臨。斯威德勒在他起草的《走向全球倫理普世宣言》中說道:

在這些導致宗教之間、意識形態之間、文化之間的對話變得越來越有必要的認識論革命之外,還得加上一切人類相互依存這一事實——這種相互依存已達到這種程度,以至於人類的任何一個重要部分都能夠使全球突然陷入一種社會的、經濟的、核戰的、環境的或者別的災難之中,由此產生了這樣一種緊迫的需要,即需

> 要把這些對話的精力不僅僅集中在人們如何了解和理解世界及其意義方面，而且要集中在人們應該如何行動方面……簡言之，人類正越來越迫切地需要從事這樣一種對話，以討論如何發展一種倫理，它不是佛教的，不是基督教的，不是馬克思主義的，等等，而是全球性的——而我相信，朝那個方面努力的一個關鍵的工具，是形成某種"全球倫理普世宣言"。[1]

這項工作的重要意義是毋庸置疑的，預示了全球化時代人類文明重新揀擇而走向融會的大趨勢。作為這一重構趨向的精神反思和思想先導，文明對話活動在各區域裏都有蓬蓬勃勃的展開，這就需要中國的關注，也需要中國學者的參與，更需要在各種文明的對話與互動當中聽到中國文化的聲音。但是，在西方文化依然強勢的今天，這整個活動的主導權無疑還是掌握在西方人的手中，西方學者扮演著話語引領人的角色。所以，如何主動地參與進來，取得正式入場的身份，保持對話的"在場"狀態，使得全球倫理運動能夠聆聽到中國的聲音，這對於當代中國文化走向世界和未來的發展，都顯得十分重要和意義非凡。作為當代新儒家的重要代表人物，劉述先對全球倫理運動的持續關注和積極參與，在一定程度上起到了典範的作用。

---

[1] [德]孔漢思、庫舍爾編：《全球倫理——世界宗教會議宣言》，何光滬譯，成都：四川人民出版社，1997年，第141頁。

二、如何轉化傳統的資源

要參與對話,就先要武裝自身,清查家底,尋找寶藏,看我們有什麼資源可以拿出來和人家過招,顯然手中的籌碼越是豐厚,參與的底氣就越足,對話的可能性也就越大。所以,首先需要對自己的傳統有清楚的了解,對自己的傳統有一種自覺與自信,並需要對傳統的資源做一番認真清理和現代轉化的工作。劉述先認為,中國傳統文化有著豐厚的道德倫理資源。特別是儒家,從孔子之"仁"、孟子之"義"、荀子之"禮"、《周易》之"生生",到宋明理學的"修己安人"諸義,其主旨均是指向一種根於人心的普遍倫理。所以,儒家"應該對這個題目有主導的發言權",儒家的出場資格是沒有問題的。而對於"全球倫理"計畫的西方背景,特別是它的問題意識、語言方法等基礎性因素所含有的西方本位色彩,劉述先採取了一種較為寬容和諒解的態度,認為只要有同心協力、和衷共濟的效果,這一暫時還無法避免的先天不足是可以忽略不論的。但他強調,推動全球倫理運動的原則應該是"理一分殊",既適應全球化和同的大趨勢,又兼顧到文明之間的差異性。他說:

孔漢思的構想其實暗合於我在近年來以現代方式重新闡釋的"理一分殊"之旨,它並不抹煞現有不同傳統之間的差別以及對於真理的追求與執著。我們決不能單純地回歸傳統,以往各傳統在世界各地分別發展,不免妄自尊大,而且經過長期積澱,故必須對之持一種批判的態度。……站在儒家的立場,我們既不能接受基督教的原罪觀念,也不能接受印度教的種姓制度。這裏絕沒法隨便和稀泥,而必須承認在"分殊"的層面上有巨大的文化差異,在這方面不可以輕言會通,但也不必像各原教旨主義派那樣互相仇恨,乃至以兵戎相見,陷入萬劫不復的地步。[1]

所以,全球倫理不是尋求一個統一的意識形態,更不是走向單一化的宗教訓誡形式;而是要在充分了解各文明形態之間的種種分歧之後,找到一些最低限度的共識,以作為展開對話與商談的基礎。西方文化的強勢並不能說明它具有天然的合理性,而只是歷史發展所造成的短暫結果,也就是說這僅僅是一個事實,而並不代表某種必然性,所以西方的核心價值不能被簡單地視為人類社會的普遍價值。但作為強勢的一方,其現實的巨大影響和支配性的力量又不容低估,我們應該充分認識到客觀的境況,而不能簡單地拒斥之。

人類文明的普遍價值只能從各種文化的共有性中去尋取,它是多樣性中的"一",而絕非既有的單個形式,為了打破西方文化獨佔性的迷思,劉述先充分發揮了"理一分殊"的思想,將之作為全球倫理建構的一般方法論原則來使用。他指

---

[1] 劉述先:《全球倫理與宗教對話》,台北:立緒文化事業有限公司,2001年,第34頁。

出,各大文明之道德原則的成文表達已經屬於"分殊"的範疇,不能不受到特定時空的限制和文化傳統的影響。從縱向看,古今有別,我們不可能把兩千年前古人訂下的律則照搬拿來解決今天的問題;從橫向講,四方有異,世界各地的文化差別是有目共睹的,我們不可以把自己的標準強加在別人的頭上。所以,全球倫理之"全球"不是簡單的齊同,而是存異求同,即以"分殊"作為前提。反過來,強調"分殊"原則,並不排斥"理一"的價值可能性,因為人類畢竟有一些共同的價值,如家庭、仁愛之類,所以"極小式"(minimalist)的普遍倫理建構還是可行的。

按照"理一分殊"的原則,儒家的思想資源可以視為獨特歷史情景中的產物,都具有殊項的意義;但它們又有共同的價值指向和終極性的目標,這就是人文精神的闡揚。在今天,我們轉化和發揚儒家的思想資源,就是要把握其根本的精神和義理,來對治生命意識混亂無序的狀況。因為價值迷失和工具理性的膨脹是當今社會所面臨的棘手問題,"理"不復為一而成為多,義理世界漸漸失去了其同一性,甚至於無"理"可講,本根意識的雜亂無章或消解,使得社會的同構性趨於減弱,每一個生命都成為無所依歸的個體原子,本能式的個人主義大行其道。正像查爾斯·泰勒(Charles Taylor)所說的:

> 一個分裂的社會是一個其成員越來越難以將自己與作為一個共同體的政治社會關聯起來的社會。這種認同之缺乏可能反映了一個原子主義的觀念,而依此觀念,人們終

將純粹工具性地看待社會。[1]

在這種"意義的喪失、道德視野的褪色"而社會陷於分裂的境況下，我們不能不講"理一"，因為只有回到人與人、人與社會、人與自然的存在性關聯當中，在休戚與共的一體關係之中，才能夠重新找到漸次失落的意義本源，而維持價值理性的同一性。也只有這樣，才能夠擺脫工具理性一家獨盛的局面，從物欲主義的桎梏當中解放出來，重新獲得存在的意義。當然，"理一"不能夠脫開"分殊"來講，而必須要置之於"分殊"之中，在具體的情境下，在萬事萬物的個別性存有裏面來明"理"。現代社會是多元文化主義興盛的時代，理性取代了威權，個性解放和公民權利已逐漸成為社會共同體價值系統的中心，尊重個人意志，保障個體自由，是國家和社會公權力得以存在的合法性基礎。所以，公共理性必然是建立在無數個人意志博弈的基礎之上的，是無數的個人意見的最大公約值，這就和傳統社會裏面的君主意志或者是由聖人先知來獨自引領的情境完全不同，故需要一套被牟宗三先生稱之為"理性之架構表現"或"外延的表現"之類的東西，才能夠具體地實施。而後工業時代和後現代文化的問題是，個體性氾濫無度，一人一議，十人十議，每個人都有自己的價值標準，往往陷入無"理"可言的相對主義或者虛無主義。這就需要尋求達致共識的新途徑和新方法，

---

[1] [加]查爾斯·泰勒：《本真性的倫理》，程煉譯，上海：上海三聯書店，2012年，第141頁。

而全球倫理的建構運動恰恰是走向同一性的一種努力，是嘗試在混亂無序之中尋求有限的共識。儒家本有"一體之仁"的基本認知，實已包含了某種預設，"理一分殊"的圓融性恰恰是在個體生命這一共有特質上實現的，而作為實踐智慧的"仁學"，也為這一感通性和開放性提供了無限的可能。

三、如何詮釋儒家的宗教性

在文明對話中，全球倫理的最低共識往往被稱為"金規則"（the golden rule），它是一種底線倫理，是人之所以為人的基本準則，而這些"金規則"往往和各大宗教的戒律或文明初成時期的人文記憶聯繫在一起。[1]所以，倫理商談只能從這些基本的原則起步，而宗教形態對這些原則的持守是抵禦世俗化侵蝕的最堅強堡壘，這也就是文明對話先要進行宗教對話、全球倫理的建設必自宗教開始的原因。尋求普遍倫理價值的重要前提就是文明之間的相互理解，即在對話的基礎上互諒互讓、求同存異，達致最低限度的共識。有鑒於全球倫理運動的宗教化背景，劉述先首先澄清了西方人對儒家傳統慣有的誤解，即

---

[1] 全球倫理的宣導者孔漢思對"金規則"的說明是："所有大型宗教都要求一種類似金科玉律的東西，也就是一種不僅是有前提的、有限的，而且是絕對的、無可爭辯的、無條件的準則，一種面臨極其複雜的境況時完全可以實施的東西，正是在這種境況中，個人或者團體常常必須做出行動。"這包括像"己所不欲，勿施於人"（孔子）一類的格言。見氏著《世界倫理構想》一書，周藝譯，北京：生活・讀書・新知三聯書店，2002年，第76頁。

認為儒家僅是一套俗世倫理系統。他指出：

> 當代新儒家的一大貢獻就在指出儒家的宗教意涵，既然吾道自足，可以安心立命，那就是一種終極關懷。而且所謂天人合一，就是說儒家思想絕非寡頭人文主義，也傳達了某種超越的資訊，雖然與基督宗教純粹超越的形態不同，乃是屬於內在超越的形態——也就是說，道流行在天壤間，故內在，卻又不是卓然一物可見，故超越。形而上的道與形而下的器，乃是不可割裂開來的相即關係。但儒家既不是一組織宗教，由孔子開始更已淡化了位格神的觀念，難怪很多人不把它當作宗教看待，以致忽視了其宗教意涵，直到當代新儒家才逐漸廓清了這樣的誤解。[1]

所以，儒家雖然不是一個組織結構嚴密的宗教形式，但宗教的終極性要素，尤其是宗教的理論層面，它實已具備。宗教所要解決的是人生價值的安立問題，以超越性的架構形式呈現生命的永恆意義，與西方宗教的外在超越和上帝之信仰不同，中國文化更注重人生的內在價值和生命意義的過程性。就終極意義而言，儒家的"天人合一"思想實已包含了信仰的對象與信仰者之間究竟取何關係的問題解答，即通過與天之外在形式的交互作用和融通，來確證人自身的主體意義和德性本質，從而獲得生命價值之永恆性的肯認。這種將信仰對象完全內斂化而"攝體歸用"的形

---

[1] 劉述先：《全球倫理與宗教對話》，第163—164頁。

式，可能是中國文化中缺乏制度性宗教安排的主要原因，但這並沒有影響到中國人信仰世界的建立，其安身立命的根基反而在高度世俗化的現實當中得到了穩固，從而構成了一個綿延悠長的文明脈流。在一定程度上來說，"天人合一"就是中國人的終極追求，它包含了濃郁的宗教意味，更展現了落實於實存感受的人生信念，將超驗性和現實性有機地統一了起來。所以，我們拿儒家的思想和基督教等世界各大宗教來做比較，在終極意義上展開對話，這不僅是可能的，而且也是恰當的。

早在20世紀80年代中，劉述先即已考慮到儒、耶融合的問題，寫了《當代新儒家可以向基督教學些什麼？》等文章。他認為，儘管儒家和基督教在本質上有著明顯的差異[1]，但可比之處，甚或是可以借鑒與吸納的地方，仍有不少。譬如關於世界的觀念，基督教有自然與超自然之分，奧古斯丁把上帝之城和世俗之城對立起來，這造就了西方思想中二元對峙的普遍化。按照黑格爾的說法，這種二元分際是精神對其自己的曲折客觀化的過程，在外化式的隔離中，程式化、精細化了外部的世界，發展了科學、民主等架構。而中國的有機自然觀正好缺乏這樣的分際，所以精神的客觀化過程無法充分展開。又譬如對於人的了解，基督教有"失樂園"的神話，以及"原罪"的說法，又有耶穌被釘上十字架的悲劇，以及復活的神話；這樣，世間的曲折、生命的艱難、人生的不易，容易得到深刻的

---

[1] 劉述先：《理一分殊》，景海峰編，上海：上海文藝出版社，2000年，第263頁。

闡釋和對複雜性的把握。而儒家的性善論，如無正確的理解，往往會被引向一種膚淺的樂觀主義，從而失卻對人性洞察的力度。所以，"新儒家可以不必擔心動搖、改變自己的終極託付，主動積極地通過自己的努力，去吸收含藏在基督教傳統內部的睿識"。[1]

除了與基督教的對話和比較之外，劉述先還把眼光轉向了世界其他大的宗教，如伊斯蘭教、佛教等。這其中，對於當代伊斯蘭教思想家納塞所做的評論，較具有前沿性。十幾年前，劉述先應邀為著名的"存世哲學家圖書館"（Library of Living Philosophers）之"納塞卷"撰稿，開始接觸到這位當代著名的伊斯蘭哲學家的思想，並寫了《新儒家與新回教》等文章，來回應納塞的保守主義觀點。[2]納塞認為，傳統世界在本質上是善的，只偶然是惡的；而現代世界則在本質上是惡的，只偶然是善的。所以西方五百年來所創造的現代社會，在人類漫長的歷史中，"只是反常的異例"。[3]他反對現代的西方文化，認為文藝復興之後的"非神聖化"走向，把人類社會帶入到了危險的境地，現代性擴張即標誌著人類神聖的精神性的墮落。針

---

[1] 劉述先：《大陸與海外——傳統的反省與轉化》，台北：允晨出版社，1989年，第 269—270 頁。

[2] 根據任軍的研究，該卷中包括劉述先在內共有 29 位學者對納塞的思想進行了評論，納塞都一一做了回應，"而劉述先與納塞之間的這場爭論或許是這些對話中最為激烈的，雙方幾乎在每個論點上都持針鋒相對的態度"，可見他們之間思想分歧之大。參閱《神聖與傳統：納塞爾哲學思想引介》一書，周傳斌、任軍主編，銀川：黃河出版傳媒集團、陽光出版社，2010 年，第 134 頁。

[3] S. H. Nasr, *Knowledge and the Sacred*, Albany: State University of New York, 1989, p. 85.

對納塞原教旨主義色彩頗濃的宗教理念，劉述先作了堅決的反駁，他指出：納塞的懷舊情緒和復古主張完全是不切實際的，我們不可能退回到中世紀去。"一方面我們固然不可以隨波逐流一味歌頌現代西方的成就，而必須對之抱持一種批判的態度。另一方面我們也不可以把過去過分理想化而把現代講成一無是處。"[1]納塞強調"聖知"的重要性而漠視科技文明的成就，緬懷中古的神權政治而否定現代的民主體制，劉述先對此一一作了批駁。指出：納塞試圖用回歸東方傳統來挽救現代西方社會種種弊端的想法，"是不切實際的囈語""既不可行，也不可欲，它絕不可能變成未來時代的主流，殆可斷言"。[2]從劉述先對納塞的批評，我們可以看出當代新儒家的基本理念和價值取向，它對西方文明的強勢狀態採取了一種理性認可的態度，而較少情緒化的排拒，這和當代保守的伊斯蘭教思想恰成鮮明的對比。從這一點來說，放諸全球的視野下，新儒家的所謂守舊就難免要黯然失色了，它的代言人還不得不在與真正的保守主義者的過招當中，採取較為激烈的批評態度，才能夠堅守得住自己的立場和主張，這不能不說是一個最好的說明。詮釋儒家的宗教性，用較為寬泛的理解來看待宗教，既避免了科學主義的狹隘性，又不必削足適履般硬要把儒家打扮成宗教，這應該說是一個比較理性的方式。

---

[1] 劉述先：《當代中國哲學論：問題篇》，新澤西：八方文化企業公司，1996年，第124頁。
[2] 同上書，第134頁。

劉述先先生對儒家傳統"知識與價值"的理解和詮釋

東方朔

劉述先先生從1999年自香港中文大學哲學系榮休後,旋即定居台北,並任職於"中央研究院"中國文哲研究所,此後劉先生所做的工作涉及的領域和主題廣泛而眾多,如全球倫理之建構、超越與內在問題之再思、"理一分殊"與道德重建之闡釋、對"兩行之理"與"回環"的必要性和重要性之強調等;無疑地,劉先生也極重視睿識之應用,亦即如何在今日的世界裏,面對宗教交流、世界倫理、心理建設、教育改革、文明衝突等問題,藉由此睿識以覓得回應之道。[1]上述主題雖林林總總,但大體似可歸結為兩個方面,此即儒家傳統之闡發與儒家思想之開拓。古稀之後,劉先生在思想上並未停留於過去已取得的範限,而仍有活躍的發展和重要的進境,在此,劉先生有關儒家傳統對於"知識與價值"的理解和詮釋便是其中的

---

[1] 劉述先:《儒家思想意涵之現代闡釋論集》,台北:"中央研究院"中國文哲研究所籌備處,2000年,"自序"。

一個重要主題。2011 年，由筆者所編的劉先生的近期文集《儒家哲學研究：問題、方法及未來開展》由上海古籍出版社出版，並被列入"中華學術叢書"之一種[1]，當時由於考慮到編輯的宗旨和目的，筆者並未將劉先生有關"知識與價值"的相關論文悉數加以收編，只選編了其中的一篇《儒家傳統對於知識與價值的理解和詮釋》，實則，劉先生有關此一主題的論文先後至少發表了四篇，今依時間順序羅列如下：

1. An Intergrative Understanding of Knowledge and Value: A Confucian Perspective, in *Journal of Chinese Philosophy*, vol. 30, no.3 & 4（Sep/Dec, 2003）；

2. 跨文化研究與詮釋問題舉隅——儒家傳統對於知識與價值的理解，刊於台灣大學《台灣東亞文明研究學刊》，vol. 1, no.1（2004.6）；

3. 儒家傳統對於知識與價值的理解與詮釋，刊於劉述先、楊貞德主編《理解、詮釋與儒家傳統：理論篇》，台北："中央研究院"中國文哲研究所，2007 年；

4. 中國傳統知識與價值整體觀之現代、後現代闡釋，刊於馮天瑜主編《人文論叢：2006 年卷》，武漢：武漢大學出版社，2007 年。

上述四篇論文或應約而撰，或應機而寫，在時間上起於 2003 年，止於 2007 年，主題鮮明而突出，即便撇開其他相關

---

[1] 參閱劉述先著，東方朔編：《儒家哲學研究：問題、方法及未來開展》，上海：上海古籍出版社，2011 年。

的論述，我們也不難看到，對有關"知識與價值"問題的關注和反省的確構成了劉先生晚年積思的一個重要主題。無疑，劉先生對此一主題的思考並不是孤立的，而有其實存的體驗和問題意識，同時亦可以看作是其已取得的哲學睿識的自然延伸和實際應用。今逢劉先生八十大壽之際，筆者一方面恭祝先生健康長壽，另一方面則試圖通過對劉先生相關文字的閱讀，清理其中線索，以見劉先生的思想創獲。

一

從理論上看，知識與價值的關係問題由於人們所持立場和看法不同而顯得異常複雜而糾結。[1]此處所謂的"知識"當然是指狹義的有關自然事實的客觀陳述的知識，由於價值往往被認為是涉及主觀性的、情感性的判斷，因此，在考慮知識與價值的關係時，既要追問價值問題在知識構成中的作用，也要追問在知識的探究過程中主觀的價值如何獲得其客觀性的問題，易言之，把事實陳述的知識與理性的價值判斷結合起來，當是我們應持的態度。不過，話雖這麼說，面對客觀陳述的知識，主觀的價值如何獲得其自身的意義，似乎始終有各種不同的

---

[1] 有關知識與價值的討論，參與的學者甚多，無法一一列舉。20世紀30年代，張東蓀便已出版《價值哲學》（上海：世界書局，1934年）和《道德哲學》（上海：中華書局，1933年）等書，對相關問題提出了自己的看法；近年成中英先生著有《科學知識與人類價值》（台北：三民書局，1974年）、《知識與價值：和諧、真理與正義的探索》（台北：聯經出版事業公司，1986年）等。

主張。站在現代的角度，庫恩（T. S. Kuhn）"科學革命"中的"典範轉移"（paradigm shift）對科學本質的揭露，使得以客觀性探求為特徵的（科學）知識似乎已顯得不那麼純粹客觀，相反，倒變得有些迷離飄忽或不可理喻（un-understanding）了，蓋在庫恩看來，科學活動對知識的探求已不僅涉及科學家主觀的價值判斷，甚至還與特定社群成員的信仰系統、論辯方式等息息相關，這些所謂的主觀性的、情感性的甚至是傳統習俗性的因素在科學研究中不同程度地發揮著各自的作用。此一現象或已預示出在客觀知識的探究和構成中已有主觀價值的因素滲入其中[1]，我們的任務毋寧說要更為積極地探求這些主觀的價值因素如何或在多大程度上進入客觀知識的領域，尤為重要的是，在人類日益面臨知識與價值分裂的今天，如何以理性的、善的價值引導和統馭客觀的、真的知識，進而實現真善美的統一，似乎已越來越成為一種切身緊要的事情。

當然，這種王國維式的"可信"（知識）與"可愛"（價值）的關係充滿著糾結，而其嚴重分裂似乎應該看作是西方近代以來所出現的結果。依照 L. R. Graham 的看法，在近代科學出現之前，有關宇宙自然的知識與人類的價值之間並沒有嚴格的區分，價值既內在於宇宙自然之中，宇宙自然本身也充滿著

---

[1] 參閱庫恩：《科學革命的結構》，金吾倫、胡新和譯，北京：北京大學出版社，2003年。當然，庫恩的理論也有不少不同意見，有趣的是，此後拉卡托斯（I. Lakatos）的《科學研究綱領方法論》、費耶阿本德（P. Feyerabend）的《反對方法》似乎比庫恩更為激进。

價值與意義，人與宇宙自然是融為一體的。[1]然而，到17世紀以後，被黑格爾認為是西方哲學之父的笛卡爾認為[2]，人們若要獲得確實可靠的知識，即必須從普遍懷疑的方法著手，讓理性從感覺經驗中擺脫出來。在笛卡爾看來，除了通過自明性的直覺和必然性的演繹之外，人類並沒有其他途徑和方法來獲得確定性的知識。此處，笛卡爾所謂的"理性"或"確定性知識"指的即是客觀陳述的知識。不難看到，笛卡爾這種觀念已將身與心、知識與價值打成了兩截。到了18世紀的休謨那裏，即明確把"是"（to be）與"應當"（ought to be）加以區隔，休謨認為："在我所遇到的每一個道德體系中，我一向注意到，作者在一個時期中是照平常的推理方式進行的……可是突然之間，我卻大吃一驚地發現，我所遇到的不再是命題中通常的'是'與'不是'等連繫詞，而是沒有一個命題不是由一個'應該'或一個'不應該'聯繫起來的。這個變化雖是不知不覺的，卻是有極其重大的關係的。因為這個應該或不應該既然表示一種新的關係或肯定，所以就必須加以論述和說明；同時對於這種似乎完全不可思議的事情，即這個新關係如何能由完全不同的另外一些關係推出來的，也應當舉出理由加以

---

[1] L. R. Graham, *Between Science and Values*, New York: Columbia University Press, 1981.
[2] 黑格爾曾這樣評價笛卡爾："他（指笛卡爾）是一個徹底從頭做起、帶頭重建哲學的基礎的英雄人物。哲學在奔波了一千年之後，現在才回到這個基礎上面。"參閱黑格爾：《哲學史講演錄》第四卷，賀麟、王太慶譯，北京：商務印書館，1978年，第63頁。

說明。"[1]依休謨,事實陳述與價值陳述是兩類不同性質的關係,不能輕易地加以推導,而類似德和惡等價值就像冷和熱一樣"並不是對象的性質",而只是心中的知覺,"依靠於我們的情緒"[2],所以不能看作是"理性的物件"。[3]無疑,休謨此處所說的"理性"亦如同笛卡爾所說的理性一樣,指的也是某種客觀陳述的知識。休謨提出此一問題的原初目的和意義究竟如何,學者之間或有不同的解讀[4],但後世學者顯然把此一問題泛化為事實判斷與價值判斷或描述性陳述與規範性陳述的分離,並將此喻為"休謨的斷頭台"(Hume's guillotine)。自此以往,哲學的重心完全轉移到知識論的範圍。但問題是,正如伽達默爾所看到的,笛卡爾、休謨等人所高舉的"理性"本質上只是"知性"(understanding)的代名詞,只是人類生活的一個"半圓狀態"[5]。依伽達默爾,真正意義上的理性並非單純只是知性的,理性的德行亦並非只是要實現人類生活的一個半圓,而是始終與價值實踐相關聯,如此才能撐開人類的整個生活空間。可是,到了20世紀以後,隨著科學的發展、技術的進步,人們並未能在知識與價值的反省上有所自覺,反而伴隨

---

[1] 休謨:《人性論·下冊》,關文運譯,北京:商務印書館,1980年,第509—510頁。
[2] 同上書,第557頁。
[3] 同上書,第509頁。
[4] 麥金泰爾對此便有一套解釋,參閱氏著《德性之後》《谁之正義?何種合理性?》《三種對立的道德探究觀點》等。
[5] 參閱伽達默爾:《科學時代的理性》,薛華等譯,北京:國際文化出版公司,1988年,"作者自序",第3頁。

著知識、技術、工業的成長，所謂技術性知識、實證性知識愈來愈成為一種支配性力量，"因為20世紀是第一個以技術起決定作用的方式重新確立的時代，並且開始使技術知識從掌握自然力量擴轉為掌握社會生活，所有這一切都是成熟的標誌，或者也可以說，是我們文明危機的標誌"。[1]

的確，20世紀以後，由科技進步所帶來的各行各業的發展，皆以客觀性、實證性知識為旗幟，且相為號召，進而泥執之而加以合理化，此牟先生所謂的"向所而趨""順之則生天生地"之趨勢也。[2]早在20世紀初，馬克斯·韋伯在《新教倫理與資本主義精神》一書中便敏銳地觀察到，現代社會中，經濟、科技、教育、司法、行政等領域，皆從不同的目的或終極觀點出發予以合理化，此一結果從某一觀點看是合理的，但從另一觀點看卻是非理性的。究其因，或許是價值理性的遺落使得這種合理化變成了囚禁現代人的"鐵籠"，而致學問家無良心，科學家無肝腸；而胡塞爾正是通過對歐洲科學危機的反省，對現代世界知識與價值的分裂給予了根本性的說明，胡塞爾云："我們時代的實證主義的科學概念，是一個殘缺不全的概念。實證主義丟掉了一切人們在時寬時狹的形而上學概念中所考慮的問題，其中包括一切被不清楚地稱之為'最高的和最終的問題'。我們通過仔細觀察可以發現，這些問題以及一切

---

[1] 伽達默爾：《科學時代的理性》，第63頁。
[2] 牟宗三：《認識心之批判》上冊，"序言"，《牟宗三先生全集》，台北：聯經出版事業公司，2003年，第18卷，第10頁。

被排除在外的問題,有著一個不可分割的統一性。"[1]

　　理性寡頭、偏枯而為半圓狀態的知性理性或工具理性,割裂了與價值的統一,已構成了我們實存世界的另一幅圖像。如果說,在笛卡爾那裏,對確定性知識之尋求還有其特定的指向與内涵的話,到20世紀後,這種單向度的知識理性和合理化趨勢似乎已從另一個角度造成了對我們生活世界的殖民。莊子所謂"天下多得一察焉以自好,譬如耳目口鼻,皆有所明,不能相通,猶百家眾技也,皆有所長,時有所用,雖然,不該不偏,一曲之士也"[2]。平情而論,此"多得一察"的"一曲"之見,不論作為知識還是作為方法,皆不能否認有其合理的、正當的一面,只是在此一孔、一偏、一畛域之分殊對立的知識圖景中,對人類"理一"的慧識的呼喚已躍躍然成了我們的主題。

　　不必懷疑,劉先生古稀之後對"知識與價值"此一主題的關注正是從現代世界所面臨的危機和困局中提煉出來的,因有所見而有所思,因有所思而有所懷,因有所懷而有所言。我們大體可以說,劉先生晚年對"知識與價值"的所有文字,其所見所思,所懷所言,皆有一個相同的問題意識,那就是:站在全球範圍的視野上,直面問題,展示傳統,照見未來。劉先生認為,"如今後現代主義(post-modernism)、多文化主義(multi-culturalism)流行,有一些前現代(pre-modern)傳留

---

[1] 胡塞爾著,張慶熊譯:《歐洲科學危機和超驗現象學》,上海:上海譯文出版社,1988年,第9頁。
[2] 《莊子·天下篇》。

下來的東西經過新的省思與創造性的詮釋之後，又有了重要的當代意義（contemporary significance）。我們要在這一新的脈絡之下重新來反思儒家傳統對於知識與價值的理解與詮釋。"[1] 劉先生通過檢視西方思想的發展，認為：

> 近代西方思想發展到當代不免分崩離析，漏洞百出……在今日由源溯流，追蹤思想觀念發展的途轍，檢視儒家傳統對於知識與價值的理解與詮釋，或者不無其適切的時代意義罷。[2]

不難看到，劉先生重釋儒家傳統有關知識與價值的觀念殊非無的放矢，甚至亦非學究式的個人興之所致的揮灑，而有其對我們"危機時代"的一份特殊的關切，具有豐盈的時代意識和濃郁的生命情懷。事實就是這樣，"問題"常常是"意義"的細目，而對問題的體認，本身便意味著某種籌劃。當然，西方思想在其發展過程中所存在的某些問題，並不必然能推出所以要展示儒家傳統慧識的充分理由，更何況正如劉先生所言，西方有識的知識分子如懷特海、柏格森等也已經發出了重新嚮往統觀與共識的呼聲。實則，劉先生所以有如此這般的致思，應當

---

[1] 劉述先：《儒家傳統對於知識價值的理解與詮釋》，載氏著《儒家哲學的典範重構與詮釋》，台北：萬卷樓圖書股份有限公司，2010年，第91頁。
[2] 劉述先：《跨文化研究與詮釋問題舉隅——儒家傳統對於知識與價值的理解》，載氏著《儒家哲學的典範重構與詮釋》，第89頁。以下所引將不再列出篇名，只列出頁碼。

還有其他兩方面的原因,其一,隨著全球化浪潮的迅速推展,人類不僅在思想上、利益上,而且在許多命運攸關的問題上緊密地聯繫在一起。在劉先生看來,我們生活在"日益狹小的地球村",進則共進,退則共退。面對人類思想和觀念上所遭遇的問題與曲折,作為一個學者,有責任也有義務藉由展示不同傳統的睿智和慧識,超越狹隘的排他主義和地域觀念,以照明人類的未來,同時也藉此"見到不同精神傳統和平共存的曙光"[1]。這可以理解為由此引發的一種義不容辭的責任感,毫無假藉,也責無旁貸。而面對西方思想將知識與價值打成兩截的現象,劉先生則通過對儒家傳統思想的歷史的疏解,認定,"中國儒家傳統三個時期卻都把知識與價值當作不可分割的整體看待,展現了完全不同的特色。"[2]顯然,此一問題意識顯示出,劉先生重釋中國傳統有關知識與價值的認識,實與他思考人類的處境以及重建中國哲學的關切緊密聯繫在一起。其二,劉先生站在更寬闊的視野上,通過對歷史的反省,認為我們所處的時代乃是一個"對話的時代",而非"獨白的時代"。果如是,則人類的真理性認識便不會為某個傳統所壟斷,相反,各傳統之間應當,也可以經由傳通、對話,以增益其所不能,並且在貢獻各自智慧的同時,產生新的慧見。劉先生云:"在18世紀啟蒙時代以後,西方便已走上了典範轉移的過程。直到19世

---

[1] 劉述先:《儒家哲學的典範重構與詮釋》,"自序",第2頁。
[2] 同上書,第81頁。此處劉先生所謂的傳統儒家的三個時期指的是由牟宗三先生所說的以孔孟荀為代表的先秦時期、以周張程朱陸王為代表的宋明時期和以熊唐牟徐為代表的當代。參閱同上書,第76頁。

紀，西方的真理觀念還大體是絕對的、靜態的和獨白式的，但不斷演化為非絕對的、力動的和對話式的。"據此我們便不難理解劉先生何以以極大的熱情參與孔漢思有關"全球倫理"的規劃與起草、何以對斯威德勒"對話或死亡"（dialogue or death）的說法情有獨鍾的原因，蓋對於身處對話時代的我們來說，"各人有各人的觀點，卻有必要相互溝通"[1]。當然，為了溝通而溝通並不是目的，溝通的目的是為了增益，增益的目的是為了達成共識。在其中，依劉先生，最重要的是，一方面我們要拒絕"絕對主義"，但另一方面，在肯定各傳統，肯定多元文化的共存的前提下，我們也要拒絕"相對主義"，而突出其"相關性"原理[2]，在"立理以限事"和"即事以見理"之間獲取動態的平衡，最終實現知識與價值的融一。

二

觀察劉先生有關知識與價值的論述，我們發現，劉先生雖然花費了相當的筆墨來鋪陳西方思想發展過程中所出現的問題，但顯然，這些論述與其說是構成劉先生所關注的一個核心主題，毋寧說它只是試圖藉此建立一個比較的視域以便展開宏觀的觀察，或者說它是引發劉先生正面闡述中國傳統儒家之慧識的一個引子，這樣一種行文無疑起到了醒明主題的作用。劉

---

[1] 劉述先：《儒家哲學的典範重構與詮釋》，"自序"，第78—80頁。
[2] 同上書，第136頁。

先生認為："在今日世界，西方無疑是最強勢的文化，要了解中國傳統思想，有必要與西方作比觀。"[1]職是之故，劉先生在論述知識與價值之主題時，總是緊汲於從中西對比的角度來詮釋儒家哲學的主張，一方面通過提綱挈領的方式論述西方思想發展的軌跡，條陳其癥結；另一方面，則直陳儒家傳統，揭出"知識與價值一體"之旨。

　　劉先生自認為其一向服膺於牟先生所提出的儒家哲學三大時期的看法，此即以孔孟荀為代表的先秦時期、以周張程朱陸王為代表的宋明時期以及以熊唐牟徐為代表的當代新儒家時期。經由劉先生的詮釋，在知識與價值的關係上，儒學三大時期的基本論旨皆有別於西方。在劉先生看來，先秦時期，從孔子的"天人合一""智及仁守"[2]，孟子的"盡心、知性、知天"到荀子的"天生人成""知通統類"，他們雖或各有差異，但在基本精神上皆表現出知識與價值緊密關聯在一起的特徵；到宋明時期，周張程朱陸王，競相開創，承繼翻疊，亦共持"天道性命相貫通"之旨，將宇宙論與知識論、存在與價值結合在一起，或用

---

[1] 劉述先：《儒家哲學的典範重構與詮釋》，"自序"，第 75、91—92 頁。
[2] 劉先生致力於重釋孔子"天人合一"之理境，如果我們理解不錯的話，在此一理境中，除了超越的宗教意涵外，也包含著圓融知識與價值的古老智慧，參閱氏著《論孔子思想中隱含的"天人合一"一貫之道——一個當代新儒學的闡釋》，載《儒家思想意涵之現代闡釋論集》，台北："中央研究院"中國文哲研究所籌備處，2000 年，第 1—26 頁。劉先生云："數十年來，我一直為子貢的證詞，所謂'夫子之言性與天道不可得而聞也'所困擾，不想到了最近，忽然有了前所未有的突破。我用的是《論語》通行的版本，無須增字改經，就可以清楚地闡明，孔子的一貫之道的含義決不止於'推己及人'而已，其實已隱含了'天人合一'的意旨。"參閱該書"自序"。

劉先生的話來說："無論程朱、陸王，對格物致知有不同的理解與詮釋，均強調聖學是實踐的學問，倡知行合一，重修養工夫，顯然不同於近代西方割裂知識與價值之傾向。"[1]而到了當代新儒家，由熊十力開山，唐、牟、徐繼之而呈其大，他們之間雖學問興趣和理路各有不同，但由於他們分別知識與智慧兩途，既可由學統之拓展以吸納西方的形式科學和經驗科學，卻又無須排拒超越、渾全的智慧，進而實現對知識與價值貫通的理解。

當然，此間也有一些微妙的差別，雖然劉先生認為牟先生是其父執輩，而且對其思想影響甚深，但劉先生並未完全受牟先生思想的框限，有些方面也表現出不同的理解。[2]今撇開其他方面不論，就涉及"知識與價值"的問題而言，劉先生認為無論周張程朱還是陸王，"天道性命相貫通"應是他們共同的睿識，但由於牟先生往往過分強調程朱與陸王的差別，致使其對程朱一系的理解似乎缺少同情之環轉，"他似認為程朱橫攝系統不能夠講天道性命相貫通。"[3]依牟先生，天命實體之下貫於個體而具體於個體而為性，實構成宋明儒之共識，"此斷定……即伊川、朱子亦不能外乎此，即象山、陽明亦不能謂此為歧出。惟積極地把握此義者是橫渠、明道、五峰與蕺山，此是承《中庸》《易傳》之圓滿發展而言此義者之正宗。伊川、朱子亦承

---

[1] 劉述先：《儒家哲學的典範重構與詮釋》，第93頁。
[2] 參閱楊儒賓《戰後台灣的朱子學研究》，載台北《漢學研究通訊》，2000年11月，第76期。
[3] 參閱劉述先《現代新儒學之省察論集》，台北："中央研究院"中國文哲研究所，2004年，"自序"。

認此義，惟對於實體、性體，理解有偏差，即理解為只是理，只存有而不活動，此即喪失'於穆不已'之實體之本義，亦喪失能起道德創造之'性體'之本義。象山、陽明則純是孟子學，純是一心之申展。此心即性，此心即天。如果要說天命實體，此心即是天命實體。"[1]由此可見，由於程朱只把天理理解為"只存有而不活動"，故其系統為："主觀地說，是靜涵靜攝系統；客觀地說，是本體論的存有之系統。簡言之，為橫攝系統。"[2]果如是，即此橫攝系統之於"天道性命相貫通"之理境而言便不免有一間未達之疑。對於此點，劉先生有其自己的理解。在劉先生看來，由橫渠引發的"天道性命相貫通"的思想作為宋明理學的共識，即便程朱也不例外，只不過相對於明道、象山和陽明而言，朱子的貫通要稍顯曲折些，而真正背離此一共識的似要到清儒陳確、顏元、戴震那裏，究其因，則因他們的思想中對超越層面的遺落，而造成了典範的轉移[3]。劉先生在20世紀80年代初即著有專論朱子的著作[4]，對朱子哲學思想的發展、完成及其觀點的掘發有深入的辨析和評斷。該書雖然在義理方面"多取牟先生的說法"，但顯然對朱子的思想更富

---

[1] 牟宗三：《心體與性體》（一），《牟宗三先生全集》第五卷，第34頁。
[2] 同上書，第63頁。牟先生又認為："宋明儒中，真能至'明睿所照'之境者，惟明道、陽明、象山諸几近之。"同上書，第447頁。
[3] 參閱劉述先：《從道德形上學到達情遂欲——清初儒學新典範論析》，載劉述先、梁元生編：《文化傳統的延續與轉化》，香港：香港中文大學出版社，1999年，又見氏著《儒家思想意涵之現代闡釋論集》，台北："中央研究院"中國文哲研究所，2000年，第73—103頁。
[4] 劉述先：《朱子哲學思想的發展與完成》，台北：學生書局，1982年初版。

了解之同情，尤其對朱子在內聖的修養工夫和教育程式的貢獻方面，劉先生對朱子給予了充分的肯定。不過，即便如此，比較而言，劉先生在此書中似仍未像後來的《儒家傳統對於知識與價值的理解與詮釋》等文那樣較為明確地提出朱子思想之於"天道性命相貫通"之旨之關係，更未明言自己對朱子有關此一問題的看法與牟先生之間的微妙差異。劉先生在該書中通過對朱子有關涵養、致知問題之梳理，認為"在朱子的思想系統之下，也可以說涵養本源，自作主宰。如此靜坐也不失為令此心定下來的一種方法，然如只是討靜坐便不得。朱子的涵養乃不再只是默坐澄心，而是小學做敬的工夫。但兀然持敬又無實得，一定要心靜理明，撲捉到實理，才有真正的貞定處。敬的常惺惺的態度自可以通貫動靜，但必窮理到豁然貫通處，才可以達到大學補傳所說的那種最高境界。故朱子必要求在兩方面齊頭並進，此間實預設一心性平行論。必存心而後理現，但在實質上卻只有理才是真正客觀形而上的根據，在心上做工夫就是要去攝推理。這樣的思想架局正是牟先生所謂的靜攝系統"。[1] 在此段中，劉先生對朱子涵養、致知工夫之分梳大體上是依順著牟先生的觀念而來的，也認同牟先生對朱子思想為靜攝系統之判定，心性情三分，理氣二分，工夫雖稱得力而終落腳於朱子為橫攝的、非縱貫的系統。不過，劉先生在此處也看到了朱子涵養持敬和致知工夫與《大學》"格物補傳"豁然貫通之境的可能聯結，不同的是，劉先生此時撰文之重心不在豁顯此間之關

---

[1] 劉述先：《朱子哲學思想的發展與完成》，第128—129頁。

係，而在正面鋪陳朱子之理緒及其可能存在的問題與癥結。故及至劉先生思考儒家傳統有關"知識與價值"之關係時，乃極力注目於朱子"涵養、致知、力行"三事一時並了之工夫以及《大學》"格物補傳"所傳達的意旨[1]："所謂致知在格物者，言欲致吾之知，在即物而窮其理也。蓋人心之靈，莫不有知，而天下之物，莫不有理；惟於理有未窮，故其知有不盡也。是以《大學》始教，必使學者即凡天下之物，莫不因其已知之理而益窮之，以求至乎其極。至於用力之久，而一旦豁然貫通焉，則眾物之表裏精粗無不到，而吾心之全體大用無不明矣。此謂格物，此謂知之至也。"對此，劉先生詮解曰："由此可見，朱子自己有一套貫通的思想。他真正的意思是，人必須就事上磨煉，久之乃可以有一異質之跳躍，掌握到通貫之理。對朱子來說，修養工夫、知識、價值的踐履，是緊密不可分的。很明顯，他所謂知，絕不是西方式嚴守價值中立、通過經驗推概建立的科學知識。"[2]不難看到，劉先生如此了解朱子之"貫通"思想，其落腳和得力處乃著眼於朱子之磨煉工夫，而此點也正是了解劉先生早年朱子研究之專著特色的一個重要觀察點之一。當然，在朱子之思想系統中，如何藉用力既久之工夫而致其有一異質之轉換，尚須在理論上作細緻的分析與說明，但顯然在劉先生

---

[1] 劉先生認為："朱子可以說是中國哲學家中知識傾向最濃厚的一位思想家。朱子一生用力最勤在《大學》，臨死前還在改《大學》'誠意'章，而《大學》講三綱領、八條目，朱子深入探究了格物、致知的問題……做格致的工夫，雖是漸教，卻有一定的指向。"參閱氏著《儒家哲學的典範重構與詮釋》，第110—111頁。

[2] 同上書，第111—112頁。

看來，朱子思想在知識與價值乃至天道與性命之聯結與貫通上乃有其自己的用心與思考，此當無有可疑者。

如前所云，劉先生之所以極力顯發中國傳統中知識、存有、價值融貫一體的慧識，乃有其對當今邏輯實證論割裂主客、隔離知識與價值一體所可能造成的後果的一種擔憂。實際上，面對西方思想中各種心與物、形式與內容、存在與價值、絕對與相對的離析，劉先生早年便給予了深深的關注，並期望從中國傳統的睿識中尋求化解之道。劉先生認為，存在與價值、實然與應然等不是隔絕的對立關係，而是"既分而合，雖合而分，當分處分，當合處合"的辯證。[1]曾幾何時，客觀陳述的知識，標其中立，但當其成為宰制的工具後，人們已經忘記了其本身與價值具有"原初統一"（primordial unity）的特點。就此看來，劉先生晚年對"知識與價值"問題的關注乃與其整個的哲學慧見諸如"理一分殊""兩行之理""超越與內在之回環"以及其早年的系統哲學觀念緊密地聯繫在一起。[2]在"系統哲學的探索"中，劉先生就已指出其關心的問題有兩個方面："（一）我們有沒有可能為這麼豐富雜多的世界人生的內容尋覓到一個共同的根源和基礎，然後才能逐漸分化成為不同的存在與價值的領域？（二）我們有沒有可能建構一個系統來涵蓋世界人生如此豐富雜多，乃至表現了深刻的、矛盾衝突的

---

[1] 劉述先：《哲學的起點與終點》，景海峰編：《儒家思想與現代化》，北京：中國廣播電視出版社，1992年，第398頁。
[2] 限於篇幅，此處不作展開論述。

內容,把它們熔於一爐,結合成為一個整體,卻又井然有序,分別在這個系統之內得到它們適當的定位?"[1]儘管劉先生後來清楚地意識到"造大系統的宏圖,已是過去時代之事"[2],但一種哲學的統觀,期望在諸多看似矛盾對立的關係中,謀求辯證統一的出路,可以說貫穿在劉先生的整個思想意識之中,就此意義而言,劉先生晚年對"知識與價值"的理解與重釋,乃是其整個哲學慧思的一個有機組成部分。

三

歷史所呈現的許多迷思,其最終的解答似乎總要交回給歷史本身,但此中的許多曲折和蠻纏,似常常需默而識之之體貼,覿面相呈之證悟。誨人非默,或難免墮於言詮之病;學而非默,則不免涉於聲臭之疑,雖默而有當仍需言詮予以撐開。無疑地,知識與價值的關係非常複雜,即便從17世紀的笛卡爾算起,其間的爭論亦已有數百年的歷史,而且我們有理由相信,此一爭論似乎還將繼續下去。劉先生晚年重釋此一主題,應與其對人類處境的體貼和對此一主題的中國傳統哲學慧見之默識密切相關,此其所以以提綱的方式觀察中西,呈其所見。果如是,則問題之關鍵當不在於劉先生的上述論述對"知識與價值"的關係已經解決到了何種程度,

---

[1] 劉述先:《系統哲學的探索》,收入景海峰編:《儒家思想與現代化》,第392頁。
[2] 參閱氏著《劉述先自選集》,濟南:山東教育出版社,2007年,第8頁。

而在於藉此論述將問題本身在人類的實存處境中給予了彰顯。確乎實情的是，對問題的點醒，常常開啟著對未來的籌劃。明乎此，則此處有兩點需引起我們的注意，其一，劉先生凸顯中國哲學圓融和合的智慧，絕非意味著這樣一種解釋已經壟斷了對此一問題的真理性的解答，劉先生自己就有非常清楚的認識。他說："中西哲學均源遠流長，有非常豐富的內容，絕不允許作簡單化的論斷。我有意強調一些面相以收對比之效，但絕不排斥其他可能的詮釋。"[1]這樣一種對問題的理解，顯示出劉先生的用心在於逼顯問題，以使人們有所醒悟，有所警覺，同時也藉此明示人們樹立文化自信，不要沿門托缽，而殊非是對問題本身之真理性理解的獨佔；其二，劉先生雖然對中國傳統哲學所包含的慧識充滿體貼與敬意，並期期試圖以此見益於人類，但對其不足之處也從未有過些許回護蓋藏。劉先生認為："中國思想特別是儒家傳統，從來就視修養工夫、知識與價值為一體，而拒絕將其互相割裂，這樣的思想在分殊方面不足，故必須吸納西學以開拓學統。"[2]第二代新儒家有道統、政統和學統之說，大體上，他們認為，中國有道統而無學統，有治道而無政道。[3]劉先生

---

[1] 劉述先：《儒家哲學的典範重構與詮釋》，第76頁。
[2] 同上書，第88—89頁。
[3] 參閱牟宗三《歷史哲學》《政道與治道》《道德的理想主義》等書。牟先生認為，開出中國文化之途徑，當有"三統"之肯定，此即："一、道統之肯定，此即肯定道德宗教之價值，護住孔孟所開闢之人生宇宙之本源。二、學統之開出，此即轉出'知性主體'以容納希臘傳統，開出學術之獨立性。三、正統之繼續，此即由認識政體之發展而肯定民主政治為必然。"參閱氏著《道

此處說我們必須吸納西學以開拓學統,指的就是中國傳統哲學尤其是儒家哲學一直未能形成有系統的知識論體系,統觀有餘而分殊不足。對此,在某種意義上說,劉先生其實有其深深的隱憂和切膚的痛處。劉先生說:"在不斷開展的過程中,我深切了解自己傳統的寶貴的資源與嚴重的限制,正如梁漱溟所指出的,中國文化太過早熟,分殊的拓展嚴重不足,一元正統的意識過強,以至未能充分具現《易傳》所揭示的生生不已的理想,使得文化出現長期呆滯的現象。"[1]或許正是有鑒於此,劉先生始終致力於對"理一分殊"的現代詮釋和哲學重建,一方面要通古今中外之常道,此所謂"理一"也;另一方面要防止"理一"淪為虛妄的話頭,即必須拓展"致曲"的心靈,面向具體知識的領域或曰"命題世界"敞開胸襟,此所謂"分殊"也。順逆相匹,能所相歸,長短相衡,虛實相濟,或可懸解人類所面臨的"知識與價值"方面的困境。顯然,對於中國傳統哲學的重建而言,我們有理由相信,此將無疑是一個引人入勝且充滿挑戰的主題。

最後請允許我引用劉先生的一段話權作本文的結束:

> 終極的"理一"根本超越名相,潛藏的生力要具現卻必須通過對偶性,客觀化(objectize)成為"科學"(真)"道德"(善)"藝術"(美)等等的不同"文化形式"(cultural

---

(接上頁)德的理想主義》,《牟宗三先生全集》第9卷,"序",第9頁。
[1] 劉述先:《儒家哲學的典範重構與詮釋》,第137頁。

forms），以及東西文化的分殊。但分殊而不流於相對主義，萬變不離其宗，仍指向超越的"理一"。在今日沒有人能建構一個永恆不變的系統，只有面對具體的時空，隨感隨應，萬古常新，才能具現"生生而和諧"的動態的均衡，只有在這樣的終極託付下才可以看到未來希望的曙光。[1]

參考文獻（以本文徵引為限）

[1] 劉述先：《儒家思想意涵之現代闡釋論集》，台北："中央研究院"中國文哲研究所籌備處，2000年。

[2] 劉述先著，東方朔編：《儒家哲學研究：問題、方法及未來開展》，上海：上海古籍出版社，2011年。

[3] 張東蓀：《價值哲學》，上海：世界書局，1934年。

[4] 張東蓀：《道德哲學》，上海：中華書局，1933年。

[5] 成中英：《科學知識與人類價值》，台北：三民書局，1974年。

[6] 成中英：《知識與價值：和諧、真理與正義的探索》，台北：聯經出版事業公司，1986年。

[7] 庫恩：《科學革命的結構》，金吾倫、胡新和譯，北京：北京大學出版社，2003年。

[8] 黑格爾：《哲學史講演錄》第四卷，賀麟、王太慶譯，北京：商務印書館，1978年。

[9] 休謨：《人性論》下冊，關文運譯，北京：商務印書館，1980年。

---

[1] 劉述先：《儒家哲學的典範重構與詮釋》，第138頁。

[10] 伽達默爾：《科學時代的理性》，薛華等譯，北京：國際文化出版公司，1988年。

[11] 胡塞爾：《歐洲科學危機和超驗現象學》，張慶熊譯，上海：上海譯文出版社，1988年。

[12] 劉述先：《儒家哲學的典範重構與詮釋》，台北：萬卷樓圖書股份有限公司，2010年。

[13] 劉述先：《現代新儒學之省察論集》，台北："中央研究院"中國文哲研究所，2004年。

[14] 牟宗三：《心體與性體》（一），《牟宗三先生全集》第五卷，台北：聯經出版事業公司，2003年。

[15] 牟宗三：《認識心之批判》，《牟宗三先生全集》第十八、十九卷，台北：聯經出版事業公司，2003年。

[16] 劉述先、梁元生編：《文化傳統的延續與轉化》，香港：香港中文大學出版社，1999年。

[17] 劉述先：《朱子哲學思想的發展與完成》，台北：學生書局，1982年初版。

[18] 景海峰編：《儒家思想與現代化》，北京：中國廣播電視出版社，1992年。

[19] 劉述先：《劉述先自選集》，濟南：山東教育出版社，2007年。

[20] 牟宗三：《道德的理想主義》，《牟宗三先生全集》第九卷，台北：聯經出版事業公司，2003年。

[21] 楊儒賓：《戰後台灣的朱子學研究》，載台北《漢學研究通訊》，2000年11月，第76期。

[22] L. R. Graham, *Between Science and Values*, New York: Columbia University Press, 1981.

超越和內在之並舉，理想與現實之從容

——對劉述先學術思想的一點認識

丁為祥

一、引　言

在20世紀的中國思想界，牟宗三與徐復觀可以說是兩位高峰性人物。牟宗三先生是出身於北大哲學系的科班，一生浸潤於東西方哲學，出入於儒佛道三教；而其獨特的學術進路則始終以超越的解析而見長。至於徐復觀先生則早年曾先後就讀於武昌高師和國學館，其後雖留學東洋，但始終關注著中華民族的命運；"九一八"歸國後，曾長期效力於軍政界，直至國共政權嬗遞，始投身於思想文化研究，可以說是思想文化探討的晚到者。就學術進路而言，則徐先生完全可以說是以實然之發生而攬勝。所以，對於現代新儒家第二代的三位大師——唐君毅、牟宗三和徐復觀三位先生，雖然學界所謂"仁""智""勇"的概括已經成為一種深入人心的定評，但筆者卻更願以"超越的解析"與"實然之發生"來表達牟、徐兩位先生不同的學術進路及其相互補充與相互支撐關係。

比如說，在牟宗三一生用力最勤、擔負最重的《心體與性體》一書中，他依據其熔鑄東西方哲學所形成之超越的本體論視角將朱子哲學定性為"別子為宗"，認為在朱子為學進路的基礎上，其所講的道德只能成為一種"他律道德"。對於牟宗三的這一概括，如果不細繹其形成理路，弄清其所以如此的原委，難免就會形成強烈的反彈。該書問世後，其所遭遇的諸多批評和商榷之論可以說就是反彈或激反的表現。

不過，對於朱子哲學的基本看法，尤其是通過朱子對儒家經典的理解來反證其為學主張，徐復觀卻同樣得出了如下結論：

> 朱元晦雖用了這大的氣力解孟子，但他與程伊川一樣，在根本上與孟子思想有一大扞格，即是他常把孟子的心性本是一樣的東西看成兩層的東西；理出於性而藏於心；理在心之上，亦即在心之外。所以孟子的理是自內流出，而朱元晦則常解為是從外面撿來；孟子集註一書，在此種地方，幾無一不錯……他既以理為在外，所以特注重向外窮理。因為注重向外窮理，所以特別注重知言。孟子分明說浩然之氣，系由集義所生，他卻於此搖擺不定，偷偷地說成是以知言來養成的。[1]

這是徐復觀發表於《民主評論》十卷九期（1959年5月）上

---

[1] 徐復觀：《孟子知言養氣章試解》，《中國思想史論集》，台北：學生書局，1959年，第153—154頁。

的文章。如果就觀點而論，那麼這一看法與後來牟宗三所謂的"別子為宗"與"他律道德"其實是完全一致的，不過在當時，牟宗三還沒有展開其宋明理學研究的"總攻"而已。問題在於，當徐復觀通過朱子對孟子"知言養氣"章的解讀來反證朱子哲學是"與程伊川一樣，在根本上與孟子思想有一大扞格……孟子的理是自內流出，而朱元晦則常解為是從外面撿來；孟子集註一書，在此種地方，幾無一不錯"，以及"他既以理為在外，所以特注重向外窮理。因為注重向外窮理，所以特別注重知言。孟子分明說浩然之氣，系由集義所生，他卻於此搖擺不定，偷偷地說成是以知言來養成"時，有沒有人能夠反駁他呢？很明顯，無論徐復觀說朱子所理解的"理"是"在心之外"，是"從外面撿來"，還是說朱子"既以理為在外，所以特注重向外窮理，因為注重向外窮理，所以特別注重知言"，所有這些看法，無論是對於"別子為宗"還是"他律道德"來說，其實都可以說是一種鐵證。但問題在於，徐復觀卻並沒有遇到牟宗三所遭遇的那種激反與批評。

　　當然對這一問題，除了所謂文本（徐先生是單篇論文，且屬於推論所及，而牟先生則是洋洋三大巨冊的專著）與研究領域（徐先生是思想史，而牟先生則屬於哲學詮釋）有所區別外，徐先生獨特的為學進路則應當是其主要原因。因為思想史研究往往是從實然存在的史實與文獻出發的，而從史實與文獻出發，其結論就具有一定的證實性質；在這一基礎上，要對其結論進行反駁或批評，就必須先顛倒史實或解構文獻。對於以史實和文獻為基礎的思想史研究而言，這就成為一個比較難以完成的問題了。

不過，這並不是說牟宗三的為學進路本身就是一種極易招致批評的進路。實際上，作為20世紀中國最精深的思想家，牟宗三對不同的為學進路包括徐復觀的思想史進路都是把握得非常清楚的，並對其相互的區別以及各自的長短、優劣也有著非常清醒的自覺。比如就在其《心體與性體》一書中，對程顥通過徵引孟子的"萬物皆備於我"來說明"不獨人能，物皆然"的道理時，牟宗三就列舉了"本體論地圓具言之"與"道德實踐地彰顯之"兩種不同的為學進路。他指出：

此種"萬物皆備於我"亦是本體論地圓具言之也。然"萬物皆備於我"並不只是"本體論地圓具言之"之義，而且亦須有"道德實踐地彰顯之"之義。是故自自覺地作道德實踐以彰顯之言，則惟人能之，其他個體並不能也……是以要者在能分別"本體論的圓具"之無異與"道德實踐的具"之有異兩者分際之不同。[1]

而在分析朱子的"枯槁有性"一說時，牟宗三又指出：

若以《中庸》《易傳》之"就'於穆不已'之天命流行之體說性"之義說，則禽獸與枯槁之物亦不能以此道德

---

[1] 牟宗三：《心體與性體》一，《牟宗三先生全集》第五冊，台北：聯經出版事業公司，2003年，第75—76頁。

创生之实体（真机）为其自己之性。此实体虽创生地实现之、存在之，但却并不能进入其个体中而为其性，而禽兽与枯槁之物亦并不能吸纳此实体于其个体中以为其自己之性。是则此道德创生的实体虽创生地实现之、存在之，而只能超越地为其体，却并不能内在地复为其性。[1]

理想地说，其他物可以此实体为性，而实然地说，实仍不能以此实体为性也。[2]

这散见的几处论述，较为清楚地表现了牟宗三对"本体论的圆具"与"道德实践的具"之区别与分际的准确把握，至于"超越地为其体，却并不能内在地复为其性"一说，也极为准确地揭示了道德理性在人与物之别上的不同存在方式；而所谓"理想地说"与"实然地说"，实际上正是对"本体论的圆具"与"道德实践的具"之不同存在样相、表现方式的准确揭示与正面表达。所有这些，当然都可以视为牟宗三对超越的本体论视角与实然之思想史视角之具体区别的自觉与把握。

但对牟宗三而言，其《心体与性体》一书对整个宋明理学的分析却无疑是从超越的本体论视角展开的，而不是从实然之发生的思想史角度展开的。其在该书的"序"中之所以要借助庄子的"圣人怀之，众人辩之以相示也"来自我说明，绝不仅仅是一种自谦之辞，当然也不是为了免于批评的祈请。而是

---

[1] 牟宗三：《心体与性体》三，《牟宗三先生全集》第七册，第542—543页。
[2] 同上书，第550页。

說，該書的視角完全是從超越的本體論角度展開的，如果從現實人生的角度看，也可以說該書完全是站在聖賢人格的角度對宋明理學之儒家學理的具體言說，但並不代表其本人就達到了聖賢境界。也許正因為這一點，所以作為其晚輩學人的劉述先評論說："由哲學思想的模型立論，牟先生之分為三系是有他的根據的。但由思想史的角度看，由五峰到蕺山，思想上根本沒有傳承的關係……基於這些理由，我覺得要由思想史的角度來立論的話，牟先生的三系說是沒法支持的。"[1] 劉述先的這一評價，也可以視為學術界的一種公論。

但是，當徐復觀、牟宗三兩位先生謝世後（唐君毅先生則去世於更早的 1978 年），真正能夠堅持超越與內在並舉，並將哲學詮釋與思想史敘述統而一之者，則不能不首推劉述先先生。下面，筆者就以自己對劉先生學術思想的認知來說明這一點。

二、朱子哲學的"發展與完成"

劉述先將哲學詮釋與思想史敘述統而一之的典型表現首先就體現在其《朱子哲學思想的發展與完成》一書中。該書是繼牟宗三《心體與性體》之後關於朱子哲學的又一精心之作，但作為牟宗三的親炙弟子，劉述先並沒有像其師那樣從"朱子三十七歲前之大體傾向"——所謂朱子心態的基本定型作為開

---

[1] 劉述先：《宋明理學的分系問題》，《理一分殊》，景海峰編，上海：上海文藝出版社，2000 年，第 81 頁。

端,而是採取了"發展與完成"這樣一種思想史視角。這就清楚地表明,劉述先的朱子研究並不是從超越的本體論視角所展開的對朱子哲學的評判,而是從"實然之發生"這種思想史視角來具體分析朱子哲學的"發展與完成"。作為一直視牟宗三為"父執"的晚輩學人,這裏顯然存在著一個入手角度的轉換問題。

導致這一轉換的原因,一方面在於,就在牟宗三的《心體與性體》問世不久,錢穆先生也出版了其五卷本的《朱子新學案》,而錢先生卻完全是從歷史與思想史的角度對朱子哲學所展開的系統梳理與重新評價;至於其結論,則不僅有異於牟宗三和徐復觀,而且其從思路的廓清到對文獻的解讀乃至全書的結論,也都與牟宗三的"別子為宗"說全然不同,而完全是以朱子為理學正宗,並認為朱子是僅次於孔子的儒學宗師。而錢先生這種完全從歷史角度所展開的朱子研究,自然也有牟宗三之超越的本體論視角所未見到之處。另一方面,就牟宗三的朱子研究而言,其超越的本體論視角固然可以說是"超越地為其體"——就其對朱子哲學的基本定性而言,卻未必就能夠"內在地復為其性"——未必就能從思想史的角度詳細說明其所以如此的原因。因而,這種完全從道德本體論視角出發的朱子哲學研究之進一步深入,也就必然要進入到其思想發展的具體過程,落實於其"發展與完成"的過程中。這就是從史實和文獻以及其哲學思想之"發展與完成"出發的思想史角度,也就是劉述先《朱子哲學思想的發展與完成》一書所突出的研究視角。

關於劉述先的朱子研究視角,其對朱子哲學思想進行"發展與完成"向度的分析其實就是一個非常準確的說明;而該書的展開線索也完全是按照實然的思想發展過程來梳理的。我們這裏當然無須詳述該書的整體思路,僅從其對朱子思想發展的幾個關節點之分析就可以看出該書之思想史進路的特色。比如說,朱子早年與李延平的師徒結緣本身是一個較為漫長的過程,其中包括朱子先在延平的"敲打"下完成從禪到儒的思想轉向,接著則是其從視李延平為"父執"到"正式受學"乃至最後完全獻身於儒家聖賢之學之闡發的全部過程。對於這一過程,劉述先並不是從超越的本體論視角進行原則性的判斷,而是從朱子的具體認知及其思想發展的具體過程來說明其思想轉向的實然生成。比如對於朱子從禪到儒之思想轉向,劉述先便通過朱子拜訪延平後幾年間的詩作進行分析。他指出:

值得注意的一件事是,在這一年(甲戌,朱子25歲)和下年乙亥之間詩量銳減。此下進入詩集第二卷,詩風乃與第一卷中詩大異。大概就是在這兩年間,朱子且將聖人書來讀,覺得聖賢言語漸漸有味,逐漸歸向儒學,釋老的情調越來越減少,故詩吟特少。從這些跡象看來,甲戌乙亥兩年是朱子思想轉變有關鍵性的兩年,值得我們作進一步的注意和考察。[1]

---

[1] 劉述先:《朱子哲學思想的發展與完成》,台北:學生書局,1995年第三版,第21頁。

至於朱子從最初視李延平為"父執"到最後"正式受學",劉述先則是通過朱子在其《語類》中對這一過程的回憶以及其與李延平的書劄問答,來證明李延平初期的答書"顯然還不是老師對學生的口氣"。[1]直到朱子31歲而有《送籍溪胡丈赴館供職》之作,由於其中有"留取幽人臥空谷"之句,意在諷"先生不必起",同時卻又根本不是佛老的避世之意,這才分析說:

> 學問的進境到了一個地步,不作進一步的追求是不可能的。這一年的冬天朱子見李延平,乃正式受學。[2]

與之稍後,李延平也在書劄中向其早年的弟子羅博文介紹說:

> 元晦進學甚力,樂善畏義,吾黨鮮有。晚得此人商量所疑,甚慰。[3]

至此,朱子與李延平的師徒關係也就等於得到了雙方的認可。而整個這一過程,由於完全是以朱子思想之發展、轉進為縱軸的,同時又以其詩作、《語類》,以及其與李延平的書劄問答作為橫向參照與間接證據,因而整個過程也就如同剝繭抽

---

[1] 劉述先:《朱子哲學思想的發展與完成》,第37頁。
[2] 同上書,第40頁。
[3] 束景南:《朱熹年譜長編》,上海:華東師範大學出版社,2001年,第267頁。

絲一樣,將朱子思想之發展與轉進完整而又細緻地展現出來了。[1]所謂"實然之發生"的進路,在劉述先分析朱子思想"發展與完成"的過程中表現得再典型不過了。

正由於劉述先對朱子哲學採取了"發展與完成"這種思想史進路的分析,所以他不僅規避、糾偏了牟宗三的一些脫離歷史實際的結論,同時也從"實然之發生"的角度對牟宗三的一些結論進行了思想史式的證實。也就是說,劉述先通過"實然之發生"這種思想史進路的研究,對牟宗三的《心體與性體》一書既作了一定的糾偏,同時也進行了一定的思想史證實。

讓我們先看劉述先對他與牟宗三在儒學研究中之不同視角的自覺:

> 牟先生強調孔子是德性的渾淪的表現,我卻強調孔子的生命所顯現出來的有限性,對於人的可完善性有很大的保留。傳統每看重弘揚天人合一的理想,我卻反過來特別要提醒大家以天人差距的實際。[2]

從這一自覺來看,劉述先顯然是從牟宗三那種"天人合一"之"渾淪"的聖賢視角轉向了以承認"天人差距"為特徵的"實

---

[1] 關於劉述先對朱子思想轉變發展過程的具體分析,這裏無法詳論,請參閱拙著《學術性格與思想譜系——朱子的哲學視野及其歷史影響的發生學考察》一書中的"問道李延平:儒與佛之抉擇"一節,北京:人民出版社,2012年,第43—55頁。
[2] 劉述先:《結合傳統與現代以重建價值的探索》,《理想與現實的糾結》,長春:吉林出版集團,2011年,第77頁。

然之發生"的視角,所以他就一定要強調人之生命的"有限性"。實際上,這正是劉述先朱子研究的一個基本出發點。

正是這樣一種轉向,使牟宗三那種"判教"式的朱子研究轉化為一種思想史理解式的朱子研究;而這種理解又可以得到文獻、史實與歷史影響的雙向支撐。比如對於牟宗三的"別子為宗"一說,劉述先就完全從朱子之"中心理念"與歷史影響的角度進行了糾偏或者說是重評:

> "仁""生""理"的三位一體是朱子秉承儒家傳統所把握的中心理念,這樣的理念並不因朱子的宇宙觀的過時而在現代失去意義。朱子吸納了他的時代的宇宙論以及科學的成就,對於他所把握的儒家的中心理念(理一),給予了適合於他的時代的闡釋(分殊),獲致了超越的成就。七百年來,他的思想被奉為正統,絕非幸致之事。也可以說,在12世紀,作為一個知識分子,他的確盡到了他的責任。[1]

像這樣的評價,劉述先雖然並沒有說明他是針對牟宗三的"別子為宗"而言的,但如果結合前邊所引的"牟先生的三系說是沒法支持的"和這裏對朱子"超越的成就"之充分肯定,對其"七百年"來的"正統"地位之明確承認,實際上就是從"實然之發生"的思想史角度對牟宗三"別子為宗"說一定程度的

---

[1] 劉述先:《"理一分殊"的現代解釋》,《理想與現實的糾結》,第134頁。

糾偏或修正。

不過,這並不意味著劉述先對牟宗三朱子研究之基本結論的放棄或否定,恰恰相反,在轉入思想史維度之後,劉述先反而能夠從"實然之發生"的角度對牟宗三的朱子評價進行思想史式的落實與證明。比如對牟宗三關於朱子"別子為宗"與"他律道德"的說法,劉述先就仍然得出了如下結論:

> 從義理上看,象山緊緊追隨孟子先立其大之義,反對在外部盤旋,朱子也不能不承認陸學在日用工夫上有其過人之處,而自己則往往不免支離之病。由內聖之學的規模看,兩方面的確不能齊頭並列,而必須建立主從關係……由這一線索追溯下去,既以孟子為判準,則我不能不同意牟宗三先生以朱子為"別子為宗"的見解,同時也不能不反對朱子之批評陸子為禪,那是沒有充分根據的聯想。[1]
> 由哲學理論的觀點看,我們在今日明白"實然"(is)與"應然"(ought)這兩個層次的差別。如果把格物窮理當作歸納的程式來看待,那麼的確是無法建立起有超越、普遍性的道德律的。[2]

在這裏,劉述先不僅堅持把牟宗三對朱子"別子為宗"的定性置於孟子"先立乎其大"的背景下進行評判,而且還通過朱子

---

[1] 劉述先:《理學的影響問題》,《理想與現實的糾結》,第 208 頁。
[2] 同上書,第 209 頁。

攻象山為"禪"進行反面的證實。在這一背景下，無論是前者還是後者，朱子都難辭其咎。從前者出發，不得不承認朱子對儒家的基本立場——所謂"先立乎其大"的理解確實存在著"一間未達"之失；因為儒家的"尊德性"與"道問學"本來就不是並列的關係。而從後者出發，其"批評陸子為禪"則又同時成為其對"儒"與"禪"之不同性質、不同內涵的雙向含混了。至於"把格物窮理當作歸納的程式來看待"以及"無法建立起有超越、普遍性的道德律"一說，則顯然又是對牟宗三"他律道德"之批評的一種現代哲學理論的證實。

總之，在劉述先的朱子研究中，如果說其"發展與完成"的思想史視角充滿了對朱子哲學之符合歷史實際的理解，那麼這種理解也同樣適應於牟宗三。這也是劉述先始終將自己定位為牟宗三哲學繼承人的根本原因，所以他對牟宗三哲學仍然有極高的評價："針對一個無理、無體、無力的時代，他乃一反時代低沉的空氣，專一偏重在正面立論，闡揚超越的理境。在現實的層面，他既已指出傳統之不足，並指點了'曲通'的方向，便已盡到了他的責任……牟先生所闡明的是超越的義理，這是'顯'的一面，但超越的理想要落實，就不能不受到曲折，所以我們不能不重視'隱'的一面。"[1]這樣看來，劉述先雖然放棄了牟宗三"超越的本體論視角"，但仍然深化了牟宗三進路的研究。

―――――――

[1] 劉述先：《結合傳統與現代以重建價值的探索》，《理想與現實的糾結》，第78頁。

三、理想和現實的"糾結"與"兩行"

當劉述先完成其《朱子哲學思想的發展與完成》一書時，他還是一位任教於美國的中國學者，但儒家的入世精神與家國情懷，卻使他不能不牽掛中國文化的命運。但是，一當他真正站在中國的大地上，他又不能不長時間地"糾結"於理想與現實之間。於是，道德理想與社會現實的雙重坐標，也就決定了他在其相互間長時間地"糾結"與"兩行"。

當然，這種"糾結"首先是從其對儒家文化的反省起始的。比如，當劉述先反思"'五四'以來逆反的浪潮與當代新儒家重建的努力"時，他首先展開的就是對儒學作為中國文化之主體及其缺陷的反思。他寫道："以儒家為主導的中國思想側重於自然與人事的有機關聯，缺乏了希臘式的純理的層面，也排拒機械論的思想：這在哲學上可能是一種正確的抉擇，但這卻使得西方近代的科技革命、產業革命不可能在傳統中國發生。同樣，由於中國傳統思想一向把政治看作倫理的延長，西方近代的民主自由人權法治的觀念，也就不可能在中國的土壤生長出來。"[1] 顯然，這實際上是在中西比較的基礎上對以儒學為主體之中國文化缺陷的反思，當然同時也包含著對中國文化發展方向的一定揭示。從這個角度看，雖然劉述先認為"中國

---

[1] 劉述先：《五四以來逆反的浪潮與當代新儒家重建的努力》，《理想與現實的糾結》，第95頁。

文化不能產生民主科學，並不意味中國不能向西方學習民主科學"[1]，但在他看來，中國在民主與科學、自由與人權這些現代價值上的後發性質確實存在著文化與認知方式上的根源。

進一步看，對於其父輩——現代新儒家以唐、牟、徐為代表，以繼承宋明理學為職志的儒家文化研究，如果說劉述先從牟宗三超越的本體論視角轉向實然之發生的思想史視角本身就包含一種研究方向上的扭轉或修正，那麼當他回歸中土、站在中國的大地上時，就不能不對以儒學為代表的中國傳統文化展開一場來自主體性立場的檢討了。比如對以牟宗三為代表之當代新儒家的宋明理學研究，劉述先就在不斷地進行缺陷與疏漏方面的總結。他寫道：

> 由哲學思想的模型立論，牟先生之分為三系是有他的根據的，但由思想史的角度看，由五峰到蕺山，思想上根本沒有傳承的關係……至於蕺山，他本人固然從來沒有提過五峰，同時雖則他的思想與五峰是有相似之處，但也有不相容處。蕺山因反對龍溪之蕩越，堅主性善，五峰則要突出性體之超越義，而主性無善惡。兩下裏思想也確有一些本質相異處。[2]
>
> 牟先生只由反身的方向去闡發宋明儒的義理，本身

---

[1] 劉述先：《五四以來逆反的浪潮與當代新儒家重建的努力》，《理想與現實的糾結》，第95頁。
[2] 劉述先：《理學的分系問題》，《理想與現實的糾結》，第200頁。

就構成了一種偏向,乃無法逃避上節末論者對於當代新儒家與康德哲學所提出的"超越理想無法具體落實"的批評。[1]

"超越"之在其自己雖無形無象,但既落實於"內在"即有所表現而有情有狀,就要接受經驗的檢證,斷斷不可以單訴之盲目的信仰。由這一角度去拓展,乃可以吸納實用主義大部分思想。[2]

所有這些反省和檢討,看起來似乎只是針對前輩的理學研究而發的,實際上,當劉述先如此檢討前人研究之不足時,就已經明確地使自己牢牢地站在中國文化的主體性立場而不得不面對中國文化的現狀和現實了。所以,與其說這是他對前人研究的檢討,不如說首先是劉述先對自己研究方向的一種斟酌與審視。

一當面對中國文化的現狀和現實,劉述先又不能不面臨道德理想與社會現實之間的糾結;而這一糾結,幾乎貫穿了其整個20世紀80年代,至於其《理想與現實的糾結》一書,實際上也完全可以視為他對自己這一段精神經歷的反思與總結。所以,在該書的"自序"中,劉述先寫道:

理想之可以下貫到現實是一回事,理想之與現實有一

---

[1] 劉述先:《結合傳統與現代以重建價值的探索》,《理想與現實的糾結》,第76頁。
[2] 同上書,第81頁。

定的差距又是另一回事。兩方面必須平衡：一方面當下即是，無所虧欠；另一方面永遠不足，努力不懈。這樣理想與現實之間才能形成一種健康的互動關係……[1]

與之同時，通過對前人與自己研究經驗的總結，劉述先又發現理想與現實之間似乎永遠存在著一種對反關係。所以，在《五四以來逆反的浪潮與當代新儒家重建的努力》一文中，他一開篇就寫道："儒家的歷史是與現實對反的。"[2]而在該頁的頁下註中，劉述先又強調說：

> 本文把論旨更往前推進了一步，即強調超越理想與現實政治之對反性，這是我近來越想越明澈的一個論旨……[3]

所謂理想與現實之對反性當然首先是指儒學在歷史中的表現而言的，同時也必然會以二者之間的差別與張力為根據。對傳統儒學而言，固然一直在強調天命對人性包括現實人生的下貫與落實，但當劉述先發現這一進路所存在的"超越理想無法具體落實"的問題時，實際上就已經站在現實的立場上來重新權衡儒家超越的道德理想了。這表明，劉述先不僅繼

---

[1] 劉述先：《理想與現實的糾結・自序》，第2頁。
[2] 劉述先：《五四以來逆反的浪潮與當代新儒家重建的努力》，《理想與現實的糾結》，第94頁。
[3] 同上。

承了前人關於超越的道德理想對現實生活之貫通的精神,同時也要求或理解站在現實主體的立場上來權衡儒家的道德理想。顯然,這裏無疑存在著一種"糾結",而這一"糾結"的化解,恰恰又是與他對中國傳統文化中的另一系——道家思想的借鑒密不可分的。

當劉述先"糾結"於儒家文化的理想與現實時,他固然已經形成了超越與內在的雙重坐標,但正是二者之間的"糾結"才使他不得不探索其統一之道。對於這一探索,雖然劉述先也像其前人一樣出入於儒、佛、道三教,並辨析"外在超越"與"內在超越"的關係,但在筆者看來,從莊子到郭象筆下的"鯤鵬"與"學鳩"之雙向"逍遙",可能才是真正引導他探索這一問題的動力。因為劉述先的這一問題,雖然表現為其自身精神中之"糾結",實際上則是以儒家文化超越追求與現實關懷之間的張力為根源的,問題在於,如何能夠使二者之間實現一種動態的平衡與雙向的圓融。

我們這裏當然無法詳述劉述先這一"糾結"的具體形成過程,但透過他的思考,我們卻可以弄清其"糾結"的具體內容。因為就在其《"兩行之理"與安身立命》一文中,從理論上說,他實際上已經解決了"理想與現實"之間的"糾結問題",但仍然存留著其對"糾結"的描述。比如:

> ……一往而不返,光注重超越而忽視現世,會造成一定的偏失,世間的宗教文化常常表現出這樣的偏向。然而偉大的宗教傳統莫不在世間有強大的宗教組織,這是一個

絶大的弔詭！[1]

人困在眼前的現實之中，是難以安身立命的。即使在現代徹底世俗化的文化之中，仍然流行著各種各樣的宗教信仰，甚至包括人民聖殿教一類的邪教，一樣可以吸引到癡迷的信眾。[2]

很明顯，所謂理想與現實的糾結，既是劉述先個人的精神糾結，同時也是我們這個時代的思潮糾結；如果從根源上看，則其個人的精神糾結首先又應當說是由儒家內聖外王之道、超越追求與現實關懷並重之價值取向而來的一種"文化基因"[3]。

但當劉述先帶著這一糾結將目光投向道家的莊子時，卻一下子從其"謬悠之說，荒唐之言"以及"無端崖之詞"中看到了希望：比如莊子本人，"有時他傾向於超越的普通，好像是否定了內在；有時又肯定內在的分殊，似乎忽視了超越。然而真正能體會莊子的精神，就知道他是一種既超越而又內在的形態。如果把超越當作一行，內在當作一行，兩方面的和合當作莊子最高境界的體證，就可以看到，莊子的確體現到很深的兩行之理的智慧。"[4]

正是在這一啟迪下，劉述先終於解開了"理想與現實"之間的"糾結"。所以，在他的筆下，原來的"糾結"也就變成

---

[1] 劉述先：《"兩行之理"與安身立命》，《儒家思想開拓的嘗試》，北京：中國社會科學出版社，2001年，第101頁。
[2] 同上。
[3] 對於這種"文化基因"，我們這裏似乎完全可以范仲淹的"進亦憂，退亦憂"來加以歷史的說明。
[4] 劉述先：《"兩行之理"與安身立命》，《儒家思想開拓的嘗試》，第67頁。

了"兩行"的從容:

  同一個事態用各種不同的角度來看,就得到完全不同的效果。由超越的觀點看,則萬物莫不同,由內在的觀點看,則萬物莫不異。結合這兩個觀點,就能夠了解物的自然(內在)的一面,與道的自然(超越)的一面。聖人對於物之互相是非,聽其自爾,故其態度即是不廢是非而超越之,是之謂"兩行"。[1]

至此,劉述先終於解開了超越與內在以及理想與現實之間的"糾結"。而這一解開,恰恰又是以承認二者在實然層面之分際與差別為前提的。不過,二者雖然有不同的分際,卻又存在著一個統一的或共同的指向,所以說,超越與內在、理想與現實的雙向統一,這就是劉述先所自我總結的:"超越與內在的兩行兼顧,使我有雙重的認同:我既認同於超越的道,也認同於當下的我。我是有限的,道是無限的。道的創造結穴於我,而我的創造使我復歸於道的無窮。"[2]

四、"理一"與"分殊"之互滲與圓融

  當劉述先通過莊子的兩行之理以化解其理想與現實之間的

---

[1] 劉述先:《"兩行之理"與安身立命》,《儒家思想開拓的嘗試》,第66頁。
[2] 同上書,第101—102頁。

糾結時，作為糾結，固然首先是其個人所感到的精神糾結，但又不完全是其個人的糾結，而且也是時代的糾結，是人類精神所面臨的共同糾結。因而，當劉述先通過儒道融合的方式以化解其理想與現實之間的糾結時，同時也就包含著對人類精神所面臨之糾結的一種化解之道。

那麼，人類精神所面臨的糾結是什麼？請看劉述先通過其個人所感到的道德理想與社會現實之間的糾結所透視出來的人類精神所面臨的共同糾結：

> 走向21世紀，我覺察到在世界上有兩種不同的趨勢在同時進行著。一方面整個世界越來越變成了一個地球村，第一、第二和第三世界不可分割地緊密關聯在一起；另一方面民族主義、多文化主義的熱潮又給予我們強大的衝擊，有越演越烈之勢。統一與分裂，一元與多元，向心與離心，兩方面竟有同樣強大的吸引力，造成了一種緊張與迴旋，令人難以適從。[1]

很明顯，所謂"理想與現實的糾結"雖然是通過其個人的理論探索所表現出來的，但絕不僅僅是其個人的問題，而是整個人類精神所面臨的共同問題。這一問題雖然由其個人的理論探索而發端，其實本身就包含著整個人類精神的共同遭遇及其所面臨的共同問題。

---

[1] 劉述先：《理想與現實的糾結·自序》，第1頁。

正因為如此,所以劉述先對莊子"兩行之理"的借喻也就不完全是出自其個人生命情調的選擇或共鳴,而是同時挾帶著一個儒家理論發展的重大問題,這就是:超越的道德理想究竟應當如何落實於現實生活,以及二者之間究竟應當如何"兩行"的問題。正因為這一點,所以當他藉助莊子的"兩行之理"來說明儒家超越與內在、道德理想與社會現實之間的關聯時,就既包含著對儒家傳統的推陳出新一面,同時也包含著對人類精神危機之出路的探索一面。所以,當劉述先看到在全球經濟一體化背景下人類精神所面臨的"統一與分裂,一元與多元,向心與離心"等種種相互背反的走向時,他接著寫道:

> 正是為了回應這個問題,近年來我致力於給予宋儒首先提出的"理一分殊"以全新的現代詮釋,在宰制劃一的"絕對一元主義"與分崩離析的"相對多元主義"的對立的兩極之外,另覓第三條路。既尋求通貫的共識,又鼓勵多樣的表現,在兩方面找尋一種動態的、辯證的均衡。無論在世界、國家或者個人的層次,都要以此為規約原則,這才能夠有希望在迷茫之中覓得指路的南針,走上一條康莊大道。[1]

這一段"自序",非常清楚地交代了劉述先探討朱子"理一分殊"的問題背景以及其具體關懷。作為問題,當然也就是在

---

[1] 劉述先:《理想與現實的糾結·自序》,第1頁。

適應全球經濟一體化背景下如何處理"統一與分裂，一元與多元，向心與離心"這各種相反走向的問題。但又不僅僅如此，因為這一問題首先是由他自己長期探討的儒家學理究竟應當如何落實並適應現代社會而來的。

作為命題，"理一分殊"最初為程頤在闡發張載《西銘》宗旨時所提出，當時主要是以此批評楊時對《西銘》宗旨的錯會，認為楊時將《西銘》理解為墨家"二本而無分"的"兼愛"是完全不懂得儒家"理一分殊"的道理。於是，到了朱子哲學中，這一命題便得到了更為廣泛的運用，而其典型表現，也就體現在朱子對太極天理之遍在性的拓展中，所以就有："在天地言，則天地中有太極；在萬物言，則萬物中各有太極。"[1]乃至於"人人有一太極，物物有一太極"。[2]實際上，這就成為一種普遍的存在論原則了，但說到底，"太極非是別為一物，即陰陽而在陰陽，即五行而在五行，即萬物而在萬物，只是一個理而已。"[3]朱子甚至還藉助佛教的月印萬川來說明超越的"理一"與"分殊"之遍在性的道理。劉述先曾以朱子研究開啟其中國文化的回歸之程，復又通過向朱子回歸的方式探討人類精神的現代出路，這也可以說是一種"返本開新"吧！

但劉述先之回歸朱子，其所對應的並不僅僅是人類精神出路這樣的大問題，更為急迫的卻是儒者個人，以及儒家學理即

---

[1] 黎靖德編：《朱子語類》卷一，北京：中華書局，1986年，第1頁。
[2] 黎靖德編：《朱子語類》卷九四，第2371頁。
[3] 同上。

所謂道德理想的現代落實問題。因為自牟宗三提出在中國建立科學民主制度之"曲通"路徑以及通過"良知之自我坎陷"以開出中國所急需的科學認知與民主追求精神以來，卻遭到了"良知傲慢說"的懷疑與反駁。劉述先承認良知的超越性，但超越的"理一"與遍在的"分殊"之間究竟應當是一種什麼關係呢？其對莊子"兩行之理"的借喻實際上正是對這一問題的正面回答，所以，所謂"理一"的超越性正體現在萬事萬物具體"分殊"的遍在性之中。這樣一來，所謂超越的"理一"也就始終是作為萬事萬物之"分殊"的基本原則或總體趨勢出現的，而萬事萬物則只能從其具體的"分殊"出發以走向超越的"理一"，但絕不能以超越的"理一"直接宰制萬事萬物的"分殊"。因為"超越的理一要具體落實，就必成為有限的分殊，而把有限的分殊無限上綱就會產生僵固的效果。"[1]在這裏，劉述先通過對"理一"與"分殊"的雙向肯定與兩面防範，也就提出了一種雙方都可以接受的統一路徑。

那麼，這種在本質上存有差別的雙方究竟應當如何統一呢？莊子的"兩行之理"其實正是一種極好的解決：鯤鵬固然有其極為高遠的一面，但也絕不是"無待"（就是說，與實然的"分殊"相比，"理一"固然有其超越性，但對於無限的時空長河，其所謂"超越"也就仍然存在著一定的相對性，一如鯤鵬之"有待"一樣）；而學鳩雖然決起於榆枋之間，但也不失其相對價值。這就是說，道德理想固然有其超越的一面，但

---

〔1〕 劉述先：《兩行兼顧才是安身立命之道》，《理想與現實的糾結》，第192頁。

實然之分殊及其遍在性卻規定著每一個體、每一事物之現實的出發點（這正是其相對價值的體現）。在這一背景下，"兩行之理"在對"兩行"進行必要之肯定的同時也就消解了來自"兩行"自身之一偏式的固步自封：

> 我可以確信自己所選擇的是最佳的可能性，但絕不可以把自己的信仰絕對化。我要容許別人選擇他認為最佳的可能性，互相交流、辯論，擴大自己的視域，造成視域的融合。我們要培養近人如哈貝馬斯（J. Habermas）所謂的"交談理性"（communicative reason），求同存異，這才能嚮往一個真正全球性的社團，不訴之於暴力，而訴之於理性來解決彼此間的爭端。無形的理一是指導我們行為的超越規約原則，而我們所要成就的也不是一種實質的統一性，而是凱西勒（E. Cassirer）所謂的"功能統一性"（functional unity）。[1]

顯然，在這一背景下，溝通與交往便成為"兩行"雙方所能夠認可的一種共同出路，同時也是超越的道德理性與實然的現實關懷——解決現實問題之科學與民主精神的一種自我肯定途徑；進一步看，這種"兩行之理"的雙向統一同時也是各個民族從自己之國情與實際出發以與人類共同追求之普世價值的一種統一途徑。

---

[1] 劉述先：《兩行兼顧才是安身立命之道》，《理想與現實的糾結》，第192頁。

正是通過這一詮釋，儒學不僅在探討自己的現代化出路，同時也在為人類精神所面臨的共同危機，即所謂"統一與分裂，一元與多元，向心與離心"的問題提供解答。而在"理一"與"分殊"充分"兩行"的基礎上，二者將相互滲透、各得其所：

  ……對於超越的理一終極託付並無須造成抹煞分殊的不良的後果。但是對於分殊的肯定也並不會使我們必然墮入相對主義的陷阱。這是因為我們並不是為了分殊而分殊，人人都以自己的方式去追求理性的具體落實與表現，雖然這樣的表現是有限的，不能不排斥了其他可能性，然而彼此的精神是可以相互呼應的。宋儒月印萬川之喻很可以充分表現出這樣的理想境界的情致。[1]

看到這一詮釋，我們不能不承認這確實是古老的中國儒學對人類精神困境之一種創造性的解答。當然這一解答，同時也是儒學與社會、與人類精神同呼吸共命運之一個有力的反證。因為儒學並不是絕對的宗教信仰，而儒者也不是口含天憲、專門指導人類應當如何如何之類的世外高人，而是與時代共歷危艱——在探討自己現代化出路的同時也向人類精神貢獻出自己的思考，從而也在自己的現代化出路中看到了人類精神的未來走向。

---

[1] 劉述先：《兩行兼顧才是安身立命之道》，《理想與現實的糾結》，第192—193頁。

但對劉述先而言，所有這些都首先源於其作為一個儒者之自我探索的精神困境，因而其問題的解決也就首先是其自我之精神困境的出路了。請看劉述先在"兩行兼顧"背景下對個體精神之自我確認與"兩行之理"之雙向認同的描述：

> 超越與內在的兩行兼顧，使我有雙重的認同：我既認同於超越的道，也認同於當下的我。我是有限的，道是無限的。道的創造性結穴於我，而我的創造使我復歸於道的無窮。是在超越到內在、內在到超越的回環之中，我找到了自己真正的安身立命之所。[1]

這是一段完全不需要詮釋的描述！在這裏，"我"的雙向認同，也就等於是"我"對現實與理想雙重世界的共同認可；而"我"對理想與現實之雙向肯定，同時也就等於是起步於"我"之現實的當下而對作為人類共同走向之崇高理想的追求。對於這種精神，我們完全可以兩千多年前孟子對齊宣王的設問"獨樂樂，與人樂樂，孰樂？……與少樂樂，與眾樂樂，孰樂"[2]來加以概括，當然也可以近千年前范仲淹的"微斯人，吾誰與歸"[3]來表達筆者的全部感受。

---

[1] 劉述先：《兩行兼顧才是安身立命之道》，《理想與現實的糾結》，第192—193頁。
[2] 《孟子・梁惠王下》，吳哲楣編：《十三經》，北京：國際文化出版公司，1993年，第1355頁。
[3] 范仲淹：《岳陽樓記》，《范仲淹全集》，南京：鳳凰出版社，2004年，第169頁。

作者附言：值劉述先先生八十壽慶之際，特撰此文，以祝劉先生健康長壽，也願劉先生"兩行"並舉的進路、情理交融的學風得到學界的真正繼承！

"兩行之理"與儒學的宗教性[*]

——劉述先先生對儒學宗教性問題的反思

姚才剛 陳海梅

劉述先先生是當代新儒家的代表人物之一。他注重發掘蘊含於儒學中的超越精神，突出儒學的宗教性功能及其對當代人安身立命的價值。本文擬以"兩行之理"為切入點，梳理、剖析劉先生有關"內在超越""儒學的宗教性"等方面的論說，並就相關問題略抒己見。

一

一般來說，西方學者心目中的"超越"大都指外在超越。在他們看來，向內不足言超越，或者說，若要講超越，就不能局限於內在。比如，在基督教的文化傳統裏，講超越，就不能不預設彼岸世界的上帝。人與上帝有不可逾越的鴻溝，人只能皈依上帝，從上帝那裏獲得一切"意義"與"價值"的標準。

---

[*] 本文是湖北大學高等人文研究院研究課題（編號：013-075033）的成果之一。

如此，上帝乃是絕對超越的、外在的。以此推論，"內在"與"超越"便是互相對反的兩個範疇。與西方學者不同，部分當代新儒家卻以"內在超越"來表述中國文化的精神方向，認為"超越"與"內在"之間不必一定尖銳衝突，而是可以相融的，儒學即是一種典型的"內在超越"的思想形態。劉述先先生也認同這種"內在超越"論，並結合莊子關於"兩行"的說法作了進一步的闡發。

"兩行"本是莊子描述其是非觀的一個概念。莊子認為，是非之間是相對的，世上根本不存在判斷是非的標準，因此，他主張："是以聖人和之以是非，而休乎天鈞，是之謂兩行。"（《莊子·齊物論》）也就是說，聖人不執著於是非的爭論而保持著事理的均衡自然，依順天道的自然運行而立身處世。劉述先先生對莊子的"兩行"進行了創造性詮釋，他將超越（理一）與內在（分殊）視為"兩行"，並主張兼顧"兩行"，認為如此方合乎道的流行的妙諦。

劉先生指出："中國文化最深刻處在無論儒、釋、道，都體現到一種'兩行'的道理。"[1]以儒家創始人孔子為例，劉先生認為，孔子思想就不能僅僅化約為一套單純的"俗世化"倫理，或者說，孔子思想有"俗世化"的傾向，但不能被看成是"俗世主義"，天始終是孔子所歸趨的精神源泉。

劉先生認為，孔子的天不是一個凸顯意志力的人格神，天

---

[1] 劉述先：《儒家思想與現代化——劉述先新儒學論著輯要》，景海峰編，北京：中國廣播電視出版社，1992年，第549頁。

並不干預世間的作為，其創造的生力只以默運的方式發生作用。然而孔子並沒有嘗試要解消天的神秘性，對於孔子來說，天依然有超越性、主宰性，他從未懷疑過超越的天的存在，向來對天保持一種敬畏、讚頌的態度。而他強調天道之默運，其實現則需要依賴於人的努力，這即孔子所謂的"人能弘道，非道弘人"。孔子也不是要否定道的真實性，他所宣揚的是，超越的道要實現在人間，一定要依靠人自己的力量，而不能盲目地等待超自然的奇跡。孔子所建立的正是"內在而超越"的思路，他多數關心的是內在的一面，但無論道德、政事，都可以看出他對超越的追求。"孔子重視現生（內在），故訓誡子路：'未知生，焉知死。'（《先進第十一》）但他並不要人貪生怕死，故曰：'志士仁人，無求生以害仁，有殺身以成仁。'（《衛靈公第十五》）而他之所以能夠對生死取這樣灑脫的態度，正因為他已建立了自己的終極關懷，所謂：'朝聞道，夕死可矣！'（《里仁第四》）恰正是有一個'超越'的背景。"[1]

"內在超越"說可否成立？"兩行"能否同時兼顧？筆者以為，對"超越"的理解不同，結論也就會不同。如果從西方一神教神人對立的角度來理解"超越"，整個中國文化自然說不上有什麼"超越精神"，更不會有"內在超越"的觀念，因為中國傳統一直未在世俗生活之外另外構造一個天國世界。劉先生及其他新儒家講"超越"，顯然不是基於此種用法，他們所謂的"超越"恐怕主要是指人的自我超越，是一種精神境界上的自我

―――――――

[1] 劉述先：《理想與現實的糾結》，台北：學生書局，1993年，第216—217頁。

提升，或者是對終極理想的把握與體認，能否做到超越要看個體自覺的努力方向。所謂"內在"，則有著不離於現象事物之意義，它與人的具體材質性、或者說與特定社會脈絡下的種種限制有關，它是有限的。但傳統儒家與當代新儒家均堅信，通過個體的努力，從有限之中即可獲得意義的開顯與境界的提升。

劉先生闡釋儒家"內在超越"的思想特質，大多是從正面來立論的，偶爾也寫過少量回應文章。如對於馮耀明先生從分析哲學視角對"內在超越"說提出的質疑[1]，劉先生認為，語言分析有其一定的功用，它要求人頭腦清醒，不容許不嚴格的論證糊里糊塗地通過，更不容許人作逾分的聲稱。但分析也有它的限制，若滯於文義，則不免買櫝還珠之譏，而只破不立，不能給追求信仰的人以任何正面的指引。[2]也就是說，僅靠分析方法不可能建立有關終極實在的論說，不可能證成超越層面的真實。在現象世界（內在）確實可以建立一些規則，可供證驗與檢證。但由內在到超越，這中間卻要經過一異質的跳躍。劉先生還指出，由古到今，無論東西方都有強大的傳統主張反其道而行之，並不是順著邏輯分析、經驗推概的方向走。《道德經》第一章開宗明義便有"道可道，非常道"那樣震爍古今的名句。到了現代，鈴木大拙在西方宣揚"禪"乃是"非邏輯

---

[1] 馮耀明先生20世紀90年代以來接連發表了數篇質疑"內在超越"說的文章，如《當代新儒家的"超越內在"說》（《當代》總第84期，1993年4月）、《判教與判准——當代新儒學之二判》（《哲學研究》1995年第11期）、《本質主義與儒家傳統》（《鵝湖學志》總第16期，1996年6月）等等。

[2] 劉述先：《當代中國哲學論：問題篇》，新澤西：八方文化企業公司，1996年，第106頁。

的""非理性的",這雖引起激烈的爭辯,但在劉先生看來,凡是由邏輯與經驗層面去譴責鈴木或為之辯護都是犯了"範疇錯置的謬誤"(category-mistakes),因為禪宗的策略恰好是逆向而行,促使人開悟,不起迷執。

針對部分西方學者"要講超越,只能講外在超越"(如郝大維、安樂哲等人)的觀點,劉先生說:"為什麼不能講內在超越呢?暫不說中國的思想,就是西方傳統的泛神論及現代西方流行的 Process Theology(過程神學)也都絕對是內在超越的形態。赫桑曾對希伯來傳統與希臘傳統做出了一定的分疏,他指出,在希伯來傳統中,上帝的情的因素非常重,可是,一旦與希臘傳統接軌後,上帝觀念就被解釋為 eternal being(永恆的存有),情的因素就統統不見了。赫桑認為,這完全是誤入了一個歧途。因此他就試圖接上懷特海的有機哲學的觀念。他的過程神學有很多的內在超越的感通,這就很容易和中國傳統融通。"[1]

劉先生不能接受那種認為只有"外在超越"才是真正的超越的觀點。在他看來,"內在超越"固然有其缺陷,即超越的信息不容易透顯出來。但嚴格來講,"外在超越"說同樣也有不可避免的理論困境。比如,基督教所謂"純粹的超越"就不無可質疑之處,"因為上帝要與人以及世界發生關聯,就不能不進入內在的領域而受到多方面的拘限。既然上帝要給人類指引往往要通過啟示,而被挑選來傳達上帝資訊的先知是內在於

---

[1] 姚才剛訪問整理:《"理一分殊"與文化重建——劉述先教授訪談錄》,《哲學動態》2001 年第 7 期。

此世的人,他們也必須用人的語言才能傳達超越的資訊,那就不能保持真正純粹的超越性了。"[1]即便採取"隱喻"或"類比"的方式來傳達超越的資訊,也無益於問題的解決,原因在於,它要麼會墮入"模糊主義"的泥潭,要麼需將高高在上的上帝給拉下來。如果仍維持啟示的神秘性,一味強調人性的卑微以及對於外在力量的依靠,這種完全放棄內在的判准、無條件採取"唯信論"的立場,也是極其危險的。劉先生指出,此種態度正是"魔化"產生的一個重要的根源而不能不加以限制。如此,"外在超越"說的兩難境地在於:"如果要維持超越的純粹性,就不能不否定內在判准的自主性,如果超越內在於人性與世界之中,則外在超越已變質而為內在超越,有許多事情要依靠人自己的判斷而不能仰仗不可知的超越,則外在超越說並沒有它所聲稱的勝過內在超越說的優勢。"[2]顯然,劉先生本人更為欣賞中國傳統"內在超越"的思想形態。當然,他也指出,不管是"內在超越"還是"外在超越",都具有相當的複雜性,不容許做過分簡單化的處理。

二

劉述先先生進而從儒學的超越性來彰顯其宗教性,認為儒

---

[1] 劉述先:《儒家思想意涵之現代闡釋論集》,台北:"中央研究院"中國文哲研究院所籌備處,2000年,第174頁。
[2] 同上書,第175頁。

家思想雖無彼岸世界的觀念，但同樣蘊含有深刻的宗教情懷。

劉先生未把中國歷史上所謂的"儒教"看成是一種嚴格的組織宗教，但他不否定中國傳統思想所蘊含的宗教性。對於"宗教性"，他沒有作出明確的界定，只是進行了一些描述。他認為，人性的自我實現過程是十分奇特的，一種純自私個人的境界必不足言最終極的自我實現，他首先必須超越狹隘的小我，嚮往一個超越絕對的最高境界，卻反而在這裏找到真實的自我。人性天生就隱伏了超越自己的種子，正是在此處，永遠隱伏著宗教境界的契機，這即是宗教性的表徵，東方的"天人合一"與"梵我一如"固然是宗教性的直接表現，即在西方它也是一股源遠流長的潮流，西方的不少哲學家最後均歸宗於某種神學的境界，卻不必與世俗的組織宗教有任何關聯。由此，劉先生斷定，宗教雖不必是普遍的，宗教性卻是普遍的。宗教性比之於宗教更缺少它的地域色彩以及排他的氣質，而可以與哲學架起一道溝通的橋樑。[1]劉先生認為，中國傳統雖無西方那種罪感意識與皈依情調，但也不乏深刻的宗教性之根源，這似乎更切合廣大的人性的呼籲。

劉先生又借鑒蒂利希關於"終極關懷"的觀念。蒂利希是20世紀橫跨哲學與神學兩大領域的著名思想家，他提出的"終極關懷"學說已經深深地影響著今天人文科學的各個領域。蒂利希認為，每一個人除了當下的種種關懷之外，還有他自己

---

[1] 劉述先：《新時代哲學的信念與方法》，台北：商務印書館，1986年，第86頁。

的终极关怀,这就是他的宗教。人无疑首先会关心那些限定自己生存条件的,诸如食物和住房一类能满足生存起码需要的东西。同时,人有能力超越自己直接和初级的利益,产生各种精神上的关切。终极关怀从人类存在的意义上看,是指整体的、无限的、最终的、普遍的人文关怀;从个体存在的意义上看,它是指人对自身存在及其意义的关注和思考,并在深刻反思的基础上所作的生活实践。终极关怀存在于一个无形的意义和价值之中,人们对终极关怀的追求也处在无限的追求过程中,不可能终止和消失。[1]

　　刘先生对蒂利希的思想学说有深入的研究,他正是在蒂氏有关"终极关怀"说的启发之下,逐渐认识到,在当代社会的条件下,宗教形式对人来说已不是最重要的,重要的倒是它能否满足人追求终极意义、超越意义的需要。不过,刘先生对蒂氏的学说还是有所损益。因为蒂氏在一定程度上还持有基督教的立场。而在刘先生看来,终极关怀的物件虽必须限定为是对超越的关怀,但不可将超越者仅仅局限为神或者上帝,它也可以是佛徒的"空",道者的"道"或儒者的"仁"。就中国的大传统而论,儒、释、道莫不有其坚强的终极关怀或终极托付。对于"他世"的祈嚮不必是宗教的必要条件,但至低限度,坚持对于"超越"的祈嚮乃是任何宗教不可缺少的要素。从这个角度看,孔子虽不信传统西方式的上帝,并不表示孔子一定缺乏深刻的宗教情怀。刘先生进一步指出,区分宗教与伪似宗教

---

[1] 王珉:《论蒂利希的终极关怀思想》,《学术月刊》2000年第3期。

的界限，一個最重要的判准就是對於"超越"（transcendence）的信仰與祈嚮，若以西方信仰"上帝"（God）為人格神的判准來衡量，則難免會以偏概全，使一些偉大的宗教傳統被遺漏掉，如佛教。而以"超越"為判准，既避免遺漏，也不會把一些俗世的信仰如國家主義也列入宗教的範圍，若把有限的東西當作無限來崇拜，只能是偽似宗教。[1]同時，宗教必與個人的生活乃至群體的生活緊密相連，故此儀式、祈禱、精神修煉、日用常行的規則等等莫不與宗教有緊密的關聯性，有的形成為組織宗教（如耶教），有的沒有形成嚴格的體制，但信仰與生活都相互關聯（如儒家）。劉先生有時在"超越性"或"終極關懷"意義上把儒學也視為一種"宗教"，但不是組織宗教。

劉先生還察覺出儒學與當代西方神學之間會通的可能性。在他看來，20世紀西方神學內部發生的種種變革，為儒耶會通創造了契機。比如，就當代西方神學界出現的"俗世化"運動而言［此運動以哈佛神學家哈威·柯克斯（Harvey Cox）等人為代表］，劉先生認為，儒家在兩千年前就已經開始了西方現代這樣的"俗世化"的歷程，孔子傳播的乃是所謂"現世的福音"。故而儒家與"俗世化"運動有不謀而合的地方。但"俗世化"並非是指人只追求俗世之物質享受，它要求把深刻的精神貫注到俗世的活動之中，而不必採取避世的方式另求解脫。[2]也就是說，超越的嚮往雖是必不可少的，卻不必指向

---

[1] 劉述先:《儒家思想意涵之現代闡釋論集》, 第160—161頁。
[2] 劉述先:《儒家思想與現代化》, 第64頁。

"絕對的他者",而即在當下的生存狀態下追求超越。再如,就當代西方神學界出現的"解消神話"運動而言(此運動以蒲爾脫曼等人為代表),劉先生認為,儒家自孔子以降即為一最缺乏神話色彩的傳統,對鬼神採取的是"存而不論"的態度。儒家雖有讖緯迷信之說,但經王弼等學者的努力而徹底解消殆盡。自此以後,儒家的超越意義與神秘的超自然力量的干預基本上沒有關涉。[1]另外,劉先生亦在儒學與當代西方的"經驗神學""過程神學"等之間進行了比較,限於篇幅,此處不一一列舉。

劉先生緊扣當代西方神學思潮發展的前沿及焦點問題,在儒耶會通方面作了初步的嘗試。當然,此種會通並不是要改變各自的終極託付(比如,站在儒家思想的立場上,就不可能接受作為神格的基督),而是要通過努力,盡可能地吸收對方所蘊含的睿識,以應對時代的挑戰。

三

筆者以上藉劉述先先生的"兩行"說剖析了其對儒學"內在超越"、宗教性問題的反思。下面,筆者再就與此相關的問題作進一步的思考。

(一)"內在超越"與"外在超越"的問題已被當代學者們多次討論過,相較而言,"內在超越"的說法受到的質疑更

---

[1] 劉述先:《儒家思想與現代化》,第63頁。

多一些，這其中的關鍵之處又在於："內在"與"超越"是否完全對立而無法融通？或者說，由"內在"的途徑，是否能夠達到"超越"的結果？如果"超越"是指前文所講的"自我超越"，那麼"內在"與"超越"之間並無扞格之處。但是，我們仍可於此處作出進一步的深究：若超越者是具體的自我，而自我終究是有限的，這樣的超越能夠稱得上是真正的超越嗎？它是否會導致像某些學者所指出的"自我膨脹"？[1]其實，儒家向來就承認人為一具體材質性的存在，具有有限性，但儒家（至少有一部分儒家）亦同時承認人之本心的存在，本心若受到氣質之拘而遮蔽不顯時，本心便不復為本心。因人有本心，所以可由有限通向無限。所謂"德性之知""良知""仁心""獨體""無限心""智的直覺"等都是就這一層面而言的。它不是抽象的理論預設，也不是通過形式的推演得來的，而是如熊十力等先生所講的是一種"呈現"，是在具體的"生活世界"中獲得的精神境界。說人心可由有限通於無限，並不會導致"自我膨脹"，因為無限之境是人永遠無法企及的，但是人所追求、嚮往的目標。儒家對人是有一種信心，對人性陰暗面照察不夠，但它也不是完全建立在盲目樂觀的基礎之上的，儒家（至少有部分儒家）在一定程度上也主張對人在現實層面所可能產生的惡（與基督教強調的"原罪"的觀念不同）加以防範，然後才談得上精神的超升。明末的一些儒者（如劉宗周）

---

[1] 傅佩榮：《內在與超越如何並存——謹以此文為李振英教授賀壽》，《哲學與文化》1999年第10期。

對人之過錯就有極為細微的照察，可謂纖毫不曾放過。

儒家沒有設置超自然的絕對實體，沒有注目於遙遠的天國，儒家的自我超越強調內在的自證自修，但儒家相信人之本心並不僅僅寄寓於個體狹小的腔子之內，它勢必要打破與生俱來的各種限制，指向超越的"至善"的圓滿境界，所謂"仁民愛物"以至於"與天地萬物為一體"，即點明此義。不過，我們亦承認儒家聖賢人物畢竟是少之又少，對一般人而言，雖有良知呈現的時候，卻並非自始至終就如此。而且，儒家的超越因突出個體的體證，自我的覺解對個體而言可能是心知肚明的，對他人而言未必就那麼清楚明了。這樣一來，儒家式的自我超越有時便是只可意會、不可言傳，甚至導向神秘主義（如宋明儒通過靜坐等方式獲得的非同尋常的精神經歷），是否能夠超越主要繫於個人，無法有一個統一的標準。筆者以為，今日談超越，不可一味只突出內心體驗的一面，而應同時付諸實踐。比如，體證到人與萬物應融為一體的道理，便應積極投身環保事業，從身邊小事做起，與破壞環境的行為作鬥爭。

另外，儒學常常突出了"內在"與"超越"相融的一面，強調天人不二，這是儒學的優勝之處，但同時也暴露出其弊端。正因為儒學沒有像基督教那樣形成對立的兩極，沒有此岸與彼岸的截然二分，所以在實際生活中難免會出現"屈天以從人"、混淆超越（理一）與內在（分殊）的情況，把特定時空下的倫常法規視為放之四海而皆準的規律（實際上即變成了阻礙事物發展的教條），執著於眼前事物，缺乏對超越層面的嚮往與敬畏，卻常常還自以為所作所為是天之所命，是"天理之所不容處",這無異於是對超越之理的扭曲。歷史上的不少儒者一方面高倡聖賢人格,另一方面卻淪落為不義政客的同黨與幫兇,原因恐怕正在於此。他們在主觀上雖欲彰顯事物之理,但因對現實政治與人生的評判失去超越的尺度和依據,當置身於具體的歷史境遇與事件中時,便難以抗拒時流,而為特權階層所利用,彌足可惜。由此來講,西方宗教思想突出了人性與神性的緊張關係,在一定程度上可為我們效法。

(二)包括劉述先先生在內的部分當代新儒家主要是從形上學的層面來探討"儒學與宗教"的關係問題,他們並不像傳教士、宗教信徒那樣去接觸具體的宗教之事,也少做宗教人類學、宗教社會學、宗教組織學之類的實證研究,他們進行的是純理的宗教精神的研究,所採取的是一種哲學的思考方式。他們中的一部分人毋寧說是反對宗教組織活動的。比如,牟宗三就對康有為宣導的孔教運動持鄙夷的態度,但他卻從超越之理的角度主張儒學與宗教是相通的,儒學雖不具備西方組織宗教的基本要素,卻發揮了宗教的功能,故在此種意義上也將儒學視為一種宗教,可以稱為"人文教"或"道德的宗教"。當代新儒家大都不是限於宗教信仰的形式去看待宗教,而是從人的宗教精神要求的視角來立論。說儒學為一"宗教",不如說儒學具有宗教性更為確切,因為"儒教"之名難免會產生歧義,而宗教性則如劉先生所言有其普遍性。劉先生也正是從儒學能夠滿足人的終極關懷與安身立命需求的層面掘發了儒學的宗教意蘊。

當然,僅從超越之理的角度來闡明儒學的宗教意蘊,筆者以為還是不夠的。為了更好地將儒學推向民間，儒學與民間信仰的交流對談仍是必要的。恰如鄭志明先生所言："儒學不能自絕於傳統社會的鬼神信仰之外，更不能無視於民眾各種宗教信仰形態的存在，亦不能在'事'上自命清高，失去了儒學對應各種實務問題的挑戰，降低了儒學現代轉化的應變能力，無法再發揮其調適上遂的'理'性智慧。"[1] 當然，民間信仰所祈求的大多是家宅平安、升官發財之類的東西，說不上有何超越之理，甚至弄不清楚所奉為何教，俗諺所謂的"入屋叫人，入廟拜神"即描述了這種狀況。但恰恰是此類信仰在民間頗為盛行。當代新儒家所講的儒學宗教性的內涵與此有異，但不可因此對之加以排拒，而應在與其融通的過程中進行引導。

（三）為什麼部分當代新儒家如此耗費心血來說明儒學不只是一"世俗倫理"，而且也蘊含超越的理念和宗教精神呢？站在平常人的角度對此應作何理解？我們大多數人一生都要為生計奔波，有太多的現實關懷（或者說是生活在"內在"之中），我們還有無必要去思考"生命的終極意義和價值"之類的問題？

其實，"超越性""終極性"之類的話題不是專屬於宗教學者或新儒家的（新儒家熱衷於討論此方面的問題，也不僅僅是出於對西方學者有關"中國文化欠缺超越精神"的反擊），它與我們每個人都可能息息相關。人固然首先要關注限定他生存

---

[1] 鄭志明：《儒學的現世性與宗教性》，嘉義縣：南華大學管理學院（台灣），1998年，第18頁。

條件的東西，但人卻不會只是滿足於對生存的需求，他同時還有精神性的需求。而且，人的種種現實關懷若無終極信念的支撐，沒有對無限、超越（即道）的祈嚮，那麼，他就可能心無所主，漂浮無根，他的現實關懷也可能被扭曲，即要麼陷溺於本能的感官享受之中，如行屍走肉；要麼追逐各種過眼雲煙之流行事物，但終其一生也找尋不到生命的意義之所在；要麼被裹挾於名利之中，卻也永遠無法填補內在心靈的空虛。一個民族、一個社會同樣也不能缺少根源意識和終極託付，否則便會趨於浮躁、無序。人的現實關懷與終極關懷應平衡發展，"內在"與"超越"應"兩行"兼顧。

儒家認為，通過道德踐履，在原則上人人都可以"上達天德""體證無限"，但實際上卻未必，現實中的人們不可能都達到無限之境。李澤厚先生曾對"宗教性道德"與"社會性道德"作過區分，他認為，宗教性道德與人的終極關懷有關，它是個體追求的最高價值，是對自己生命意義的一種寄託；社會性道德則是指某一時代社會群體（如民族、集團、黨派等）的客觀要求，而為個體所必須履行的責任、義務。它們由法律、規約、習慣、風俗等形式表現出來，常常是由外在的強制，經過長久的歷史，化為內在的自覺要求。它具有時代性、民族性、地域性，比較具體，易於了解。[1] 筆者以為，這種區分是有意義的。我們雖可有宗教性道德的祈求，卻不必強求每個人

---

[1] 李澤厚著，楊春時編：《探尋語碎》，上海：上海文藝出版社，2000年，第19—23頁。

都做到這一點,更不宜在社會上進行推行。社會性道德雖然無法像宗教性道德那樣讓人肅然起敬,卻要求所有社會成員必須履行,如此方能保證人與人之間的正常交往與整個社會的正常運轉。故而我們一方面須努力掘發儒學中能夠促使人上達的、具有終極性追求的思想資源,另一方面又須對屬於社會性道德的儒家相關思想(包括各種德目、德行、儒家大小傳統中的人倫道德思想、禮樂制度等)進行改造、轉化,從而使其在當代社會仍能發揮一定的教化功能。當然,就社會公眾倫理而言,它雖然也需要內心的"親切體證"(若無"親切體證",這種倫理要麼難以真正貫徹落實,要麼就會淪為僵固的教條),但它必須講究切實可行。

從哲學的解釋到思想史與哲學相結合的解釋

——牟宗三與劉述先二先生關於朱子哲學研究之比較

周恩榮

前 言

1999年年底，英國廣播公司（BBC）舉行過一次"千年思想家"的網上評選。在最終結果揭曉之前，我當時的同事、一位勤於思考的高中歷史老師斷言，如果其中有中國人的話，想朱熹必是其一。我的那位同事當時并未給出其斷言的根據，我也沒有進一步予以追問。雖然後來的結果是，其中并無任何一名中國思想家入列[1]，但是，我那位同事的斷言，反映了朱子思想在他心目中的地位，同時也在一定程度上反映了朱子思想的深遠影響。儘管如此，人們對朱子的了解或許并不與朱子的地位和影響相稱，許多人對朱子的了解大概僅限於《中國思想史》或《中國哲學史》教材上的那些介紹，而較少深入探究朱子思想中精微的概念分際與思想脈絡，故而難免掛一漏萬，

---

[1] 這樣的結果，或許是西方人偏見的一種反映。

既難見全貌,又難斷對錯;或有自行面對《朱子語類》或《朱子全書》者,又限於自身學力,難以釐清眉目、得其宗旨歷然。

　　劉述先先生在《朱子哲學思想的發展與完成·自序》中向我們揭示了朱子哲學研究中存在的一些"陋習":清初即有人視討論"朱陸異同"為"鬼聲啾啾",因其不合時宜;加上各人依其所見理解朱子思想,意見相左而難有定論;于是便進一步引申,質疑對"已經討論得爛熟了的題目之下再加一部書"的必要性。其實,不僅是在朱子哲學研究中有這樣的"陋習",在許多其他研究領域中,因"討論得爛熟"而質疑進一步討論的必要性,這樣的做法比比皆是。但實際上,正如劉先生所說:"不合時宜,并不證明這個題目的討論就完全沒有意義。而難成定論,也不妨害人可以對這個題目表示他自己的意見。對於深於宋明儒學內部義理的人,有關這個題目所涉及的義理分疏,是一個無法逃避的大問題,必須加以正視;而所作的取捨,即影響到我們今日的態度,并不缺乏其現代意義。"[1]

　　劉先生對自己有關朱子哲學思想的研究,在方法上有極為明確的意識。他指出,時賢在最近對朱子哲學思想的研究有突破性的成就。其中,牟宗三先生的《心體與性體》和錢穆先生的《朱子新學案》,都堪稱"偉構","錢先生考證精詳,牟先生義理精透,但兩方面似平行而不相交,有的地方則又相互刺

---

[1] 劉述先:《朱子哲學思想的發展與完成》,台北:學生書局,1984年增訂再版,第1頁。

謬,有不可調停者",[1]他認為,錢先生"比較同情朱子,故不時而致其傾慕讚歎之辭。牟先生則以朱子歧出於孔、孟、周、張、明道的思想,獨繼承伊川,加以發揚光大,而有所謂'別子為宗'的說法"[2]。但這兩個論點分別言之成理、持之有故,因而,今日研究朱子必須同時照顧到錢先生的考據和牟先生的哲學思考,而不能停止於二家之說,但"也不能輕為調停折中之論,必須取嚴格批評的態度,有一澈底融攝,然後可以對於朱子產生一全新的視野"[3];不僅如此,劉述先先生還"喜歡在康德所提供的線索以外,更酌取解釋學的方法來恢復中國哲學的慧識"。因而,一般所說,劉先生的朱子學研究在義理上不出牟宗三先生的架構,是隱含有極大偏見的。

本文的主旨,一在力證劉先生的朱子學研究並不限於牟宗三先生的架構;二在借劉先生的朱子哲學研究所展現的新意,說明學術與思想進步之所在。至於文章最後是否實現了這兩個目標,我將判決的主動交給專家和讀者。

一、"哲學的解釋"與"思想史和哲學相結合的解釋"

在劉述先先生看來,牟宗三先生對朱子哲學的研究取"哲

---

[1] 劉述先:《朱子哲學思想的發展與完成》,第1頁。劉先生在下文還提到唐君毅先生亦對朱子哲學思想有深湛的研究。但由於唐先生的"新儒家可以兼容並包程朱陸王等不同形態"的思路"把銳角化成了鈍角",對自己幫助不大,故"取唐先生之說獨少"。

[2] 劉述先:《朱子哲學思想的發展與完成》,第2頁。

[3] 同上。

學"的解釋方法（philosophical hermeneutics），而錢穆先生重視考據的研究則是思想史或史學的解釋方法；哲學的解釋和思想史的解釋各有其分際，在明確其分際的前提下，又可以把兩者結合起來，幫助我們在尊重原典的基礎上，闡發原典與理解者經"視域的交融"（merging of horizons）而生發出來的新的睿識。

關於哲學的解釋與思想史或史學解釋的區分，劉述先先生在《對於當代新儒家的超越內省》一文中有過詳密精當的敘述。在該文中，劉先生認為，以海德格爾和伽達默爾為代表的哲學解釋方法主張，由於人不可能站在歷史以外的據點來理解，因而不可能有"客觀真確的解釋"。這種立場強調，哲學解釋的目的不在於提供理解的"方法"，而是要揭示存有的相狀，揭示"理解"的共性——理解並非關聯於客觀對象的主觀步驟，它根本就屬於理解者的歷史與存有，因而，理解並非純主觀的，而是存有論的，理解者在理解的過程中與存有覿面相當，并援傳統進入理解活動而形成其性格。於是，哲學解釋似乎過分側重"意義的賦予"而非對原典的客觀解釋，給人"相對主義"的印象。但哲學解釋的倡導者們並不接受這樣的指責。與之相對，思想史或史學的解釋則強調要充分尊重原典（或本文），而不能過度解釋，因為原典（或本文）雖源自人的精神，但它畢竟是人的精神的客觀化而表現在感性形式之內，對於原典（或本文）的解釋是從作品（或本文）追溯原作者命意的"逆創作"的過程，因而，不能把"客觀的原典"消解於理解者的"主觀"，而是要透過客觀的原典（或本文）與原作者的主觀之"有"相接觸，通過自己的經驗去理解另一主體的經驗。因而，所謂的"先行理解"並不能取消原典（或本文）的自主性，否則就無法在不同的理解之間區分對錯。[1]這就是20世紀60年代，貝蒂（Emilio Betti）繼承狄爾泰的人文學方法論的解釋學與伽達默爾的哲學解釋學之間的一場爭論所凸顯的解釋學內部的緊張。

劉述先先生在徵引帕爾瑪（Palmer）對這場爭論的簡略評論後指出，若沒有進一步分析兩種進路分別的優劣所在，沒有作出更高一層的綜合，分別為二者找到適當的定位，指出它們之間相互對立與相互依賴的複雜關係，那就不能令人感到滿意。[2]因而，他提出一個"思想史進路與哲學進路的不同定位"來綜合貝蒂與伽達默爾的辦法，并進而將其融攝到傅偉勳先生的"創造的詮釋學"之中（詳見下文）。

劉先生堅持，在思想史的層面他贊同貝蒂的主張，強調須"首先尊重史料，然後通過解釋，使我們對不同時代的背景與問題，取得同情的了解，把握歷史的真相"[3]。在這方面，我們顯然可以找到一些判准，對於對或錯的解釋作出抉擇。他以自己的經驗，解釋了自己從事西方哲學史講授時，教材為何采用文德爾班，而非海德格爾、羅素。但是，劉先生也聲明，他關於西方哲學史教材的選擇並不意味著"海德格爾這一類東西

---

[1] 劉述先：《對於當代新儒家的超越內省》，載《中國文化》1995年，第12期，第34頁。
[2] 同上書，第35頁。
[3] 同上。

便是異端邪說,最好不要沾他"[1]。因為,從哲學的觀點看,海德格爾這類的大哲學家均對過去的哲學有他自己特殊的見解和獨特的詮釋,因而,閱讀海德格爾的著作可以了解他的哲學睿識。事實上,海德格爾"拒絕把理解僅當作一主觀的精神活動,也拒絕把存有僅當作一外在的客觀",而是提出一個全新的、不同於笛卡爾以來的那種心物—主客對立的世界觀。[2]海德格爾認為,這樣的世界觀已經蘊含在古希臘哲學傳統中,他通過對阿納克西曼德、巴曼尼底斯的獨特詮釋,力圖扭轉我們自閉於存有的舊習、開啟人感通於存有之力動的消息。伽達默爾則在此基礎上進一步講存有的語言性格,倡言"語言是存有的家",強調人在審美和遊戲中混忘自我,而湧現出一主客交融的新視域。在伽達默爾看來,理解不可能沒有一個出發點,任何理解者都無法真正擺脫他的先行理解或成見,自認為沒有成見的理解是缺乏批判的,超越任何視域的純粹客觀性是不可能的。海德格爾和伽達默爾的這一哲學睿識并無意膨脹當下主體,而是直面自身的成見,進而開啟存有之消息,以利於視域的交融。

基于這樣的區分,劉先生強調"我們必須分別思想史追求歷史真相和哲學家追求的內心解悟的不同層次,才不至於把問題糾纏在一起",但是,這並不意味著哲學的解釋和思想史的解釋是"離則兩美,合則兩傷"的關係;相反,它們可以結合

---

[1] 劉述先:《對於當代新儒家的超越內省》,載《中國文化》第12期,第35頁。
[2] 同上。

起來，為哲學的研究提供一個在尊重歷史真相的前提下、煥發原典（或本文）所可能容許的切合當下處境之新意的契機。這方面的工作，可由傅偉勳先生的"創造的詮釋學"為其代表。

傅偉勳先生"五謂"層次的創造的詮釋學分別是：（1）實謂——原思想家或原典在實際上說了什麼；（2）意謂——原思想家想要表達什麼；（3）蘊謂——原思想家所說的可能蘊含著什麼；（4）當謂——原思想家（本來）應當說出什麼；（5）必謂（或創謂）——原思想家現在必須說什麼，或者，為了解決原思想家未能完成的思想課題，創造的詮釋學者現在必須踐行什麼。[1] 劉先生認為，創造的詮釋學中，"實謂"屬前詮釋學的原典考據；"意謂"屬依文解義的析文詮釋學（linguistic-analytic hermeneutics）；"蘊謂"屬歷史詮釋學（historical hermeneutics）；"當謂"屬批判的詮釋學（critical hermeneutics）；而"必謂（或創謂）"才是狹義的創造的詮釋學（creative hermeneutics）。而他自己則作出"重釋"（reinterpretation）與"改造"（reconstruction）的區分，強調創造的解釋有其一定的約束，即其根本的睿識絕不能溢出原典所能容許的范圍；并主張解釋者不必把自己局限在"重釋"的范圍內，盡可以進行哲學與思想的"改造"；這意味著劉先生反對隨意曲解原典，遷就自己的意旨，強調嚴格區分解釋的新意

---

[1] 傅偉勳：《從創造的詮釋學到大乘佛學》，台北：東大圖書公司，1990年，第1—46頁。把"必謂"改為"創謂"，見《現代儒家的詮釋學暨哲學思維方法論建立課題》，載《中西哲學的會面與對話》，台北：文津出版社，1994年，第134—138頁。轉引自劉述先：《對於當代新儒學的超越內省》，第36頁。

和改造的新意。

總之，劉先生認為，如果不同層次能夠劃分清楚，則彼此間非但不會衝突，反而會形成一種互補的結構。比較而言，史家關注的主要在實謂、意謂和蘊謂的層次，而哲學家的努力則集中在當謂、創謂與改造的層次。但這種比較並非絕對的。因為偉大的史學著作應能見微知著、建構通貫的圖像，而這必定隱含著一個統一的哲學觀點；同時，深刻的哲學作品必預設深厚的歷史知識背景，才能克服思考平面化的缺陷。當然，由哲學的觀點作出的、各個層次先後有序同時相互交參的思想史解釋與哲學解釋的綜合，并不具有必然性，因為歷史與哲學存在著相互對立與相互依賴的辯證關係，二者的綜合有賴於解釋者開闊的胸襟視野和細緻審慎的解析，從而才能克服"創造的詮釋學"中不同層次因溢出自己的恰當定位而產生的緊張。

劉述先先生關於"解釋學"的這一討論，雖然是為處理"錢穆與新儒家"的問題而發，但該討論也同樣有助於我們理解他關於朱子哲學思想研究的方法論。可以斷言，劉先生的朱子哲學研究，其方法正是思想史與哲學相結合的解釋，而這恰恰是在牟宗三先生對於朱子學作哲學解釋的基礎上完成的。

二、牟宗三先生對朱子的哲學解釋

牟宗三先生研究朱子哲學思想，所取的是哲學解釋的立場。但他的哲學解釋的立場並非全然置歷史於不顧，而是強調提倡一種尊重歷史的"客觀了解"。牟宗三先生在《心體與性體·序》中說：" 今且未及言悟道[1]，姑就宋、明六百年中彼體道諸大儒所留之語言文字視作一期學術先客觀了解之，亦是欲窺此學者之一助。"[2] 這里所說的 " 未及言悟道 "，僅為對此間 " 體道諸大儒所留之語言文字 " 作學術上的 " 客觀了解 "，或許是牟宗三先生的 " 夫子自道 "。因為依牟先生，要做到真正的客觀了解，亦非易事，倘若這了解並非感性之了解的話。在牟先生看來，了解有感性之了解、知性之了解和理性之了解；" 仿佛一二，望文生義，曰感性之了解。意義釐清而確定之，曰知性之了解。會而通之，得其系統之原委，曰理性之了解。"[3] 他自承在《心體與性體》中之所作，只在盡力於 " 語意之釐清與系統之確定 "，至於是否已達到 " 全之盡之 " 的 " 通過知性之了解而至理性之了解 "，則 " 未敢必也 "。因為 " 理性之了解亦非只客觀了解而已，要能融納於生命中方為真實，且亦須有相應之生命為其基點，否則未有能通解古人之語意而得其原委者也 "。觀牟先生此處所說，意謂《心體與性體》自信能釐清古人之語意、確定其思想之系統；但於融納古人所發明之實理於個體之生命中而形成一種相互呼應的態勢，則尚未自信能夠做到。

---

[1] 此前牟先生說：" 王龍溪有言：悟道有解悟，有證悟，有澈悟。" 這是區分 " 悟道 " 的不同層次，解悟僅是從思想和理智上領悟了 " 道 "；證悟是自身在實際上對 " 道 " 有所體證；而 " 澈悟 " 則是所思所想、所言所行無非是 " 道 " 的體現。
[2] 牟宗三：《牟宗三先生全集 5·心體與性體·序》，台北：聯經出版事業公司，2003 年，第 5 頁。
[3] 同上。

但是，如果我們接受牟宗三先生"依義不依語"的方法論原則，那麼，牟先生所說的"未及悟道"、僅為"客觀了解"，雖是"夫子自道"，卻也不乏自謙的成分。質言之，牟先生的"客觀了解"已達到知性之了解的程度，於"悟道"上實可說已臻"解悟"和"證悟"的層次；至於"澈悟"或"理性之了解"，那就不能"只是說"，而必須靠切實的踐履。牟宗三先生自然已從事於"立身行道"，他將自己對儒家"內聖之學、成德之教"的"解悟"付諸實踐，體現在自己的講學、著述等生命活動之中，以求其"證悟"；至於是否已達到"澈悟"或"融納古人所發明之實理於生命之中"使自己"由仁義行"，則其不能"只是說"，亦不能"自己說"，不亦宜乎。

上面所述牟宗三先生的"客觀了解"，若與劉述先先生所揭示的哲學的解釋相參，無疑也呈現出一種複雜的辯證關係。牟先生比較看不起"仿佛一二，望文生義"的"感性之了解"，這種"感性之了解"當然與"實謂"層次的原典考據不同；而要達到"意義釐清而確定之"的"知性之了解"，首先即需要預設理解者所理解的原典（或本文）是真實的，這就需要原典考據；其次，要能釐清意義，確乎不可離語義分析與歷史解釋，甚至要預設批判的解釋，質言之，釐清意義，需要語意的澄清、背景和情境的還原，乃至了解概念、范疇之分際；復次，要確定其思想系統，則理解者需要把"原典（或本文）"中表面衝突的說法通過澄清其各自的"分際"而將衝突化解，以確定思想之系統；一旦這樣做時，我們就來到了"原思想家（原本）應該說出什麼"的"當謂"的層次。至於"創謂"層次的創造的解釋,則是理解者立足於當下,將自己的生命與古人所發明的實理相呼應,替原思想家說出他在"現在"應該說的東西,回應原思想家未能解決的課題。牟先生之寫作《心體與性體》,非為"發思古之幽情",而乃欲"徹法源底",煥發中華文化之生命力,回應當今時代的大課題。從這個角度看,牟宗三先生的朱子哲學研究、衡定朱子哲學在中國思想史上的地位,也同樣是為了煥發中華文化之生命力,從中探尋能回應當今時代之大課題的資源。在這個意義上,牟先生不可避免地在從事劉述先先生所說的"重釋"與"改造"的工作。

不過,儘管如此,牟宗三先生在《心體與性體(三)》中對朱子哲學思想之研究,所重畢竟在哲學的解釋,而非思想史的解釋。其間雖有所考據,譬如發掘朱子關之"仁說",以及圍繞"仁說"與湖南諸賢之論辯,但考據畢竟非其所重;其中甚至有隨王白田《年譜》之誤而卒經劉述先先生訂正者在(詳見後文)。

具體說來,牟宗三先生從哲學出發解釋朱子,乃是牟先生依據其"道德的形上學"的哲學慧識和他所面臨的時代課題而展開的。牟先生並非一開始即有朱子"別子為宗"的裁決,這一裁決乃是隨著牟先生閱讀朱子的相關文獻而逐漸形成的。牟先生對於朱子哲學的定位,其前後是有不同的。牟先生1962年在香港大學校外課程部所作的《中國哲學的特質》的演講中,還籠統地將朱子劃歸重視客觀性原則的思路中。在《中國哲學的特質》中,牟先生說:"……在中國哲學史上,並存著重視主觀性原則與重視客觀性原則的兩條思路。後者源自《中庸》

首句'天命之謂性'和《易傳》的全部思想,下至宋儒程朱一派;前者源自孟子,下至宋明儒陸王一派。《中庸》《易傳》、程朱一路著重道的客觀性,如周子講'太極',張子講'太和',程朱講理、氣二元,並從此而論道德,……由于過分重視道之客觀性,在主觀性一面體悟不夠,難怪引起陸王一派的不滿,而作一重視主觀性之推進。"[1]此時,牟先生仍然認為朱子儘管不能契接孔孟的精神,但卻頗能契接天命、天道下貫而為性的傳統,而與陸王絕非兩個不同的學派,反是二者一起構成理學發展的兩個階段。但是,在 1963 年演講的《宋明儒學綜述》、其後的《心體與性體》和《宋明理學講演錄》中,對於朱子的定位就變成了與伊川先生一系的橫列的靜涵靜攝的歧出了。

　　牟先生根據王白田《年譜》,意識到朱子於"中和"問題的糾結及其解開對朱子思想成熟有關鍵的作用,這一見解深具卓識。確實,朱子於"中和問題"的糾結及其解決在其哲學思想成熟的過程中具有樞紐性的地位。不妨這樣說,朱子早歲雖有志於儒門聖學,然其所從遊之學者,如劉屏山、劉草堂、胡籍溪等皆喜好佛老而非醇儒。受他們影響,朱子亦曾出入佛老,甚至以釋氏的意思赴試而竟然得舉[2];始見延平先生時亦以釋氏與他說,聞先生說"不是"時反倒懷疑延平先生理會釋氏未得;大概是出於對延平先生的敬重,才勉強將禪倚閣起,

---

[1] 牟宗三:《牟宗三先生全集 28·中國哲學的特質》,台北:聯經出版事業公司,2003 年,第 54—55 頁。
[2] 見《朱子語類》第 104 卷(朱子一,"自論為學工夫",輔廣錄),轉引自《牟宗三先生全集 7·心體與性體(三)》,第 41 頁。

"且將聖人書來讀",漸漸覺得聖賢言語有味而釋氏之說罅漏百出,這才決定拜師延平。由于延平先生"雖簡重卻不甚會說",其教朱子,於義理方面,則以"理一分殊"嚴分儒釋,並強調"所難者分殊",而工夫方面,僅告以"去聖經中求義""其所言莫非吾事"和"默坐澄心,體認天理""危坐以驗未發前氣象,而求所謂中",故而"中和"問題便成為朱子契入聖學的入手處。由於朱子與延平於生命形態和思維心態等皆有不同,且從學時日較短,其於延平之教誨,多有不契:如不滿其偏於靜、求中等,故而"中和"問題成為朱子心中糾結難解之謎題,後聽聞衡山胡五峰先生之學"只就日用處操存辨察,本末一致,尤易見功",惜乎未及當面求教而衡山先生歿,於是才有其與五峰先生弟子張南軒關於"中和"問題的討論和書信往來,其中之書信往來便是所謂"中和舊說"。

"中和舊說"僅僅讓朱子獲得了短暫的安寧。朱子在有關"中和舊說"的書信中首先提出問題:聖賢有所謂未發之中、寂然不動之說,其義難道是以日用流行者為已發,而以暫而休息不與事接之際為未發?倘若承認此說,則如何解釋"泯然無覺之中,邪暗鬱塞,似非虛明應物之體,而幾微之際,一有覺焉,則又便為已發,而非寂然之謂,蓋愈求而愈不可見"的情況。朱子因此"退而驗之于日用之間",感受到在"感之而通,觸之而覺"的背後,"有渾然全體應物而不窮"的"天命流行、生生不已之機,雖一日之間,萬起萬滅,而其寂然之體,則未嘗不寂然也,所謂未發,如是而已",非別有一物,限於一時,拘於一處以為"中"的境界;並且認為,"雖汩於物欲流蕩之中,而其良心萌蘖亦未嘗不因事而發見。學者於是致察而操存之,則庶乎可以貫乎大本達道之全體而復其初矣"。由此可見,朱子此時猶以"天命流行、生生不已之機"為"中",且認為它是"動而無動,靜而無靜"的,因而要學者於此"致察而操存之",以求得所謂的"中和"。

然而,朱子對於此說,畢竟無真切實感。他隨後又致信張南軒,陳述他對於"中和"之所謂"實體似益精明",且與聖賢之書和近世諸老先生之遺語,"無一不合",並進一步指陳,"通天下只是一個天機活物,流行發用、無間容息。據其已發者而指其未發者,則已發者人心,而未發者皆其性也",存者存此而已,養者養此而已。此書信認為"通天下只是一個天機活物",正與前一通書信以"天命流行、生生不已之機"為"中"相當。或因張南軒復信指其"已發者人心,未發者皆其性也"為"兩物",於是又主張"只一念間已具此體用。發者方往,而未發者方來,了無間斷隔絕處。夫豈別有物可指爾名之哉",強調"此事渾然無分段時節先後之可言",故著一時字、一際字,均是病痛,表現出一種對"分段時節、前後有隔"的忌諱。最後總結自己"累書所陳,只是儱侗地見得個大本達道底影像""卻於致中和一句,全不曾入思議""日間但覺為大化所驅,如在洪濤巨浪之中,不容少頃停泊",故而於"求仁"之急務"自覺殊無立腳下工夫處",從而於應事接物處,粗糲果敢倍增而寬裕雍容之氣略無毫發。由此領悟到"浩浩大化之中一家自有一個安宅",自無須有所謂方往方來、強分為二之說。

"中和舊說"最後的總結是自覺為大化所驅,如在洪濤巨浪之中不容少頃停泊,而於"求仁""殊無立腳下工夫處",這個問題只是暫且被朱子"倚閣起",依朱子"儱侗非所能安,影像終須拆穿"的性格,它遲早會刺激到朱子。這就是引發"中和新說"的觸媒。

後來,朱子還是在孝宗乾道五年(1169)己丑四十歲時,因與蔡季通言未發之旨、問辨之際有疑,並在認真研讀二程尤其是伊川先生遺著後,提出所謂"中和新說",其中有心性平行為二、靜養動察敬貫動靜和心統性情等觀點。自是以後,朱子早歲之糾結得到全部疏解,其學問規模定型而自信益堅;進而依此學問規模,去解決理氣關係、心性情關係等問題,同時開展有關"仁說"的論辯,授徒講學,解釋《大學》《孟子》等書,並致力於與陳同甫、陸象山等就王霸義利、尊德性道問學等問題致書探討或當面論辯。所有這些,均以"中和問題"的解決為前提。這是由牟先生的哲學慧識而發現的、理解朱子哲學的入手處和線索。

在處理朱子在"中和問題"上的糾結時,牟宗三先生"知人論學",根據朱子之為人,解說其思想的具體內涵。在牟先生看來,朱子的心靈和頭腦有較濃的實在論意味,一方面極為明透通達、分析力很強,另一方面卻非常質實、對自己未能證悟的境界往往視為新奇高妙或儱侗顢頇。[1]朱子鑒於其早歲

---

[1] 新奇高妙或儱侗顢頇,其實一也。說"新奇高妙"是好聽的、恭維式的說法;說"儱侗顢頇"才真正代表朱子對自己所不同意的觀點的態度。與之相對,朱子認為,聖賢所說皆為平實簡易之理。

"務為儱侗宏闊之言,好同而惡異,喜大而恥小"[1]之弊病,反而養成事事要追問下去、不讓自己心安便不罷休的性格,是故一聽到(或見到)自己尚未體會到的言說、境界時,其態度要麼是不懈的思考、體會(其學問尚未定型時),要麼即目之以異端或禪(其學問定型之後)。正是這樣的性格,逼使朱子在"中和問題"上的立場多所更易。而這些更易正可見朱子"中和舊說"之所見確實如他所說,只是"儱侗地見得大本達道底影像",牟宗三先生正據此分析朱子"中和舊說":他一方面讚賞朱子了解到"天命流行之體"為"天下之大本"之"中",承認"未發之中、寂然不動"與致察操存良知之萌蘖於"感之而通、觸之而覺"之際,另一方面卻依據朱子思想成熟後於本體與工夫的理解,指出朱子在"中和舊說"期間對於此天命流行之體、寂感真幾、創生之實體以及孟子之本心等,並無真切而相應之契悟,只是仿佛有一個儱侗的影像,這一影像終將隨其著實而分解之精神真切落實後被拆穿,成理氣二分、心性情三分之格局[2]。實在說來,朱子由"中和問題"入手契悟本體只具有第二義、不甚重要的地位,探尋工夫入路才是他首要的

---

[1] 趙師夏《跋延平答問記》。轉引自劉述先生《朱子哲學思想的發展與完成》,第13頁。
[2] 在牟宗三先生看來,朱子之理氣二分、心性情三分的思想格局其實已隱含於伊川先生對道體的體悟之中,朱子的貢獻只在將伊川先生隱而未發之論明確說出。牟先生指出,"伊川對於道體之體悟……只收縮提煉而為理氣之分,此則甚截然而突出。依理氣之分,落實於道德實踐上,遂有性情之分,又進而正視氣性與才性。……性情之分、理氣之分、與形上形下之分,已函心性情之三分,心只是實然的心氣之心,而心不即是性。"(參見牟宗三《牟宗三先生全集7·心體與性體(三)》,第52頁。)

關心,故牟宗三先生說他在"中和舊說"中表示的"本體"只仿佛有一個儱侗的影像,而無真實相應的契悟,是非常中肯的。既然朱子對於"本體"的契悟此時尚未確定,則其於"未發已發"的界說,也是不大能夠確定的;牟先生斷定朱子"混同本心發見之發為喜怒哀樂已發之發"[1],正是在此基礎上,依據朱子思想成熟後的理論作出的。牟先生抓住朱子"中和新說"時《答張欽夫書》中"心者固所以主於身,而無動靜語默之間者也。然方其靜也,事物未至、思慮未萌,而一性渾然,道義全具,其所謂中,是乃心之所以為體,而寂然不動者也。及其動也,事物交至、思慮萌焉,則七情迭用,各有攸主,其所謂和,是乃心之所以為用,感而遂通者也"一語,經語意分析,得出道德實踐上心性情三分、心作為實然之心包統一聯結性(心之為體)和情(心之為用),其最終的心性合一並非"本一"而是心(包括情、才等)湊泊地與性相符的觀點,進而指出朱子在本體宇宙論上堅持理氣二分,視"理"為"只存有而不活動"的"但理",而於踐履工夫上則強調"靜養動察、敬貫動靜"。經此語意分析,朱子哲學中不同概念之分際也便清晰地呈現出來了。

總之,牟先生從本體與工夫的兩個角度對朱子的哲學思想進行哲學的解釋,并認為朱子在"中和新說"成立之後,思想真正成熟、定型,其於本體之契悟,開創了一嶄新的、"心性"平行橫列的靜涵靜攝的義理系統,并於本體與工夫有其確

---

[1] 牟宗三:《牟宗三先生全集 7·心體與性體(三)》,第89頁。

定而具體的契悟,其後的諸多方面的發展,不過是將此"本體"思想以具體化和展開。在具體解釋朱子於"中和問題"上所體會到的本體與工夫時,牟先生綜合運用了語義分析、歷史詮釋和批判詮釋等方法,來釐清語詞的意義,確定義理的系統,澄清概念范疇之邊際,為其對朱子所作的哲學解釋提供了合理的依據。

不過,牟先生之所重畢竟在"哲學解釋",其中難免有考證不夠精詳、敘述不夠全面之處,尤其朱子在參究"中和問題"時個人的內在緊張沒有得到充分的展現,因而對朱子人格之全面性的揭示有所不足。此外,牟先生對朱子哲學思想的理論和現實效應也未予明確的揭示。而這些工作在劉述先先生"思想史與哲學相結合的解釋"中得到了很好的完成。

三、劉述先先生對朱子結合著史學與哲學的解釋

前文已經說過,劉述先先生對自己解釋朱子哲學思想的方法有明確的意識。他強調必須兼顧錢穆先生的考據和牟宗三先生的哲學思考,同時又不能止於二家之說或調和折中,而必須取嚴格批判的態度以有一徹底之融攝,而開創一嶄新的視野。劉先生正通過酌取解釋學的方法,把史學解釋與哲學解釋相結合,開創了朱子哲學思想研究的新理境。

牟宗三先生的朱子哲學解釋有考證不夠精詳、敘述不夠全面之處,這當然不能構成忽視牟先生朱子哲學解釋的依據。但若能正視並補充考證,以糾正其中可能有的訛誤,通盤考察,

充分展現朱子人格中包含的內在緊張，并批判地反思、明確揭示朱子哲學思想的理論和現實效應，則於通盤考察朱子哲學之全貌，并衡定其意義，不無裨益。劉述先先生《朱子哲學思想的發展與完成》正欲完成這樣的工作。而劉先生在此過程中也取得了非凡的成就[1]：澄清朱子從學延平後"盡廢所學"之確定意涵[2]，確定朱子以涵養為小學工夫、格物致知為大學工夫的為學次第，考訂朱子關於"仁說"之論辯發生的確定年份[3]，明確指出朱子同現實政治對立的理論與歷史根源，并立足現實反思朱子哲學思想的現代意義，這些觀點均發人所未發。

除了上述成就之外，劉先生的朱子哲學研究尚有值得注意的其他創見。

首先，在考據方面，劉先生力證"中和舊說"諸書當依朱子本人"中和舊說序"，繫之於戊子年朱子三十九歲時，從而也說明牟宗三先生隨王白田《年譜》而將其置於丙戌朱子三十七歲時不確。劉先生的論證是這樣的：王白田推翻昔賢據朱子"中和舊說序"得出的"中和舊說"諸書在戊子之說，其根據是朱子丙戌致何叔京、羅宗約書，前者"未發已發，渾然

---

[1] 關於這些成就，詳見劉述先：《朱子哲學思想的發展與完成·自序》，第2—4頁；關於"確定朱子以涵養為小學工夫、格物致知為大學工夫的為學次第"，此點由杜保瑞教授提出，見杜保瑞：《書評〈朱子哲學思想的發展與完成，劉述先著〉》，載《哲學與文化月刊》，2004年，第363期。
[2] 劉先生引朱子早歲詩文，證明朱子從學延平之前頗有佛老二氏之徒的傾向與氣質，且以佛氏之說應試得中，而自以為理會得昭昭靈靈底禪。從學延平後，"盡廢所學"所指即此。
[3] 這一論辯發生在壬辰、癸巳朱子四十三四歲時。劉先生所給出的證據，請參見《朱子哲學思想的發展與完成》第四章。

一致"之旨正與"舊說"相符,而後者則有"時得欽夫書問往來,講究此道",但劉先生以為這兩個理由是不充分的;"中和舊說序"時朱子四十三歲,當該對過去五六年間之事記憶猶新,故該"序"應有相當的權威;據該"序"文,朱子於延平歿後糾結於"未發"問題而不得善解,遂問學於張欽夫想了解衡山之學的旨要;王白田據以推翻陳說的與羅宗約書只能說明丙戌年朱子與南軒有書信往來,但不能證明這些通信就是"中和舊說"諸書,而正是在與羅宗約的這通書信中,朱子坦言須與南軒面究方可得衡山之學要旨,遂有其後丁亥年朱子赴潭州兩月與南軒論學之行,若這些通信就是"中和舊說"諸書,則書中自不必再說"面究"、其後赴潭州論學亦無必要,更不必有范念德"兩先生論中庸之義、三日夜而不能合"之說;從潭州論學回來後,朱子反復思索而終有所悟,而成立所謂"中和舊說",與五峰之學有一表面的契合。此外,朱子丙戌諸函多次提及延平,顯見其時朱子追求延平遺訓之誠,而"中和舊說"諸書明顯與延平遺訓不合,其中甚至有批評龜山楊先生之語,與丙戌求恢復龜山門下相傳指訣的心境根本相互違背。故"中和舊說"諸書當繫之於戊子朱子三十九歲時。

其次,劉先生生動而具體地展現了朱子在尋找工夫入路的求學歷程中經歷的緊張與衝突,這是讀《心體與性體》所體會不到的。劉述先先生亦接受了牟先生"知人論學"的方法,他從分析朱子性格特點入手,細緻地探析朱子從"中和問題"尋找修養的入手工夫所經歷的曲折。依劉先生之見,朱子的性格推拓得開,善用文辭把自己的思想表達出來,其早歲好奇，嘗出入佛老，後警覺其非，收斂心思，專心儒門聖學，但仍於佛老之說、義理、考據、詞章等兼而通之，是為一博學鴻儒；他對自己年輕時"好為儱侗宏闊之論，好同而惡異，喜大而恥小"等頗有不滿，轉而為忌諱，一變而為喜好分解（辯解），從而不能安於延平之渾淪體證，甚至目之為差近佛氏之路；從而經分解而形成存有論上的理氣二元（理為但理不能活動，氣為實現原則）、理氣不離不雜的架構；在工夫論上，朱子從"萬紫千紅總是春"的生動、具體情境入手，認為無須暫時之隔絕與超越的體證（"默坐澄心、體認天理"和"危坐終日，以驗乎喜怒哀樂未發前氣象，而求所謂中"）而不能相契於其先師延平之教，對"未發"問題多有糾結；延平歿後，朱子求道之誠無法通過延平之"於喜怒哀樂未發前求中"這一工夫入路得以實現，於是問學於南軒，出延平而入五峰；後與南軒往來問學，有見於五峰"於日用間先察識而後涵養"與自己"萬紫千紅總是春"之體會有一表面之契合，從而安於"莫非已發，未發者未嘗發"[1]；然"莫非已發"則人在"大化"中驅馳，如處於洪濤巨浪之中，何地可為立腳下工夫處？由此問題未得善解，朱子於是又出五峰而入延平，遂有所謂"中和新說"。然而，"中和新說"亦只是與延平"危坐以驗乎喜怒哀樂

---

[1] 朱子在其間多有曲折，其始言"已發者心，未發者皆其性也"之隔絕，經南軒指明後，意識到強分前後時段之不妥，而悟得"天命流行，生生不已，不少停息"，從而以"一家自有一個安宅"主宰知覺，以為"所以立大本達道之樞要"；進而有"其復者氣也，其所以復者有自來矣"，區分動與所以動，此已起理氣二元之端，為後來的"自疑"埋下伏筆。

未發前氣象"有一仿佛的相似,朱子甚至將其改寫為"於靜中體認大本未發時氣象分明";二者的分別,乃在延平之說為通過"喜怒哀樂未發"以驗乎大本之氣象;而朱子的意思則是在靜中持敬,以期能體會大本(性或理)即喜怒哀樂之未發是何氣象;實在說來,朱子的"中和新說"與其說是回到延平,不如說是相契於伊川,他其實是從伊川的"涵養須用敬,進學則在致知",領悟到"大化"流行中須以"持敬"為立腳下工夫處,進一步提出了"靜養動察,敬貫動靜"的修養工夫。正是在這裏,劉先生明確提出了朱子以"涵養為小學工夫,格物致知為大學工夫"的論學次第之說。[1]

總之,朱子在努力於"中和問題"上有實感以求工夫入路的過程中,本著其"萬紫千紅總是春""為有源頭活水來"的格調,欲求得"當下即是,不必著意隔離"的體驗,從而不滿於延平之隔離體證;但由於"天機活物"固然可以解為"天命流行之體",亦可以說是奔騰不已不可止歇的"氣機鼓蕩",朱子的這一格調因此使他常搖擺自疑,而終於使他將"天機活物"置定為"氣機鼓蕩"而另求以敬涵養,保障其不失聖學之宗旨。他之所以出延平而入五峰,旋即又出五峰而入延平,這些性格方面的格調是重要原因。當然,從另一個角度看問題,我們會發現,朱子似巧而實拙,他一開始就顯示出"不必著意隔離"的"靈巧",但在實質上卻力求對聖賢之言有切實的體會和確切的界說,讀書若不能到"其所言莫非吾事"之境則不

---

〔1〕劉述先:《朱子哲學思想的發展與完成》,第126—131頁。

能安。這大概是朱子之能開出一條新路,而為博學鴻儒的性格上的成因。

其三,關於朱子哲學思想的理論和現實效應問題。劉先生通過回顧朱子解決"中和問題"求得立腳下工夫處的艱難歷程,除了展現朱子在此過程中的衝突緊張和性格矛盾之外,也同時揭示了朱子之本體宇宙論思想。前文已略有申說,在朱子提出的"中和新說"中,其以心性平行,視"心"為經驗實然之心,是綜合、包容、聯結"性"與"情"的綜合者,性則是超越的形上之理,從而有心性情三分、心統性情的思想格局。朱子將其非常強的分析能力應用於這一思想格局中,把心性情才四者之關係分解、安排得妥妥帖帖。在這裏,心是主宰,把性情統合於此,并將它們聯結起來,故曰"心聚眾理應萬事",這是從其功用說,在本質上,"心是氣之精爽者",是"理之所會之地";性是超越的形上的所以然之理,"性即理",是"心所有之理",是"理"內在化的結果,它并非存在的實物、非卓然一物可見者,卻能構成存在物的本質以及應然的標準;當其不雜氣質時,純然至善;但朱子後期成熟時卻以為"今才說性,便須帶著氣質,無能懸空說得性者",因為"論性不論氣不備,論氣不論性不明",討論"性"必須連帶著"氣質"或"氣稟"進行。朱子說,"只有性是一定,情與心與才便合著氣了。"亦即,心、情、才都是"氣",它們與"性"分屬形而上下而不能混雜,但同時彼此也不分離;心是"氣之精爽者",情是"遇物而發、卻路陌曲折恁地去底""才是那會如此底",質言之,性者心之理,情者心之動、性之所發,才是那使"情"具體地表現出來的心之能、心之力。由此可知,心性情三者,性是超越的形上之理,事物之所以然之理和所當然之則;心則是性或理所會之地,為氣之精爽者,兼攝形上、形下二層;情與才是心之動、心之能,由於性之所發可能受氣染之污,故有善有不善,而才作為心之能心之力亦無不善,但為氣染,亦有善有不善,由於心屬氣,故作為其"動"與"能"的情、才亦必屬形下之"氣";心、性、情之關係因此也可類比理氣之關係,各自獨立,不雜不離。

劉先生指出朱子的心性情三分、心統性情的思想格局最終可歸結為"理氣二元不離不雜"的本體宇宙論,是這一本體宇宙論在人性問題上的體現;他並從"理一分殊"的宏觀視野出發,指出朱子"理氣二元不離不雜"的本體宇宙論可多元地體現在太極與二氣五行、道與器、體與用、天與人、形上與形下等關係之中:"理氣二元不離不雜"是"理一","心性情三分、心統性情"、太極與二氣五行、道與器、體與用、天與人、形上與形下等相互間二元對峙、不離不雜之是"分殊"。

朱子哲學思想的這一架構與規模,尤其是他強調作為理之內在化的"性",其與氣不離不雜之關係,迫使朱子晚年正視"氣質之性"的問題,在理論上似乎更加明澈、充分與完備(兼論性與氣,則"明"且"備"矣)。但令朱子意想不到的是,其理論效果已然超出了伊川"性即理"的範圍。不僅如此,朱子兼論性與氣,強調性必通過氣質而具現,故性兼理氣而為言;此雖未必與孟子原典相合,但他為使自己心安而努力把心、性、情、才、理、氣、性、命等諸多概念分解落實,還是能對人們踐履"內聖之學"提供理解的門徑和工夫次第；他強分心性，心不即是性，故而，朱子之"心具眾理"非"本具"，"心性合一"乃是湊泊之合。是以朱子異常重視後天的修養，也異常重視"別是非"的"智"的作用，而以其為"成始成終"的"啟元（仁）"之"貞"。不過，仍然存在的問題是，"心性合一"、心湊泊上性理需要有一異質的跳躍，恰如朱子在《大學》"格物補傳"中所說"至於用力之久，而一旦豁然貫通焉"，此"豁然貫通"並非必然會發生，縱使在朱子這裏發生了，也並不代表它一定會在其他人身上發生。

以上關於朱子哲學思想的理論與實踐效果，當然尚未盡劉先生所揭示朱子哲學思想之"詮釋效果"之全蘊，但其中確實包含有不少前人所未發之論。故而，說劉先生的朱子哲學研究繼承并發揚了牟先生朱子學研究的洞見，則可；說劉先生的朱子哲學研究在義理上不出牟先生，則不可。

四、結　語

許多人大概因為牟先生斷朱子為"別子為宗"，就得出結論說，牟先生輕視朱子。此豈實情哉！

牟先生其實頗能重視、敬重和尊敬朱子。他在《心體與性體（三）》中多次為朱子正名，說朱子"不如此之枯萎也"[1]，"朱子何曾如此（以枯萎、外限、無生氣之道德工夫，徒使敬

---

[1] 牟宗三:《牟宗三先生全集 7·心體與性體》, 第 176 頁。

成為庸俗而不真）乎"[1] "朱子不如此之不通也"[2]。牟先生之判朱子"別子為宗"，乃是由於朱子在本體論上一間未達；但他同時也認為象山先生亦有其不足，因而他的理想是欲在現代社會做成一個能綜合朱陸的學問體系。這也是他區別"分別說"與"合一說"的原因。蔡仁厚先生在牟先生"學思年譜"中以朱子和鵝湖之會的那首詩中的"舊學商量加邃密，新知培養轉深沉"來概括牟先生20世紀六七十年代的學思歷程與貢獻，是大有深意的。牟先生區別宋明儒學為縱貫系統和橫的靜攝系統，前者為宋明儒學之正宗、大宗，後者即伊川朱子之所宗。牟先生論定此兩系統之關係說，"假定此在發展中被完成之縱橫兩度相融而為一完整之系統，則縱貫為本，橫攝為末，縱貫為經，橫攝為緯，縱貫為第一義，橫攝為第二義" "假定對於縱貫系統已透澈，則此橫的靜攝系統可為極有價值的補充"；職是之故，象山先生於兩相對立中，"以為只此縱貫系統即已足（形式上是已足），斥橫攝者為支離，為不見道（自究竟言是如此），而不能欣賞補充之作用與充實之價值"，則非是；總之，兩者只能相即相融，而不能相斥相離。[3] 他之判朱子在本體論上"一間未達"，非為其他，而是就客觀上之實理問題，從哲學的解釋得出的結論。

劉先生重視朱子，既承認朱子在客觀義理上有其"一間未

---

[1] 牟宗三：《牟宗三先生全集7·心體與性體》，第180頁。
[2] 同上書，第188頁。
[3] 同上書，第57頁。

达"者在，也承認朱子之學說在修養論、工夫論和為學次第上的貢獻。在這方面，劉先生是和牟先生站在一起的。他們之間的不同，在劉先生乃是從"理一分殊"的宏大視野出發，結合了哲學解釋與史學解釋，具體化和豐富了朱子的形象、人格和思想義理的理論與實踐效果。

劉先生的思想史解釋強調應"先分析各不同思想形態的架構，互相比較參觀，把深微的理論效果徹底引申出來，然後才在評價上辨分高下，做出自己的實存的抉擇"[1]。劉先生當然明白，思想的了解和分析，必定牽涉到解釋，而任何解釋都必定牽涉到解釋者的視域。因而，思想史中不帶任何前見的純客觀普遍性只能是個神話，解釋者所能把握到的客觀普遍性只能是限於其個人與時代限制的普遍客觀性。然而，這並不意味著解釋者對思想史的理解可以相對主義地胡來，解釋固然沒有純粹的客觀，但是解釋的手腕卻有善巧與拙劣之分，其理論效果也有高下之別。劉先生的朱子解釋不僅讓我更好地了解到朱子的人格、形象，而且也很好地與牟宗三先生的解釋構成一種互補的效果。

在《心體與性體（三）》中，牟先生指出："內圣之學轉而只成得一些鄉曲拘謹之好人，豈不哀哉！此豈朱子之所及料乎？"[2]言下之意，即朱子之為人與所傳之學之間有一定的緊張和衝突：朱子之為人，勇猛精進，敢於擔當；但朱子之學卻

---

[1] 劉述先：《朱子哲學思想的發展與完成》，第134頁。
[2] 牟宗三：《牟宗三先生全集7·心體與性體》，第79頁。

有只成就些鄉曲拘謹之好人的可能。牟先生沒有對此做進一步的展開,而劉先生則通過"思想史"的解釋,揭示了這一"緊張和衝突"。透過劉先生之椽筆,我們客觀地了解到朱子之生命的恢宏格局:他每次面見君王,都向君王講正心誠意之論,希望君王能正心術以立紀綱、親賢臣遠小人,講明義理之歸,閉塞私邪之路;但終於還是不能一日安其身於朝廷之上;然朱子不為所動,仍稱理而行,此道既不能大行於朝廷,通過講學、教育而行於民間,有何不可?朱子甚至還與陳同甫辯王霸義利,展現出"雖千萬人吾往矣"的氣概。但這只是問題的一方面。另一方面,劉先生與牟先生一樣,都認為應當把朱子人格和學問分開。許多朱子哲學研究者往往從朱子為學之極致與陸王殊途同歸,其在人格上的勇猛精進、敢於擔當正證明了朱子在哲學的"本體論"與陸王相一致,但在修養的工夫論上既涵養又格致更主敬,厭惡空談心性之疏闊,強調小學工夫以至下學上達之境界,理應受到更多的讚賞,"象山之路系統高遠現實脫節不必全盤繼承,朱熹之說體系完備兼顧現實應予更多肯定"[1]。杜保瑞教授這一觀點很有代表性,他對於朱子的讚賞

---

[1] 杜保瑞:《書評〈朱子哲學思想的發展與完成,劉述先著〉》,載《哲學與文化月刊》,2004年,第363期。杜保瑞教授認為朱子將存有論、宇宙發生論、工夫論分解開來做概念解析的工作,創造了存有論進路的儒家哲學體系,將所有概念安置定位,實乃一大義理貢獻;他對於"論孟庸易周張二程"的"論說天地萬物的本體宇宙論"和"論說主體活動的本體工夫論"必為繼承,而不反對,亦必有論述,只為前人論述已足,創作的重點自可他移,"心即理"的工夫境界語應更析解為"性即理""心統性情且為主宰"之說,如此則概念明而工夫眉目清楚。因此這只是新的哲學問題意識之必走之途。牟先生評斷朱子"別子為宗",實乃因混工夫論問題與存有論問題為一談而致。

也很令人欽佩,但他忽略了牟先生和劉先生在實際上都對朱子致以最高的敬意,只不過朱子人格的偉大和恢宏不能掩蓋朱子哲學在本體和工夫之間存在的鴻溝和所需的那一步"異質的跳躍":朱子在本體論的體會上"一間未達",此可以通過他理氣二分不離不雜和心性情三分心統性情的思想格局來提供證明,朱子認為,理是一切具體存有的超越的形上的根據,"是個淨潔空闊底世界,無行跡",卻不會造作;氣則能醞釀、凝聚、生物[1];類似地,性是仁義禮智之所以然,它也不能直接發用,須透過"心之能"以為主宰才能發用而為"情";由此可見,朱子之"性理"確實是"只存有而不活動"者,其活動、發用要靠氣或心,但由於"氣"有清有濁、"心"有在有失,朱子特重氣稟或憂懼於氣稟,故強調須通過"敬"的修養工夫來提斯此心。朱子的這些觀點,說明其在本體論上確實不是儒學傳統的"一本論",其"心性"之間有一天然的鴻溝。因而,通過後天之"敬"的修養工夫並不必然能使"心性合一"。牟宗三先生擔心這種後天之"敬"有可能"只成得一些鄉曲拘謹之好人",劉先生則坦言,朱子似乎並不感覺到"如何由道德習俗的追隨與奉行的過程中,忽然能夠轉出一條新途徑而把握到自覺地作道德的踐履工夫的樞紐"是一個嚴重的問題,但由於"後天的工夫"確實依賴於到某一階段有一"神秘的異質的跳躍,而達到一種豁然貫通的境界",而這一"神秘的異質的

---

[1] 見《朱子語類》卷一,轉引自劉述先:《朱子哲學思想的發展與完成》,第276頁。

跳躍"並不必然會發生,因而,朱子的哲學確實有其"一間未達"。劉先生正因此與牟先生一道,強調要把朱子之人格與學問區別開來。

總之,劉先生認為,朱子的意圖確實與其他的宋明儒者一樣,希望建立一"道德的形上學",但因其在本體論上的"一間未達"而未能證成,故朱子哲學仍是道學內部的別傳。對朱子哲學的這一定位并未使劉先生(包括牟先生一道)喪失對朱子的崇高敬意。他主張,朱子是一偉大的綜合的心靈,超過了北宋諸儒的規模。他不僅兼收周張程的思想,且欲綜合康節之象數易學與漢儒的陰陽五行說;不僅精於義理,且兼通考據、詞章。他的兼收諸說不止於調和折中、雜糅一爐,而是真正的綜合,他必使自己心安否則絕不肯輕易放手。此等強探力索、至死方休的精神,正朱子之為朱子也。

因此,朱子於思想學術也有巨大貢獻。朱子經由其深入的分析力和宏偉的綜合力,把原先只是抽象的"理一分殊"之論用"理氣二元不離不雜"和"心性情三分心統性情"的思想格局撐開、細化、具體化,並由此將道學的所有概念安置定位,正是將前人"蘊而未發"之論,以朱子認為恰當的方式明確地展現出來。不能不說這正是朱子之為朱子,這正是朱子所做的"學術創新"的工作,他對學術纍積的貢獻恐怕正在於此。正是在這個意義上,我們認為,學術之纍積和進步,不在於有多少石破天驚的驚人之論或新見,而更在於能將抽象的論點予以清晰、具體而確定分析,將前人的"蘊而未發"之論明確展現出來。朱子是如此,牟先生是如此,劉先生也是如此。

不過，劉先生的朱子學研究中也有一個難解的問題。他一方面認為朱子哲學思想的樞紐點是在"心"[1]，因而說"世稱朱子之學為'理學'，以對立於陸王所謂'心學'，就不能說是沒有問題的了"[2]，故而主張"理學""心學"這兩個概念比較容易引起誤解而不能令人滿意，不如縱貫系統與橫攝系統的區分能把握兩系分疏的要點；另一方面，劉先生又說朱子之"心並非一物，它的本體是虛靈，所以沒有形象""卻是實際存在的有，只不可當作一物看待，它的存有乃由其作用見"[3]，但"心"的作用如知覺等，已是"發用"，據朱子所說"以其未發而全體者言之，則性也。以其已發而妙用者言之，則情也"[4]，在其中我們似乎很難找到"心"到底有何地位，它本身既不是性、理，也不是情、才，而只是性、理與情、才匯合之地。一個只是性、理與情、才的匯合之地的"虛"說的"心"，在何種意義上成為朱子哲學思想的樞紐點？

參考文獻

[1] 劉述先：《對於當代新儒家的超越內省》，載《中國文化》1995 年第

---

[1] 劉述先：《朱子哲學思想的發展與完成》，第 230 頁。
[2] 同上書，第 233 頁。
[3] 同上書，第 235 頁。
[4] 見《朱子語類》卷五，轉引自劉述先《朱子哲學思想的發展與完成》，第 235 頁。

12 期。

［2］ 劉述先:《朱子哲學思想的發展與完成》, 台北: 學生書局, 1984 年增訂再版。

［3］ 牟宗三:《牟宗三先生全集 5·心體與性體（一）》, 台北: 聯經出版事業公司, 2003 年。

［4］ 牟宗三:《牟宗三先生全集 7·心體與性體（三）》, 台北: 聯經出版事業公司, 2003 年。

［5］ 牟宗三:《牟宗三先生全集 28·中國哲學的特質》, 台北: 聯經出版事業公司, 2003 年。

［6］ 杜保瑞:《書評〈朱子哲學思想的發展與完成, 劉述先著〉》, 載《哲學與文化月刊》, 2004 年, 第 363 期。

"理一分殊"與儒家倫理重建

——兼談劉述先先生儒學詮釋學的啟示意義

周浩翔

"理一分殊"是宋儒提出的一個範疇。劉述先先生對其相當重視,將其轉化為一種方法論原則,並在此基礎上做了創造性的詮釋。劉先生這一儒學詮釋的新範式頗具啟示意義,它可以有效地化解普遍主義與特殊主義間的衝突,並努力尋求一種全球範圍內的倫理共識,為不同文明形態間的交流與溝通搭建平台,也為當下中國倫理重建提供了一個可資借鑒的方法論指導,進一步凸顯了儒家倫理的現代價值。

一、"理一分殊"——從本體論到方法論

眾所周知,"理一分殊"最早為程頤所提出,是他在《答楊時論西銘書》時對張載《西銘》一書的理論總括。在那裏,程頤取"理一分殊"的說法來概括張載對儒家仁愛思想的闡釋,以與墨氏兼愛說相區別。墨氏二本兼愛而無義,儒家則一本於仁而有差等。程頤"理一分殊"說的提出並非偶然。宋明

儒學之所以被冠以"新儒學"的稱號,其"新"的一個重要方面就在於宋儒明確提出了"理"的觀念,並將其置於儒學詮釋體系的核心位置。這是宋儒為了回應當時佛學義理的挑戰,對儒學所做的一種創造性的詮釋。西方漢學家葛瑞漢將此一過程與托馬斯·S.庫恩(Thomas S. Kuhn)所展示的西方科學史上的"範式更替"(paradigm shifts)相比擬。到了朱熹,"理一分殊"不僅用來恰當地詮釋儒家倫理思想,且慢慢被他轉化為一個具有"本體論"意味的形上學範疇。這裏的本體論非西方意義上的,而僅取其形上學的意涵,即對宇宙萬有存在的一種形上學闡釋。依著"理一分殊"的形上學架構,朱熹從太極與陰陽、理與氣等關係範疇入手,對宇宙萬有之一體性給予了新的解釋。朱熹更進一步通過"理一分殊"的儒學義理間架重新詮釋了人性論問題,賦予了儒家性善說宇宙本體論式的證明,為這一聚訟不已的歷史公案做了一個較為完滿的處理。

朱熹通過"理一分殊"這一新的詮釋模式豐富了先秦儒學的意涵,使儒學義理更趨深微廣大,擴展了儒學詮釋的新空間,使儒學在新的時代境遇下獲得了重生,成就了牟宗三先生所稱道的儒家學術第二期的發展。我們現在正處在牟先生所謂的儒家學術發展的第三個階段。而這一階段儒家的當前使命則是開出新外王。而新外王在牟先生看來即是民主與科學。我們可以認同牟先生的說法,但不必局限於他的說法。儒學或儒家的當前使命自然包括新外王,但也不排除新內聖,且新外王也不必只局限於民主與科學,但凡有利於社會和諧正義、政治清明有序的都可歸入新外王的行列。而這就需要我們立足當下的時代背景，對儒學的傳統資源重新做一創造性的轉化。而這就又須在古今中西的大視域下重新審視傳統儒學，以有效的詮釋方法撿拾其有益於當下的理念，並予以新的發展。

對此，劉述先先生通過對宋儒"理一分殊"範疇的重新挖掘，開拓了儒學詮釋學的新視域，以此來繼承傳統儒學的精神內涵。具體而言，劉先生把宋儒"理一分殊"這一本體論的詮釋架構轉化為了一種一般性的方法論原則。在這樣的方法論指導下，超越的"理一"與具體的"分殊"呈現為一與多、體與用、超越與內在等的詮釋學模式。超越的"理一"可以貫通古今、跨越中西，具有形式上的普遍性，而其具體表現則因時空的差異而有所"分殊"。藉助卡西爾的理論，劉先生把超越的"理一"確立為一"規約原理"（regulative principle），而這是不能通過歸納來證明的，它起的作用即是指導我們尋求自然中的齊一。這種自然的齊一，體現了不同文化立場的人在精神上的感通。與此同時，這種自然的齊一承載的是卡西爾所謂的"功能統一性"而非"實質統一性"。這即是說，雖然現代多元文化或多元宗教盛行，但仍不妨礙我們追求理念上的一致，追求普遍意義上的真理，以免陷入相對主義的怪圈而不自知。劉先生既注重"理一"在精神層面上的感通，也重視"分殊"在具體層面上的分化，可謂兩者兼顧，他稱之為"兩行之理"。總之，劉先生提出"理一分殊"的原則重新詮釋儒學，有助於我們化解儒學在現代的尷尬處境，使其超越層的義理能夠得以在當下開顯。此外，他藉助卡西爾的文化哲學或人學的理論，也進一步豐富了"理一分殊"作為方法論原則的內涵。

劉先生對"理一分殊"的現代詮釋，意在搭建一個會通古今中西學術的平台，這在客觀上可以為儒家倫理與世界倫理對話，以儒家倫理指導當下中國的倫理重建等奠定理論基礎。這樣，"理一分殊"就不單是儒學內部詮釋的一種義理間架，同時也成為解決不同倫理或文化傳統間一般性問題的方法策略，也在儒學的傳統與現代發展之間架構了一個可以接續發展的橋樑。

當今社會，不同文化傳統或文明傳統之間有著各自的倫理本位，如何在不同文明譜系間尋求共識，化解"文明衝突"，成為當下一個極為緊迫的課題。在劉先生看來，宋儒提出的"理一分殊"可以對此問題給予很好的解決。"理一分殊"的方法論原則可以進一步化解當今多元文化相互激盪而產生的"文明衝突"，進一步透顯超越的"理一"對於不同文明（分殊）的規約作用，並由此確立儒家倫理在全球倫理對話中的地位與作用。此外，儒家倫理在當代的重建問題，或說，儒家倫理在當代中國倫理重建中的作用問題，也可以依"理一分殊"的方法論原則得以很好的應對。如果說"文明衝突"是一個中西問題的話，那麼，當今中國倫理重建就是一個古今的問題。而中西古今之間又相互糾纏，問題重重，如何在這樣紛繁的時代背景下理出一個頭緒，真是頗費周折。而對此，劉先生至少給我們指明了一個大的思路與方向，如何在劉先生所確立的"理一分殊"的理論框架內回應上面所示的現實問題，則是我們後學要繼續努力的，下面我們便展開相應的分析。

二、"理一分殊"與全球倫理對話

從"理一分殊"的視角推進全球倫理對話，尋求倫理共識，是劉述先先生的一個創見。他是有所感而發，不得已而辯。戰爭與和平雖已不是這個時代的主題，但在局部地區因宗教、文化等差異造成的摩擦衝突仍時有發生。因此，尋求一種世界倫理或全球倫理漸次成為解決上述爭端的一個途徑。20世紀90年代，孔漢思致力於創立一個《世界倫理宣言》，之後聯合國教科文組織成立了"普遍倫理計劃"，並在其後就起草《世界倫理宣言》的問題召集全球範圍內的哲學家開會討論，劉先生也參與其中。[1] 2014年5月，在山東舉辦了為期四天的第三屆"尼山世界文明論壇"，論壇主題是"不同信仰下的人類共同倫理"。這次論壇提出了一個新的理念，即"人類共同倫理"（human common ethic）。[2] 可見，尋求一種全球範圍內的倫理共識是大勢所趨，時代使然。

此外，隨著現代性在世界範圍的蔓延，現代性本身也暴露了重重危機，使得人們漸漸失去了精神支柱，失去了維繫人類生存與發展的一種共通的價值理念。尋求不同文明間的倫理對話與共識，也是對現代性危機的一個回應。當今世界，現代性

---

[1] 劉述先：《全球倫理與宗教對話》，石家莊：河北人民出版社，2006年，第40頁。
[2] 參見《光明日報》第14版國學特刊，2014年5月28日。

話語盈天下，如不善會，則頗能自誤誤人。比如，多元文化主義就是一個現代性話語，其本意是突出文化或文明的多樣性、特殊性，尊重不同地域、不同時期的價值體系，這本不為過。但這種多元文化主義如果反對任何形式的倫理共識，否認超越層面的"理一"，那麼便會衍生出一系列問題。所以劉先生感歎道，古時人們"理不患其不一，所難者分殊耳"，今日困擾人心的卻是，"分不患其不殊，所難者理一耳"。[1]極端的多元文化主義其實建立在歷史主義的基礎之上，認為任何價值體系都是特定歷史條件下的產物，"根據歷史主義的觀點，事實與價值的區分最終是站不住腳的，因為理論性理解的諸最高原則（即通常所說的'範疇'）與實踐的諸最高原則（即一般所說的'價值'）不可分離，還因為那種由種種範疇和價值構成的'體系'是歷史性的或可變的：沒有唯一正確的範疇和價值體系。"[2]否認一種共通的價值，沒有超越層面的訴求，這種歷史主義觀念發展到極致，便有了兩個極端的論調，即亨廷頓的所謂"文明衝突"論與福山的所謂"歷史終結"論。這兩種論調都有很大問題。"文明衝突"論和"歷史終結"論分別代表了兩個相反的極端，一個是西方普遍主義，一個是文化特殊主義。[3]"文明衝突"論突出了文化的相對性或文化的特殊性，而沒有看到不

---

[1] 劉述先：《全球倫理與宗教對話》，第58頁。
[2] [美]列奧·施特勞斯：《政治哲學的危機》，《蘇格拉底問題與現代性——施特勞斯講演與論文集：卷二》，北京：華夏出版社，2008年第17頁。
[3] Eisenstadt, et al, "The context of the multiple modernities paradigm," pp.1-23. 轉引自方朝暉：《文明的毀滅與新生：儒學與中國現代性研究》，北京：中國人民大學出版社，2011年，第29頁。

同文化體系在超越的"理一"層面上的會通。"歷史終結"論突出了西方的所謂的普世價值，而沒有看到其他文明在價值層面上的普世性，其實質仍是西方中心主義。這兩個論調都不能化解時代危機，不能實現文明間的共生互容，更不能推動人類的文明進步與世界的和平發展。

針對這兩種論調，有學者提出用多元現代性的研究範式來超越之。這一研究範式"一方面充分重視現代世界多極化或文化多樣性的事實，另一方面又注意到這些多樣性卻是在一個共同的基礎即現代性的基礎上形成的"[1]。這一研究範式固然有其優越性，但其問題在於把文化多樣性的基礎建立在了"現代性"這一經驗範疇的層面。我們可以說現代性是促使文化多樣性的一個契機，但不能把其作為基礎，作為基礎的只能是那種作為超越層面的"理一"，即一種超越層面上的倫理共識。在此，劉先生提出的"理一分殊"對超越上述兩種論調，較之多元現代性的研究範式則更擅勝場。在劉先生看來，不同的文化傳統之間固然有一些無可消解的衝突與矛盾，但另一方面，彼此之間還是可以找到許多共同的價值。"共同價值不是通過外在強權加於我們身上的價值，而是由每一個傳統通過自動自發、自我批判然後才體現的會通。故此，我們雖植根在自己的傳統之中，卻指出'超越'的'理一。'"[2] 他還援引神學家田立克的觀點，指出我們終極託

---

[1] 方朝暉：《文明的毀滅與新生：儒學與中國現代性研究》，第29頁。
[2] 劉述先：《全球倫理與宗教對話》，第59頁。

付的對象不是上帝（God），而是"超越上帝的上帝"（God above God）。"超越上帝的上帝"指向的就是一種超越層面上的"理一"。各種文化或文明形態皆是這一超越的"理一"在具體時空下的"分殊"。我們可以在"理一"上言會通，即"多元普遍性"下的倫理共識，在"分殊"上言互尊，即在具體文明形態上的相互尊重。故此，"理一分殊"的方法論原則可以打破上述兩種極端的謬說所造成的迷霧，旨在尊重各文明傳統自身特殊性的基礎上，尋求彼此間能共同認可的倫理共識。有了倫理共識，始可以談不同倫理形態間的交流與對話，以此為更大的範圍內的文明對話做鋪墊。我們這裏可以儒家倫理與基督教倫理為例。

不同倫理傳統之間之所以能夠在"理一"上得以會通，關鍵在於，任何倫理觀念的訴求都深植於人性之上，在共通的人性之上，我們才能在古今中西的差異中達成一致，尋求共識。以儒家倫理與基督教倫理為例，儒家倫理的核心觀念是"仁"，基督教倫理的核心觀念是"愛"。"仁"可以說既是一種德性，亦可以說是一種終極的道德原則，它相當於康德所謂"規約原理"。孟子說："人者，仁也，合而言之，道也。"（《孟子·盡心下》）"仁"是人之所以為人的關鍵所在。"仁"也是一切人的道德實踐的最終根據。由"仁"而顯發的道德實踐才是有道德價值的。儒家倫理所倡導的"仁"建立在普遍的人性的基礎上。"仁"者，人也，"仁"也就是拿人當人看，不但拿自己當人看，也拿別人當人看，無論什麼情況下，都要把人當作目的而非手段。"仁"很接近於康德定言命令變形公式中的"人性公式"。[1]無獨有偶,西方學者孔漢思也宣稱共通於世界宗教的基本概念並不是"神",而是真正的"人性"。在共通的人性的基礎上,我們才能相互以人道對待。[2]基督教的"愛"也植根於人性之上,其所強調的神性也是由人性投射出去的。基督教倫理也無不與儒家倫理息息相通,皆建立在人性自律的基礎上。保羅說:"沒有律法的外邦人若順著本性行律法上的事,他們雖然沒有律法,自己就是自己的律法。這是顯出律法的功用刻在他們心裏,他們是非之心同作見證。"(羅馬書2:14—15)因為,"摩西本人在給以色列人的'遺訓'(debarim)即《申命記》的末尾,特意交代了。上帝之法並不'隱晦難求',他說,人只要虔心誠意便能領悟:'那一言(dabar)就在眼前,在你口中,在你心裏,要你遵從'(《申命記》30:14)。"[3]可見,上帝的律法不但不是一種外在的約束,倒是人類自己良知的見證,有如熊十力先生所謂"良知是呈現"。此皆足以證明"上帝就在我們心中",畢竟我們人類是照著上帝的樣子造的,那人子的智慧只能在自己的良知中得以顯發,哪怕先知摩西再世也不能干涉。

由此可知,儒家倫理也好,基督教倫理也好,皆植根在人性自律的基礎之上,那廣博的仁愛也是人性光輝的顯現。由此

---

[1] 參見拙文:《德性與秩序——從康德哲學看儒家倫理的兩種構成》,《道德與文明》2012年第2期,第153頁。
[2] 劉述先:《全球倫理與宗教對話》,第14頁。
[3] 馮象:《寬寬信箱與出埃及記》,北京:生活・讀書・新知三聯書店,2012年,第92頁。

推知,任何倫理形態皆不能違背人性,皆須建立在人性的基礎上始能成立。以共通的人性為基礎,我們可以言不同倫理間的對話與交流。以此為契機,推進不同文明形態的交流互鑒,推動人類文明的共同發展。

三、"理一分殊"與當下中國倫理重建

當下中國仍處在一個轉型的時期,經濟體制轉型,政治體制轉型,而更重要的是文化或文明形態的轉型。文化形態的轉型須立足於本民族優秀文化主體,使優秀中華傳統文化的精神在當下得以開顯。而在這種轉型的過程中,倫理重建則顯得尤為迫切。很顯然,道德倫理是一個文化或文明形態的根基,這個根基動搖了,則會影響其整個文明大廈的穩定。當下中國倫理現狀堪憂,如何以固有的儒家倫理的資源合理引導當下的倫理重建值得我們好好考慮。在此,劉述先先生倡導的"理一分殊"的詮釋學模式,可以作為一個現成的指導原則。

在儒家倫理中,"理一"體現的是一種常道,這種常道歷來又被稱為"道統",它體現的是超越的、普遍性的一面。儒家的"常道"作為一"規約原理"可以為當下的倫理重建確立其形上學的根基,並能以"分殊"的方式內化在每一具體的倫理形態中去。劉先生嘗以"仁""生""理"為儒家傳統的中心理念,儒家的"理一"體現的乃是一生生不已的天道。他說:"生生不已的天道要表現它的創造的力量,就必須具現在特殊的材質以內而有它的局限性。未來的創造自必須

超越這樣的局限性，但當下的創造性卻必須通過當下的時空條件來表現。這樣，有限（內在）與無限（超越）有著一種互相對立而又統一的辯證關係。我們的責任就是要通過現代的特殊的條件去表現無窮的不可測的天道。這樣，當我們賦予'理一分殊'以一全新的解釋，就可以找到一條接通傳統與現代的道路。"[1]生生不已的天道內涵仁愛、道義等形上原則，它們又可以內化在具體的倫理實踐中去，這即是一種所謂"內在超越"的形態。

傳統儒家倫理可稱之為中國人的本位倫理，因此探討當代中國的倫理重建，換句話說，即是如何更好地繼承儒家倫理。當下中國倫理重建的任務就是努力把儒家倫理中的仁愛、禮義、有序、和諧等精神傳統內化在我們當下的倫理生活實踐當中。儒家倫理體現的是一種實踐哲學，是活潑潑的生活智慧，對它的繼承與發展關鍵在於發掘其活的靈魂，而非僅僅將其作為一種學科意義上或學理意義上的"倫理學"來對待。這是需要檢討的。比如，個體修身是當下倫理重建的一個重要方面，這裏的關鍵處在於努力汲取傳統儒學中的"禮義"資源，重建個體在現代社會中的人格尊嚴，重鑄人倫社會，而非僅僅停留在對儒家倫理的形上學論證中。比如，論證在道德實踐中，儒家倫理也是自律道德，甚至高於康德意義上的自律道德，這樣

---

[1] 劉述先：《"理一分殊"的現代解釋》，收入景海峰編：《儒家思想與現代化——劉述先新儒學論著輯要》，北京：中國廣播電視出版社，1992年，第536—537頁。

的論證當然有學理上的必要，但還不夠。傳統儒家倫理不能僅僅活在學理當中，它的生命力在於具體的活生生的生活實踐。因此，要想真正實現儒家倫理的當下重生，一定要從學理儒學轉向實踐儒學或郭齊勇先生所倡導的民間儒學。而這就需要一批真正篤信儒家倫理且能實踐之的有識之士來承當。

具體而言，中國當下的倫理形態可以分為個體倫理（修身）、家庭倫理、社會倫理（職業倫理）與政治倫理等。傳統儒家倫理在基本理念（理一）層面都可以發揮其調適與引導的作用。個體倫理也即一般意義上的修身，而中國的六藝之教無不是在成就德性本身。《大學》曰："古之欲明明德於天下者，先治其國；欲治其國者，先齊其家；欲齊其家者，先修其身；欲修其身者，先正其心；欲正其心者，先誠其意；欲誠其意者，先致其知；致知在格物。物格而後知至，知至而後意誠，意誠而後心正，心正而後身修，身修而後家齊，家齊而後國治，國治而後天下平。"捨修身而徒事建制乃捨本逐末也。現代意義上的私德也好，公德也好，捨卻儒家倫理意義上的修身便都是空談。當下的公民道德建設則更需儒家倫理資源給予奠基與充實。儒家倫理中以"仁愛"為中心的"五常"觀，夫子的一貫之道——"忠恕"等皆可以作為當下社會最核心的價值理念，指導並推動我們當下的個體修為。

就家庭倫理而言，儒家倫理更是提出了恆常之道。儒家倫理中最重視的就是"親親""孝悌"之道，而這也是发展一切道德仁義的根基。此所以有子說孝悌之道乃為仁之本，《孝經》曰："孝悌之至，通於神明，光於四海，无所不通。"在儒家的五倫觀念中，涉及家庭的就佔了三項，所謂父子有親，夫婦有別，長幼有序。《周易》中的"家人""恆""咸"諸卦也以卦象、卦義的形式發揮了家庭倫理中所不可缺失的恆常之道。儒家"親親""孝悌"及其相應的恆常之道可以超越時代限制，尤其能為我們當下浮躁的家庭倫理現狀貞定價值取向。

就社會倫理而言，在當下社會，社會層面的倫理日漸淪喪，尤其在當今這個職業分途、市場主導的經濟社會，職業倫理更是喪失殆盡、無從建立。以傳統儒家之常道批判當下流俗之風，使其趨於雅致，還民間社會固有之禮俗，使親愛和平之風回歸鄉土、回歸當下生活，當是每個國人之所願。此時，傳統儒學就應自覺地擔負起重建人倫社會的重任。傳統儒學不但包括心性之學，還包括政治儒學，這表現為一種歷史文化，其中便內涵豐富的傳統倫理規範。這些傳統倫理規範可以有效地指導我們當下社會的倫理重建，並為當今經濟社會中的職業倫理的建立奠定堅實的理論與實踐基礎。儒家倫理以"禮"為核心，倡導的是一種合乎天道自然的社會風尚，它遠高於固定化、程式化的法律規範或制度條文，有其自身的穩定性，而非人為的制度建構。儒家所倡導的倫理能實現人的價值與尊嚴，所謂安身立命，而非僅僅餬口。《禮記·曲禮上》曰："道德仁義，非禮不成，教訓正俗，非禮不備。分爭辨訟，非禮不決。君臣上下父子兄弟，非禮不定。宦學事師，非禮不親。班朝治軍，涖官行法，非禮威嚴不行。禱祠祭祀，供給鬼神，非禮不誠不莊。是以君子恭敬撙節退讓以明禮。"可見，儒家倫理中的"禮義"，不但是個體修身的不二法門，也是重建社會倫理秩序的基石與保障。

政治倫理探討得更多的是制度層面的問題，即屬於"新外王"的部分。在這裏，儒學或儒家倫理仍可以提供很多理論指導。郭齊勇先生說："儒家的制度架構，行政、司法制度，土地、賦稅等經濟制度，征辟詮選制度（薦舉、科舉考試），文官制度，教育制度，開放教育，平民子弟通過接受教育參與政治甚至最高政治，荒政、賑災的制度，優待老人與弱勢群體的制度，君相制、三省六部制、諫議制、封駁制與監察制等，這些制度文明中有不少實質公正的內涵與制度設計的智慧，對人類文明的貢獻極大，都可以在現時代作創造轉化。"[1]政治倫理的一個重要目標就是實現社會的公正、正義，儒家倫理中有著自己特定的一套方式去實現，而非僅僅依靠西方的"民主"才能實現。我們當然要積極吸收西方文化中的"民主"成分，但更要在自己的文化與倫理土壤中開發我們自己的資源。這樣才能對症下藥，既符合社會發展的現狀，也符合國人的文化心理。此外，傳統儒學不僅可以指導當下的倫理重建，還可以指導、調節當下的法治建設，以儒家之"禮義"調節一般性的"法律"，或以儒家之"禮義"入當今之"法"。法治作為一般性的治理原則總有捉襟見肘的時候，如有時就會面臨程序正義與實質正義的衝突，這時就需要儒家倫理給予補充或救弊，在實現實質正義的同時又不會傷及程序正義本身，使當下的法治

---

[1] 郭齊勇：《民間儒學的新開展》，《深圳大學學報（人文社會科學版）》2013年第2期，第34頁。

建設日趨完善。總之,當下中國的倫理重建關鍵在於正人心、厚風俗,重建人倫社會。這需要有志於儒學復興的有識之士繼續努力。

綜上所述,劉述先生把"理一分殊"轉化為一種方法論原則,找到了溝通中西古今學術的橋樑,為儒學的復興與現代轉化提供了一個可資借鑒的詮釋範式。同時,這一詮釋範式也為化解"文明衝突"論與"歷史終結"論找到了一個全新的方法,使得不同文明形態之間可以在彼此尊重的基礎上共同發展。此外,這一詮釋範式也能充分體現儒家倫理的現代意義,為當下倫理重建提供一種方法論上的指導。